ANALYSIS FOR
FINANCIAL
MANAGEMENT

ファイナンシャル・マネジメント

改訂3版

企業財務の理論と実践

ロバート・C・ヒギンズ=著
グロービス経営大学院=訳

ダイヤモンド社

ANALYSIS FOR FINANCIAL MANAGEMENT

by

Robert C. Higgins

Japanese translation rights arranged with McGraw-Hill Global Education Holdings, LLC
through Japan UNI Agency, Inc., Tokyo

訳者まえがき

2002年に“Analysis for Financial Management”第6版の訳書を上梓してから12年が過ぎた。本書は、現代ファイナンスの理論を押さえつつ、理論そのものの解説というよりは、企業経営の実務に即した形でいかにファイナンスの知識を活用していくかをわかりやすく解説する教科書として、貴重な存在である。

わが国でも、「キャッシュフロー経営」「企業価値の向上」「資本コスト」といったファイナンス的な考え方は、ビジネスパーソンの基礎知識としてかなり浸透してきている。また、単に知識として持つだけでなく、企業価値を向上させるために自社／自部門ではどのような施策を実施すべきか、その施策の効果はどのくらいあるのかといったことを考えるために、ファイナンスの知識が不可欠だということも、共通認識になってきている。グロービスのスクール部門・法人向け研修部門でも、ファイナンスの知識・理論を習得したいというニーズが受講者の間で強くなってきていることは、確実に実感できる。

しかし一方で、本当に実務に即した形でファイナンスの考え方を使いこなせているかという点については、まだまだ課題が大きいのが実情である。特に財務部門に所属して日常的に資金計画や自社の株価の動きなどに触れるわけではない、一般の事業部門のマネジャーにとっては、事業戦略や日頃の意思決定とファイナンス的考え方とがどのように関連しているのか、なかなか実感しづらいようだ。書店のビジネス書コーナーを見ても、ファイナンスに関する書籍は、ファイナンス理論を初心者向けに平易に解説しようとするものか、あるいは投資判断や事業価値評価のような各論を解説したものが目立ち、日常的な業務とファイナンスとの結びつきに焦点を当てたものは決して多くない。

本書の魅力は、まさにこうした日常業務を進めるうえでの関心事から出発して、読み進めるうちに次第にファイナンスの考え方が身につくようになる点である。第1章、第2章では、身近な財務諸表や財務比率分析をおさらいし、第3章、第4章で将来の事業計画と資金との関係を学んでいく。第

5章では資金調達の基礎知識として金融商品や金融市場を概観し、第6章で資金調達方法の選択を考察する。そしていよいよ第7章以降は、事業価値評価のDCF法を中心に投資の意思決定と企業価値に与える影響などについて理解を深めていくという構成である。一貫して、初心者向けでありながら、単に内容をやさしくしているのではなく、常にビジネスにおけるファイナンスの意味合いが意識されている。また、効率的市場仮説、無関連性命題、オプション理論といった、"本格的"なファイナンス理論もしっかりカバーされている。

今回、改めて第10版の翻訳を行った背景としては、アメリカのサブプライム・ローン問題に端を発する世界的金融危機の影響がある。企業財務が拠って立つファイナンス理論そのものが大きく修正されたわけではないが、解説を行ううえであの金融危機の影響に触れていない記述は、今となってはやはり古さを感じざるをえないだろう。新版では、随所で解説が修正されたり補足されたりしていて、現在の感覚に沿ったものとなっている。

また、第8章のリアル・オプション、APV法、第9章の企業価値評価におけるベンチャー・キャピタル方式などは、今回の翻訳で新たに記述が充実された部分である。いずれも、ファイナンス理論の経営実務への応用のあり方として、旧版以降、実務の世界で徐々に浸透してきているトピックである。

なお、本書の原書はアメリカのビジネススクール向けの教科書として書かれていることから、盛り込まれている実際のビジネス事例はほとんどがアメリカのものであり、また解説も同国の状況を前提にしている部分が多い。しかし、グローバル化が進展している現在、こうした事例で語られているメッセージは単にアメリカだけに留まるものではなく、ある程度の国情の違いを念頭に置けば日本においても十分に意味のあるものと考え、なるべく原書の主旨のまま訳出している（一部、意味の通じにくそうなものについては注釈を入れている）。

参考文献では、書籍や論文のほか、ウェブサイトやソフトウェアも掲載されている。原語版のみで日本語版のないものも多いが、原書のよさを伝えるために、原書に掲載されているものは残さず収めている。一方で、章末の演習問題については一部割愛させていただいており、それに伴って演習問題番号や問題文に調整を行っている。ご了承いただきたい。

翻訳は、グロービス経営大学院及び株式会社グロービスのファイナンス部門のファカルティ・メンバーで分担して行った。訳語や表現については、現場感覚・プロフェッショナルらしさを重視し、極力ビジネスの現場での用例を重視した。とはいえ、現場で用いている言い回しが一般の読者にはわかりづらいと判断される場合には、わかりやすさを重視して平易な表現に改めたものもある。また、定訳の趨勢が定まっていないものについては、訳者の判断で訳語や表現を決定した。

本書は、優れた理論書であるとともに、実践の書である。企業経営に興味と意欲のある多くのビジネスパーソンに本書を楽しみながら読んでいただければ幸甚である。

2015年1月

グロービス経営大学院

著者まえがき

『ファイナンシャル・マネジメント』(Analysis for Financial Management)第10版は、旧版と同様に、財務担当ではない経営幹部と、財務マネジメントの実務に関心のあるビジネススクールの学生とを対象としている。本書では、標準的な手法と最近の発展を実務的かつ直観的に紹介する。本書を読むにあたっては、初歩的な、おそらくはうろ覚えの財務諸表に関する知識がありさえすれば、それ以上は不要であるが、ビジネスを動かすものに関する健全な好奇心を持っていることは有益である。本書全体にわたって強調されているのは、財務分析をマネジメントにおいてどのように活用していくか、である。

『ファイナンシャル・マネジメント』は、経営のスキルを磨こうとしている人たちやエグゼクティブ・プログラムの参加者にとって役立つに違いない。また本書は、大学の授業でもよく使われている。エグゼクティブMBAコースやファイナンスの応用コースにおける教科書として、ケースメソッドを中心とするコースにおける副読本として、そしてより理論的なファイナンスのコースにおける参考文献として、利用されている。

『ファイナンシャル・マネジメント』は、私にとって、この30年間以上にわたる経営幹部や学生たちとの取り組みから得た、さまざまな楽しみや刺激をお伝えしようと試みたものである。この経験から私が確信したのは、ファイナンスの技法や概念が必ずしも抽象的でわかりにくいものではないこと、エージェンシー理論、マーケット・シグナル、市場の効率性、CAPM、リアル・オプション分析など、この分野における最近の理論の進展は実務家にとっても重要であること、そしてファイナンスは企業経営の実務において広範なかかわりを持っているということである。また、これほどの大金がこれほど素早く取引されるような活動が興味を引かないはずはないとも信じている。

第Ⅰ部では、企業が持つ既存の資源の管理を扱う。ここでは、財務諸表や比率分析を活用して、企業の財務的な健全性、強み、弱み、最近の業績、将来の見通しを評価していく。第Ⅰ部を通じて強調しているのは、企業の事業活動と財務業績との結びつきである。ここで繰り返し登場するテーマは、ビジネスは統合的・全体的に見なければならないということ、そして効果的な財務管理を行うためには広く企業の特性や戦略との関係を考慮しなくてはならないということである。

本書の残りの部分では、新たな資源の獲得と管理について扱う。第Ⅱ部では特に成長と衰退の管理に重点を置き、財務予測と財務計画について検討する。第Ⅲ部では、主要な証券のタイプ、証券を取引する市場、発行企業に適した証券タイプの選択など、企業を経営していくための資金調達について考察する。証券発行の考察を行う際には、財務レバレッジと、それが企業と株主に与える影響について詳細に検討しなければならない。

第Ⅳ部では、投資機会を評価するための技法を扱う。ここではDCF（ディスカウンテッド・キャッシュフロー）法と、それに基づくNPV（正味現在価値）やIRR（内部収益率）などを活用する方法について述べる。また、投資評価においてリスクを考慮するという困難な作業についても取り扱う。本書の締めくくりでは、事業価値評価と企業のリストラクチャリングを検討する。アメリカの公開企業のガバナンスにおける株主、取締役会、経営者の適切な役割については、現在も議論が続いている。こうした議論と関連づけながら述べていく。

旧版と同様に、巻末には幅広く財務用語を集めた用語集[訳注]と章末問題の解答例をつけている。

第10版における変更点

『ファイナンシャル・マネジメント』の旧版を熟知している読者は、以下に挙げるようないくつかの点がこの版で変更され、改善されていることに気づくだろう。

- 世界最大の食品及び飲料用着色料のメーカーである、センシエント・テクノロジー社を、本書全体を通じた解説用事例として用いた。

訳注｜日本語版では用語集を省略した。

- クラフト・フーズ社によるイギリスの菓子メーカー、キャドバリー社の230億ドルの敵対的買収について、アクティビスト（物言う投資家）のネルソン・ペルツが演じた役割も含めて解説した。
- 最近の金融危機に関するさまざまな議論について、効率的市場仮説、時価主義会計、そして危機を引き起こした財務格付け会社の果たしたであろう役割について強調しながら記述した。
- リアル・オプション分析について、ディシジョン・ツリーの活用を含め、記述を拡大した。
- 企業のリストラクチャリングと株主にとっての価値創造に関して、実証的データ情報を更新した。

[留意点]

『ファイナンシャル・マネジメント』は、意思決定における分析技法の応用と解釈に重点を置いている。こうした技法は、財務的な問題が起こった際に問題点を検討したり、マネジャーが自分の行動の結果を予見するために役に立つことがわかっている。しかし、技法は思考の代わりにはなりえない。最良の技法を知っているとしても、それ以上に、問題点を明確にして優先順位を決めること、特定の環境に合うように分析技法を修正すること、定量的な分析と定性的な考察との適切なバランスをとること、洞察力と創造性を持って代替案を評価することが必要である。技法に精通していることは、効果的なマネジメントへの道に必須ではあるが、その第一歩にすぎないのである。

今回改訂版の章末問題について、Jared Stanfieldの支援に感謝したい。彼はニューサウス・ウェールズ大学で教職のキャリアをスタートするが、きっとよいファイナンスの教師になるだろう。スタンダード＆プアーズ社のAndy HalulaとScott Hossfeldには、同社のResearch Insightを常にアップデートしてくれることでお世話になっている。同社のデータベースCompustatの最新データにアクセスできることは、最近の実例をタイムリーに集めるのに大いに役に立っている。また、以下の方々には、第9版に対して洞察あふれる意見と建設的な提言をいただき、大いに感謝の意をあらわしたい。彼らの貢献は大きく、今回版に未熟な点があれば、すべて筆者の責任である。

Dr. Alexander Amati : Rutgers University
Richard T. Bliss : Babson College
Cheryl A. Brolyer : Preston University
Tom Burrell : Western Oregon University
Lawrence Byerly : Thomas More College
Neil G. Cohen : The George Washington University
Sanjiv Das : Santa Clara University
Yee-Tien Fu : Stanford University
Alexander Hittle : Washington University in St. Louis
George M. Jabbour : The George Washington University
Dee Ledford Malone : Park University
Dr. James N. Marshall : Muhlenberg College
Todd Mitton : Brigham Young University
Scott E. Pardee : Middlebury College
Peyton Foster Roden : University of North Texas
Salil K. Sarkar : The University of Texas at Arlington
Nikhil P. Varaiya : San Diego State University

マグロウヒル社のMichele Janicek、Kaylee Putbrese、Melissa Caughlin、Pat Frederickson、Debra Sylvester、Joanne Mennemeierには、本書の進行、デザイン、編集で格別の指導をいただいた。また、Bill Alberts、David Beim、Dave Dubofsky、Bob Keeley、Jack McDonald、George Parker、Megan Partch、Larry Schall、Alan Shapiroにも、本書を改訂するに際し洞察にあふれた手助けをしてもらい、常に感謝している。私の娘のSara Higginsにも、本書記載のソフトウェアの作成と編集に対して感謝したい。

最後になったが、何よりも、ファイナンシャル・マネジメントの実務と教育への私の関心を刺激し続けてくれたことに対して、ワシントン大学、スタンフォード大学、IMD、パシフィック・コースト・バンキング・スクール、コブレンツ経営大学院、プレトリア大学ビジネススクール、スイスのインターナショナル・ビジネススクールZfUの学生と同僚たち、そしてボーイング社、マイクロソフト社の方々に感謝の意を述べたい。

初めて財務管理を学ぶ読者が羨ましい。それは知的な興奮を伴う冒険だからである。

ロバート・C・ヒギンズ
ワシントン大学フォスター・スクール・オブ・ビジネス　教授

ファイナンシャル・マネジメント

改訂3版

［目次］

第II部　将来の財務業績の計画策定

第III部　事業を運営するための資金調達

第IV部　投資機会の評価

第I部

企業の財務的な健全性の評価

第1章　財務諸表の解釈

「財務諸表は上品な香水のようなもの。香りをかぐだけにして、呑み込まないこと」
――――アブラハム・ブリロフ

アカウンティング（会計）はビジネスにおけるスコアボードである。それは企業のさまざまな活動を客観的な数値に変換し、企業の業績、問題点、将来見通しについての情報を提供する。ファイナンスでは、これらの会計情報の解釈を通じて、将来の行動計画を立てることになる。

ファイナンス分析の能力は、投資家、債権者、規制当局などの広範囲の人々にとって重要である。しかし、企業内部の人々以上にファイナンス分析の能力が重要となる人々はいない。職務上の専門分野や企業の規模にかかわらず、このような能力を持つマネジャーは自社の病気を診断し、有効な治療法を処方し、そしてその財務的な結果を予測することができる。スコアをつけられない野球選手と同様に、アカウンティングとファイナンスを十分に理解していないマネジャーは、不要なハンディキャップを負いながら仕事をしなければならない。

本章と次章では、財務的な観点から見た企業の健全性を評価するために、会計情報をどう利用するかについて見ていく。第1章では、まず財務諸表を規定している会計原則の概要と、ファイナンスの分野で最も誤用され、誤解されている概念の1つであるキャッシュフローについて吟味する。利益を定義し測定することが想像以上に困難であること、そして収益性だけでは企業の成功、いやその存続すら保証できないということは、繰り返し述べられることになるだろう。第2章では財務業績の測定と指標分析について検討する。

キャッシュフロー・サイクル

ファイナンスは初心者には不可解で複雑に感じられる。しかしながら、さほど多くない基本原理に沿って考えればよい。その1つは、**企業のファイナンスと事業活動が密接に関連している**ということである。企業活動、事業を行う方法、競争戦略すべてによって、企業の財務構造は形づくられる。逆もまた真である。本来は財務的な性質の意思決定であるように思われるものでも、事業活動全般に大きな影響を与えることがある。たとえば、資産を購入するための企業の資金調達方法は、その企業が将来行うことができる投資に影響を及ぼす。

図1.1に記載されているキャッシュフローの生成サイクルは、事業活動とファイナンスとの密接な相互作用を例示している。話をわかりやすくするために、これが新しい企業で、株主や債権者から資金を調達し、生産設備を購入し、今まさに操業を開始しようとしているものと想定しよう。そのために、この企業はキャッシュを使って原材料を購入し、労働者を雇用する。企業はこれらのインプットから製品を生産し、一時的に在庫（棚卸資産）として保管する。キャッシュは在庫となるが、製品として売却されると、在庫は再びキャッシュに戻る。もし、現金販売されたならば、この変化は即座に生じる。現金販売でないならば、売掛金が回収されるまでキャッシュとはならない。キャッシュから在庫、売掛金、そしてまたキャッシュに戻るこの簡単な流れを**営業サイクル**（訳注）あるいは**運転資本サイクル**という。

図1.1で示されているもう1つの活動は、投資である。長期にわたる生産の過程のなかで、企業は固定資産を消費する、すなわち使いきる。それはあたかも製品1つ1つが生産工程を通過するたびに、固定資産の価値の一部を奪っていくかのようである。会計上、この過程を減価償却と呼び、固定資産価額を徐々に減少させ、在庫へ流れていく商品の価額を増加させる。また、生産能力を維持し、さらなる成長をとげるために、企業は新たに受

訳注　日本の企業会計では通常、「営業循環」と呼ぶが、ここでは会計に詳しくない人にもわかりやすく、他の箇所とも整合性がとれるようするために、cycleを「サイクル」と訳出した。

図**1.1**◉**キャッシュフローと営業サイクルの関係**

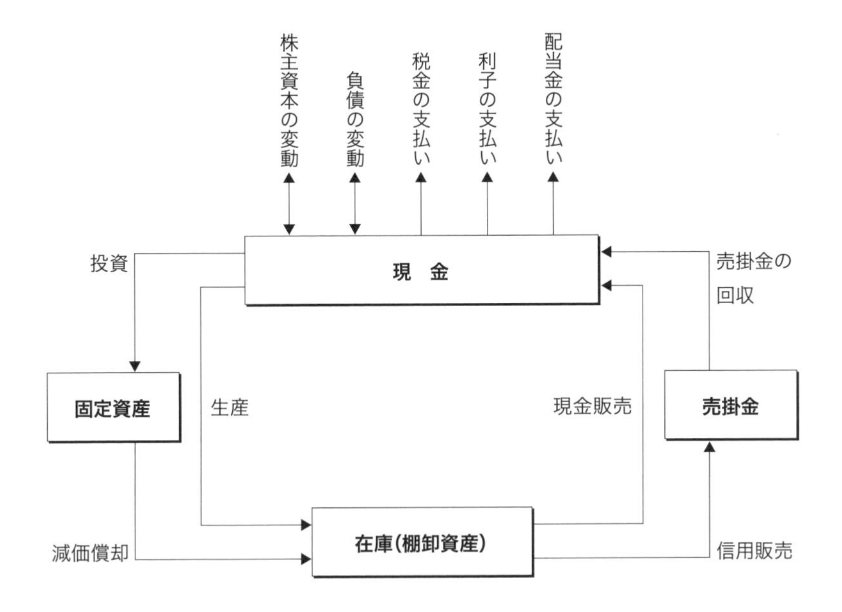

け取ったキャッシュの一部を新しい固定資産に投資しなければならない。この企業活動全体の目的は、運転資本サイクルと投資サイクルから戻ってくるキャッシュを初めの状態より確実に増加させることにある。

図1.1に買掛金を加え、さらには借入金と株主資本を利用してキャッシュを生み出すより複雑なサイクルを考えることもできるが、この図はすでに2つの基本原則を示している。第1の原則は、**財務諸表は経営の実態を見るための重要な手段である**という点である。企業の経営方針、生産技術、さらには在庫管理システム、信用管理システムが、その企業の財務構造を決定する。たとえば、もし企業が売掛金の回収を早めたら、財務諸表には、売掛金残高の減少としてあらわれ、さらには売上高と利益も変化するだろう。この事業活動とファイナンスとの関連性を理解するために、われわれは財務諸表を学ぶのである。われわれはまず事業活動を理解し、さらにその活動の変化がもたらす財務上の結果を予測しようとしているのである。

図1.1の示している第2の原則は、**利益はキャッシュフローと同一ではない**ということである。キャッシュ——そしてキャッシュから在庫、売掛金、

そしてまたキャッシュへのタイムリーな転換——は、企業の活力の源泉である。キャッシュフローが断たれたり、著しく滞ったりすると企業は支払不能になる。しかし、企業が利益を出しているからといって、必ずしも支払いを行うのに十分なキャッシュフローがあるとは限らない。それを例示するために2つの企業を想定してみよう。1社めは、顧客に長期間の滞納を許して売掛金をコントロールできていないか、もしくは常に販売量よりも生産量の多い企業を想定してみる。こうした企業はいずれも会計上は商品販売から利益をあげていても、生産や投資に必要なキャッシュを生み出さないだろう。期限の到来する債務を返済するのに十分なキャッシュを企業が保有していない場合には、支払不能になる。もう1社は、在庫と売掛金は慎重に管理していても、売上が急速に伸びたために、在庫と売掛金への非常に大きな投資を強いられた企業を想定してみよう。この場合も、企業が利益を出しているにもかかわらずキャッシュは不足し、債務を賄えないだろう。この企業は文字通り「成長による破綻」を引き起こすことになる。このような簡単な事例が示しているのは、企業のマネジャーとして、少なくとも利益と同様にキャッシュフローにも注意を払うべきであるということである。

後の章でこのテーマをより詳細に検討し、会計情報を用いて業績を評価する能力を高めていくことにするが、何はともあれ、初めに財務諸表の基礎を学習する必要がある。本書で初めて財務会計に触れるという読者は、速いペースで進むので少し気を引き締めていただきたい。もしペースがあまりに速いと感じるようなら、本章の最後に挙げた会計に関する参考文献のいずれか1つに目を通していただきたい。

貸借対照表

企業の財務上の健全性を評価するために最も重要な情報源は、財務諸表、つまり貸借対照表(バランスシート)、損益計算書、キャッシュフロー計算書(訳注)の3つである。それぞれを順番に見ていくことにしよう。

貸借対照表は企業財務に関する静止画(スナップ写真)である。すなわち、ある時点において企業が所有するすべての資産とそれらの資産に対するすべての請求権をあらわしている。基本的な関係は次のようにあらわされる。

資産 ＝ 負債 ＋ 株主資本

あたかもある期日に大勢の監査人がいっせいに監査を行って、企業の所有物を洗いざらい調べ上げてリストアップし、それぞれの価値を評価したようなものである。企業の資産を表にし、次に負債をすべてリストアップする。ここでいう負債とは、支払うべき債務、言い換えるとさまざまな形態の「借用勘定」のことである。このように、企業が**所有**しているものの総額と**借用**しているものの総額との差額を、監査人は**株主資本**と呼んでいる。株主資本とは、株主がその企業に対して行った投資の価値を会計上見積もったものである。これは住宅所有者の純資産がその家の価値からローンの残高を差し引いたものであるのと同様である。株主資本は、**自己資本**、**株主持分**、**純資産**または単に**資本**とも呼ばれている。

基本となる会計上の等式が企業全体だけでなく、個々の取引にも当てはまることを実感することは重要である。小売業者が賃金を100万ドル支払うとき、キャッシュが100万ドル減少するとともに、株主資本も同額減少する。同様に、企業が10万ドルの借入を行うとき、キャッシュが10万ドル増えるとともに、**借入残高**などの名前の負債が同額増加する。企業が顧客から1万ドルの支払いを受けたとき、キャッシュという資産が増加する一方で、売掛金という資産が同額減少する。どんな場合でも複式簿記の原理によって、会計の基本的な等式は個々の取引でも成り立つし、個々の取引をすべて合算した企業全体においても成り立つことになる。

この単一の等式が繰り返し適用されることで、いかに企業の財務諸表が作成されていくのかを示すために、創業したばかりのスポーツ用品安売り店であるワールドワイド・スポーツ店（WWS）を取り上げることにする。

訳注　Cash Flowは、ファイナンスにおいては「キャッシュフロー」と表記することが一般的である。これに対して、会計においては、金融商品取引法をはじめとして、「キャッシュ・フロー」と表記することが定着している。そこで、無駄な混乱を避けるため、本書ではファイナンスの通例にしたがって「キャッシュフロー」で統一することとした。

表1.1◉ワールドワイド・スポーツ店　財務取引　2011年（単位：千ドル）

	資産				= 負債		＋株主資本
	現金	売掛金	棚卸資産	固定資産	買掛金	親戚からの借入	株主資本
期初残高 2011/1/1	250					100	150
開店準備	(140)		80	60			
売上	875	25					900
賃金	(190)						(190)
商品仕入	(360)		30		20		(350)
諸費用	(210)						(210)
減価償却費				(15)			(15)
支払利息	(10)						(10)
期末残高 2011/12/31	**$215**	**$25**	**$110**	**$45**	**$20**	**$100**	**$275**

2011年1月、創業者が自分の貯金15万ドルを投資するとともに、親戚から10万ドルを借りて事業を始めた。WWSは開店準備のために、家具やディスプレイを6万ドルで購入し、商品8万ドルを仕入れた。

以下の6つの取引は、WWSの初年度の活動を要約したものである。

- スポーツ用品を90万ドル販売し、87万5,000ドルはキャッシュで受け取り、2万5,000ドルが未回収である。
- 賃金を19万ドル支払った。
- 38万ドルの仕入を行い、2万ドルは未払いである。また、年度末に3万ドルの在庫が残っている。
- 水道光熱費、賃借料、税金などの費用として21万ドルを支出した。
- 家具・備品の減価償却費は1万5,000ドルだった。
- 親戚からの借入金の利息として1万ドルを支払った。

表1.1は、会計担当者がこれらの取引を記録したものである、表の1番上の行にある現金25万ドル、借入金10万ドル、資本15万ドルがWWSの期初残高である。しかしこれらの数値は家具や最初の商品の仕入によってすぐに変化している。そして列挙された取引が行われるごとにさらに変化している。

ここで、会計の詳細から導き出される2つの重要なことに言及しておく。

第1に、基本的な会計の等式は個々の取引に当てはまる。表の各行において、資産＝負債＋株主資本となっている。第2に、表の1番下の行のWWSの期末貸借対照表は、期初の貸借対照表に個々の取引の累積的影響を加えたものとなっている。たとえば、2011年12月31日の期末キャッシュ残高は、期初のキャッシュ25万ドルに、各取引でかかわるキャッシュを加減した金額である。ちなみに、WWSの初年度はすばらしい年で、株主資本はこの年度に12万5,000ドル増加した。

貸借対照表がある時点における静止画（スナップ写真）であるならば、**損益計算書**と**キャッシュフロー計算書**は、ある2時点の貸借対照表において、特に重要な勘定科目が期間中どのように変化したかを取り上げた動画（ビデオ）である。企業の所有者は、企業の事業活動によって自分たちの投資の価値がどのような影響を受けたのかに当然関心を持っている。損益計算書はこの疑問に答えるために、株主資本の変化を収益と費用に分けている。収益とは販売によって生じる株主資本の増加であり、費用とは収益獲得のために生じる株主資本の減少である。収益と費用との差額が利益ないし純利益である。

キャッシュフロー計算書の焦点は支払能力、つまり支払日が到来したときに請求額を支払えるだけのキャッシュが銀行にあるかどうかにある。キャッシュフロー計算書は、期間中における企業のキャッシュ残高の変化を詳細に見ている。キャッシュフロー計算書は、キャッシュの変化を3つのカテゴリーに分けて構成されている。営業活動と投資活動と財務活動である。**図1.2**では、概略図によって基本となる財務3表間の密接な結びつきを概念的に示している。

本書では技法と概念を記述するために、可能な限りセンシエント・テクノロジー社の例を用いて説明していく。食料品店の棚に並んだオレンジ蛍光色のチーズ、真っ赤なトマト、鮮やかな緑のピクルスに驚いたことがあるならば、センシエント・テクノロジー社のおかげである。この会社は食品や飲料からさまざまな種類の薬剤や家庭用品まで幅広い商品に添加される香味料、色素、香料を生産するリーディングカンパニーである。同社は約2万5,000種類の香味料と3,000色の色素を生産しており、香味料において主要なポジションにいるだけでなく、食品及び飲料用色素製造において

図**1.2**◉**財務諸表のつながり**

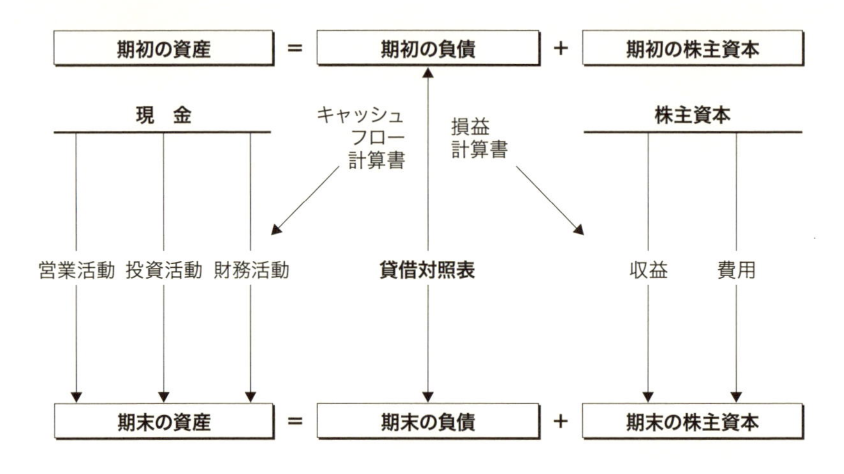

世界最大手とも言われている。CEOのケニス・マニングは、「われわれは顧客の望むどんな色でもつくることができる」と言っている。すばらしい！

センシエント社は本社をウィスコンシン州ミルウォーキーに置き、売上高は130億ドルを超えている。また、ニューヨーク株式市場に上場しており、スタンダード＆プアーズ（以下S&P）の中型株400種指数の構成株となっている。同社は1882年にメドウ・スプリングス蒸留酒製造所として創業したが、1920年代初頭に禁酒法によって酒類事業が中止させられた際に、レッド・スター・イーストとして事業の転換を図った。1960年代初頭には、上場するとともに、ユニバーサル・フーズを買収し、社名もユニバーサル・フーズに変更した。2000年にセンシエント・テクノロジー社に社名を変更したが、この耳当たりはよいが意味のない社名は、おそらく人間の感性に対する科学的アプローチを意味しているものと思われる。**表1.2**と**表1.3**は、同社の2009年度と2010年度の貸借対照表と損益計算書である。**表1.2**で示された資産と負債項目の正確な意味が理解できなくても、ひとまず辛抱してほしい。それらについてはこの後で詳しく述べることにする。

2010年度のセンシエント社の貸借対照表にかかわる等式は次のようになる。

資産　＝　負債　＋　株主資本
15億9,930万ドル ＝ 6億1,550万ドル ＋ 9億8,380万ドル

流動資産と流動負債

慣習として、会計担当者は貸借対照表をつくるとき流動性が高いものから順番に資産と負債を並べている。流動性とはある項目がキャッシュ化されうるスピードのことである。したがって、資産のなかで現金、市場性のある有価証券、売掛金が1番上に並べられ、一方で土地、建物、設備は下のほうに並べられている。同様に負債においても、短期借入金や買掛金は上のほうにあり、株主資本は1番下となる。

会計上、通常1年以内にキャッシュ化される資産や負債を**流動資産**、**流動負債**と定義し、他はすべて**固定資産**、**固定負債**としている。在庫は1年以内に販売され、キャッシュになると考えられるので流動資産である。買掛金は1年以内に支払われなければならないので流動負債である。センシエント社の資産の約半分が流動資産であることに注目しておこう。これについては、次章で詳しく述べることにする。

軽率な者に対する一言

企業が資金繰りに困った場合には、いつでも株主資本に手をつければいいという提案ほど、財務に関するまともな議論（もしそんなものがあればの話だが）を台無しにするものはない。株主資本は貸借対照表の負債側にあるのであって、資産側にあるのではない。株主資本は現在の資産に対する株主の請求権をあらわしているだけであり、言い換えれば、お金はすでに使われてしまっているのである。

表**1.2**◉センシエント・テクノロジー社　**貸借対照表**（単位：百万ドル）

	12月31日		
	2009年	2010年	増減
資産の部			
現預金及び有価証券	$12.2	$14.3	$2.1
売掛金（貸倒引当金差引後）	200.2	218.6	18.4
棚卸資産	390.0	392.2	2.2
その他流動資産	55.7	47.3	(8.4)
流動資産合計	**658.1**	**672.4**	
有形固定資産	993.3	1,025.1	31.8
減価償却累計額	567.6	592.6	25.0
純有形固定資産	425.7	432.5	6.8
のれん及び無形固定資産（純額）	469.6	458.3	(11.3)
その他の資産	38.3	36.1	(2.2)
資産合計	**$1,591.7**	**$1,599.3**	
負債及び株主資本の部			
1年以内に期限が到来する長期有利子負債	$—	$—	$—
短期借入金	39.2	25.5	(13.7)
買掛金	88.9	95.9	7.0
未払法人税	0.7	7.1	6.4
その他未払費用	87.4	76.6	(10.8)
流動負債合計	**216.2**	**205.1**	
長期有利子負債	338.9	324.4	(64.5)
退職給付引当金	50.8	52.7	1.9
繰延税金負債	12.8	21.0	8.2
その他長期負債	14.4	12.3	(2.1)
負債合計	**683.1**	**615.5**	
資本金	5.4	5.4	
資本準備金	85.5	89.0	
留保利益	921.7	976.5	
自己株式	(103.9)	(87.1)	
株主資本合計	**908.7**	**983.8**	**75.1**
負債及び株主資本合計	**$1,591.8**	**$1,599.3**	

＊四捨五入のため、合計額は必ずしも一致しない。

表1.3◉センシエント・テクノロジー社　損益計算書（単位:百万ドル）

	12月31日	
	2009年	2010年
純売上高	$1,201.4	$1,328.2
売上原価	790.2	876.4
売上総利益	**411.2**	**451.8**
販売費及び一般管理費	210.8	235.2
減価償却費及び償却費	42.2	43.4
営業費用合計	**253.0**	**278.6**
営業利益	158.2	173.2
支払利息	23.8	20.4
その他営業外費用(収益)	11.3	(1.5)
営業外費用合計	**35.1**	**18.9**
税引前当期純利益	123.1	154.3
法人税	36.6	47.1
当期純利益	**$86.5**	**$107.2**

◉――株主資本

貸借対照表の株主資本部分には多くの勘定科目があり、これがしばしば混乱を招いている。たとえばセンシエント社の場合、資本金から自己株式までの4項目がある（**表1.2**を参照）。どうしても必要なとき以外は、これらの区別を気にかけなくてもよい。これらは会計士や弁護士に仕事を与えているが、多くの場合実質的な違いはほとんどない。負債以外のすべてを加えていき、それを株主資本と呼べばよいのである。

損益計算書

センシエント社の2010年の事業の業績を見てみよう。**表1.3**に示されている損益計算書の基本的な関係は次のようになる。

収益　－　費用　＝　純利益

売上高 − 売上原価 − 営業費用 − 営業外費用 − 税金 = 純利益

13億2,820万ドル−8億7,640万ドル−2億7,860万ドル−1,890万ドル−4,710万ドル=1億720万ドル

純利益(net income)とは、会計期間中の純売上高がその売上高獲得のためにかかった費用をどれだけ上回っているかを測定したものである。純利益にはいろいろな表現の仕方があり、**earnings**や**profits**と表現されることもあるし、しばしばその前に**純**(net)という語をつけて使われることもある。また、純売上高(net sales)は、**収益**(revenue)、**純収益**(net revenue)と呼ばれることも多い。売上原価(cost of goods sold)も**cost of sales**と呼ばれたりする。それでは同じことをあらわすのに、なぜ多くの表現があるのだろうか。筆者の意見では、会計担当者がさまざまな金額を計算する際には規則にがんじがらめに縛られているために、名前をつけるときには創造性を発揮しすぎてしまったのだと思われる。

損益計算書は通常、営業損益の部と営業外損益の部に分かれている。名前のとおり、営業損益の部は企業が現在行っている主要な活動の結果を示しており、営業外損益の部は補助的な活動を集約している。2010年、センシエント社の営業利益は1億7,320万ドルで、営業外費用(主に支払利息)は1,890万ドルである。

◉———利益の測定

ここでは会計について細かく検討するつもりはない。しかし、利益の有無は財務の健全性を測る重要な指標であるため、利益を測定するためのさまざまなテクニックはここで述べるに値しよう。

▼発生主義会計

会計上の利益を測定するには2つのステップがある。すなわち、(1)期間中の収益を認識し、(2)その収益に対応する費用を算定する。最初のステップで重要なことは、収益はキャッシュの受取額と同じではないということである。会計の**発生主義の**(accrual)**原則**(悲惨な(a cruel)原則?)によると、収

益は、「収益を出そうという行為が実質的に完了し、代金支払いが十分な確実性をもって期待される」ときに計上される。会計上は、実際のキャッシュ受け取りのタイミングを技術的な問題としてしか見ていない。発生主義の原則によると、信用販売をした場合、収益は顧客が支払いを行った時点ではなく、販売の時点で計上される。これによって収益の発生とキャッシュの受け取りとの間には大きな時間的なずれが発生することになる。たとえばセンシエント社を見ると、2010年の収益は13億2,820万ドルだが、売掛金は2010年度じゅうに1,840万ドル増加している。その結果、2010年の売上から得られたキャッシュは、13億980万ドル（13億2,820万ドル－1,840万ドル）である。残りの1,840万ドルはまだ回収待ちの状態である。

▼**減価償却**

固定資産とそれにかかわる減価償却は、会計上、特に厄介な費用収益対応の問題である。2012年に、ある企業が5,000万ドルをかけて予想耐用年数が10年の新しい設備を建造したとしよう。会計担当者がその設備の取得原価をすべて2012年に費用計上したならば、不自然な結果となる。つまり、2012年の利益は5,000万ドルの費用の分だけ減少するが、その後9年間の利益は、収益獲得のためにこの新しい設備を使っても費用が発生しないので、非常に高くなったように見えるであろう。このように固定資産の取得原価を単一の年度に全額費用計上すると、報告される利益を明らかに歪めてしまうのである。

望ましいアプローチは、減価償却（depreciation）によって、設備の予想耐用年数全体に取得原価を配分することである。その設備に係る現金支出は2012年にだけ発生し、損益計算書に費用計上される毎年の減価償却費は、キャッシュの支出を伴わない。減価償却費は、2012年の支出をその設備投資の結果もたらされる売上と対応させるために使われる、**現金支出を伴わない費用**である。言い換えれば、減価償却とは収益と費用を対応させるために、過去の支出を将来の一定期間に配分することである。センシエント社の損益計算書によると、2010年営業費用のなかに減価償却費及び償却費（amortization）として現金支出を伴わない費用が4,340万ドル計上されている。なお、数ページ先では同社がこの年に不動産、工場、設備の購入に5,580万ドルを支出したことが示されている。

特定の資産に対する減価償却費を算定するにあたっては、3つのことを決める必要がある。すなわち耐用年数、残存価額、減価償却方法である。これらは経済的情報、技術的情報、経験など、その資産のパフォーマンスに関する客観的データに基づいていなければならない。大まかに言えば、資産の取得原価をその耐用年数にわたって配分するには2つの方法がある。**定額法**では、資産を毎年一定額、減価償却する。資産の取得原価が5,000万ドルで、予想耐用年数が10年、見積残存価額が1,000万ドルとすると、定額法による減価償却費は毎年400万ドル［(5,000万ドル－1,000万ドル)／10年］になる。

費用配分の2番目の方法は**加速償却法**として知られる方法であり、これにはいくつかのバリエーションがある。資産の耐用年数の前半により多くの減価償却費を計上し、後半になるほど減価償却費は減っていく。しかし、加速償却法を採用したからといって、減価償却費の総額を増やすことができるわけではない。減価償却費計上のタイミングが変わるだけである。ここではいろいろな加速償却法の詳細を取り上げることはしないが、予想耐用年数、残存価額、減価償却方法は、根本的に会計上の利益に影響を与えることは覚えておくべきである。一般に、保守的で、資産を早く減価償却する企業ほど、現在の利益を控えめに計上することになる。反対の場合も同様である。

▼税金

減価償却が持つ注目すべき特徴の2つ目は、税金との関係である。零細企業を除く大部分のアメリカ企業は、少なくとも2種類の財務記録を作成している。1つは企業を経営し、株主に報告をするためのもので、もう1つは税額を決定するためのものである。前者の目的は、企業の財務業績を正確に描写することである。後者の目的は非常に単純で、税額を少なくすることである。このように目的が異なるため、以上の2種類の帳簿は、かなり異なる会計原則に基づいて作成されている。減価償却費の計算はそのよい例である。株主に対する会計報告で用いられる減価償却方法にかかわらず、企業の税務帳簿では、税務当局が認める最短の耐用年数で、最も速く償却を行う減価償却方法を用いて、税額を最小にするであろう。

この二重の会計報告によって、税務当局への実際の納税額は、その企業が損益計算書に法人税として記載した金額とは異なっており、損益計算書上の法人税の金額より少ないこともあれば、多いこともある。次に示すように、センシエント社の2010年の損益計算書に記載されている4,710万ドルの法人税は、納税額とは異なっており、公表された財務諸表を作成する際の会計方法で計算された税額である。しかし、同社は税務当局に報告する際には別の会計方法を用いているため、実際の納税額は4,710万ドルより少ない。これを確認するためには、貸借対照表の負債の部にある2つの税金勘定、すなわち流動負債の「未払法人税」と固定負債の「繰延税金負債」に注目することである。これらの勘定は、過去に発生したが未払いである納税義務額を示している。これらの貸借対照表の勘定の2010年における変化を見ると、センシエント社の税金債務は1年間で1,460万ドル増加しているので、納税した金額は損益計算書に記載された法人税の4,710万ドルよりも1,460万ドル少ない金額だったはずである。積極的な納税義務の繰り延べによって、同社の2010年度の納税額は損益計算書に記載された法人税よりも少なくなっている。会計上の詳細な数値は以下のようになる（単位は百万ドル）。

（単位：百万ドル）

法人税	$47.1
－未払法人税の増加	6.4
－繰延税金負債の増加	8.2
納税額	$32.5

2010年度末において、センシエント社の貸借対照表上の税金債務は2,810万ドル（未払法人税710万ドル＋繰延税金負債2,100万ドル）であった。これは税務当局に将来支払わなければならない金額であるが、当面の間、事業のために使うことができる。税金の繰り延べは、政府から無利子で借入を行ったのと同等の効果を持つ。税務と業績報告で別々の会計方法を用いることを認めていない日本やその他の国（訳注）では、このような複雑な状況は決して起こらない。

訳注｜日本では、2000年3月期より税効果会計が導入されている。

利益の定義

債権者や投資家は、企業は昨年度にどのようなことをしたのか、そして今後どうなるのだろうかという2つの根本的な疑問に対する解答を得るために、企業の利益(earnings)を見る。最初の質問に答えるためには、その会計期間の企業の業績に影響を及ぼすすべての事象を包含する幅広い利益(income)尺度を用いることが重要である。しかし、2つめの疑問に答えるには、企業の定常状態、すなわち持続可能な業績に正確に焦点を当てるために、通常ではない臨時的な事象をすべて除いた、より狭い利益概念が必要となる。

会計の専門家や米国証券取引委員会(SEC)は親切なことに、純利益と営業利益として知られている2つの公式的な尺度を提供し、それらを財務諸表において報告することを企業に求めている。

純利益(**net income**もしくはnet profit)は、すべての収益からすべての費用を差し引いたものと定義され、「ボトムライン」として知られている。

営業利益は、税金、受取利息及び支払利息、特別損益項目として知られるものを除く、日常的な活動から生じた利益である。特別損益項目は異常かつ不定期に発生するものである。

さまざまな、そしてときには合理的な理由により、企業経営者やアナリストたちの間では、これらの公式的な利益尺度は彼らの目的にとって不十分または不適切であるとの声が高まってきている。そして彼らは、まったく新しい流派が改善された新たな利益尺度を創造し普及させようとする動きを、後押ししてきた。ここでは、そのなかのよく知られたものをいくつか紹介する。

プロフォーマ(予測)・ベースの利益は営業利益(operating earnings)、中核的な利益(core earnings)、または継続的な利益(ongoing earnings)としても知られており、すべての収益からすべての費用を差し引くが、その差し引く費用のなかで、事業の真の収益力に関して投資家の認識を損なわせると企業が考える費用を、すべて除くものとする。これが曖昧だと感じられるならば、そのとおりである。各企業は、どの費用を無視するのかを決め、しかもそれを年度ごとに変えることが認められてきた。2001年の最初の9カ月間において、NASDAQ市場に上場していた企業の上位100社は200億ドルのプロフォーマ・ベース利益を報告していた。同じ期間の一般に公正妥当と認められた会計原則（GAAP）に基づく報告では820億ドルの損失であった[注1]。そして、2009年までの10年間で製薬メーカー大手のファイザー社は1株当たりプロフォーマ・ベース利益の累計額が1,851万ドルであったが、GAAPに基づいて計上された利益は1,268万ドルと46％も少なかった[注2]。

EBIT（イービットと発音される）とは、支払利息及び税金控除前利益のことであり、債権者、株主、税務当局に分配される前の事業利益に関する尺度として、有用かつ広く用いられている。

EBITDA（イービットダーと発音される）とは、支払利息、税金、減価償却費及び償却費控除前利益である。EBITDAは、計上された減価償却費が本来的な減価償却を常に上回るような放送業界など一部の産業で使われてきた。しかしながら、ウォーレン・バフェットによれば、EBITDAを利益（earnings）と同等に扱うことは、ビジネスとはピラミッドのようなもの、つまり今後、何かに置き換えたり、手を加えたり、修理したりする必要が決してなく、永久に最先端のままであるというのに等しい。バフェットの見解によれば、EBITDAは、EBITに基づいてディールを正当化できない場合に投資銀行が好んで用いる数字である。

EIATBS（イーアットビーエスと発音する）は悪い部分をすべて無視した利益である。この利益概念を好む経営者やアナリストが多すぎるようである。

注1　"A Survey of International Finance," *The Economist*, May 18, 2002. p. 20.
注2　"Pro Forma Earnings: What's Wrong with GAAP?" Stanford Graduate School of Business, August 20, 2010. http://www.gsb.stanford.edu/cldr/cgrp/.

▼研究開発とマーケティング

今や読者は会計上、収益と費用をうまく対応させるために、減価償却を行うことによって固定資産の取得原価をその耐用年数にわたって配分することを理解しているので、研究開発やマーケティングによる支出の会計上での取り扱いについても理解したと思うかもしれない。研究開発やマーケティングによる支出は、将来にわたって便益をもたらすので、そのような支出が発生したときには資産として計上し、減価償却と同様に、その資産の効果が及ぶと予想される期間にわたって現金支出を伴わない費用として計上することこそ論理的だと言える。しかし、理論的に問題はないが、少なくともアメリカではそのような会計処理は行われない。研究開発費用やマーケティング費用の効果は、その大きさや期間を見積もるのが難しいため、通常は発生した年度に全額を営業費用として計上することによって、この問題を回避している。よって、企業のある年の研究開発費用が何十年にもわたってその企業に便益をもたらすような技術的なブレイクスルーを生み出すかもしれないが、すべての費用をその発生した年度の損益計算書に計上しなければならない。企業の研究開発費用やマーケティング費用を発生した年に計上しなければならないという規定は、ハイテク企業またはマーケティングに力を入れている企業の収益性を過小評価し、アメリカ企業とそのような費用の扱いがより自由な国の企業との比較を難しくしている。

資金運用表

企業について知るために非常に基本的であるが重要なことが2つある。それは、どこからキャッシュを調達したかと、そのキャッシュをどのように使っているかということである。一見したところ、期間中の資源の動きを記録している損益計算書がその答えを出してくれるように思えるかもしれない。しかし、よく考えてみると損益計算書は2つの点で不完全である。それは、損益計算書がキャッシュフローではなく発生主義に基づいているという点と、会計期間中の商品・サービスの販売にかかわるキャッシュフローだけを計上するという点である。これ以外にもキャッシュの受け取りや支払いは多々あるのに、損益計算書にはあらわれない。したがって、センシエント・テクノロジー社は2010年に売掛金を1,800万ドル以上増やしたが（**表1.2**）、この増加の形跡は損益計算書にはほとんどあらわれない。また、同社は長期借入金を6,450万ドル減少させたが、損益計算書にはほとんど影響が出ていない。

企業がどこからキャッシュを調達し、どのようにそれを使ったかについてさらに正確に知るためには、もっと綿密に貸借対照表を、より正確には2つの貸借対照表を検討することが必要である。それには、次のような2ステップの手順をとる。まず、決算日の異なる2つの貸借対照表を並べ、勘定科目ごとにその期間中の増減をすべて書き出す。センシエント社の2010年における増減が**表1.2**の1番右の欄に示されている。次に、キャッシュを生み出す増減と消費する増減に分ける。こうしてできたものが、**資金運用表**である。

キャッシュの源泉と使途を区別するためのガイドラインは、次のようになる。

- **企業は資産の減少または負債の増加という2つの方法によって、キャッシュを生み出す**。設備の売却、在庫の流動化、それに売掛金の減少は、すべて資産勘定の減少であり、その企業にとってのキャッシュの調達である。一方、銀行借入の増加や普通株式の発行が貸借対照表の負債側を増加させ、キャッシュを生み出す。
- **企業は資産の増加または負債の減少という2つの方法によって、キャッシュを消費する**。在庫または売掛金の増加や新しい工場の建設は、すべて資産を増加させ、キャッシュを消費する。反対に銀行借入の返済や買掛金の減少、営業損失はすべて負債側を減少させ、キャッシュを消費する。

持っていないキャッシュを使うことはできないので、同一会計年度におけるキャッシュの使途の合計は、源泉の合計と同じはずである。

表1.4はセンシエント・テクノロジー社の2010年の資金運用表である。この表によると同社は、60%以上のキャッシュを、主にその年の利益の内部留保による株主資本の増加から得ている。一方、この会社は、キャッシュの使途の約70%は長期借入金の減少と売掛金の増加である。

表1.4◉センシエント・テクノロジー社　資金運用表（単位：百万ドル）

源泉	
その他流動資産の減少額	$8.4
無形固定資産の減少額	11.3
その他資産の減少額	2.2
買掛金の増加額	7.0
未払法人税の増加額	6.4
退職給付引当金の増加額	1.9
繰延税金負債の増加額	8.2
株主資本の増加額	75.1
源泉合計	**$120.5**
使途	
現預金及び有価証券の増加額	$2.1
売掛金の増加額	18.4
棚卸資産の増加額	2.2
純有形固定資産の増加額	6.8
短期借入金の減少額	13.7
未払費用の減少額	10.8
長期有利子負債の減少額	64.5
その他長期負債の減少額	2.1
使途合計	**$120.6**

◉――二本指アプローチ

資金運用表の作成に多くの時間を割くつもりはない。本当にキャッシュの源泉の合計と使途の合計が一致することを確認するために、資金運用表を1、2回作成してみることは有益だろう。しかし、そのレベルをいったん越えたら、「二本指アプローチ」を用いることを勧める。すなわち、2つの貸借対照表を並べて、大きな変化のある勘定科目を見つけるために、2本の指を素早く上から下へ走らせるのである。これにより、読者はセンシエント社のキャッシュの源泉の大部分が内部留保の増加であり、現預金及び債権者への支払いが主要なキャッシュの使途であると素早く観察できるはずである。30秒以内でキャッシュの源泉と使途の分析のエッセンスをつかめるので、もっと面白いことに時間を使えるようになる。それ以外の変化は、経営者よりも会計士が興味を持つような、あまり意味のないものである。

どうして現預金の増加がキャッシュの使途となりうるのか？

表1.4で混乱を招く可能性のあるのは、2010年の現預金及び有価証券の増加が、キャッシュの使途として示されていることである。現預金の増加がなぜキャッシュの使途となりうるのか。簡単である。それは銀行口座へ預金するのと同じことである。つまり、預金すると銀行口座の残高は増加するが、使うことができる手元のキャッシュは減少する。反対に、銀行口座からお金を引き出すと口座残高は減少するが、手元の使えるキャッシュは増加する。

キャッシュフロー計算書

企業の主だったキャッシュの源泉と使途を識別できることは、それ自体有用な能力である。損益計算書や貸借対照表と並ぶ、第3の主要な財務諸表であるキャッシュフロー計算書について考えるすばらしい出発点となる。

基本的に、キャッシュフロー計算書は、資金運用表を拡張して整理し直し、各々の源泉または使途を3つの大きな区分で分けたにすぎない。その区分とセンシエント社の2010年の数値は次のようになる。

区分	資金の源泉（使途）（単位：百万ドル）
1. 営業活動によるキャッシュフロー	$155.8
2. 投資活動によるキャッシュフロー	($55.1)
3. 財務活動によるキャッシュフロー	($98.5)

複式簿記ではこれら3つの区分のキャッシュフロー合計が、会計期間における現金残高の増減と一致する。

表1.5は、センシエント・テクノロジー社の2010年のキャッシュフロー

表1.5◉センシエント・テクノロジー社　キャッシュフロー計算書 2010年度（単位：百万ドル）

営業活動によるキャッシュフロー	
当期純利益	$107.2
当期純利益を営業活動から得られる純キャッシュに一致させるための調整項目：	
減価償却費及び償却費	43.4
繰延税金負債	8.7
株式に基づく報酬費用	5.7
資産売却損	1.4
流動資産及び流動負債の増減：	
売掛金の増加額	(20.2)
棚卸資産の増加額	(4.2)
買掛金及び未払負債の減少額	(2.7)
未払法人税の増加額	2.7
その他資産及び負債の純増減	13.8
営業活動による純キャッシュフロー	**155.8**
投資活動によるキャッシュフロー	
資本的支出	(55.8)
その他投資活動	0.7
投資活動による純キャッシュフロー	**(55.1)**
財務活動によるキャッシュフロー	
借入金の純増額	(72.6)
配当金支払い	(39.0)
ストック・オプションの行使による現金受入	14.1
現金及び現金同等物に係る換算差額	(1.0)
財務活動による純キャッシュフロー	**(98.5)**
現金及び有価証券の純増加額	**2.2**
現金及び有価証券期首残高	12.2
現金及び有価証券期末残高	**$14.3**

計算書である。最初の区分の「営業活動によるキャッシュフロー」は、同社の財務諸表を並べ替えて、当期純利益に対する発生主義会計の影響を排除したものと考えることができる。まず、減価償却費や償却費のようなキャッシュの流出を伴わない費用をすべて純利益に加え直す。次に流動資産と

流動負債の増減を純利益に加える。たとえば、一部の売上高は顧客がまだ支払いを行っていないのでキャッシュを増加させないし、一部の費用は自社がまだ支払いを行っていないのでキャッシュを減少させていないためである。在庫などの流動資産と流動負債についても、費用収益対応の原則に基づいた純利益の計算では、これらのキャッシュフローが無視されるのでこの区分に載せる。興味深いことに、センシエント社の営業活動によって生み出されたキャッシュフローは、会社の純利益より約50%も多い。この違いは、キャッシュの流出を伴わない減価償却費4,340万ドルが損益計算書に含まれていることが主な理由である。

多くの教科書で示唆されているように、キャッシュフロー計算書が資金運用表を並べ替えただけにすぎないならば、キャッシュフロー計算書は不必要なものであるし、読者がちょっと時間を使えばつくれてしまうだろう。キャッシュフロー計算書の最大の魅力は、企業がキャッシュフローを新しいカテゴリに再編成することで、ときには隠されていたものが明らかになることである。たとえば、**表1.4**のセンシエント社の資金運用表を見てみよう。資金運用表では、2010年に売掛金が1,840万ドル増えていることがわかる。しかし、キャッシュフロー計算書の上のほうにある「売掛金の増加額」は2,020万ドルである。この違いは何だろうか。正解は、1,840万ドルという金額には、為替レートの変動の影響が含まれているが、2,020万ドルという金額にはそれが含まれていないのである。センシエント・テクノロジー社は35カ国で事業を行っており、そのほとんどで現地通貨での売掛金を持っている。同社の監査法人は、会計年度末に総額を計算するために、さまざまな項目の残高を期末時点での為替レートでU.S.ドルに換算している。キャッシュの源泉の1,840万ドルは、このようにして計算される。しかしながら、換算のために用いられる為替レートが会計期間中に変動するならば、売掛金は企業活動によって増減するだけでなく、為替レートの変動によっても増減することになる。為替レートに起因する増減はキャッシュフローではないので、キャッシュフロー計算書に示される数値に含まれず、2,020万ドルという数値となる。総合すれば、センシエント社の2010年度の売掛金残高は2,020万ドル増加したが、会計期間中にドル高となったため、売掛金のドル換算額が180万ドル(2,020万ドル－1,840万ドル)減少したことになる（このような相違は、企業が流動資産及び流動負債の増減額を、既存の活動に帰属する部分と新しく取得した事業に帰属する部分とに分け、前者を「営業活動」、後者を「投資活動」とした場合にも生じる）。

もう1つの例として、センシエント社のキャッシュフロー計算書に、資金運用表には出てこない従業員ストック・オプションにかかわる2つのキャッシュの源泉が計上されていることに注目しよう。それは「ストック・オプションの行使による現金受入」と「株式に基づく報酬費用」である。従業員がストック・オプションを行使するとき、オプション行使価格と呼ばれる、最初にオプション契約で取り決めた株価で株式を購入する。これが、センシエント社の財務活動にあらわされている「ストック・オプションの行使による現金受入」の1,410万ドルの源泉である。株式を購入するとき、従業員は行使日の株価と行使価格との差額に対して税金債務を負うことになる。しかしながら、企業にとっての税務上の効果は逆になる。企業はオプションの行使が可能な期間中、キャッシュを支払うことがないにもかかわらず、ちょうど同額の損金算入を主張する権利を持つ。これが「営業活動によるキャッシュフロー」の区分に計上された570万ドルである。これは、キャッシュの源泉である。というのは、減価償却費と同様、キャッシュフローを計算する際には当期純利益に足し戻さなければならない、キャッシュの流出を伴わない費用だからである。もちろん、これら同額の2つの数値は、資金運用表のさまざまな勘定科目のなかのどこかに埋もれている。しかし、経営者はキャッシュフロー計算書のなかで、それらを明示することを選んだのである（見た目の業績を向上させるために、多くの企業は従業員ストック・オプションの税効果を営業活動によるキャッシュフローの一項目として計上しており、センシエント社も同様である。ただ、もう少し保守的に、財務活動の項目として計上する企業もある）。

570万ドルの税効果は、センシエント社にとってかなりの便益である。従業員ストック・オプションを使って何ができるのかを知るために、シスコシステムズ社の事例を見てみよう。同社はインターネット・ネットワーク機器の主要メーカーであり、2000年の当期純利益は27億ドルだったが、従業員ストック・オプションの行使による税効果が25億ドル相当であった。ストック・オプションは複雑なので、ここではその詳細は説明しない。ただ、オプションは企業の計上する利益に貢献するとともに、同年の税額を大きく引き下げることを学んだ読者諸氏は、なぜ多くのハイテク企業役員がストック・オプションに強い関心を示すのか、よく理解していただけたことと思う。

アナリストのなかには、キャッシュフロー計算書の営業活動によるキャッシュフローのほうが、当期純利益よりも企業の業績に関する信頼できる指標であると主張する人もいる。彼らの主張によると、当期純利益は多種多様な見積もり、配賦、概算に基づいているので、正直ではないマネジャーが容易に利益操作することができる。その一方で、キャッシュフロー計算書に記載された数値は、実際のキャッシュの動きを記録したものであり、企業業績の客観的な尺度であるというのである。

この見解にはいくつかの長所があるが、問題も2つある。第1に、営業活動によるキャッシュフローが低い、あるいはマイナスであったとしても、業績が悪いことを示しているとは限らない。特に急成長している事業において、通常は売上成長を下支えするために、売掛金や在庫などの流動資産に投資しなければならない。そのような投資は営業活動によるキャッシュフローを減少させるが、それは業績が悪いことを示しているわけではない。第2に、キャッシュフロー計算書は必ずしも客観的ではないし、思ったほど操作に影響されないわけでもないことがわかる。ここでは単純な例で示すことにする。2つの会社を想定してみよう。1社は製品を単純に掛け売りしており、もう1社は製品代金の支払いが可能になるように顧客に融資をしているが、それ以外にこの2社に違いはない。どちらの場合でも、顧客は製品を取得し売り手に代金を支払う。しかし、最初の企業の場合は、販売するごとに計上される売掛金が増加していくので、顧客に対する融資が投資活動に計上される2番目の企業よりも、営業活動によるキャッシュフローが小さくなるであろう。営業活動、投資活動、財務活動のどこにキャッシュフローを計上するかについての基準は曖昧なので、キャッシュフロー計算書の作成にあたっては主観的な判断もしなければならないのである。

キャッシュフロー計算書を構成する多くの情報は、損益計算書や貸借対照表を注意深く見ると集められる。しかしながら、キャッシュフロー計算書には3つの大きな長所がある。第1に、会計の初心者や発生主義会計を信用しない者でも、それを理解することは可能だろうということ。第2に、従業員ストック・オプションにかかわる税効果など、ある種の活動については、損益計算書や貸借対照表から推測するよりも正確な情報を得ることができること。第3に、どの活動がキャッシュを生み出し、消費しているのか強調することにより、企業の支払能力の問題に読者の目を向けさせることができることだ。

キャッシュフローとは何か？

キャッシュフローという用語には、多くの矛盾する定義が存在しているので、この用語はほとんど意味を失いかけている。非常に単純に考えると、キャッシュフローとは期間中の現金勘定から出たり入ったりするお金の流れのことである。ところが、具体的に考えていくと問題が発生してくる。しばしば目にするのは、次の4種類のキャッシュフローである。

純キャッシュフロー ＝ 純利益 ＋ キャッシュの流出入を伴わない項目

しばしば投資の世界で現金収入（cash earnings）と呼ばれる**純キャッシュフロー**（net cash flow）は、利益とは別に事業が生み出すキャッシュを測定することを目的としている。この式をセンシエント社の2010年の数値（**表1.5**）に適用すると、純キャッシュフローは、純利益に減価償却費などのキャッシュ流出を伴わない費用を加えた、1億6,640万ドルとなる。

キャッシュ創出の尺度としての純キャッシュフローの問題点は、企業の流動資産と流動負債のどちらも事業活動とは関係ないもの、あるいは期間中に変化しないものと暗に仮定していることにある。センシエント社の場合、キャッシュフロー計算書によると流動資産と流動負債の数値の変化によってキャッシュは1,060万ドル増加している。したがって、キャッシュ創出のより包括的な尺度は、キャッシュフロー計算書で示される**営業活動によるキャッシュフロー**ということになる。

営業活動によるキャッシュフロー
＝ 純キャッシュフロー ± 流動資産と流動負債の増減

ファイナンスの世界でよく使われる第3のキャッシュフローのタイプは、**フリー・キャッシュフロー**である。

フリー・キャッシュフロー ＝ 必要な投資活動をすべて行った後、株主及び債権者に分配可能なキャッシュの合計

フリー・キャッシュフローは、営業活動によるキャッシュフローだけでなく、事業を創出するためには事業に再投資しなければならないので、成長のために資本的支出として使われたキャッシュも考慮に入れている。要するに、フリー・キャッシュフローとは、営業活動によるキャッシュフローから資本的支出を引いたものである。第9章で検討するが、フリー・キャッシュフローは企業価値の基本的な決定要因である。実際のところ、企業が株主にとっての価値を高める主要な方法は、フリー・キャッシュフローを増加させることである。

最後のキャッシュフローで、幅広く使われているのは、**ディスカウンテッド・キャッシュフロー**である。

ディスカウンテッド・キャッシュフロー ＝ 将来の一連のキャッシュの受け取りまたは支払額を、現時点でのキャッシュ金額に引き直したもの

ディスカウンテッド・キャッシュフローは、金銭の時間的価値を考慮した投資機会の分析手法の1つである。投資や事業を評価する一般的な方法は、ディスカウンテッド・キャッシュフロー法（DCF法）を用いて、予想フリー・キャッシュフローの現在価値を計算することである。このテーマは、本書の最後3つの章で扱う。

私のアドバイスとしては、キャッシュフローという言葉を使うときは、キャッシュの一般的な動きを広く示す言葉として使うか、定義を明確にすべきである。

財務諸表と価値の問題

これまで財務諸表の基本を学習し、利益とキャッシュフローの区別に取り組んできた。しかし、事業上の意思決定を行うために財務諸表を利用するのであれば、さらに理解を深める必要がある。会計数値がどの程度経済的な実態を反映しているのかを理解しなければならない。会計上、2010年12月31日のセンシエント・テクノロジー社の資産合計は、15億9,930万ドルである。これは本当に正しいのか、それとも会計によってつくられた人工の数値なのだろうか。この問題を考えるため、そして後の章での議論に備えるために、財務上の意思決定に会計データを使用するたびに生じる問題について取り上げることで本章を結ぶことにしたい。

◉――市場価値と簿価

価値の問題と私が呼ぶものの1つに、株主資本の市場価値(時価)と簿価の区別の問題がある。センシエント社の2010年の貸借対照表では株主資本の価額は9億8,380万ドルである。これは同社の株主資本の**簿価**である。しかし、株主やその他の人にとって、同社の価値は9億8,380万ドルではない。それには2つの理由がある。第1に、財務諸表が主に**取引ベース**でつくられていることによる。ある企業が1950年に100万ドルの資産を購入したとすると、この取引はその資産の客観的な価値を提供しており、このため企業の貸借対照表では資産を評価するのにその価額が用いられる。ただ残念なことに、それは1950年の価値であり、これが今日でもなお適当かどうかについてはわからない。さらに混乱させることには、会計上の資産価値は、毎期、貸借対照表上の価額から減価償却費を差し引くことで減少していく。それはそれで意味があるのだが、減価償却とは、アメリカの会計制度上で認識される価値の変化にすぎないのである。1950年に購入した100万ドルの資産は、技術的に旧式なため現在では価値がほとんどないかもしれない。あるいは反対に、インフレーションのためにその資産の現在の価値は購入時の価格よりはるかに高いかもしれない。このことは特に土地の場合に当てはまる。土地は購入価格の数倍の価値を持つことがあるからである。

会計上の固定資産の評価について、取得原価ではなく、より意味のある市場価値を用いるべきだという主張もある。しかしこの場合の問題は、多くの資産にとって客観的に決定できる市場価値が存在しないことにある。経営者に必要な調整を恣意的に行わせることは賢明ではないだろう。適切だが主観的な市場価値と、不適切だが客観的な取得原価のいずれをとるかという問題に直面すると、会計担当者は不適切ではあるが客観的な取得原価を選択する。会計担当者は、おおよそ正しいというものより、間違っていてもきちんと数値のあるものを好むためである。これは、財務諸表の利用者が、取得原価を妥当と思われる資産価額に自分で置き換える責任を負わなければならないことを意味している。

時価主義会計と2008年の金融危機

2008年の金融危機は、時価主義会計に関していくつかのねじれや問題を明らかにした。ねじれは、企業の有利子負債を時価主義でどう扱うかという点にある。金融機関の債務履行能力に対して投資家が不信に陥るという危機のなかで、多くの金融機関が目の当たりにしたのは、市場で取引されている彼らの有利子負債の価格が真っ逆さまに急落するという事態であった。これは明らかに悪いニュースである。ところが時価主義会計によれば、こうした価値の下落は、有利子負債を買い戻したり償還したりするのに必要な金額が減少するという理由から、利益として計上すべきということになる。一例として、投資銀行のモルガン・スタンレーは、有利子負債の価値の下落として2008年に55億ドルの利益を計上し、その後2009年には、その有利子負債の価格が回復したということで54億ドルの損失を計上した。

さらに厄介なことに、時価主義会計は実質的に金融危機を助長した面もあったと考える人もいる。彼らとしては、市場崩落の際にパニック的な売りが起こるのは、市場価格が資産の価値よりも投資家の恐怖心の指標となってしまったからだというのである。さらに、このように資産価値を計るのに移ろいやすい価格に依存するようになると、価格の下落が債権者に負債の払い戻しを求めさせたり、担保を要求させたり、あるいは負債に対して株主資本の増額を要求させたりというような悪循環に陥り、こうした動きがすべて相まって、会計に債務者をパニック売りの渦中に突き落とすのだという。時価主義会計の廃止まではいかなかったが、こうした批判の結果、会計士や規制当局は、市場が動揺している際の時価の推計においていくらかの裁量を経営者に認めるようになっている(注3)。

注3 本件に関する詳しい情報は、Christian Laux, and Christian Leuz, "The Crisis of Fair Value Accounting: Making Sense of the Recent Debate," *Accounting, Organizations and Society*, April, 2009. を参照のこと。なお以下URLでも参照可能：ssrn.com/abstract=1392645。

規制当局と投資家に促され、会計基準の設定団体である財務会計基準審議会（FASB）は、特定の資産と負債について、取得原価の代わりに市場価値で財務諸表に記載することが求められる**時価主義会計**を重視するようになってきている。このような「時価表示」は、普通株式や社債など市場で活発に取引されているすべての資産と負債に適用される。時価主義会計の支持者は、取得原価主義会計を完全に排除することは不可能であると承知してはいるが、可能な限り市場価格を用いるべきであると主張するのである。時価主義会計に懐疑的な人たちは、取得原価と市場価値を1つの財務諸表のなかに混在させることは混乱を招くだけであるし、また市場価格の変化を反映させるために毎期評価替えを行うことは、望ましくない主観を混入させ、報告される利益を歪曲し、利益の不安定さを大きく増加させることになると反論した。さらに、時価主義会計における株主資本の変動は、もはや事業の結果を反映しないだけでなく、特定の資産や負債の市場価格の変化によって生じる潜在的に大きく不安定な利益または損失をも含むことになるとも指摘した。時価主義会計への段階的な移行は、特に金融機関からの大反発を招いた。金融機関はこれによって利益の見かけ上の不安定性が増し、さらに厄介なことに、なかには取得原価を用いた財務諸表よりも企業価値が低いとされる企業が出てくることもあることを懸念したためである。こ

表1.6◉株主資本の簿価は市場価値の代替物とはならない　2010年12月31日

企業名	株主資本の価値(単位:百万ドル)		市場価値/簿価
	簿価	市場価値	
エトナ社	9,891	12,207	1.2
アマゾン・ドット・コム社	6,864	80,791	11.8
コカ・コーラ社	31,003	152,720	4.9
ダイナジー社	22,522	23,590	1.0
デューク・エナジー社	2,746	679	0.2
グーグル社	46,241	147,546	3.2
ハーレー・ダビッドソン社	2,207	8,166	3.7
ヒューレット・パッカード社	40,449	92,217	2.3
IBM社	49,430	117,305	2.4
インテル社	23,046	182,329	7.9
クラフト・フーズ社	35,834	55,041	1.5
センシエント・テクノロジー社	984	1,822	1.9
サスケハナ・バンクシェアズ社	1,985	1,256	0.6
テスラ・モーターズ社	207	2,484	12.0
USセルラー社	3,481	2,634	0.8

うした人たちにとっては、害のない見かけ上の安定性のほうが、醜い現実の手がかりを与えることより魅力的なわけである。

センシエント社の株主資本の価値が9億8,380万ドルではないのはなぜかということについて、第2のより根本的な理由を理解するためには、投資家は将来受け取る利益を評価して株式を購入するのであって、企業の資産簿価を評価して購入するのではないということを思い出す必要がある。実際、すべてが計画通りに運べば、企業の資産の大部分は将来の利益を生み出すために消費されていくはずである。株主資本を測定する際の会計上の問題は、それが将来の利益とほとんど関係がないということである。これには2つの理由がある。第1に、会計数値は過去の取得原価に基づいているので、多くの場合、企業の資産が生み出すであろう将来の利益については、ほとんど手がかりを提供しない。第2に、企業には、貸借対照表にあらわれないにもかかわらず将来の利益に影響を与えるたくさんの資産と負債がある。これらの資産の例としては、特許や商標（トレードマーク）、忠実な顧客、効果が証明されているメーリング・リスト、優れた技術、そしてもちろん優秀な経営者などが挙げられる。また、多くの企業にとって最も価値のある資産は、夕方になると家庭に帰るもの(訳注)であると言われている。記載されない負債の例としては、係争中の訴訟、稚拙な経営者、旧式の生産プロセスなどが挙げられる。会計上ではこのような資産や負債を測定していないということは、通常の場合、株主資本の簿価額は株主が認識している価値とはまったく異なる不正確な値でしかないということを意味している。

上場企業であれば、株主資本の市場価値を計算することは簡単である。単純に株価を発行済株式数に乗じればよい。ニューヨーク株式市場において、2010年12月31日(同月の最終取引日)におけるセンシエント社普通株式の終値は、1株当たり36.73ドルであった。発行済株式数は4,960万株であるから、同社の株主資本には18億2,180万ドル、すなわち簿価の1.9倍(18億2,180万ドル/9億8,380万ドル)の価値があったことになる。この18億2,180万ドルが、同社の株主資本の市場価値である。

表1.6は代表的な企業15社の株主資本の市場価値及び簿価を示している。この表から明らかに簿価は市場価値をあらわしていないことがわかる。

▼のれん

ブランドや特許といった無形資産が企業の貸借対照表に計上される場合がある。それは、企業が他の企業を簿価以上の価格で買収した場合である。買収する側の企業が被買収企業に対して支払う額は1億ドルであるが、被買収企業の資産の簿価が4,000万ドルで、またそれらの資産の予想再調達価額も6,000万ドルでしかないとする。この取引において、買収価格のうち6,000万ドルが取得した資産の価額として配分され、残りの4,000万ドルは**のれん**と呼ばれる新しい資産に割り当てられる。買収する側の企業は、被買収企業の帳簿に記載されていない無形資産に高い価値を見出し、被買収企業の帳簿上の資産の適正価値を上回る多額のプレミアムを支払ったためである。しかし、買収によってその企業に1億ドルの価格がつけられるまでは、会計上その価値は認識されなかったことになる。

訳注｜従業員。

表1.2のセンシエント・テクノロジー社の貸借対照表を見ると、「のれん及び無形固定資産（純額）」として4億5,000万ドル以上の額が計上されており、これは単一の資産としては最大で、資産合計の29%となっている。この数値について考察してみると、2010年のS&P500社（多様な業種にまたがる大企業群）における資産合計に対するのれんの割合の中央値は15%であった。医療機関に特殊な廃棄物処理サービスを提供している業者であるステリサイクル社は、資産合計に対するのれんの割合が最も高く、その割合は61%であった(注4)。

経済的利益と会計上の利益

評価の問題についての2つ目の側面は、**実現利益**と**未実現利益**を会計上どう区別するかという問題に根ざしている。会計を勉強しすぎた人を除き、誰にとっても、利益(所得)とは、一定期間中に使うことができるものであり、また、期末に期初よりもどれだけ豊かになったのかということである。たとえば、メアリー・シーグラーの負債を差し引いた純資産の価値は年初に10万ドルであり、年末にはこれが12万ドルに上昇したとする。さらに、メアリーはその年に7万ドルの賃金を受け取り、そのすべてを消費したとする。多くの人は、その年の彼女の所得（利益）は9万ドル（7万ドルの賃金 ＋ 2万ドルの純資産増加）というだろう。

しかし、会計上は異なる。メアリーの資産がすぐに価格を確認できる市場性のある有価証券でない限り、会計担当者は彼女の所得が7万ドルのみであると言うだろう。会計上、資産の市場価値上昇分である2万ドルは所得として認められない。資産が売却されるまで**実現**されないからである。資産の市場価値は、売却前に上昇することも下落することもあるため、2万ドルの上昇分は**紙の上**での利益にすぎない。そして、会計上は一般に紙の上での損益を計上しない。メアリーにとって資産の未実現利益2万ドルは、おそ

注4　長年にわたり、会計法制当局は、企業に対し一定の期間で非現金費用としてのれんを償却することを要求していた。今では当局も、ほとんどののれんは必ずしも不要な資産ではなく、その価値が減少したという証拠がある場合のみ減損すればよいと認めている。一方で、のれんの価値が上昇した場合に、その価値を上方修正させるような条項は存在しない。これは曖昧で一貫性がないように見えるとすれば、筆者も同感である。

らく賃金増加の2万ドルと同様に喜ばしいもののはずだが、会計上は資産の値上がり益を計上するには、客観的証拠としての**実現**が必要とされている。

利益を測定する際、会計上の保守主義を批判するのは容易である。確かに、インフレーションを考慮せず、期末に期初よりもどれだけ豊かになったかと考えれば、メアリーが使える額は常識的に考えて9万ドルであり、会計上の7万ドルではない。さらに、メアリーが自分の資産を12万ドルで売却し、すぐに同額で買い戻したとすると、2万ドルの値上がり益は実現するので、会計上も所得の一部として計上できるだろう。利益がこうした見せかけの取引に基づいているということこそ、会計上の定義には疑問の余地が多いということを示している。

しかしながら、会計担当者の立場からすると3つのことがいえる。第1は、メアリーが資産を売却するまで数年間にわたって保有し続けたとしても、売却時点で会計上認識される損益は、会計担当者でないわれわれが認識する毎年の損益の合計額に等しい。つまり、ここで問題となっているのは損益合計ではなく、損益を認識するタイミングなのである。第2は、会計においても時価主義会計が用いられるようになってきており、少なくとも一部の固定資産や固定負債は、市場価格が変動すれば毎期評価替えが行われるようになったことから、会計上の利益と経済的利益との違いは小さくなってきている。第3に、会計担当者が時価主義会計を用いることを望んだとしても、資産取引が活発に行われていなければ、資産価値の変化を定期的に測定することは非常に難しいということである。会計担当者がいくら「紙の上での」利益や損失を所得に算入しようとしても、とても難しいであろう。このように企業の場合、会計担当者は、経済的利益よりも実現利益を算定することに甘んじざるをえないのである。

◉———負担すべき費用

損益計算書の費用についても、同じような、しかもより難解な問題が存在する。それは株主資本の費用に関してである。センシエント社の会計監査人たちは同社が2010年に簿価で9億8,380万ドルのお金を株主から預かっていたということを認めている。さらに、同社はこれがなければ事業を行うことができなかったであろうし、こうしたお金がただで入手できたものではないということも示している。債権者が融資したお金に対して利息を得るように、株主は投資に対するリターンを期待する。しかし、**表1.3**のセンシエント社の損益計算書を見直してみても、この株主資本の費用にかかわる項目が1つもないことがわかる。つまり、支払利息は記載されているが、株主資本の費用に相当するものは記載されていないのである。

会計担当者は株主資本にも費用がかかることは知っているが、その費用は計算しなければ、つまり見積もらなければわからないので、損益計算書には記載していない。センシエント社が株主に払うべき金額については、いかなる契約も存在していないので、会計担当者は株式資本費用を計上しようとしないのである。繰り返しになるが、会計担当者はあやふやな見積もりより、間違っていても信頼できるほうを好むのである。結果として、事情をよく知らない者の心のなかには深刻な混乱が生じ、企業にとっても「イメージ」の問題が発生する。

下記は、センシエント社の2010年の損益計算書の最後の部分を、会計担当者が作成した場合と、経済学者が作成したらこうなっただろうというものとの比較である。会計担当者は利益を1億720万ドルとしているのに対し、経済学者の計算では880万ドルの利益しかない。この差は経済学者が9,840万ドルを株主資本費用として計上しているのに対し、会計担当者は株主資本には費用がかからないかのように扱っているためである（株主資本コストを見積もる方法については、第8章で考察する。ここでは年間の株主資本コストを10%と仮定し、同社の株主資本の簿価に乗じる［9,840万ドル＝9億8,380万ドル× 10%］）。

（単位：百万ドル）	**会計担当者**	**経済学者**
営業利益	$173.2	$173.2
支払利息	20.4	20.4
その他営業外費用（収益）	(1.5)	(1.5)
株主資本費用		98.4
税引前当期純利益	154.3	55.9
法人税	47.1	47.1
会計上の利益	$107.2	
経済的利益		$8.8

会計上の利益と経済的利益とを区別することは、会計上の利益が黒字であることが秀れた、あるいは賞賛されるべき業績の証拠であるとは必ずしも言えないとわかっていれば、単に好奇心の対象にしかならない。しかし、労働組合や政治家が会計上の利益を見て、その企業がより高い賃金や税金を払うことができ、また厄介な規制にも耐えられると考える場合、あるいはまた多くの経営者たちがそのような利益を好業績に対する高額賞与支払いの根拠とする場合、その区別は重要となってくる。そのため、投資家が自分の投資に対して十分なリターンを期待する権利は、債権者が利息に対して、そして従業員が賃金に対して持つ権利と同様に正当なものであるということに留意しなければならない。彼らはいずれも希少な資源を自発的に拠出しており、見返りを期待するのは当然である。また企業は経済的利益がゼロ以上でない限り、ゴルフでいうパーをとれないということも覚えておくべきである。

この基準によれば、センシエント社は2010年にそこそこの業績を残している。詳しく調べてみると、明らかに大きな利益を報告している企業の多くが、株主資本費用まで含めて考えたとき、実際には週末にしかゴルフをしない下手な人と同様に、ひどい業績しか残していないことがわかる。

会計上の利益と経済的利益との違いについては、第8章のEVA（Economic Value Added；経済付加価値）という見出しの節でより詳しく検討することにする。近年、EVAは企業業績及び経営業績の評価尺度として脚光を浴びるようになってきた。

以上をまとめると、われわれのようにファイナンス分析に興味のある者は、会計担当者と愛憎が入り混じった関係を築くことになる。価値の問題が示しているのは、財務諸表が一般的には企業の利益や市場価値について、歪んだ情報を提供しているということである。このため、多くの重要な経営上の意思決定に財務諸表を活用することには限界がある。しかしながら、財務諸表は入手可能な最良の情報源であり、その限界を心にとめておけば、ファイナンス分析を行う際の有益な出発点になることも事実である。次章では財務上の業績を評価するための会計データの使用法について考えることにする。

本章のまとめ

1．キャッシュフロー・サイクル

- 企業におけるキャッシュの動きをあらわしたものである。
- 利益とキャッシュフローは同じではない。
- 経営者は少なくとも利益と同様に、キャッシュフローにも関心を持たなければならない。

2．貸借対照表

- ある時点において企業が所有するすべての資産とそれらの資産に対するすべての請求権をあらわす静止画（スナップ写真）である。
- 資産＝負債＋株主資本という会計の基本的な等式に基づいており、この等式は個々の取引だけでなく、貸借対照表全体にも当てはまる。
- 現金化されるまで1年以内の資産は流動資産となり、支払期日まで1年以内の負債は流動負債となる。
- 貸借対照表の負債側にある株主資本は、既存の資産に対する株主の請求権の会計上の価値である。

3．損益計算書

- 期間中に生じた株主資本における変化は、収益と費用に区分される。収益とは株主資本を増加させるものであり、費用とは株主資本を減少させるものである。
- 純利益（または利益）は、収益と費用の差額として定義される。
- 期間中に生み出された収益を明らかにするとともに、その収益を生み出すのにかかった費用を対応させている。
- 発生主義では、収益と費用はキャッシュを受け取ったり、支払ったりしたときではなく、支払いがなされるであろうことが確実となったときに計上される。
- 減価償却とは、収益と費用を対応させるために、長い寿命を持つ固定資産に対する過去の支出を将来の期間に配分し、計上する方法である。

4．キャッシュフロー計算書

- 支払期日が到来する請求書の支払いをするのに十分なキャッシュを持

っているかという、支払能力に注目したものである。

- 資産の増加及び負債の減少を、キャッシュの使途、資産の減少と負債の増加をキャッシュの源泉とする単純な資金運用表を精緻化したものである。

5．価値の問題

- 会計上の財務諸表は、経済的な業績評価や事業の価値評価に用いるにあたっては、次のような限界が存在する。
  - 多くの会計上の価値は取引に基づく回顧的なものであり、市場価値は将来を考慮したものである。
  - 会計ではしばしば実現利益と未実現利益を区分するという誤りを行うことがある。
  - 会計担当者は株主資本の費用を無視しているため、会計上の利益は財務的な健全性をあらわしていると素人に連想させてしまう。
- 幅広く取引されている資産や負債の価値を取得原価ではなく、市場価格で示す時価主義会計が用いられるようになることで、この問題は小さくなっている。しかし、一方で歪曲、不安定さ、複雑さ、主観という問題が発生する可能性がある。

参考文献等

Anthony, Robert N.; and Leslie P. Breitner. *Essentials of Accounting*. 10th ed. Englewood Cliffs, NJ: Prentice Hall, 2009. 360 pages.

主著者は、著名なハーバード大名誉教授。アカウンティングの基礎知識の復習や習得にうってつけである。ペーパーバックで入手可。約56ドル。

Downes, John; and Jordan Elliot Goodman. *Dictionary of Finance and Investment Terms*. 8th ed. New York: Barron's Educational Services, Inc., 2010. 880 pages.

5,000以上の語が明解に定義されている。ペーパーバックで入手可。約10ドル。

Horngren, Charles T.; Gary L. Sundem; John A. Elliott and Donna Philbrick. *Introduction to Financial Accounting*. 10th ed. Englewood Cliffs, NJ: Prentice Hall, 2010. 656 pages.

非常に中身の詰まった、大学向け教科書のベストセラー。トピックについて知りたかったことはすべて書いてあり、さらにそれ以上のものがある。170ドル未満。

Tracy, John A. *How to Rend a Financial Report: Wringing Vital Signs Out of the Numbers.* 7th ed. New York: John Wiley & Sons, 2009. 216 pages.

財務諸表分析の実務的な面を生き生きとわかりやすく描く。ペーパーバックで入手可。約12ドル。

Welton, Ralph E.; and George T. Friedlob. *Keys to Reading an Annual Report.* 4th ed. New York: Barron's Educational Services, Inc., 2008. 208 pages.

財務レポートを理解するための実務的、実用的なガイド。約9ドル。

Websites

www.Stanford.edu/class/msande271/onlinetools/HowToReadFinancial.pdf

このサイトからは、メリル・リンチ社の古典「財務レポートの読み方」がPDFファイルの形で無償でダウンロードできる。

www.duke.edu/~charvey/Classes/wpg/glossary.htm

デューク大のキャンベル・ハーベイ教授のファイナンス用語集には、8,000以上の語句と18,000以上のリンクが収められている。

www.secfilimgs.com

米国証券取引委員会のサイト「Edgar」は、アメリカの公開企業の報告書類が事実上すべて収められている。年次報告書、四半期報告書など財務情報の宝庫である。上記のリファレンス・サイトはEdgarにアクセスするのに便利なサイトで、個々の資料がPDFかRTFの形で直接ダウンロードできる。しかも無料なので、筆者はしばしば利用している。

www.cfo.com

「CFO magazine」の出版社による実務家志向の有益なサイト。会計や財務に関する最近の記事を掲載。

章末問題

1. a．企業のキャッシュフロー計算書で営業活動によるキャッシュフローがマイナスであるということは、何を意味しているのか。これは悪いことなのか。危険な状態なのか。

   b．企業のキャッシュフロー計算書で投資活動によるキャッシュフローがマイナスであるということは、何を意味しているのか。これは悪いことなのか。危険な状態なのか。

   c．企業のキャッシュフロー計算書で財務活動によるキャッシュフローがマイナスであるということは、何を意味しているのか。これは悪いことなのか。危険な状態なのか。

2．正しいか誤りかで答えよ。

a．企業が資金難に陥ったならば、当面は株主資本から支払いを行えばよい。

b．企業の株主資本の簿価がマイナスになったら、必ず倒産する。

c．2012年と2013年の貸借対照表があれば、2013年の資金運用表を作成することができる。

d．貸借対照表上の「のれん」は企業が社会に対して行った広報活動からの便益を会計担当者が測定しようと試みたものである。

e．資産の減少はキャッシュの使途であり、逆に負債の減少はキャッシュの源泉である。

3．財務諸表は、なぜ理解しやすい現金主義会計ではなく、発生主義会計に基づいて作成されているのか。

4．あなたは、会社の労使関係の責任者である。白熱した労使交渉のなかで、最も大きな組合の書記長が次のように声高に主張している。「この会社は150億ドルの資産、75億ドルの株主資本を持っていて、昨年は3億ドルの利益をあげている。これは組合員の努力によるところが大きいと言える。したがって、私たちの賃上げ要求に応じられないとは言わせない」。あなたなら、これにどのように回答するか。

5．2010年にミード社の純利益は40万ドルであったが、売掛金がこの1年で25万ドル増加した。資産の簿価は減価償却費18万ドルと同額だけ減少したが、資産の時価は2万ドル上昇した。この情報だけに基づいてミード社が2010年にどれだけキャッシュを生み出したのかを計算しなさい。なお、税金は無視してよい。

6．以下は、ブレークス・レストラン・サプライ社の財務データの抜粋である。

	(単位:百万ドル)	
	2010年	2011年
純売上高	$694	$782
売上原価	450	502
減価償却費	51	61
当期純利益	130	142
製品在庫	39	29
売掛金	57	87
買掛金	39	44
純固定資産	404	482
期末現金残高	$ 86	$135

a．2011年にブレークス社が売上高から回収したキャッシュはいくらか。

b．2011年に製造した製品の原価はいくらか。

c．2011年には資産の売却も廃棄も行っていないと仮定すると、この年の設備投資はいくらか。

d．2011年には財務キャッシュフローがゼロならば、上の設問の解答と合わせて考えると、ブレークス社の2011年の営業キャッシュフローはいくらだったか。

7．エピック・トラッキング社は発行済株式数70万株、株主資本の時価総額は1,500万ドルの企業である。同社の株主資本の簿価は900万ドルである。

a．エピック社の株価はいくらか。また、1株当たり純資産はいくらか。

b．株式市場から現在の株価で株式数の25%を買い戻したならば、株主資本の簿価にどのぐらい影響するか。その他の要素は変わらないものとする。

c．税金や取引手数料がかからず、投資家もエピック社についての認識を変えないとするならば、自社株買いの後に同社の時価総額はどうなるか。

d．自社株買いを行わずに、資金調達のために発行済株式数の20%の新株を市場で売り出すことにした。もし現在の株価で上記の新株が発行できたとしたら、株主資本の簿価はどうなるか。その他の要素は変わらないものとする。

e．税金や取引手数料がかからず、投資家もエピック社についての認識を変えないとするならば、新株発行後の時価総額はどうなるか。また、株価はどうなるか。

第2章 財務業績の評価

測定不可能なものを管理することはできない。
――――ウィリアム・ヒューレット

ジャンボジェット機のコックピットをご覧になったことがあるだろうか。それはまるで3Dテレビゲームの画面のようである。広い室内には、よく訓練された3人のパイロットたちの操縦に必要なメーター、スイッチ、ランプ、ダイヤルが、所狭しと並んでいる。単発エンジンしかないセスナ機のコックピットと比べると、まったく別の乗り物の様相を呈しているが、最も基本的なレベルでは、類似点のほうが相違点よりも多い。機体に複雑で高度な技術を使用しているにもかかわらず、ジャンボ機のパイロットはセスナ機のパイロットとまったく同じように操縦桿を握り、スロットル、補助翼を使って操縦する。高度を変えるときには、いくつかのレバーを同時に調整しながら、機体をコントロールする。

企業の経営にもこれとまったく同じことが当てはまる。一見複雑そうに見える外側をはぎ取ってしまえば、経営者が企業の財務業績に影響を与えるために操作するレバーの数は少なく、どの企業でも似たようなものである。経営幹部の仕事はこれらのレバーをコントロールし、フライトを安全かつ効率のよいものにすることだ。この際、経営幹部が忘れてはならないのは、レバーは相互に密接に関連しており、操縦桿やスロットルを使わずに補助翼だけを使った操縦が不可能なのと同じように、どれか1つのレバーだけを都合よく動かすことによって企業を経営することはできないということである。

財務業績のレバー

本章では、財務業績を評価し、マネジメント・コントロールの手段を理解するために、財務諸表を分析していくこととする。初めに事業運営上の意思決定、たとえば月間生産数量や価格政策が財務業績に与える影響について学ぶ。事業運営上の意思決定とは、経営陣が財務業績をコントロールするためのレバー(訳注)のようなものと言える。

次に、財務業績を評価するツールとして、財務比率分析の効用と限界に話を進める。実務に沿って話を進めるため、前章で使ったセンシエント・テクノロジー社の財務諸表（**表1.2、1.3、1.5**）をここでも使うことにする。最後に、同社の財務業績を競合他社と比較して評価することで章を終える（財務比率を計算するソフトウェアであるHISTORYについては、章末の参考文献等を参照されたい。同じく本章の最後の**表2.5**に、本章で使用する主な財務比率の定義を要約した）。

ROE（株主資本利益率）

ROE（Return on Equity：**株主資本利益率**）は、投資家や経営幹部に最もよく使用される財務業績の物差しであり、以下のように定義される。

$$株主資本利益率 = \frac{当期純利益}{株主資本}$$

センシエント社の2010年のROEは、

$$ROE = \frac{1億720万ドル}{9億8{,}380万ドル} = 10.9\%$$

多くの経営幹部の経歴の浮き沈みは、自社のROEの上昇下降と一致すると言っても決して過言ではない。ROEはそれほど重要なのである。なぜならばそれは、企業がそのオーナーである株主の資本をどの程度効率的に活用したかの度合いをあらわす尺度だからである。すなわち、株式として投資された金額1ドル当たりの利益をあらわす尺度であり、株主が企業への投

訳注｜操縦桿、てこの意味もある。

資から得られるリターンの率（パーセンテージ）でもある。一言で言えば、株主資本のコストパフォーマンスを測る尺度なのだ。

本章において後ほど、財務業績の尺度としてのROEの重要な問題点を考えることにするが、とりあえずここでは、ROEが広く使われているという事実を受け入れて、財務比率についての話を進めていくことにする。

◉———ROEの3つの決定要因

経営陣がどのようにしてROEを上昇させることができるか、ROEを3つの基本的な要素であらわし直してみる。

$$\text{ROE} = \frac{\text{当期純利益}}{\text{売上高}} \times \frac{\text{売上高}}{\text{総資産}} \times \frac{\text{総資産}}{\text{株主資本}}$$

右辺の3項をそれぞれ売上高当期純利益率、総資産回転率、財務レバレッジ（訳注）と言い、ROEは次のように言い換えることができる。

ROE＝売上高当期純利益率×総資産回転率×財務レバレッジ

この式により、経営陣がROEをコントロールする際のレバーは、わずか3つであることがわかる。すなわち、(1)売上高1ドル当たりの利益、つまり**売上高当期純利益率**、(2)使用した資産1ドル当たりから得られる売上高、つまり**総資産回転率**、そして(3)資産を入手する際に使われた株主資本の額、つまり**財務レバレッジ**の3つである（注1）。わずかな例外ケースを除き、経営陣はこれらの指標を向上させれば、ROEを上昇させることができる。

また、これらの業績のレバーと企業の財務諸表が密接に関連しているこ

訳注　レバレッジは「てこの作用」という意味がある。

注1　一見すると、総資産株主資本比率は財務レバレッジの指標には見えないかもしれない。しかし次式を考えていただきたい。

$$\frac{\text{総資産}}{\text{株主資本}} = \frac{\text{負債}+\text{株主資本}}{\text{株主資本}} = \frac{\text{負債}}{\text{株主資本}} + 1$$

ここで、負債対株主資本比率は明らかに財務レバレッジの指標と言える。

とにも注目してほしい。売上高当期純利益率は企業の損益計算書の要約であり、売上1ドル当たりいくらの利益をあげたかを示している。総資産回転率は、売上を支えるのに必要な資源である貸借対照表の資産サイドを企業がどのようにマネージしたかを要約している。財務レバレッジは、資産を調達するにあたっての株主資本の割合をあらわすという点で、貸借対照表の負債サイドを企業がどのようにマネージしたかを要約したものと言える。これは、この3つのレバーがシンプルながらも、企業の財務業績を構成する主だった要素をうまくあらわしている証拠だということができるだろう。

この式に従ってセンシエント社の2010年におけるROEを算出すると、

$$\frac{1\text{億}720\text{万ドル}}{9\text{億}8{,}380\text{万ドル}}=\frac{1\text{億}720\text{万ドル}}{13\text{億}2{,}820\text{万ドル}}\times\frac{13\text{億}2{,}820\text{万ドル}}{15\text{億}9{,}930\text{万ドル}}\times\frac{15\text{億}9{,}930\text{万ドル}}{9\text{億}8{,}380\text{万ドル}}$$

$$10.9\% = 8.1\% \times 0.8 \times 1.6$$

表2.1は、さまざまな企業10社のROEを3つの要素に分解したものである。これを見れば「すべての道はローマに通ず」という古い諺もなるほどと言わざるをえないだろう。これら企業のROEは非常に似通っているが、ROEにおける売上高当期純利益率、総資産回転率、財務レバレッジの組み合わせ

表2.1◉多角化企業10社のROEと業績のレバー　2010年

	株主資本利益率 (ROE)(%)	=	売上高当期純利益率 (P)(%)	×	総資産回転率 (A)(倍)	×	財務レバレッジ (T)(倍)
アドビ・システムズ社	14.9	=	20.4	×	0.47	×	1.57
シェブロン社	18.1	=	10.0	×	1.03	×	1.76
グーグル社	18.4	=	29.0	×	0.51	×	1.25
ヒューレット・パッカード社	21.7	=	7.0	×	1.01	×	3.08
JPモルガン・チェース社	10.3	=	15.0	×	0.05	×	12.58
ノーフォーク・サザン社	14.0	=	15.7	×	0.34	×	2.64
ノバルティス社	15.5	=	19.3	×	0.41	×	1.95
セーフウェイ社	11.8	=	1.4	×	2.71	×	3.03
センシエント・テクノロジー社	10.9	=	8.1	×	0.83	×	1.63
サザン・カンパニー社	12.6	=	11.7	×	0.32	×	3.40

*概算のため、総計は必ずしも一致しない。

は多様である。各企業のROEはヒューレット・パッカードの21.7%を最高に、最低はJPモルガン・チェースの10.3%であるが、売上高当期純利益率では、食品スーパーのセーフウェイの1.4%を最低としてグーグルの29.0%まで大きく広がっている。ROEが最高と最低の間で2倍の差異しかない一方、売上高当期純利益率は20倍の差が開いているということになる。同様に、総資産回転率と財務レバレッジでは、それぞれおよそ54倍と10倍の開きがある。

売上高当期純利益率、総資産回転率、財務レバレッジには劇的と言っていいほどの差が見られるのに対して、なぜROEの数値は似通ってくるのであろうか。答えは「競争」である。ある企業が平均以上の高いROEを達成すると、そこに好業績を達成したい他の企業が、磁石に吸い寄せられるように参入してくる。その結果として引き起こされる激しい競争が、成功した企業のROEを平均的な水準にまで引き戻すことになる。

逆に平均以下の低いROEは、潜在的な競争相手の新規参入を抑制し、既存企業にも倒産や撤退を引き起こし、その結果、時間の経過とともに、生き残った企業のROEは平均的な水準へと回復していくのだ。

経営上の意思決定や競争環境がどのようにROEに影響するかを理解するため、財務業績の各レバーをさらに詳しく見ていくことにしよう。後ほど取り上げる財務比率分析の議論を念頭に置きながら、一般に広く使われている財務比率について考察を行っていく。財務比率に関する参考資料については、章末の参考文献等を参照されたい。

◉――売上高当期純利益率

売上高当期純利益率とは、損益計算書の一番上にある売上高の1ドルが、各種の項目を足し引きした後、一番下にある利益にどのくらいの割合で残ったかを測る指標である。この比率は事業運営に携わるマネジャーにとって特別に重要な意味を持つ。なぜならば、これは企業の価格戦略や営業費用を管理する能力を反映しているからである。**表2.1**が示すとおり、売上高当期純利益率は業種ごとに大きく異なっている。これは、製品の特性や企業の競争戦略によるものである。

表のなかで、売上高当期純利益率と総資産回転率が反比例していることにも注目してほしい。高い売上高当期純利益率を達成している企業は、低い総資産回転率にとどまる傾向があり、逆もまた然りである。これは決して偶然ではなく、グーグルや製薬大手のノバルティスのように製品に高い付加価値がつく企業は、高い売上高当期純利益率を得られる。しかし、高い付加価値をつけるには多くの資産を必要とし、総資産回転率は低くなる傾向にある。一方で、セーフウェイのような食品スーパーでは、商品はフォークリフトで運び込まれ、売上は現金で回収し、店内では顧客が自分自身で買い物をしてまわっている。このような場合、企業が商品に加える付加価値は少なく、そのため売上高当期純利益率は低いが、それを高い総資産回転率で補っている。したがって、高い売上高当期純利益率が低い売上高当期純利益率より必ずしもよいということではなく、売上高当期純利益率と総資産回転率の2つを合わせた結果が重要となる。

▼ROA(総資産利益率)

利益率と回転率の組み合わせを見るために、**ROA**(Return on Assets：**総資産利益率**)を計算してみるとよい。

$$\text{ROA} = \text{売上高当期純利益率} \times \text{総資産回転率} = \frac{\text{当期純利益}}{\text{総資産}}$$

センシエント社の2010年のROAを算出してみると、

$$\text{ROA} = \frac{\text{1億720万ドル}}{\text{15億9,930万ドル}} = 6.7\%$$

これは同社が、自社のビジネスに1ドル投じたのに対して平均で6.7セントの利益をあげていたことを示している。

ROAは、企業が資産を割り当て活用する際の効率性を測定する基本的な尺度である。ROAは、株主の資金に対しての利益率のみを測定するROEとは異なり、株主と債権者の両者から提供されている資金に対する利益率を測定している。

グーグルやノバルティス、あるいは鉄道会社のノーフォーク・サザン社のような企業のROAは、高い売上高当期純利益率とそこそこの総資産回転率の組み合わせから生まれている。一方、セーフウェイはこれと逆の戦略を採用している。高い売上高当期純利益率“かつ”高い総資産回転率の組み合わせは理想的ではあるが、かえって厳しい競争を引き起こしかねない。反対に、低い売上高当期純利益率と低い総資産回転率の組み合わせでは、倒産専門の弁護士が寄ってくるだけだろう。

▼売上高総利益率

企業の収益性を分析する際に、変動費と固定費の区別をすることは有用である。変動費は売上の増減に伴って変動する費用であり、逆に固定費は売上の増減に左右されない費用を指す。固定費の比率が大きい企業は、売上が低下しても固定費を減らすことができないため、他社に比べて売上不振の際にダメージを受けやすい。

残念なことに、会計担当者は損益計算書を作成する際に、変動費と固定費を区別しない。しかし、売上原価のなかのほとんどの費用が変動費であり、その他の営業費用（販売費及び一般管理費）のほとんどは固定費であると仮定しても、たいていの場合問題は生じないであろう。**売上高総利益率**は、変動費と固定費の区別をほぼ可能とし、以下のように計算される。

$$\text{売上高総利益率} = \frac{\text{売上総利益}}{\text{売上高}} = \frac{\text{4億5,180万ドル}}{\text{13億2,820万ドル}} = 34.0\%$$

ここで、売上総利益とは、売上高から売上原価を引いたものである。センシエント社の売上高の約34%は固定費と利益とになる。すなわち、売上高1ドル当たり34セントのなかから固定費が支払われ、残りが利益として積み上がっていく。

売上高総利益率は、企業の損益分岐点売上を推定するときによく使われる。センシエント社の損益計算書によれば、2010年の営業費用は2億7,860万ドルであった。もしこれらの費用を固定費と仮定すると、売上高1ドル当たり34セントは固定費の支払いもしくは利益に回せるのだから、同社の損益分岐点売上高は2億7,860÷0.34、すなわち8億1,940万ドルとなるだろう(注2)。営業費用と売上高総利益率は売上に連動しないとすれば、センシエント社は売上が8億1,940万ドルを下回れば損失を出し、上回れば利益を出すことになるのである。

総資産回転率

ファイナンスの初心者は、資産はあればあるほどよいと考える。現実はその反対である。清算直前の企業を除けば、企業の価値の源泉は連続的に生み出される利益にあり、資産はこの利益を生み出すために必要な手段でしかない。つまり、理想的な企業とは、まったく資産を持たずに利益を生み出す企業である。この場合、投資を必要としないので、投資の利益率は無限大となる。このような理想的なケースはさておき、ROEの式を見ると、他の項目が一定ならば、総資産回転率が上がると財務業績が向上する。これが経営業績の2つ目のレバーである。

総資産回転率では、資産1ドル当たりから生み出される売上高を測定する。センシエント社の総資産回転率は0.8であるので、投資された1ドル当たりの資産に対し80セントの売上をあげたことになる。この指標は、売上をあげるためにどのくらいの資本を要するか、つまり資本集約の度合いを示しており、これが低ければ資本集約的な事業であり、高ければその逆である。

企業の総資産回転率は、その企業の製品の特性や経営戦略によって強く影響される。たとえば、製鉄業では日用品小売業よりも総資産回転率がよいなどということはおそらく無いだろう。しかし、それだけで決まるものではなく、資産管理にあたっての注意深い経営や創造性も重要な要因となる。製品技術力に大差がない場合、資産管理が往々にして企業の成功と失敗の分かれ目となる。

流動資産の管理は特に重要である。流動資産と固定資産の区別は1年以内に換金できるか否かで決まるが、これは人為的な区別であると思うかもしれない。しかし、この区別にはもっと重要な意味がある。流動資産、特に売掛金や在庫はいくつかのユニークな特性を持っている。1つは、もし予想

注2　利益＝売上高－変動費－固定費＝売上高×売上高総利益率－固定費　この式で利益をゼロとして売上高について解くと、売上高＝固定費／売上高総利益率

外の売上高の減少や顧客の支払遅延、もしくは重要部品の納入遅延などの問題が起こると、企業の流動資産への投資が急激に膨らむ可能性が出てくる。メーカーが日常的にその資産の半分以上を流動資産としていた場合、それらの流動資産の管理方法を多少変更しただけでも、企業の財務に多大な影響を及ぼすことがありうる。

もう1つは、流動資産は固定資産と異なり、業績不振の際の資金の捻出先となりうるということが挙げられる。一般的に売上高の減少時には、売掛金や在庫に対する投資が減少するので、現金が一時的に自由になり、これを他の用途に使用することが可能となる（資産勘定の減少は、キャッシュの生まれることを意味する。覚えておこう）。しっかりと管理された企業では、この流動資産が売上高の変化につれてアコーディオンのように増減することから、債権者にとっては魅力的と言える。事業の拡大期には流動資産が増大して借入金が必要となるが、縮小期には流動資産が減少することで借入金を返済するための現金が得られるからである。銀行用語では、このような借入金は、借入金で取得した資産がその借入金の返済財源となることから、**自己清算的である**（self-liquidating）と言われている。

企業の貸借対照表にある各種の資産について、それぞれ別々に回転率を分析することは有用である。これらが効率性指標として知られている各種の比率となる。比率（レシオ）の表現形式はそれぞれ異なるが、すべての効率性指標はそれぞれある特定の資産の回転率をあらわしているにすぎない。いずれも、企業の特定の資産に対する投資額を、売上高またはそれに準ずる値と比較する。

なぜ資産を売上高と比較するのか。たとえば、企業の売掛金に対する投資がときとともに増加するのには、2つの原因が考えられる。1つは、売上が上昇し、それに伴って売掛金が増加する場合。もう1つは、経営者が売掛金の回収努力を緩めたことにより、売掛金が増える場合である。効率性指標を算出する際、売掛金と売上高を比較することによって、売上高の変化に基づく影響を排除し、経営上の変化がもたらすより重要な効果を注視できるようになる。つまり、効率性指標では、売上高の変動に連動した投資の変化と、他の重大な理由（たいていの場合、さらに深刻な理由）による変化を区別することができる。以下に典型的な効率性指標とセンシエント社の

2010年の数値を示す。

▼在庫回転率

在庫回転率は以下のように定義される。

$$
在庫回転率 = \frac{売上原価}{期末棚卸資産} = \frac{8億7{,}640万ドル}{3億9{,}220万ドル} = 2.2倍
$$

この指標の意味するところは、センシエント社の平均的な在庫が1年間に平均して2.2回転する、言い換えれば、製品は出荷までの約166日間、在庫となる(365日÷2.2回＝165.9日)。このほかにも、売上高を期末棚卸資産で除す、売上原価を平均棚卸資産で除すなどの定義も存在するが、売上原価のほうが分子としてはより適切である。なぜなら、売上高には利益が含まれているが、売上原価は棚卸資産と同じように利益を含まないからである。この点を押さえていれば、どの定義の指標を使おうと大きな違いはない。

▼売上債権回転期間

売上債権回転期間は、企業の売掛金管理の状態を反映している。センシエント社の例では、以下のとおり。

$$
売上債権回転期間 = \frac{売掛金}{1日当たり信用売上高} = \frac{2億1{,}860万ドル}{\frac{13億2{,}820万ドル}{365}} = 60.1日
$$

ここでは分母に純売上高ではなく信用売上高を使っている。これは信用売上高のみが売掛金を発生させるという理由に基づいている。しかし、同社の純売上高のうちどの程度が現金売りなのか(もしあればであるが)外部からはわからないので、同社の売上はすべてが信用販売であるという仮定を置いている。1日当たり信用売上高とは、会計期間中の信用売上高を会計期間の日数で除したものである。年次決算では、この日数は365日となる。

センシエント社の売上債権回転期間について、2通りの解釈ができる。1つは、同社では、平均60.1日分の信用売上高が売掛金勘定に滞留しているということ、もう1つは、販売から販売代金の回収まで平均的に60.1日の

時間のズレがあるということである。

売掛金に対するさらに単純な資産回転率として、信用売上高÷売掛金と計算することもできるが、上記の売上債権回転期間のほうが便利な指標である。なぜならこの売上債権回転期間を用いると、売掛金の回収条件との比較ができるからである。たとえばある企業の売掛金回収条件が90日である場合、売上債権回転期間が65日であればすばらしいが、もし回収条件が30日である場合には話はまったく違ってくる。

季節性のある企業についての注意

売上高が季節によって変動する企業の財務比率の解釈は、注意を要する。たとえば、クリスマス・シーズンにきわめて高い売上のピークを持つ企業は、年度末(訳注)に高い売掛金が残る。単純に年度末の売掛金と年間平均の1日当たり売上高から売上債権回転期間を算出すると、分母である1日当たり売上高が季節的な売上のピークを反映していないので、売上債権回転期間が非常に長くなってしまう。誤った解釈を避けるため、季節性のある企業の売上債権回転期間を計算する場合は、年度末前の60日間から90日間の1日当たり信用売上高を使用するとよい。これによって、売掛金と売掛金を生み出している信用売上高とを比較することができる。

訳注｜アメリカ企業は12月末が年度末のことが多い。

▼手元流動性比率

センシエント社の**手元流動性比率**は、次のようになる。

$$\text{手元流動性比率} = \frac{\text{現預金及び有価証券}}{\text{1日当たり売上高}} = \frac{1{,}430\text{万ドル}}{\frac{13\text{億}2{,}820\text{万ドル}}{365}} = 3.9\text{日}$$

センシエント社は、3.9日分の売上高に相当する現預金及び有価証券を保有している。一般的にこの額が同社にとって適切なのかどうかを答えることは難しい。企業は取引のために多少の現金を保持するが、ときには銀行からの借入金と引き換えに、借入金の一定割合を預金として残すため、相当の金額が必要になることもある。また、現預金及び有価証券は、緊急時には企業にとって重要な流動性の供給源となりうる。よって、企業がどのくらいの現預金を保持すべきかという議論は、企業にとって流動性はどの程度重要で、どのように確保するのが最善かという、より幅広い議論としばしば密接に関連している。比較として、2010年のS&P500指数に含まれる金融業以外の419社の中央値は43.4日であった。これは2000年時点での同じ数値の倍以上である。実際、S&P500のIT企業75社の手元流動性比率を見ると、中央値は171.4日であった。グーグルは435.4日、マイクロチップ・テクノロジーは467.7日である。これと比べると、センシエント社の3.9日はきわめて低い。

▼仕入債務回転期間

仕入債務回転期間は負債の効率性指標であり、前述の売上債権回転期間を買掛金に応用したものにすぎない。センシエント社では次のようになる。

$$\text{仕入債務回転期間} = \frac{\text{買掛金}}{\text{1日当たり信用仕入高}} = \frac{\text{9,590万ドル}}{\frac{\text{8億7,640万ドル}}{365}} = \text{39.9日}$$

仕入債務回転期間の厳密な定義では、信用仕入高を使用する。なぜなら信用仕入高が買掛金を発生させるからである。しかし、信用仕入高は外部の人間には明らかでないので、その代用として、しばしばその最も近い類似指標である売上原価が用いられる。このようにして、前出の計算を行った。8億7,640万ドルは、センシエント社の売上原価であり、信用仕入高ではない。

売上原価は次の2つの理由で信用仕入高と異なる場合がある。1つには、企業は在庫を積み上げたり取り崩したりするかもしれないので、仕入と販売のスピードが異なる可能性がある。もう1つは、売上原価には製造過程で原材料費に加えて労務費や減価償却費が加算されるので、売上原価は実際の信用仕入高より大きくなる。

以上のように売上原価と実際の信用仕入高の間には差があるので、製造業の場合、売上原価に基づく仕入債務回転期間と買掛金の支払条件を比較する場合は注意を要する。センシエント社の場合は、売上原価が信用仕入高より大きいこと、そして同社への納入業者は売掛金の回収にあたって平均して39.9日より多少長い期間待っていることはほぼ確実である。

グーグルの財務業績のレバー

インターネットの巨人、グーグルの2010年の財務業績のレバーは、非常によい教材となる。**表2.1**と下に示すように、グーグルは高い売上高当期純利益率と低めの財務レバレッジ、そして非常に低い0.51回という総資産回転率によって、18.4%というかなり平凡なROEを生み出している。株価が利益の20倍以上で取引されており、インターネットの支配的プレイヤーと目されている企業の財務業績としてはよいとは言い難い。

なぜ、インターネット企業の総資産回転率が、製鉄会社や電力会社と同じなのだろうか。グーグルの貸借対照表を見るとこの理由がわかる。2010年度末において、資産の実に半分以上の350億ドルが現預金及び有価証券となっている。まるで、短期証券中心の投資ファンドと合併したかのようである。しかし、これはグーグルだけではない。テクノロジー関連のリーディング企業が、こうした巨大な資金を積み上げているのはよくあることだ。彼らは、成長を継続させ、そして将来の買収の可能性に備えるための資金として必要だなどと説明している。まるでパナマやサウスダコタ州が売りに出てくるとでも言わんばかりだ。ラルフ・ネーダーなどを含め外部の人間は、もう少し邪悪な目的があると見ている。資金を株主の手元から遠ざけ、税金もかからないようにするためというものだ。

余剰資金を手元に置く力は別として、事業活動の業績に焦点を絞るために、分析においては現預金及び有価証券を除くこととしよう。この分析にあたっては、同社が株主に現預金及び有価証券の90%を巨額配当によって株主に還元したと想定してみる。あるいは、グーグルを、インターネット事業の会社と、余剰資金の90%を保有する短期証券投資ファンドとに分割したと考えてもよい。これにより、インターネット事業会社の資産と株主資本は315億ドル減少するが、手元流動性比率はそれでも手堅く43.6日分が残る。現預金及び有価証券に対する税引後の収益率を控えめに2%とすると、純利益が約6億3,000万ドル減少する。この結果、修正後の業績のレバーは以下のようになる。総資産回転率は、上方修正されて現実に近い数値になるが、それでも低く1.11回である。ROEはなんと53.4%に上昇する。これらの数字はグーグルの事業の経済的な実態をより正確に反映している。

	ROE	=	売上高当期純利益率	×	総資産回転率	×	財務レバレッジ
決算数値	18.4%	=	29.0%	×	0.51	×	1.25
修正	53.4%	=	26.9%	×	1.11	×	1.79

＊概算のため総計は必ずしも一致しない

▼固定資産回転率

製造業など寿命の長い資産に多額の投資を行う業界や企業は、資本集約的であると言われる。コストの大部分は固定費となるため、自動車製造や航空輸送業など資本集約的なビジネスは、経済情勢にとりわけ敏感である。好況で売上が伸びれば利益を享受できるし、不況になればその逆の状況に陥るからだ。資本集約的な性格、通常これは事業上のレバレッジとも言われるが、その企業が有する基本的な事業リスクを拡大することから、債権者からは特に注視されている。

固定資産回転率は企業の資本集約度をあらわしている。この数値が低いということは、集約度が高いということだ。センシエント社の2010年の比率は次のようになる。

$$固定資産回転率＝\frac{売上高}{有形固定資産の純額}＝\frac{13億2,820万ドル}{4億3,250万ドル}＝3.1倍$$

ここで4億3,250万ドルは、センシエント社の有形固定資産の累積減価償却費控除後の簿価である。

●——財務レバレッジ

経営陣がROEを操るための3つ目のレバーが、財務レバレッジである。企業が事業のために資金調達する際に、株主資本ではなく有利子負債で調達する比率を上げると、企業の財務レバレッジは増大する。売上高当期純利益率や総資産回転率は高い数値が好ましいのが通常だが、それとは異なり、たとえROEを向上させる場合でも経営陣は必ずしもこの比率を最大にしたいとは考えない。財務レバレッジの課題は、デット・ファイナンス（有利子負債による資金調達）で得られる利益とコストを注意深くバランスさせることである。この財務上の重要な意思決定に関しては第6章すべてを使って考察する予定である。今のところは、高いレバレッジが必ずしも低い場合より好ましいわけではないということ、そしてどの程度財務レバレッジを活用するかにあたっては、企業はかなりの自由度を持っているものの、その自由度には経済上、そして制度上の制約要因があるということを理解してもらえれば十分である。

前掲の**表2.1**が示すとおり、企業の資産やその業種の特徴によって、企業がどの程度財務レバレッジを用いることができるのかが左右される。一般に、電力会社のサザン・カンパニーのように予測が容易で安定したキャッシュフローを持つ企業は、アドビ・システムズやグーグルのように非常に不確実な市場で事業をする企業よりも、大きい財務レバレッジを用いることが可能である。加えて、商業銀行のように、不況前までは広く分散投資されて流動性の高い資産を保有すると考えられていたビジネスでは、他の一般的な企業に比べ、安全性を損なわずにより大きな財務レバレッジを活用することが可能である。

表2.1から明らかなもう1つのパターンは、ROAと財務レバレッジは反比例の関係にあるということである。ROAの低い企業は、一般的に借入金調達率が高く、逆もまた然りである。これは前述の説明とも一致する。つまり低リスクで安定しており、流動性もある資産への投資からは高いリターンを期待することは難しいが、借入能力は大きい。商業銀行等はこの例の

最たるものである。JPモルガン・チェースの例では、製造業の水準からすると背筋が寒くなるような0.8%のROAと、逆に天文学的とも言える12.58倍のレバレッジ・レシオとの組み合わせにより、10.3%と適度な水準のROEを生み出している。この組み合わせを可能にした鍵は、銀行部門の低リスクで流動性の高い資産にほかならない（もっとも、第三世界の独裁者やテキサスのエネルギー会社、サブプライム担保証券に融資していれば話は違ってくるが、そのような話は銀行はすぐに忘れてしまっているだろう）。

次の項では財務レバレッジ、すなわち借入能力を測る方法とそれに関連した流動性の概念を学ぶこととする。

▼貸借対照表における比率

最も一般的な財務レバレッジの測定方法は、負債の簿価を資産や株主資本の簿価と比較することである。これは**負債対総資産比率**と**負債比率**（**負債対株主資本比率**）として、以下のように定義される。

$$\text{負債対総資産比率} = \frac{\text{負債合計}}{\text{資産合計}} = \frac{\text{6億1,550万ドル}}{\text{15億9,930万ドル}} = 38.5\%$$

$$\text{負債比率（負債対株主資本比率）} = \frac{\text{負債合計}}{\text{株主資本}} = \frac{\text{6億1,550万ドル}}{\text{9億8,380万ドル}}$$

$$= 62.6\%$$

最初の指標では、センシエント社の資産（簿価ベース）に使われた資金の38.5%は、何らかの形で債権者からきたことを示している。2番目の比率は、同じことを多少違った形で示している。つまり、同社に対して、株主が1ドル、債権者が62.6セントの割合で資金を供給しているということである。注1で示したように、先に述べた財務業績のレバーである財務レバレッジ（資産対株主資本比率）は、単純に負債比率プラス1である。

近年、多くの企業が現預金や市場性のある証券を過度に保有するようになったため、アナリストは前掲式上の「負債」を「純負債」に置き換えて計算する例が増えてきている。その場合、負債は、負債総額から現預金と市場性のある有価証券を差し引いたものとなる。これは、余剰現金や市場性のある証券は、安全で利子を産む資産として本質的には「マイナスの有利子負債」と見なせるものであり、負債の総額を測るときは貸借対照表の負債額から差し引くべきだという考えである。筆者はこの調整に異論は無いが、現預金と市場性証券の額が適度な水準にあるセンシエント社においては、特に論点になるとは考えていない。

▼カバレッジ・レシオ

貸借対照表から測定する財務レバレッジにはいくつかの種類があるが、どの比率がより好ましいかについて明確な論拠はない。いずれも貸借対照表上の数値に焦点を当てており、同様の弱点を持っている。企業が借入金によって資金調達を行う際、財務上の負担で問題となるのは、資産や株主資本に対する負債の大きさ自体ではなく、その借入金に必要な年間の現金支払いへの対応能力である。簡単な例を用いて違いを説明しよう。負債対総資産比率が同じである2つの企業があり、1社は高い利益をあげているが、もう1社は赤字だと仮定する。赤字企業は利息や元本の支払いが困難であるが、黒字企業の場合難しくはないであろう。結論として、企業清算において資産売却によって得られた資金が債権者と株主に分配される際にのみ、貸借対照表の比率は主要な関心事となると言うことができる。このような場合は別として、主たる関心は有利子負債によって生じる毎年の財務上の負担の大きさと、支払いに回すことのできるキャッシュフローとの比較にある。

そこで、**カバレッジ・レシオ**と呼ばれる指標が有効になってくる。最も一般に使われているカバレッジ・レシオを2つ挙げると、**インタレスト・カバレッジ・レシオ**と**支払利息・元本カバレッジ**であり、**利息支払前・税引前利益**(Earnings Before Interest and Taxes)を**EBIT**とあらわすと、以下のように定義される。

$$\text{インタレスト・カバレッジ・レシオ} = \frac{\text{EBIT}}{\text{支払利息}} = \frac{\text{1億7,320万ドル}}{\text{2,040万ドル}} = 8.5\text{倍}$$

$$支払利息・元本カバレッジ = \frac{EBIT}{支払利息 + \frac{支払元本}{1 - 税率}}$$

センシエント社の支払利息・元本カバレッジについては、同社は2010年に元本の支払いが無かったことから計算していない。

いずれの比率も、利息と元本返済に回すことのできる利益を分子に置いて、これを年間の財務上の支払額と比較している。企業が生み出した利益のうち、利息支払いに回すことのできる利益がEBITである(注3)。支払利息は税引前の支出であるため、税引前の利益を用いることが比較に適している。センシエント社のインタレスト・カバレッジ・レシオの8.5倍が意味するのは、同社が2010年には利息の支払いを8.5回行えるだけの利益をあげた、すなわちEBITが支払利息の8.5倍であったということである。

虫歯を無視し続けていればいつかは消えてなくなるという歯医者はいるかもしれないが、元本の支払いについてはそうはいかない。企業が元本の支払期日に支払不能となった場合には、利息の支払不能の場合と同じ結果になる。いずれにしても、企業は債務不履行となり、債権者はその企業を倒産に追い込むことができる。支払利息・元本カバレッジでは、この現実を反映して、利息と同様に元本支払いも年間の財務上の負担に含めている。財務上の負担の一部として元本支払いを含める際には、支払利息やEBITと比較するため、税引前の数字に変換しなければならない。支払利息と違い、元本の支払いは税のかからない支出というわけではない。すなわち、ある企業にかかる税率が50%の場合、税引後で1ドルを債権者に支払うためには、税引前で2ドルを稼がないといけないということだ。税率が50%以外の場合、税引前の元本支払負担額は、1からその企業の税率を引いた値で元本を除すことにより求めることができる。この方法で元本の支払いを税引前の値に調整することを、実務では元本をグロスアップする(税額を含めて増額再計算

注3　EBITは、表1.3では営業利益に等しいと言える。もう1つの定義は、税引前利益に支払利息を足すというものだ。筆者は前者のほうがよいと思う。なぜなら、前者は営業外費用や、経常的でなくキャッシュも伴わない傾向の強いさまざまな特殊要因を無視しているからである。

する）という。

この2つのレシオのどちらがより意味のあるものかとよく質問されるが、答えはどちらも重要だということになるだろう。ある企業が期日の到来した元本支払いを新規の借入金によって次々と賄っていると仮定すると、有利子負債に対するネットの負担額は支払利息だけになる。この場合には、インタレスト・カバレッジ・レシオのほうが重要な比率となる。この議論の問題は、近年の金融危機のときにまざまざと思い知らされたように、資本市場において、期限の到来した債務から新しい債務への入れ替えが自動的に行われるわけではないということだ。資本市場が不安定な場合、もしくは企業が衰退に向かっているような場合には、債権者は期限の到来した債務の借り換えを拒否することがある。このような場合には、有利子負債に対して支払うべき額が一挙に利息プラス元本となり、支払利息・元本カバレッジが重要になる。

これはまさに、2007年の夏の初めにサブプライム抵当証券の債務不履行が増え始めたときに起こったことである。抵当証券に投資していた企業に対して、短期資金の貸し手が元本の返済を求め始めたのだ。これら投資目的の企業は、長期で抵当権付きの複雑な証券を保有するため、短期の有利子負債によって資金調達していた。これは、短期の有利子負債が満期を迎えるたびに、借り換えに応じてくれる貸し手がいる限りは上手いビジネスだった。しかし、ひとたび彼らが尻込みするようになると、借り手は貸し手に返済するために手持ちの証券を安値で売らざるをえず、証券の値下がりを受けて貸し手が満期での借り換えをさらに渋りだすという悪循環が回りだすようになった。

要するに、支払利息・元本カバレッジは、企業が今現在の借入金をすべてゼロとなるまで返済するという弱気の前提に、インタレスト・カバレッジ・レシオは、企業が現在の債務すべてを満期が来たとき借り換えできるという強気の前提に立っていると言えよう。

▼市場価値によるレバレッジ・レシオ

第3のレバレッジ・レシオ群は、企業の有利子負債とその株主資本または資産の**市場価値との比率**をあらわすものである。センシエント社の2010年の数値は、以下のようになる。

$$\frac{\text{有利子負債の市場価値}}{\text{株主資本の市場価値}}=\frac{\text{有利子負債の市場価値}}{\text{発行済株式総数}\times 1\text{株当たり株価}}$$

$$=\frac{6\text{億}1{,}550\text{万ドル}}{18\text{億}2{,}180\text{万ドル}}=38.5\%$$

$$\frac{\text{有利子負債の市場価値}}{\text{資産の市場価値}}=\frac{\text{有利子負債の市場価値}}{\text{有利子負債の市場価値}+\text{株主資本の市場価値}}$$

$$=\frac{6\text{億}1{,}550\text{万ドル}}{6\text{億}1{,}550\text{万ドル}+18\text{億}2{,}180\text{万ドル}}=25.3\%$$

ここでは有利子負債の市場価値はその簿価と等しいとの前提に基づいていることに注意いただきたい。厳密に言うと、この前提が正しいことは稀である。しかし、ほとんどの場合、その2つの数字の差異は小さい。また、正確に有利子負債の市場価値を推定することは、ほとんどの場合、退屈で時間のかかる仕事であり、時間に応じて給与が支払われるのでなければ、避けたいものである。

市場価値による比率は、明らかに簿価による比率より優れている。簿価とは過去の数字であり、今の価値とは関係が無いことがしばしばある。一方、市場価値とは債権者と株主がその事業に保有している権利の真の価値をあらわしているからである。市場価値には将来のキャッシュフローに対する投資家の期待が反映されていることを考慮すると、市場価値によるレバレッジ・レシオは、将来の長期間にわたるカバレッジ・レシオと考えることができる。カバレッジ・レシオでは単年度の利益と財務上の負担とを比較しているのに対して、市場価値によるレバレッジ・レシオでは、将来の利益の期待値の現在価値と将来の財務的な負担の現在価値とを比較している。

市場価値による比率は、成長性の高いベンチャー企業の財務レバレッジを評価する場合に、特に役に立つ。そのような企業のカバレッジ・レシオがひどい水準、あるいは存続が危ぶまれるような水準であったとしても、貸し手は、将来のキャッシュフローが有利子負債を返済するに十分であると考えるなら、企業に対して潤沢に信用を供与するであろう。マッコー・

コミュニケーションズ社はこの極端な例である。1990年末に、マッコー社には50億ドルの有利子負債があった。負債比率は簿価ベースで330%であり、年間の支払利息は純売上高の60%を超えていた。さらに、急速に成長してはきたが、その主な事業である携帯電話事業において意味のある水準の営業利益は一度も出したことがなかった。なぜ賢い債権者が、マッコー社に50億ドルもの貸出を行ったのであろうか。それは、債権者と株主が、同社が巨大なキャッシュフローを生み出し始めるのは時間の問題だと信じていたからである。この楽観主義は、1993年末にAT&Tがマッコー社を126億ドルで買収したとき、大いに報われた。この買収は、AT&Tが引き継いだ50億ドルの有利子負債も含めると、当時、史上2番目に大きな買収とされた。

最近の例では、アマゾン・ドット・コムがある。1998年には同社にとって過去最大の損失1億2,400万ドルを計上した。それまでも利益を出したこともなく、株主資本はわずか1億3,900万ドルしか残されていなかった。しかし、心配は無用で、貸し手は積極的で、同社向け長期貸出を3億5,000万ドル増加させた。どうやら、借り手の売上高が年率300%で伸びており、株主資本の市場価値が170億ドルもあれば、まして有利子負債は株式に転換可能でもあったので、貸し手は企業の細部までは見ようとしないらしい。どちらにしても、市場価値ベースでは、アマゾン社の負債対株主資本比率はわずか3%だった。今日では、アマゾンの株主資本は約830億ドルの価値があり、無借金である。

ある時点における企業の負債依存度をあらわす正確な指標であるという点から、エコノミストは市場価値によるレバレッジ・レシオを好む。しかし、市場価値による比率にも問題が無くはないことに注意すべきである。1つは、債務の借り換えリスクが無視されている点である。ひとたび債権者が、将来の現金ではなく今現金で返済せよという態度をとってきたときには、市場価値によるレバレッジ・レシオが少々よいと言っても空しく響くだけである。また、これらの比率は概念のうえでは説得力があるが、これらを財務政策上の指標として、または有利子負債の水準をモニターするために使用している企業はほとんどない。これは、株価が変動するために市場価値による比率も気まぐれに動くことから、経営陣としてコントロールできないように見えることにも起因していると考えられる。

▼流動性指標

企業の借入能力を決定する要因の1つとして、その企業が保有する資産の流動性が挙げられる。直ちに現金化できる資産は流動資産とされ、近い将来に支払われるべき負債は流動負債とされる。サブプライム抵当証券の暴落が示すとおり、工場や設備のような流動性のない固定資産の資金繰りを流動性の高い短期負債で賄うことは危険である。なぜなら、資産が支払いに十分な現金を生み出す前に、負債の支払期限が到来してしまう恐れがあるからである。このように資産と負債の支払タイミングが一致しない企業は、支払不能を回避するため、支払期限の到来した負債の借り換えを行わなければならなくなる。

企業資産の流動性を負債の流動性と比較する指標として、2つの比率、すなわち**流動比率**と**当座比率**がよく用いられる。センシエント社の場合、以下のようになる。

$$\text{流動比率} = \frac{\text{流動資産}}{\text{流動負債}} = \frac{\text{6億7,240万ドル}}{\text{2億510万ドル}} = 3.3\text{倍}$$

$$\text{当座比率} = \frac{\text{流動資産} - \text{棚卸資産}}{\text{流動負債}} = \frac{\text{6億7,240万ドル} - \text{3億9,220万ドル}}{\text{2億510万ドル}} = 1.4\text{倍}$$

流動比率は1年以内に現金化される資産と1年以内に支払期限の到来する負債を比較しており、この比率の低い企業は、期限の到来する債務の支払いのために流動資産を取り崩して現金化することができないので、流動性が乏しいと言える。したがって、必然的にその財源を営業利益もしくは外部からの資金調達に頼るほかなくなる。

当座比率は、さらに保守的な流動性指標で、分子から棚卸資産が差し引かれている点以外は流動比率と同じ考え方である。ここで棚卸資産を差し引いているのは、在庫は往々にして非流動的だからである。財務的に厳しい状況にある場合、企業やその債権者は在庫を売却してもわずかな現金しか得ることはできないであろう。会社清算に際して、在庫は簿価の40%以下の金額にしかならない場合がほとんどである。

これらの比率は少なくとも2つの点において、流動性に関してやや大まかな指標であることに注意してほしい。第1に、買掛金などの債務の借り換えにあたっては、その企業が少しでも利益をあげている限り、支払不能となるリスクはほとんどないということである。第2に、企業を清算する場合を除き、流動資産を流動化して得た現金の大部分は、営業を継続するために事業に還流させなければならないので、負債の圧縮に使うことはできないということである。

ROEは信頼に足る指標か

これまで、経営者が自社のROEを増加させたいと考えているという前提に立ち、財務業績に影響を与えるための3つの重要なレバー、つまり売上高当期純利益率、総資産回転率、そして財務レバレッジを分析してきた。そしてこれらのレバーを注意深く管理すれば、IBMであろうが街角の薬局であろうが、ROEを向上させることができるとの結論に達した。また、これらのレバーに各々適切な値を定めて維持するのは重要な経営課題であるが、そのためには企業が置かれている業界の特性、経営戦略、そして3つのレバーの相互作用を理解することが欠かせないということについても見てきた。

そこで次に、財務業績を測る物差しとして、ROEの信頼性を検討してみよう。A社のROEがB社のROEより高い場合、A社のほうがB社よりよい会社だと言えるのか。C社のROEが上昇した場合、業績向上の明白な証拠となるのか。

財務業績の物差しとして、ROEは3つの重大な欠陥を有している。すなわち、**タイミング**の問題、**リスク**の問題、**価値**の問題の3つである。正確に言うと、これらの問題が存在するため、ROEは必ずしも明確な業績の物差しとはなりえない。ROEは有用で重要な物差しではあるが、解釈の段階でその限界を考慮し、高いROEは低いROEより常によいというような単純な解釈を行ってはならない。

◉———タイミングの問題

成功するマネジャーは将来を見通し、長期展望を持つべきだということは、決まり文句のように当然のことである。しかし、ROEは正反対で、過去を振り返り、単年度の業績に焦点を当てる。よって、ROEはときに業績指標としては歪んでいる可能性があることに疑いの余地はない。たとえば、企業が多額の初期費用をかけて新製品を出す場合がこれにあたる。ROEは、そのような新製品を出した直後は低下する。しかし、これは必ずしも企業の業績が低下したことを示すものではなく、この低下は単にROEという指標の近視眼的な性質を反映しているにすぎない。ROEは必然的に1年間の利益しか考慮していないので、しばしば長期的な観点からの意思決定の影響を十分にとらえきれないことがある。

◉———リスクの問題

ビジネスにおける意思決定は、しばしば古典的な「よく食べるか、それともよく眠るか」といったジレンマを含んでいる。もしたくさん食べたいならば、高いリターンを求める代わりにリスクを覚悟しなければならない。ゆっくり眠りたいのならば、安全性を重視して高いリターンはあきらめなければならない。安全かつ高いリターンの両立ということはごく稀にしか起こりえない(もしあるならば、ぜひ教えてほしい)。

ROEの問題点は、ROEを見ただけでは、企業がROEを向上させるためにどのようなリスクを取ったのかがわからないことにある。簡単な例で見てみよう。「リスクテイク」社において、スーダンでの油田探査によって生み出した6%のROAと財務レバレッジ5.0の組み合わせで、ROEが30%(＝6%×5.0)になったとする。一方、「安全第一」社は国債への投資によりROAは10%で、有利子負債と株主資本から同額を資金調達したため、ROE20%(＝10%×2.0)を達成した。さてどちらがよりよい業績をあげているのだろうか。筆者の答えは「安全第一」社である。「リスクテイク」社のROEは高いが、その高い事業リスクと極端に高い財務レバレッジによって非常に不安定な企業となっている。したがって、はるかに慎ましいながらも、明らかに安全なROEを持つ「安全第一」社のほうがいいだろう[注4]。証券アナリストも同様に、「リスクテイク」社のROEはたしかに高いが、その質は「安全第一」社よりもかなり低い、つまりよりリスクが大きいと主張するだろう。つまり、

ROEは収益率のみに焦点を当て、リスク要素を無視しているために、財務業績の指標としては不正確となることがある。

▼ROIC（投下資本利益率）

ROEとROAに対する財務リスクの歪みを補正するためには、**ROIC**（Return on Invested Capital：**投下資本利益率**）または**RONA**（Return on Net Assets：**純資産利益率**）とも呼ばれるものを算出することが効果的である。

$$\text{ROIC} = \frac{\text{EBIT}（1－税率）}{有利子負債＋株主資本}$$

センシエント社の2010年のROICは、

$$\frac{1億7{,}320万ドル\left(1-\dfrac{4{,}710万ドル}{1億5{,}430万ドル}\right)}{2{,}550万ドル＋3億2{,}440万ドル＋9億8{,}380万ドル}=9.0\%$$

この比率の分子は、同社がすべてエクイティ・ファイナンス（株式による資金調達）で資金を調達したと仮定した場合の税引後利益である。一方、分母は同社が使用したすべての資金のなかでリターンを支払わなくてはいけないものである。したがって、買掛金は企業にとって資金の調達源ではあるが、明確な調達コストを伴わないので算式から除いてある。すなわち、ROICとは、有利子負債の形であれ株主資本の形であれ、企業が事業に投資した資本総額に対して得られた利益の率を意味する。

ROICの効用を確認するために、次の例を挙げてみよう。A社とB社はある1点を除いて同一とする。つまり、資金調達の際に、A社はレバレッジを大いに活用しているが、B社はすべて株主資本で賄っているという点である。この2つの企業は資本構成を除いてはまったく同一であるため、収益性の指標はこの基本的な同一性を反映して同じになるはずである。しかし、下の表では両社のROEとROAが、予想とは異なった結果になっている。A社の

注4　仮に筆者が「よく眠る」より「よく食べる」を好むタイプだとしても、依然として「安全第一」社を選ぶことだろう。そして、投資対効果をあげるために若干の個人借入を行って同社の株を買うのである。企業の借入の代わりに個人で借入をするという点については、第6章の補遺を参照いただきたい。

ROEは、財務レバレッジを大いに活用した影響によって18%となっている。一方、レバレッジをまったく使っていないB社のROEは、A社より低いが健全な7.2%となっている。ROAはまったく逆の偏りがあらわれ、多大な有利子負債を抱えるA社では惨憺たる数字である一方、B社のROAには影響がない。ROICは、資金調達方法の違いには関係なく、両社ともに7.2%の収益率である。すなわち、ROICは、資金調達戦略の相違が引き起こす混乱が生じる前の、企業の基本的な収益力を測定している。

	企業	
	A	B
有利子負債(利率10%)	$900	$0
株主資本	100	1,000
資産合計	$1,000	$1,000
EBIT	$120	$120
ー支払利息	90	0
税引前利益	30	120
ー法人税等(税率40%)	12	48
税引後利益	$18	$72
ROE	18.0%	7.2%
ROA	1.8%	7.2%
ROIC	7.2%	7.2%

価値の問題

ROEは、株主の投資に対するリターンを測定する指標である。しかし、ここで用いられているのは株主資本の簿価であり、市場価値ではない。この違いは非常に重要である。センシエント社の2010年のROEは10.9%であり、これは仮に同社の株式を簿価の9億8380万ドルで購入することができたとした場合のリターンである。しかし、それは無理な話だ。前章で述べたように、同社の株式の市場価値は18億2180万ドルだったからである。この市場価値からすると、リターンは10.9%ではなく、わずか5.9%(=1億720万ドル÷18億2,180万ドル)となる。株主にとって、株主資本の市場価値は簿価よりも意味のあるものである。なぜなら、簿価は単なる過去の価値でしかないが、市場価値は株式を現金化した場合の現在価値を示すものだからである。結論としては、ROEは企業経営者から見て財務業績の指標とはなるが、ROEが高いからと言って株主の投資に対するリターンも同様に高いとは言えないだろう。よって、投資家は高いROEを生み出すことのできそうな企業を見つければよいというものではない。その企業が他に知られていないことが重要である。なぜなら、いったん知られてしまうと株価が上昇し、投資家が高い収益率を上げられる可能性がなくなってしまうからである。

▼株価益回りとPER

上記の価値に関する問題は、ROEの算式のなかで株主資本の簿価の部分を市場価値に入れ替えることで解決できるように思われる。しかし、このように計算した指標である**株価益回り**も特有の問題を抱えている。センシエント社の例では、以下のようになる。

$$株価益回り = \frac{当期純利益}{株主資本の現在価値} = \frac{EPS^{(訳注)}}{株価} = \frac{2.16ドル}{36.73ドル} = 5.9\%$$

株価益回りは、業績評価の物差しとして有効であろうか。答えはノーである。株価益回りの業績評価の物差しとしての問題点は、株価が、投資家が持つ将来への期待に非常に敏感に反応することである。株主が企業利益の分配を得る権利は、現在の利益に対してだけではなく、将来の利益に対しても同様に与えられる。したがって、投資家の将来の利益に対する期待が高ければ高いほど、投資家は高い金額を払ってその株式を手に入れようとするだろう。これにより、明るい将来の見通し、高い株価、低い株価益回りが同時に起こる。そして明らかなのは、高い株価益回りは必ずしも優れた業績の証拠ではなく、実際には反対のことが多い。別の言い方をすると、株価益回りにはタイミング上の大きな問題があるがゆえに、業績の物差しとしては有効でなくなってしまう。

そしてもう1つの比率**PER**（Price-to-Earnings Ratio：**株価収益率**。P／Eレシ

訳注｜**EPS**はEarnings per Share：**1株当たり利益**。

オとも呼ばれる）は、株価益回りの逆数として定義される。2010年のセンシエント社のPERは、次のようになる。

$$\mathrm{PER} = \frac{\text{株価}}{\mathrm{EPS}} = \frac{36.73\text{ドル}}{2.16\text{ドル}} = 17.0\text{倍}$$

PERについては、前述した業績評価の物差し議論のほかに何もつけ加えることがないが、この比率が投資家の間で幅広く使われていることを述べておく。PERとは、企業の利益1ドル当たりに対してついている株価を測定するものであり、利益額の違う企業間で株価の比較を容易にするための手段として用いられている。

たとえば、2010年末に投資家は、センシエント社の利益1ドル当たり17.0ドルを支払っていた計算になる。さらに言えば、企業のPERは、2つの要因に左右される。将来の利益見込みとその収益に伴うリスクである。株価とPERは、企業の成長性が見込まれるときにともに上昇し、リスクが増すときにはともに低下する。ただし、会社側の収益見通しが悪くても、困難な状況は一時的だと投資家が考えるときは、混乱が生じることがある。利益が低迷しているのに、株価は高止まりし、PERは上昇する。一般的に、PERは企業の現在の財務業績との関係はあまりなく、将来の利益見込みに対する投資家の期待をあらわす指標と考えられる。

◉———ROEか市場価格か

何年間にもわたって、学者と実務家の間で、財務業績評価の物差しとして適当なものは何かという議論が続いている。学者は、先ほど述べたような理由によりROEに批判的であり、企業の株価こそが正しい財務業績評価の物差しだと主張してきた。学者はさらに、経営者の目標は株価を最大にまで高めることだと結論づけた。この論理には説得力がある。株価は、株主が企業に対して行った投資の価値を示す。したがって、経営陣として株主の利益を増進させたいと考えるのであれば、経営者は株主にとっての価値を増加させるような行動をとるべきである。実際に、「価値創造」という概念は、多くの学者やコンサルタントの著書においてもメインテーマとなっている。

実務家はこの論理に対して敬意は払うものの、その適用可能性に関しては疑問を投げかけている。問題は、経営上の意思決定が株価にどのような影響を与えるかについて、正確に特定しにくい点にある。もしある部門の戦略の変更が企業全体の株価に対して与える影響がわからないのならば、株価を上昇させるという目標は意思決定の際の判断基準になりえないことになる。別の問題としては、企業のことは経営陣が最もよく知っている、もしくは少なくともそうだと考えていることが挙げられる。そうであれば、なぜ、経営上の意思決定をする際に、その企業について彼らほど知っているわけではない外部者の評価を考慮しなくてはいけないのか、ということになる。

財務業績評価の物差しとしての株価に関して、第3の現実的な問題点は、株価は企業のコントロール外の要因に依存する部分が非常に大きいということである。株価の上昇が企業の業績向上によるのか、外部の経済環境がよくなったことによるのか、その区別は難しい。こうしたさまざまな理由から、実務家は株式の市場価値に基づく指標に懐疑的であるが、一方、学者や経営コンサルタントは、価値の創造を現実的な財務目標に落とし込む取り組みを続けている。これに関する最近の有望な取り組みは、コンサルティング会社のスターン・スチュワート・マネジメント・サービス社が普及させてきた**経済付加価値（EVA）**である。EVAについては、第8章において詳しく見ることにする。

ROEは株価の代用品になれるか

図2.1、**2.2**を見れば、財務業績評価の正しい基準についての学者と実務家との隔たりが、想像しているほど大きくはないことが理解できる。2つのグラフは、縦軸に株式の市場価値（MV）を簿価（BV）で除した値（Price-to-Book Ratio=PBR：株価純資産倍率）、横軸に2つの代表的な業界におけるROEをとっている。ROEは直近3年間の加重平均値を使用している。グラフのなかの直線は、2つの変数の間の一般的な関係を示し

た回帰線である。

これら2つのグラフに共通して見られる強い正の相関は、ROEが高い企業は簿価に比べて株価（時価）が高くなる傾向があり、その逆も成り立つということを示している。ゆえにROEを増大させようと努力することは、株価を高くしようと努力することと概ね一致している。

企業をあらわす点が、回帰線から乖離している程度もまた興味深い。これは、ある企業のPBRが決まるに際して、ROE以外の要素の重要性を示している。予想したとおり、ある特定の企業の株価が決まる際には、これらROE以外の要素が重要な役割を果たしている。

好奇心から、グラフ上にいくつかの企業の位置を示してみた。**図2.1**では、センシエント社は回帰線のいくらか下方に存在し、単純に過去のROEの値から見ると、同社の株価は特殊化学産業に属する他の企業に比べてやや安いことを示している。片や、PBRが回帰線の上方に外れている会社2社も示してみた。グリーン・マウンテン・コーヒー・ロースター社とバルケム社である。グリーン・マウンテンは、一杯ごとに本格コーヒーを入れるコーヒーメーカー・システムにおいてパテントを持つ小規模のコーヒー会社である。投資家は、この一杯ごとにコーヒーを入れるシステムの将来性に魅せられて、どうやらスターバックスの対抗馬とも目しているようだが、結果は必ずしも思惑通りではないようだ。バルケムが回帰線の上にあるのは、おそらく急成長しているためであろう。同社の利益は2年前に38%、前年に21%の伸びを示している。アメリカ最大手の卵生産者であるカルメーン・フーズ社は、市場のロドニー・デンジャーフィールド（アメリカの著名なコメディアン）であるかのようだ。非常に魅力的なROEにもかかわらず、回帰線のかなり下にいるが、直近数カ月のサルモネラ菌に関するリコール騒ぎのためと思われる。ところで面白いことに、同社はカリフォルニア州でもメーン州でもなく、ミシシッピ州のジャクソンに所在する（訳注）。

図2.2では、アメリカ大企業の代表的株価指標であるS&P100に属する企業から金融業を除いた80社について、同じ条件で図示してみた。

マイクロソフト社が、40%以上と最も高いROEの栄誉を勝ちとった。一方アマゾン社は、PBRがほぼ12倍で最も高い。おそらくアマゾン社の売上成長率が、過去10年で年平均27%、過去15年で見ると年平均67%に達することと関係があるだろう。これに対して、AT&T社、デル社、マイクロソフト社はいずれも回帰線のかなり下方に位置している。

要約すれば、たしかに弱点はあるものの、財務業績を測定する際に、ほぼROEは株価の代用品として使えると考えてよいことがこれらのグラフから読み取れる。

訳注｜カルメーン（Cal-Maine）のつづりの前半がカリフォルニア州、後半がメーン州を想起させる。

図**2.1**●**特殊化学製品及び加工食品・食肉業50社に関する株主資本の市場価値/簿価比率とROE**

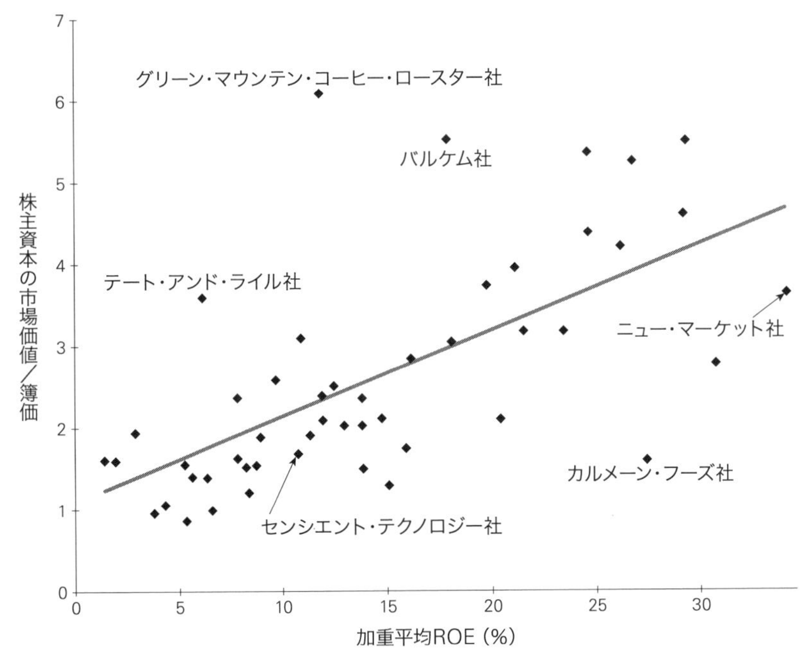

回帰方程式は MV/BV=1.1+10.5ROE となる。この式でMV/BVは、2011年3月時点の株主資本の簿価に対する市場価値の倍率であり、ROEは2010年及びそれに先立つ2年間の加重平均ROEである。市場価値が5億ドルを下回る小規模企業、変数がマイナスとなったりROEが45%超となったりといった異常値の企業は除外した。
調整済R^2=0.39、直線の係数に対するt値は5.9

図2.2◉大企業80社の株主資本の市場価値/簿価とROE

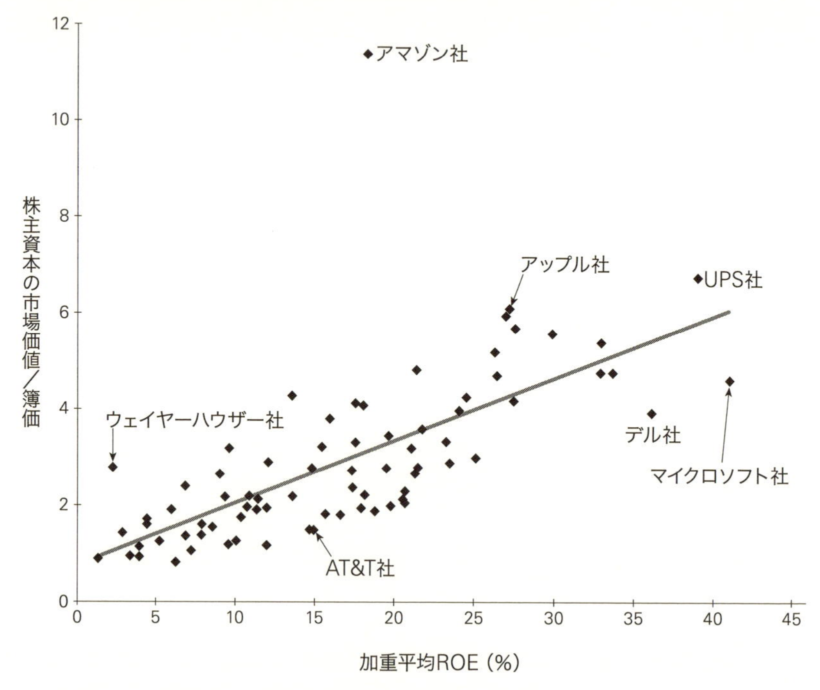

これらの企業は、S&Pのアメリカ大企業100社指数に挙げられた企業である。
マイナスの値やROEが45%を上回る異常値を示す企業は除外した。回帰方程式は MV/BV=0.78+12.8ROE となる。この式において、MV/BVは2011年3月時点における株主資本の簿価に対する市場価値の倍率であり、ROEは2010年及びそれに先立つ2年間の加重平均ROEである。
調整済R^2=0.45、直線の係数に対するｔ値は8.2

比率分析

これまで財務業績のレバーについて議論してきたなかで、数多くの財務比率を定義してきた。以下では、財務業績を分析するために、財務比率をいかに体系的に使用すればよいかということを考えていく。

比率分析は、経営陣、債権者、規制当局、そして投資家に幅広く使用されている。基本的には、企業のいくつかの比率を、一ないし複数の業績面でのベンチマークと比較するという簡単な作業にすぎない。注意深く、想像力を働かせて使用すれば、比率分析は企業について多くのことを明らかにしてくれる。しかし、比率について心にとめておかなければならないことがいくつかある。まず第1に、比率は単にある数字を別の数字で除しただけのものである。したがって、機械的に1つないしいくつかの比率を計算しただけで、現代の企業のように複雑な対象物に関して重要な洞察が自動的に得られると期待することは合理的でない。比率は推理小説における手がかりのようなものと考えるべきであろう。たしかに、1つないしいくつかの比率だけでは誤解を招くかもしれないが、これらを企業の経営や経済的な環境についての知識と結びつけると、比率分析は面白い物語を語ってくれるだろう。

心にとめておくべき第2のポイントは、比率において正しい値は1つではないことである。ゴルディロックスと3匹の熊というおとぎ話(訳注)のように、ある特定の比率が高すぎるのか、低すぎるのか、それともちょうどよいのかの判断は、アナリストなどその比率を判断する人の見方と企業の競争戦略にも左右される。具体例として、先に定義した流動資産を流動負債で除して算出する流動比率を考えてみよう。流動負債の債権者にとって、流動比率が高いということは、その企業が十分な流動性を有し、返済能力が高いことを示唆しているので、肯定的なサインである。しかしオーナーである株主は、同じ流動比率を、資産構成が保守的すぎることを示唆しているので、否定的なサインであると判断するかもしれない。さらに経営の観点からは、流動比率が高いことは、経営が保守的である印か、あるいは緩い支払条件と大きな在庫を通じて競争力を高めようという戦略をとっているための当然の帰結なのかもしれない。このような場合における重要な論点は、流動比率が高すぎるかどうかではなく、採用された戦略がその企業にとってベストであったかどうかである。

◉――比率を効果的に使う

各比率に普遍的に正しい数値基準が存在しないとすれば、それらの比率をどのように解釈すればよいのか。ある企業が健全か不健全かを判断する

訳注｜熊の家族の家に入り込んでしまう女の子の物語。

には、(1)比率を大まかな経験則と比較する、(2)比率を業界平均と比較する、(3)数年間の比率の変化を調べる、という3通りのアプローチがある。特定の企業の比率を経験則と比較することには、単純であるという長所はあるが、その他には推薦すべき点がほとんどない。ある企業にとってどのような数値が適切なのかは、分析者の観点や企業を取り巻く特定の環境に左右される部分があまりにも多く、経験則が大いに有効だとは言いがたい。この経験則の有効性に関してせいぜい言えることは、長年にわたって、このような経験則に合致してきた企業は、そうでない企業よりは倒産の頻度がいくらか小さくなる傾向があるようだということくらいである。

特定企業の比率を業界の比率と比較することで、その企業がどのように競争相手と張り合っているのかを有効に探ることができる。しかし、企業固有の差異は業界標準値からのぶれ幅として十分に正当化できる場合もあることには留意しておきたい。また、業界全体として自分たちが何をやっているのかを理解しているという保証もない。ある鉄道会社が競合他社と似ているとわかっていても、1930年代の恐慌時には、ほとんど慰めにしかならなかった。その頃は、実際すべての鉄道会社が財務上の大きな問題を抱えていたのである。

比率を評価する最も有効な方法のなかに**トレンド分析**がある。数年間にわたって、ある1社の比率を計算し、その時系列による変化を見る。トレンド分析は企業間あるいは業界間の相対比較をすることなく、企業の財務の健全性とその時系列での変化について、信頼するに足る結論を与えてくれる。

さらに財務業績のレバーを思い出せば、トレンド分析の論理的なアプローチ方法が見えてくる。意味のある比率に偶然出会うことを期待しながら手当たり次第に計算するのではなく、財務業績のレバーが実は掛け算の関係にあったという構造を利用する。**図2.3**が示すように、さまざまな比率は財務業績の3つのレバーに分類されている。一番上のROEは、企業全体の財務業績を示している。中段に示された財務業績の3つのレバーは、これらの要素がどのようにROEに貢献しているかを示している。そして下段では、貸借対照表と損益計算書の各勘定科目の管理がどのように財務業績の各レバーに貢献しているかを、すでに考察した多くの比率を用いて明らかにしている。この構造をうまく利用するためには、まず1番上にあるROEの数

図2.3◉業績のレバーが比率分析の1つのロードマップを示す

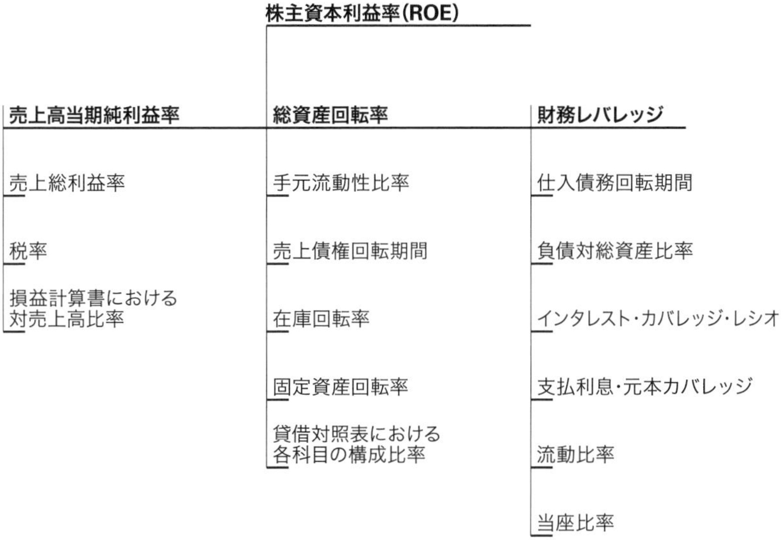

年間のトレンドに注目するとよい。次に焦点を絞って、3つのレバーのどのような変化がROEのトレンドの原因となっているのかを検討してみる。そして最後に、拡大鏡を取り出して、それぞれのレバーの変化を説明するために、個々の勘定科目を調べるとよい。たとえば、売上高当期純利益率と財務レバレッジが変化しなかったのにROEが急落したのであれば、資産の部における個々の勘定科目の管理状態について調べることで、その原因が究明できるだろう。

◉センシエント・テクノロジー社の比率分析

比率分析の実践的な説明として、比率分析がセンシエント社について何を教えてくれるのかを考えてみよう。**表2.2**に、これまでに議論した比率について、2006年から2010年までの同社のものと、2010年の業界中央値とが示されている(比率の定義の要約については、章末の**表2.5**を参照)。比較対象とした業界の値は、表の下に示した代表的な競合先6社からなるものである。他に入手が容易な業界データの例として、ダン・アンド・ブラッドストリート・インフォメーション・サービス社から入手した同様の比率を、章末に**表2.4**として掲げておいた。代表的な業界について、主要な比率の中央値、上位4分の1値、下位4分の1値を載せている(注5)。

センシエント社の収益性比率から始めてみよう。この会社の収益性は、堅実に改善してきてはいるものの、レベルとしてはあまり高くないと言える。2010年のROEは10.9%にすぎず、業界平均の18.1%の半分をわずかに超える程度だ。この差は、同社が有利子負債による調達に慎重なためではないかと説明したくなるが、同社の投下資本利益率(ROIC)に着目すると、それは妥当な話とは言えなくなる。ROICは9.0%と、業界平均の12.5%の約3分の2にすぎないからだ。ROICは、資金調達戦略の違いを除いた、企業の資産の基本的な収益力を示すという点を思い出そう。より視野を広げるため、2010年のアメリカの大企業にサンプルを広げると、ROEの平均値は17.6%、同じくROICは13.1%であった(注6)。

次にセンシエント社の業績のレバーを見ると、売上高当期純利益率は改善しているが、依然として業界平均のやや下である。総資産回転率もまた、たいへん堅実ではあるが、業界平均値を下回る。最後に、財務レバレッジは着実に低下してきて、同業他社平均のほぼ3分の2になっている。この低下に着目すると、仮にこのレバレッジが低下していなかったら、同社の2010年のROEは、およそ25%も高かっただろうということになる(8.1%×0.8×2.1=13.6%)。

もう少し詳しく掘り下げてみると、センシエント社の売上高当期純利益率は向上しているが、売上高総利益率はそうでもない。売上高総利益率のほうは横ばいで2010年には業界平均値をわずかに上回っている。これは、売上高当期純利益率の向上は、販売費及び一般管理費を絞ったことによる

注5 業界企業の最大値から最小値までのすべての数値を大きさの順に並べたとき、真ん中にくるのが中央値、最大値から中央値の真ん中にあるのが上位4分の1値、最小値から中央値の真ん中にあるのが下位4分の1値である。データの出所は、*Industry Norms and Key Business Ratios: Library Edition* 2009-2010, Dun & Bradstreet Credit Services, 2010。

注6 これらの数値は、一般的にアメリカの上位500社で構成されているS&P500採用銘柄のうち、非金融業の419社の平均ROE、ROIC(2010年)である。なお、それぞれの中央値は14.8%、9.6%だった。

表2.2◉センシエント・テクノロジー社の比率分析(2006-2010年)と業界中央値(2010年)

	2006	2007	2008	2009	2010	業界中央値*
収益性指標:						
ROE (%)	**9.4**	**9.6**	**11.1**	**9.5**	**10.9**	**18.1**
ROA (%)	4.6	5.0	6.0	5.4	6.7	7.5
ROIC (%)	7.4	7.8	8.7	7.7	9.0	12.5
売上高当期純利益率(%)	**6.0**	**6.6**	**7.3**	**7.2**	**8.1**	**8.4**
売上高総利益率(%)	34.2	34.3	34.0	34.2	34.0	33.5
PER (倍)	17.2	17.2	12.7	14.8	17.0	17.7
効率性指標:						
総資産回転率(回)	**0.8**	**0.8**	**0.8**	**0.8**	**0.8**	**0.9**
固定資産回転率(回)	2.8	2.8	3.1	2.8	3.1	4.0
在庫回転率(回)	2.2	2.2	2.2	2.0	2.2	4.1
売上債権回転期間(日)	59.2	60.5	58.0	60.8	60.1	58.9
手元流動性比率(日)	1.7	3.2	2.5	3.7	3.9	32.9
仕入債務回転期間(日)	40.8	41.7	36.6	41.1	39.9	51.3
レバレッジ及び流動性指標:						
財務レバレッジ(倍)	**2.1**	**1.9**	**1.9**	**1.8**	**1.6**	**2.4**
負債対総資産比率(%)	51.6	47.9	46.3	42.9	38.5	57.3
負債対株主資本比率(%)	106.5	92.1	86.3	75.2	62.6	139.7
インタレスト・カバレッジ・レシオ(倍)	3.6	4.1	5.0	6.7	8.5	10.1
支払利息・元本カバレッジ(倍)	3.6	4.1	5.0	6.7	8.5	5.4
負債対総資産比率(時価、%)	39.6	35.9	38.1	34.7	25.3	32.5
負債対株主資本比率(時価、%)	65.5	56.0	61.5	53.2	33.8	50.5
流動比率(倍)	2.1	2.7	3.2	3.0	3.3	2.2
当座比率(倍)	0.8	1.1	1.3	1.2	1.4	1.5

*代表的な特殊化学品及び関連製品製造業6社(アグリウム、アルブマール、カボット、コーン・プロダクツ、インターナショナル・フレーバーズ・アンド・フレグランス、マコーミック)をサンプルとした。

ものと見られる。同社が売上高当期純利益率を同業他社並みに上げるには、まだやるべきことが多く残っていると言えそうだ。

センシエント社の資産があまり有効活用されていないことで、同業他社との2つの明らかな相違点が隠れてしまっている。徐々に増えてきているとはいえ、同社の現金残高は同業平均水準よりかなり低い。これは、同社の手元流動性比率が3.9日と、同業平均値の32.9日の8分の1未満という数値であることからも裏づけられる。現金を効率的に使っているにもかかわらず、同社の資産効率があまりよくないのは、その効果を打ち消すほど顕著に固定資産回転率と在庫回転率が低いためである。固定資産回転率は、2006年以降少しずつ改善してきているが、依然として業界平均の4分の3に留まる。一方、在庫回転率は改善傾向にもないし、業界平均の半分をわずかに超える程度にすぎない。こうした差異、特に固定資産回転率の低さは、センシエント社の製品がより資本集約的な性格があるためだと言えなくもないが、単にマネジメントの非効率を反映したものととらえるほうが妥当かもしれない。もしこれらの資産回転率の低さが資本集約的な製品に由来するのなら、同業他社より高い営業利益率を要求したいところだが、そうはなっていないのだ。私としては、センシエント社は資産のマネジメントがあまり上手くないのではないかと推測せざるをえない。

負債に関する比率に目を向けると、同社は外部の資金に対する依存度を急速に下げようとしてきたことがうかがえる。貸借対照表上の比率を見ると、簿価ベースでも市場価値ベースでも、同社は今現在は業界他社に比べ保守的な資金調達を行っていると言える。しかし、インタレスト・カバレッジ・レシオはそれほどかんばしくは無い。センシエント社の当期純利益率や資産の有効活用度の低さは、インタレスト・カバレッジ・レシオが依然として業界平均値よりも15%ほど低いところにもあらわれている（支払利息・元本カバレッジはここではあまり意味のある指標ではない。対象期間中に定期返済予定の借入金が無かったためである）。

表2.3に、センシエント社の2006年から2010年の**比率ベースでの財務諸表**と、2010年の業界平均値を掲載した。貸借対照表では、資産、負債の各項目が総資産に占める割合を示している。損益計算書もこれと同様で、総資産に占める割合のところを売上高との比率で示している点だけが違う。この様式の財務諸表を用いる目的は、成長や衰退によって起こるドル金額ベースでの変化から、その底流にある傾向だけを抽出して示したいことにある。また、比率ベースの財務諸表ならば、異なる規模の会社を比較する際に、規模の違いを捨象するのに便利である。

表**2.3**◉センシエント・テクノロジー社、比率ベースの財務諸表(2006-2010年)と業界平均(2010年)

	2006	2007	2008	2009	2010	業界平均*
資産の部						
現預金及び有価証券	0.4%	0.7%	0.6%	0.8%	0.9%	7.8%
売掛金、損失見込引当分を除く	12.3	12.6	13.0	12.6	13.7	14.5
棚卸資産	22.9	23.1	25.0	24.5	24.5	15.2
その他流動資産	2.4	2.7	2.6	3.5	3.0	5.6
流動資産合計	**37.9**	**39.0**	**41.1**	**41.4**	**42.0**	**43.2**
有形固定資産	59.9	60.6	61.0	62.4	64.1	64.5
減価償却累計額	33.0	33.9	34.6	35.7	37.1	38.1
純有形固定資産	26.9	26.7	26.4	26.7	27.1	26.3
のれん及び無形固定資産(純額)	31.9	31.4	29.8	29.5	28.7	25.3
その他の資産	3.3	2.8	2.7	2.4	2.3	5.2
資産合計	**100.0%**	**100.0%**	**100.0%**	**100.0%**	**100.0%**	**100.0%**
負債及び株主資本の部						
1年以内返済予定長期有利子負債	0.0%	0.0%	0.0%	0.0%	0.0%	1.5%
短期借入金	6.3	3.7	2.2	2.5	1.6	0.9
買掛金	5.6	5.7	5.4	5.6	6.0	8.4
未払法人税	1.0	0.2	0.1	0.0	0.5	0.6
その他未払費用	5.1	5.2	5.1	5.5	4.8	10.1
流動負債合計	**17.9**	**14.7**	**12.9**	**13.6**	**12.8**	**21.5**
長期有利子負債	30.4	28.7	29.2	24.4	20.3	24.8
繰延法人税	–	0.8	1.0	0.8	1.3	2.9
その他長期負債	3.3	3.7	3.3	4.1	4.1	8.6
負債合計	**51.6**	**47.9**	**46.3**	**42.9**	**38.5**	**57.3**
株主資本合計	**48.4**	**52.1**	**53.7**	**57.1**	**61.5**	**41.6**
負債及び株主資本合計	**100.0%**	**100.0%**	**100.0%**	**100.0%**	**100.0%**	**100.0%**
損益計算書						
純売上高	100.0%	100.0%	100.0%	100.0%	100.0%	100.0%
売上原価	65.8	65.7	66.1	65.8	66.0	66.5
売上総利益	**34.2**	**34.3**	**34.0**	**34.2**	**34.0**	**33.5**
販売費及び一般管理費	18.5	18.1	17.5	17.5	17.7	17.1
減価償却費及び償却費	3.9	3.7	3.6	3.5	3.3	3.2
営業費用合計	**22.4**	**21.9**	**21.1**	**21.1**	**21.0**	**20.3**
営業利益	11.8	12.4	12.9	13.2	13.0	13.2
支払利息	3.3	3.1	2.6	2.0	1.5	1.3
その他の費用(収益)	–	–	–	0.9	(0.1)	0.4
営業外費用合計	**3.3**	**3.1**	**2.6**	**2.9**	**1.4**	**1.8**
税引前当期純利益	8.5	9.4	10.3	10.3	11.6	11.4
法人税	2.5	2.8	3.1	3.1	3.5	2.9
当期純利益	**6.1%**	**6.6%**	**7.3%**	**7.2%**	**8.1%**	**8.4%**

*業界のサンプルとした企業については、表2.2の脚注を参照。

センシエント社の貸借対照表を見ると、数値はいたって安定的である。資産側での最大の変化は、棚卸資産をはじめとして流動資産の項目がいずれも増加していることである。この一部は、のれん及び無形固定資産の減少によって相殺されている。短期の資産が42%にのぼることに注目してほしい。これはほとんどの企業や事業において、運転資本の管理が重要だということを示す数値と言える。企業の投資のうち大きな割合が棚卸資産や売掛金といった変動の激しい資産に向けられていることを考えれば、流動資産は十分に監視していく必要があろう。

のれんの減少は、最近の不況によって、経営陣として過去の買収について償却を行ったことが大きく関係している。会計規則では、過去に取得した資産の価値について、定期的に査定し、その市場価値が下落していた場合には帳簿上も減価することが求められている。疑問に思う人もいるかもしれないが、市場価値が上昇したと考えられる場合であっても、簿価を増加することは行わない。価値を減少させるの一方向のみである。貸借対照表の負債サイドでは、長期有利子負債と短期有利子負債がともに急速に減少してきていることがわかる。

センシエント社の2010年の数値を業界平均と比較すると、先ほど確認したとおり、現金の比率が低く、棚卸資産の比率が高いことがわかる。実際、同社の棚卸資産は、業界平均が15%強のところ、総資産の約4分の1にも達している。この差は大きい。同社の有形固定資産への純投資は業界平均とだいたい同じ割合である。これは、同社の固定資産回転率は業界平均よりも低いという前述のコメントと矛盾するように映るかもしれない。しかし、この比率は総資産に対する固定資産の割合を示すのに対して、回転率とは売上に対して固定資産を比較したものであるから、前述のようにセンシエント社が売上1ドル当たり同業他社より多くの資産を要していると考えれば説明できるだろう。最後に、センシエント社が同業他社と比べて「未払費用及びその他流動負債」の割合が小さいことに着目したい。実際問題、こうした「その他もろもろ」系の項目は、資産・負債の両側にある4項目すべてにおいて、競合他社の水準よりも小さい。これは何を暗示するのだろうか。筆者は、これら「その他」系の項目の中身について知らないので、回答できない。

センシエント社の損益計算書を見ると、販売費及び一般管理費の割合が減少しているが、依然として業界平均を上回っている。他に同社と同業他社との差異を見ると、「その他営業外費用」が年ごとのバラつきはあるとはいえ低いこと、そして税金が高めなことが挙げられる。同社の売上原価と販売費及び一般管理費を合わせると、業界平均に比べて1.1%余計にかかっている。一見するとこれはたいした数値ではないように見えるが、損益計算書における小さな比率の差は重要度が低いように見えても、純利益と比べると決してそうとは言えないという点は覚えておくべきである。センシエント社の2010年の税引前利益は売上のわずか11.6%であり、売上に対して1.1%のコスト差とは、純利益に対しては9.5%に相当する差と言えるからだ。売上に対して小さな比率でも、利益に対しては大きな差となりうる。そして、会社にとって売上よりも利益のほうがはるかに重要なのだ。

財務分析の初心者は、営業費用はすべて固定的であり、売上高とともに営業費用も増加させるのは経営者として問題であると非難しがちである。なぜセンシエント社の販売費及び一般管理費は期を経ても一定額ではないのか、規模の経済があるはずではないかと質問することだろう。それに対する答えは、規模の経済は通常それほど単純なものではないということである。もし、簡単に活用できるのであれば、たとえばシアーズやゼネラル・モーターズのような非常に大きな企業は、すぐに小さな競合企業よりも優位に立ち、ついには市場を独占してしまうであろう。現実には、規模の経済を示す企業活動もいくらかはあるが、その他は規模の不経済の対象となる。すなわち、規模が大きくなると企業効率は低下することになる（たとえば、100人のチームの活動をまとめていくのに、10人のチームと比べてどれだけ多くの会議が必要になるか想像いただきたい）。さらに、多くの活動は限られた範囲のなかでは規模の経済を示すが、それを超えると能力増強のための投資が必要になってしまう。よって、センシエント社が売上高に対する販売費及び一般管理費の割合を過去5年間目立って低下させていないからといって、同社の経営陣を批判する理由は見当たらない。もっとも、業界平均よりも数値が高いのは懸念点である。

要約すれば、センシエント社の比率分析により、かなり堅実に保守的に資金調達し、最近の大きな不況を何とか生き抜いている姿が明らかになった。

表2.4◉代表的な産業における主要比率、2009年（上位1/4値、中央値、下位1/4値）

業種及び報告企業数	流動比率(倍)	負債対純資産比率(%)	売上債権回転期間(日)	売上高/棚卸資産(回)	総資産/売上高(%)	売上高当期純利益率(%)	ROA(%)	ROE(%)
農林水産業:								
装飾用種苗(35)								
上位1/4値	5.2	17.5	10.2	13.8	46.6	5.5	8.1	17.5
中央値	**2.4**	**76.6**	**23.9**	**7.1**	**75.5**	**1.7**	**2.7**	**3.8**
下位1/4値	1.2	164.6	46.0	4.2	94.6	(1.3)	(3.7)	(1.6)
園芸業(144)								
上位1/4値	4.1	33.2	19.4	135.9	25.4	6.2	16.3	27.7
中央値	**2.2**	**71.1**	**35.8**	**42.2**	**37.0**	**2.0**	**5.1**	**11.7**
下位1/4値	1.4	164.1	57.3	16.8	50.3	0.1	0.2	1.0
製造業:								
化学製品及び関連製品(609)								
上位1/4値	4.2	28.7	26.7	14.3	58.1	7.3	8.3	19.1
中央値	**2.4**	**70.4**	**42.9**	**8.5**	**105.0**	**1.0**	**0.8**	**5.2**
下位1/4値	1.4	175.1	59.3	5.1	194.0	(30.8)	(24.0)	(21.5)
モーター、発動機(25)								
上位1/4値	3.0	31.4	26.3	9.4	49.3	7.8	7.7	12.5
中央値	**2.3**	**98.7**	**42.0**	**5.7**	**77.9**	**0.5**	**0.7**	**(6.6)**
下位1/4値	0.9	244.9	51.5	2.8	255.1	(194.0)	(35.6)	(87.0)
半導体及び関連機器(152)								
上位1/4値	6.4	16.4	34.2	11.1	92.4	8.3	6.4	9.5
中央値	**3.7**	**32.0**	**47.5**	**7.6**	**136.5**	**(2.6)**	**(1.4)**	**(1.4)**
下位1/4値	2.0	82.7	66.1	5.2	184.0	(24.8)	(17.6)	(22.4)
プロセス制御機器(53)								
上位1/4値	7.7	13.3	38.0	10.9	35.8	8.4	16.0	28.2
中央値	**3.7**	**38.5**	**48.6**	**7.4**	**54.3**	**3.9**	**7.3**	**10.1**
下位1/4値	2.3	84.0	64.6	4.4	78.6	0.1	0.2	0.6
卸売業:								
スポーツ・娯楽用品(72)								
上位1/4値	4.2	27.6	15.5	14.1	20.6	4.4	14.1	23.2
中央値	**2.3**	**59.7**	**29.9**	**6.8**	**32.7**	**1.8**	**5.8**	**11.9**
下位1/4値	1.4	186.1	46.4	4.5	51.2	0.2	0.6	1.6
女性及び子供用衣類(56)								
上位1/4値	3.4	55.6	25.9	15.1	22.7	5.2	17.2	50.7
中央値	**1.9**	**139.9**	**37.2**	**9.0**	**34.3**	**2.0**	**6.7**	**21.1**
下位1/4値	1.4	304.2	53.7	5.5	44.5	0.4	1.5	4.4

表2.4◉代表的な産業における主要比率、2009年（続き）

業種及び報告企業数	流動比率(倍)	負債対純資産比率(%)	売上債権回転期間(日)	売上高/棚卸資産(回)	総資産/売上高(%)	売上高当期純利益率(%)	ROA(%)	ROE(%)
小売業:								
デパート(66)								
上位1/4値	5.8	20.3	1.5	6.8	36.0	3.8	7.8	13.8
中央値	**3.3**	**47.5**	**6.4**	**4.8**	**54.7**	**2.0**	**3.6**	**4.2**
下位1/4値	2.1	110.8	16.8	2.8	74.1	(0.1)	–	(0.1)
食料品(185)								
上位1/4値	3.0	33.1	1.1	34.3	15.9	2.6	11.9	25.9
中央値	**1.9**	**95.1**	**3.3**	**19.8**	**22.1**	**1.3**	**4.6**	**11.5**
下位1/4値	1.3	213.5	6.9	13.7	35.2	0.4	1.9	4.1
宝石店(114)								
上位1/4値	6.0	22.1	1.5	3.2	47.2	4.7	8.0	15.0
中央値	**3.1**	**55.4**	**13.9**	**2.2**	**74.4**	**1.0**	**1.5**	**3.0**
下位1/4値	1.8	142.3	30.7	1.6	100.8	(1.3)	(1.7)	(1.6)
サービス業:								
ホテル・モーテル(84)								
上位1/4値	3.1	26.0	3.3	169.3	72.0	7.7	6.6	17.8
中央値	**1.1**	**151.4**	**6.6**	**108.9**	**176.2**	**1.5**	**1.2**	**5.8**
下位1/4値	0.6	339.1	17.9	34.9	275.5	(9.3)	(3.2)	(2.3)
プレパッケージ型ソフトウェア(195)								
上位1/4値	2.6	35.7	37.6	212.3	54.4	9.4	10.0	21.8
中央値	**1.5**	**62.7**	**55.9**	**48.2**	**98.3**	**1.4**	**1.2**	**3.8**
下位1/4値	0.8	126.7	78.7	15.9	177.3	(15.3)	(18.7)	(7.7)
大学(108)								
上位1/4値	2.9	29.1	17.0	208.1	191.1	10.0	2.9	5.5
中央値	**1.9**	**54.1**	**28.5**	**98.9**	**310.0**	**1.8**	**0.6**	**1.1**
下位1/4値	1.3	89.5	50.6	44.1	437.9	(8.3)	(2.0)	(3.4)

出所: Industry Norms & Key Business Ratios,2009-2010,Desktop Edition,Dun & Bradstreet,a company of The Dun & Bradstreet Corporation.Reprinted with permission.

直近の業績は良好に改善し、競合と比肩するほどにはなっているが、営業利益率や在庫回転率、そして投下資本利益率やROEという観点からは冴えない状況に留まっている。こうした弱点にもかかわらず、業績の改善と、資本的支出のニーズが控えめなことによって、ビジネスを継続させるのに必要とされる以上のキャッシュの創出が可能となってきたのだ。それがど

表**2.5**◉**本章で出てきた主要な比率の定義**

収益性指標:		
ROE	**=**	**当期純利益/株主資本**
ROA	=	当期純利益/総資産
ROIC	=	EBIT×(1-税率)/(有利子負債+株主資本)
売上高当期純利益率	**=**	**当期純利益/売上高**
売上高総利益率	=	売上総利益/売上高
PER	=	株価/1株当たり利益
効率性指標:		
総資産回転率	**=**	**売上高/総資産**
固定資産回転率	=	売上高/純有形固定資産
在庫回転率	=	売上原価/期末棚卸資産
売上債権回転期間	=	売掛金/1日当たり信用売上高 (信用売上高がわからない場合には、売上高を使う)
手元流動性比率	=	現金及び有価証券/1日当たり売上高
仕入債務回転期間	=	買掛金/1日当たり信用仕入高 (仕入高がわからない場合には、売上原価を使う)
レバレッジ及び流動性指標:		
財務レバレッジ	**=**	**総資産/株主資本**
負債対総資産比率	=	負債合計/総資産 (負債合計は、有利子負債で置き換えられることが多い)
負債対株主資本比率	=	負債合計/株主資本
インタレスト・カバレッジ・レシオ	=	EBIT/支払利息
支払利息・元本カバレッジ	=	EBIT/{支払利息+元本の返済額(1-税率)}
負債対総資産比率(時価)	=	負債合計/{発行済株式数×株価+負債合計}
負債対株主資本比率(時価)	=	負債合計/発行済株式数×株価
流動比率	=	流動資産/流動負債
当座比率	=	(流動資産−棚卸資産)/流動負債

の程度大きな課題だったかは、同社のキャッシュフロー計算書から読みとれる。2010年までの5年間で同社の「営業活動によるキャッシュフロー」は総額6億ドルに達した。一方、資本的支出と配当支払いはこの3分の2にすぎない。問題は、残る2億ドルで何をしたかである。今までのところ、経営

陣が下した答えは有利子負債の削減である。有利子負債は、2006年と比べてちょうど2億ドル強減少している。

しかし、この動きをセンシエント社のキャッシュフロー問題に対する長期的な解決策としてとらえると、2つの問題がある。1つは、現状のスピードで有利子負債の減少が続くと5年内に有利子負債はなくなってしまうという点、そして、もう1つはより重要な問題なのだが、有利子負債のレベルがこれほど低いことは、企業としても株主にとっても最良な状態とは言えないという点だ（この点の詳細は第6章参照のこと）。

余ったキャッシュフローの使い道を見つけることは面白い遊びのように聞こえるかもしれないが、センシエント社の経営者であるケネス・マニングは、もっとよくわかっているはずだ。すなわち、資本的支出の増加や、どこかの会社の買収や、株主への還元といった生産的なキャッシュの使い道を示せなかったら、株価の下落、取締役会や株主からの攻撃、もしかするとアクティビストによる買収や乗っ取りの可能性にさえ直面しかねないということだ。センシエント社の財務上の課題と急激な財務レバレッジ縮小の可否については、次章以降でもう少し言及することとしたい。

補　遺

財務構造の国際比較

あのフランス人たちは、何についても違うことを言う。
――――スティーブ・マーチン

これまでほとんどすべての場合において、アメリカにおける実務や規範について述べてきた。これらの慣習がどのくらい普遍的なものなのか、また、国ごとに財務構造の違いがどのくらいあるのか、疑問に思うのは自然なことである。この補遺において、これらの疑問に対して答え、観察された差異に関して広く行われている説明について論評したい。以下の数ページで断定的な答えを述べることは難しいが、入手可能な最も包括的なデータを吟味し、最近の研究成果を簡潔にまとめることにする。

◉――米国市場で取引されている外国企業間の比較

表2A.1は、米国市場で株式が取引されている外国企業の標準的な比率である。設立登記された国別に企業をまとめており、示されている比率は2010年の中央値である。比較のために、アメリカの大企業100社の株価指数であるS&P100指数に含まれる企業の比率も載せてある。対象とした国と地域は必ずしも網羅的ではないが、経済面で重要なところ、また地理的、経済的な多様性は確保できているだろう。

収益性比率を初めに見てみると、アメリカ企業がトップを取っている一方で、日本企業は他に比べて明らかにROICが低く後れをとっている。多少調査してみればわかるが、この日本企業の数値は決して異常値ではない。実際、2006年まで、日本企業のサンプルにおけるROEの中央値は、アジア経済危機や1980年代後半における日本のバブル経済よりも前から21年間にわたってずっと1桁だった。このような低い利益率は、日本企業が短期的な利益を犠牲にしても市場シェアの伸びを重視するという評判と符合している。ただし、その短期的利益の犠牲は予想よりも長く続いてしまっている。そして、数年の好況の後、日本経済は再び低迷期に入っている。最近の甚大な地震と津波の被害も痛手となっている（日本企業は、収益性比率が最も低いにもかかわらず、PERは最も高いという点は驚きと言えよう。投資家が、収益悪化は一時的であり、株価は将来期待される業績の回復と結びついていると判断すると、こうした現象が起こる）。

このデータの2つ目の注目すべき点は、アジアとBRICのサンプル企業における固定資産回転率の低さである。ここでBRICは、ブラジル、ロシア、インド、中国の4カ国を指す。この傾向は業績の差異を示しているのではなく、サンプルが主として鉱業、電力、運輸などの資本集約的な企業で構成されているという事実の反映ではないかと考える。

効率性指標を見ると、日本企業の売上債権回転期間や仕入債務回転期間の長さが目立つ。これは通常、日本で企業が資金調達する際に銀行が果たす役割の重要性や、ケイレツと呼ばれる独特の企業の集合体のためと解さ

表2A.1◉さまざまな国や地域の企業に関する比率分析　2010年（中央値）

	企業数					
	イギリス 36	BRIC 48	日　本 32	アジア 31	ラテンアメリカ 123	アメリカ S&P100 82
収益性指標：						
ROE (%)	**11.3**	**10.8**	**4.0**	**10.9**	**13.9**	**18.4**
ROA (%)	5.7	4.6	1.7	5.5	5.4	7.5
ROIC (%)	9.7	7.6	4.4	7.6	9.4	13.7
売上高当期純利益率(%)	**11.6**	**6.6**	**2.2**	**8.5**	**8.1**	**10.0**
売上高総利益率(%)	39.4	38.3	32.5	49.4	37.6	43.8
PER (倍)	16.7	13.3	19.7	12.3	13.3	16.8
効率性指標：						
総資産回転率(回)	**0.6**	**0.7**	**0.7**	**0.6**	**0.7**	**0.7**
固定資産回転率(回)	3.2	1.6	3.4	1.2	2.5	3.8
在庫回転率(回)	6.6	8.1	5.8	11.0	6.9	6.1
売上債権回転期間(日)	55.1	52.1	78.3	38.6	54.3	49.6
手元流動性比率(日)	49.0	72.8	65.2	60.9	76.9	48.6
仕入債務回転期間(日)	70.5	49.6	72.8	58.5	58.8	53.9
レバレッジ及び流動性指標：						
財務レバレッジ(倍)	**2.2**	**2.1**	**2.4**	**2.0**	**2.0**	**2.2**
負債対総資産比率(%)	58.1	52.6	55.6	48.3	50.2	54.7
負債対株主資本比率(%)	118.4	105.1	129.8	94.7	100.1	119.0
インタレスト・カバレッジ・レシオ(倍)	7.1	4.2	8.4	8.0	6.0	11.9
支払利息・元本カバレッジ(倍)	2.3	0.9	0.6	2.9	2.2	3.8
負債対総資産比率(時価、%)	32.8	44.3	42.6	31.3	40.0	29.7
負債対株主資本比率(時価、%)	48.8	79.7	74.1	45.6	66.6	42.3
流動比率(倍)	1.2	1.4	1.5	1.3	1.6	1.5
当座比率(倍)	0.9	1.1	1.3	1.0	1.2	1.1

BRIC＝ブラジル、ロシア、インド、及び中国。4つの巨大で、概ね急速に成長している発展途上国を指す。
サンプル企業は、通常はアメリカ預託証書（ADR）として米国市場で株式が取引されていて、各地域が設立地と表示されている企業である。金融業及び公益事業は除く。アジア企業からは日本企業を除外している。S&P100の企業は、S&Pの米国大企業100社指数で取り上げられている企業である。売上高3億ドル以下の企業は除く。

れている。ケイレツとは、いくつかの企業から成る互助的な結びつきで、多くの場合「メインバンク」がそのなかに含まれている。そしてケイレツのなかの企業同士で一定の株式を持ち合い、ビジネスの関係を強化するとともに、部外者からの乗っ取りの脅威に対抗するのである。ケイレツに資金供給する際の中心的な方法は、原則として、メインバンクがケイレツ内の代表的な企業（たとえば、トヨタやソニーなど）に惜しみなく融資を行い、そこからケイレツ内の他の企業に対して、豊富な企業間信用の形で資金が行き渡っていくというものである。したがって、売掛金や買掛金の残高が高めとなる。近年、ケイレツのつながりは解体されつつあるが、その名残りは今も残っている。

最後に財務レバレッジと流動性指標を見ると、サンプル企業の負債の使用度合いについて顕著な差異があるとは言いがたい。アジアの企業では、負債対総資産比率は若干低いが、インタレスト・カバレッジ・レシオは他の地域と同水準である。日本企業のインタレスト・カバレッジ・レシオは、収益性が低いにもかかわらず二番目の高さを示しているが、これは借入金の利率がゼロに近いためである。日本とBRICは支払利息・元本カバレッジが低いが、これは有利子負債のうち1年ごとに借り換えを行う短期借入金の割合が大きいことを示唆している。

公開企業

また別のデータを見てみる。**図2A.1**は、1991年から2006年の間における39カ国の有利子負債の比率の中央値を示している。ここでの比率は、有利子負債を企業の市場価値で割った値だ。数値は、ジョゼフ・ファン、シェリダン・チットマン、ガリー・トワイトの報告書から引用している(注7)。この報告書のサンプルには、米国株式市場で取引されている企業にとどまらず、各国の株式市場で取引されている企業が含まれている。いくつか例外もあるが、アメリカ、イギリス、カナダ、オーストラリアなどの先進国に本社を持つ企業は、有利子負債の活用度が低いのに対して、新興の地域では有利子負債を用いる度合いが大きい

同じ報告からの引用で、**図2A.2**は同時期の同じ国における総有利子負債

に対する長期有利子負債の割合の中央値を示している。これから明らかなことに、安定した先進国では長期有利子負債への依存度がとても強く、発展途上の地域では短期有利子負債に依存する度合いが大きい。ニュージーランドの同割合が90%近いのに対して、中国では10%以下というほどの差がある。

これらのグラフと前の表の数値を読み解くときには、公開企業が必ずしもその国の経済全体を代表しているとは限らない点に留意しておくことが重要である。特に、発展途上国では、公開企業は経済全体から見れば小さい割合でしかなく、しかもエリート的存在であることがしばしばだ。**表2A.1**で見られるように、米国市場で取引されている企業の有利子負債活用のレベルが似通っているのは、それら企業の本国での慣習が似通っているというよりも、アメリカの投資家の期待が反映されているからだという点も留意しておきたい。全体として、米国市場で公開しているようなエリート的企業は似たような財務構造を持っており、片やまったくドメスティックな企業はまったく異なる有利子負債構造を持っている可能性はありうる。

上述のようなパターンはなぜ起こるのだろうか。世界のさまざまな国々を一般化してしまうことには危険があるが、筆者の見解はこうである。まず発展途上国の経済には東アジアにせよラテンアメリカにせよ、2つの典型的な特徴がある。1つは、富裕な一族と国家とが企業のかなりの部分をコントロールしているという点だ。たとえば、スタイン・クラッセンと彼の同僚たちは、1996年に、韓国、タイ、インドネシアでは上位10の一族がこれらの国々で上場している株式の時価総額の37%から58%を支配しているとのレポートを発表している[注8]。2つめは、発展途上国の公開市場は概して小さく不安定で、腐敗している可能性があるという点だ。結果として、多くの企業の資金調達先は3つのうちのどれかとなる。すなわち、支配しているファミリー企業、国有ないし国の影響下にある銀行、そして国それ自体、のいずれかである。

注7　Joseph P. H. Fan, Sheridan Titman, and Garry Twite, "An International Comparison of Capital Structure and Debt Maturity Choices," NBER Working Paper, October 2010. www.nber.org/papers/w16445.

注8　Stijn Claessens, Simeon Djankov, and Larry H. P. Lang, "The Separation of Ownership and Control in East Asian Corporations," *Journal of Financial Economics*, October-November 2000, pp. 81-112.

図2A.1◉39カ国における有利子負債対企業価値比率の中央値　1991-2006年

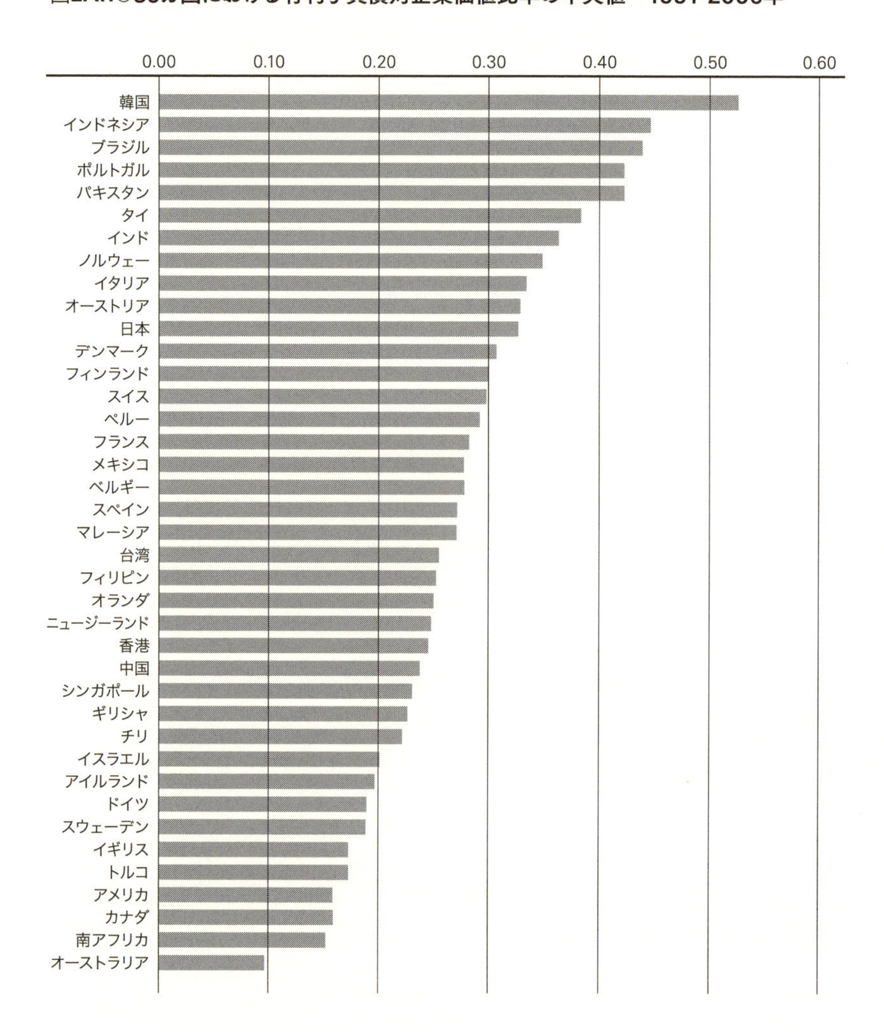

韓国、タイ、インドネシアの企業が有利子負債を多く抱える主な理由は、これらの国々では政府が銀行システムを使って経済成長戦略を追求してきたことにある。つまり、対象と定めた企業に寛大に融資をするよう銀行を指導したり奨励したり、また必要となれば対象企業が不振に陥ったときには信用力を度外視して救済するように銀行をなだめたりという具合である。見返りとして政府は、優遇されている企業や銀行システム全体を救うため

図2A.2◉有利子負債総額に占める長期有利子負債の比率の中央値　1991-2006年

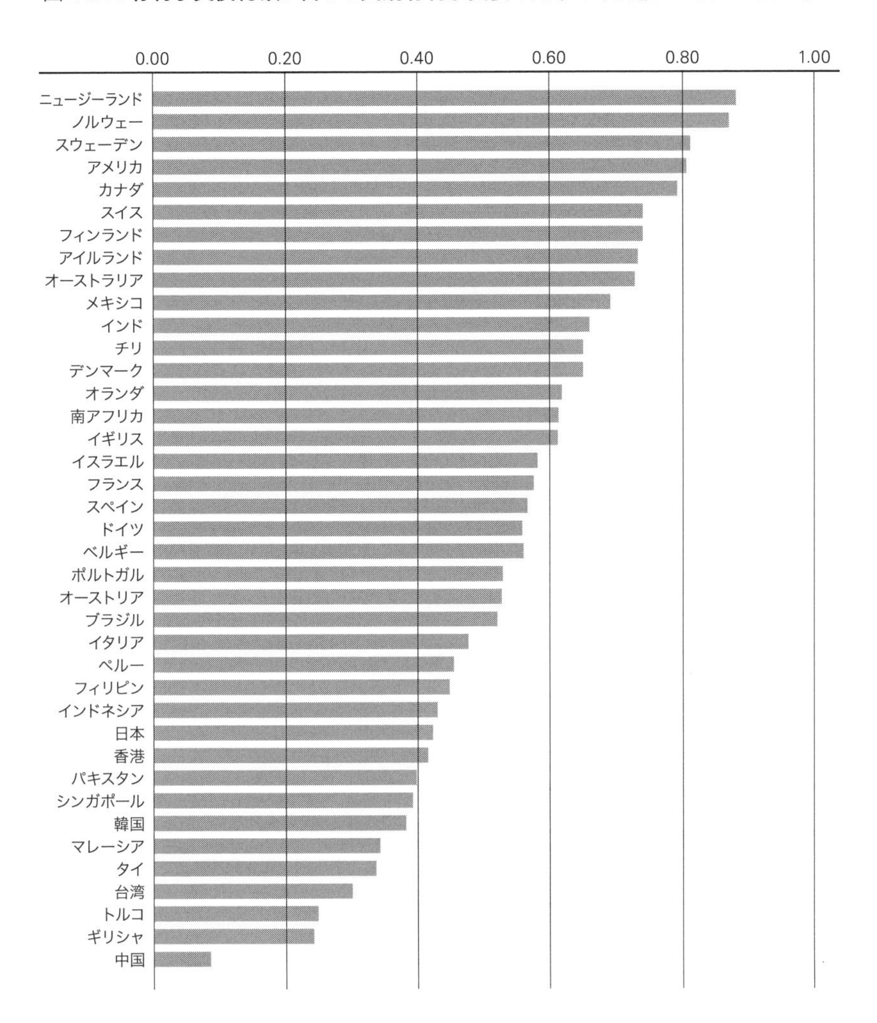

に公的資金を注入することをためらわなかった。このあたりは、先の金融危機時におけるアメリカ政府の対応とは異なるところだ。

対照的に、別の発展途上地域では、政府がトップダウンでの経済成長にコミットせず、また銀行システムに企業間の資源配分機能を持たせようという意識も薄いことから、企業は資金調達における有利子負債への依存度がかなり低くなっている。その結果、銀行の貸出姿勢は借り手の信用力をより正確に反映したものとなっており、政府による暗黙の保証も存在しない。

加えて、発展途上地域における短期有利子負債重視の傾向は、これら地域の経済の特徴である、高率で変動の激しいインフレーションの産物と言える。経済が不安定でインフレ率も一定しないとなれば、債権者が抱えるリスクは増大し、こうした環境下で進んで長期の貸出を行う貸し手はほとんどいないからである。

◉———国際的な会計基準への動き

会計数値の国際比較において常につきまとう問題は、国が違えば、会計担当者が同じ基準で帳簿をつけるとは限らないということである。たとえば、ドイツ語圏の国々の会社には、秘密性を重視する長い伝統がある。実際、フォーチュン誌がスイスの大手製薬会社、ホフマン・ラ・ロシュ社について、「ホフマン・ラ・ロシュ社のアニュアル・レポートで唯一信用できる数値は、表紙の年だけだ」と評したのもさほど昔のことではない。

幸いにも、時代は変わり、楽観的な人々が**国際会計基準**と呼ぶ代物が急速に普及してきている。EU（欧州連合）は加盟国の間で共通で統合された金融市場を創出すべく、広範な努力を傾けてこの国際会計基準を先導してきている。30年に及ぶ研究と議論と政治的論争の末、2005年1月1日に会計制度に関する構想は現実のものとなった。欧州における7,000もの公開企業が、自国の会計ルールを捨てて、新たに定められた**国際財務会計基準**（International Financial Accounting Standards：**IFAS**）を選んだのだ。今日では、6つの大陸の100を超える国々でIFASは受け入れられ、この新しい国際基準を直接、あるいは自国の会計ルールを連動させる形で適用している。

日本やアメリカさえも、このクラブに加入する準備ができてきたようである。日本では、1996年に会計ルールを西洋流に揃える動きが始まり、2012年には**国際財務報告基準**（International Financial Reporting Standards：**IFRS**）を正式に適用することで移行は完成すると見込まれている[訳注1]。

アメリカでは、会計の専門家たちは伝統的にアメリカ式の会計ルールこそ他国もうらやむ最高のものと見なしてきた。そして国際会計基準については、自分たちのルールを受け入れるよう他国に呼びかけるというスタンスを取ってきた。しかし、エンロンやワールドコムの会計スキャンダル、そしてそれに続く会計事務所アーサー・アンダーセンの消滅によって、会計ルールに関する姿勢もやや謙虚になり、妥協の機運も少々生まれてきている。

歴史的に、会計基準面で大西洋を越えて協調する際の主な障害となっていたのが、会計基準が果たすべき役割についての思想面の違いだった。欧州流の考え方では、広い原則的な会計基準を明確にし、会計士や企業経営者に対してこうした会計原則の精神に沿った会計を行う責任を負わせるものであった。これに対し、そうした原則のみでは恣意的な操作の余地が多すぎると懸念し、アメリカ流のアプローチでは、各取引はどのように記録されるべきかといった点を定義する膨大で詳細なルールを定め、ルールの字義通りの厳格な適用を求めた。

皮肉なことに、こうしたルール重視の考え方が近年暴発してしまったように思われる。アメリカ流の「ブライトライン」アプローチ(訳注2)は、会計の不正操作を制限するのではなく、経営者たちの関心を公正で正確な会計報告を準備しようということから、ルールを出し抜く上手いやり方を見つけようという方向に向けさせ、かえって不正操作を誘発してきたようである。「私たちはルール破りなど一切していません。ですからまったくの潔白です」と主張できる能力は、ある経営者にとっては、少しでも見映えのよい数字を求めてプロとしての責任を回避するための口実をつくれる能力でもあったと言えそうだ。こうした米国会計基準の破綻に対する1つの対応として、2002年にサーベンス・オクスレー法が制定された。同法によってコーポレート・ガバナンスや会計報告の実務について非常に多くの改正が行われたが、そのなかで、企業のCEOとCFOは、自社の財務報告の適切さ、公正さ、正確さについて個人的に保証を求められることになった。

もう1つの対応としては、欧州流の「ブロード・ブラシ」アプローチ(訳注3)が持てはやされるようになり、国際協調への働きかけが進展したことである。実際2007年後半に、証券取引委員会(SEC)は、米国株式市場に上場する海

訳注1　翻訳時点では、日本においてIFRSは適用にいたっていない。
訳注2　解釈の余地をなるべく残さないよう、明確に定義されたルールを用いようという考え方。
訳注3　詳細に立ち入らず一般的な原則のみを定めるという考え方。

外企業は米国会計基準にのっとって報告しなければならないとの要件を廃止した。今後は、外国企業がアメリカで規制当局にその証券を登録する際に、国際的な財務会計基準を使うことになるかもしれない。これがきっかけとなり、アメリカは自国独自の会計基準を廃止して国際基準に移行すべきかどうか広く検討する段階に入ってきたと言える。SECは原則としてはこの動きを認めており、アメリカの会計専門家もこの数年、国際会計基準を進める組織を相手に、技術的な協議を続けている。しかし、IFRSに対して期日を決めて確実に変更するというコミットメントは、まだなされていない。

雑駁ながらまとめると、会計の実務の世界では、各国の会計基準の差異が急速に解消されてきており、さらに統合される可能性が高そうだと言える。この傾向は、ビジネスと財務のグローバル化や、EUが域内の市場を統一しようとしていること、日本が経済の停滞から再起しようと努力していること、そしてアメリカにおける会計スキャンダルへの反発によって、加速されている。単一の世界的な会計基準という時代が目前に来ているように見える。この傾向がもたらすメリットで明らかなのは、多国間の会計数値の比較を行う際につきものだった課題が急速に解消され、近い将来にはまったくなくなるかもしれないということだ。

本章のまとめ

1．業績のレバーは、
- 大企業から街角の店まですべての企業にとって共通である。
- マネジャーがROEに影響を与えるための手段を明らかにするものである。
- 3つの構成要素からなる。
  - 売上高当期純利益率
  - 総資産回転率
  - 財務レバレッジ
- その事業に使われる技術や戦略次第で、目安となる数値は大きく異なる。

2．ROEとは、

- 企業の財務実績を測る指標として広く用いられている。
- 売上高当期純利益率、総資産回転率、財務レバレッジの積に等しい。
- 競争の結果、さまざまな産業を通じて大方の企業が同じような数値となる。
- 業績評価の物差しとしては、3つの問題点を抱える。
  - －タイミングの問題。ビジネスの意思決定は将来を見て行われるが、ROEは過去の、しかも1つの期間のみを切り取った指標である。
  - －リスクの問題。財務上の意思決定はリターンに対してリスクのバランスを取りながらなされるが、ROEはリターンのみを測る指標である。
  - －価値の問題。株主は、自身の投資の利回りを測るのに、市場価格に対してリターンはいくらかと考える。しかし、ROEは会計上の簿価に対するリターンの割合である。また、株主資本の市場価値をもとにリターンを測定しても解決されない問題もある。
- これらの問題はあるものの、財務実績を測ることで、株価を予測するラフな指標として有効である。

3．売上高当期純利益率とは、

- 企業の損益計算書の実績を要約したものといえる。
- 売上が利益になっていく様子を比率で示したものである。

4．総資産回転率とは、

- 企業の資産マネジメントの実績を要約したものといえる。
- 資産に投資した金額に対してどれだけの売上をあげられたかを測る指標である。
- 売上や売上原価と、ある特定の資産や負債を関連させることで、管理のための指標として使える。その他の管理指標としては、以下がある。
  - －在庫回転率
  - －売上債権回転期間
  - －手元流動性比率
  - －仕入債務回転期間
  - －固定資産回転率

5．財務レバレッジとは、

- 企業が株式による調達に対して負債による調達を活用している度合いを要約したものである。
- 株主のリスクを増大させるものであり、したがって、最大化すべきというものでもない。
- 営業利益と有利子負債によって年間で支払うべき金額との関係を示す、カバレッジ・レシオという数値も、よく用いられる。
- 貸借対照表上の比率分析で、さまざまな資産・負債上の項目を簿価や時価で比べることも行われる。

6．比率分析は、

- 財務実績を分析するためにさまざまな比率を体系的に使用する。
- 時系列で比べた傾向の分析や、同業他社の比率との比較も行われる。
- どのような比率にせよ、ただ1つの正解の数字があるものではない。高度な判断が要求される。

参考文献等

Fridson, Martin S.; and Fernando Alvarez. *Financial Statement Analysis: A Practitioner's Guide.* 4th ed. John Wiley and Sons, 2011. 400 pages.

経営者向けと学者向けを融合させ、論点に対して非常に実務的な概観を描く。48ドル。

Palepu, Krishna G.; Paul M. Healy; and Victor L. Bernard. *Business Analysis and Valuation: Using Financial Statements: IFRS Edition*, 2nd ed. Cengage Learning, 2010. 784 pages.

一部ファイナンス、一部アカウンティング。会計情報を用いていくつかの財務上の問題、特にビジネス価値評価に取り組む視点が斬新である。ペーパーバックで入手可。68ドル。

Jiambalvo, James. *Managerial Accounting.* 4th ed. New York: John Wiley & Sons, Inc., 2009. 600 pages.

計画、予算、管理、意思決定等において管理会計を活用するためのわかりやすく簡潔な入門書（実を言うと、ジムはわが学部長だが、われわれはよき友人であり、この本は良書である）。158ドル。

Software

本書に沿って開発されたHISTORYでは、企業1社につきユーザーが入力した過去の財務データを最大5年分、分析することができる。結果は、それぞれ1ページに収まる4

種の便利な表で示される。貸借対照表と損益計算書の入力は、個々の企業の報告の慣例に合わせてある程度カスタマイズできる。

Websites

www.reuters.com

www.businessweek.com

finance.yahoo.com

online.wsj.com

これらのサイトは、公開企業について、その概要、株価、財務諸表、財務指標、チャート、その他もろもろの膨大な情報を提供している。

SSRN.com/abstract=982481

米国会計基準と国際会計基準とを収れんさせるという平たんではない道のりの最新動向を知るには、この調査報告書をチェックしておこう。

Elaine Henry, Steve W.J.Lin, and YA.wen Yong, "The European-U.S.GAAP Gap: Amount, Type, Homogeneity, and Value Relevance of IFRST U.S. GAAP From 20-F Reconciliations," September 2008.

Sources for business ratios

図書館で以下をチェックしてみよう。

Troy, Leo. *Almanac of Business and Industrial Ratios 2011 Edition.* Toolkit Media Group, 2010. 824 pages.

米国国税庁(IRS)の税務申告書類に基づいており、特に小企業の指標を見るのによい。

Dun & Bradstreet Business Credit Services. *Industry Norms and Key Business Ratios.* New York:

毎年刊行。

上場、非上場に限らず、100万を超えるアメリカの企業、組合、個人事業の貸借対照表の構成割合と14の指標を収めたもの。標準産業分類コードで定義された800の代表的な事業分野を網羅する。中央値、上位4分の1、下位4分の1の数値がわかる。

Annual Statement Studies 2010-2011: Financial Ratio Benchmarks. Risk Management Association. Philadelphia:

毎年刊行。

多くの事業分野における比率ベースの財務諸表と広く使用されている指標を収める。売上と総資産のそれぞれの規模で6階層に分けて指標が示される。時系列での比較もできる。残念なことに総資産が2億5,000万ドル以下の企業のみとなっている。「企業の財務データの情報源」の名にふさわしい優れた目録。

Standard & Poor's. *Analysts Handbook.* New York:

毎年刊行。月次の補遺あり。

S&P500平均株価のすべての企業について、業種別に損益計算書、貸借対照表、株価データをまとめている。

章末問題

1．コリンズ・エンターテインメント社の取締役会は、CEOに対してROEをもっと上げろという圧力をかけてきた。CNBCによる最近のインタビューのなかで、CEOは同社の財務実績を向上させる計画について話した。まず、全社で扱う商品について10%の値上げを行う。ROEは売上高当期純利益率、総資産回転率、財務レバレッジに分解できることを考慮すれば、この計画は上手くいくとCEOは考えている。株価を上げるために、売上高当期純利益比率を上げれば、結果としてROEも上がるはずというのだ。この計画は上手く行きそうか。

2．正しいか、誤りかで答えよ。

a．企業の財務レバレッジは、常に負債比率に1を加えた値に等しい。

b．企業のROEは、常にROA以上である。

c．企業の売上債権回転期間は、常に仕入債務回転期間より短くなる。

d．企業の流動比率は、常に当座比率より大きくなる。

e．他の条件がすべて等しければ、企業の総資産回転率は高いほうがよい。

f．同じ株価益回りの2社が、PERは異なるということはありうる。

g．税金や取引コストを無視すれば、未実現利益は、実現した現金ベースの利益より価値が小さい。

3．インダストリアル社の財務データは以下のとおりである（単位：千ドル）。

a．各年度末の流動比率と当座比率を計算せよ。同社の短期流動性はこの間、どのように変化したのだろうか。

b．以下の指標を計算せよ。なお、計算上1年は365日とする。

i）売上高に対する各年の売上債権回転期間

ii）売上原価に対する各年の在庫回転率と仕入債務回転期間

iii）各年の手元流動性比率

iv）各年の売上高総利益率と売上高当期純利益率

c．これらの計算から、この企業の業績について何がわかるか。

	1年目	2年目
売上高	$271,161	$457,977
売上原価	249,181	341,204
当期純利益	(155,034)	(403,509)
営業活動からのキャッシュフロー	(58,405)	(20,437)
貸借対照表		
現金	341,180	268,872
短期有価証券	341,762	36,900
売掛金	21,011	35,298
棚卸資産	6,473	72,106
流動資産計	**$710,427**	**$413,176**
買掛金	$28,908	$22,758
未払流動負債	44,310	124,851
流動負債計	**$73,218**	**$147,610**

4．与えられたデータに基づき以下の問いに答えよ。なお、税率は35%、ドルの単位は百万ドルとする。

(単位:百万ドル)

	ロックタイト社	ストーク・システムズ社
EBIT	$380	$394
有利子負債(利率10%)	$240	$1,240
株主資本	$760	$310

a．それぞれの会社のROE、ROA、ROICを計算せよ。

b．なぜ、ストーク社のROEはロックタイト社に比べ、著しく高いのか。これは、ストーク社が優良企業であるということになるか。なぜそうなのか、あるいはそうならないのか。

c．ロックタイト社のROAはなぜストーク社より高いのか。このことから両社について何がわかるのか。

d．2つの会社のROICを比較すると何がわかるか。また、これらの会社について何が言えるのか。

5．あなたはバートレット・ピックル社の財務諸表を準備しようとしたが、貸借対照表を紛失したらしい。損益計算書によれば、昨年の売上高は4億2,000万ドルで、売上高総利益率は40%である。また、昨年はバートレットの全収入の4分の3が信用販売であった。さらに、バートレットの売上債権回転期間は55日、仕入債務回転期間は40日、棚卸資産回転率は売上原価に対して8回であった。バートレットの昨期末における売掛金、棚卸資産、及び買掛金の残高を求めよ。

6．以下のデータに基づき、貸借対照表を完成させよ（すべての売上高は信用販売で、比率は年間365日として計算されており、仕入債務回転期間は売上原価を用いて計算していると仮定する）。

売上債権回転期間	71日
手元流動性比率	34日
流動比率	2.6
在庫回転率	5回
負債対総資産比率	75%
仕入債務回転期間	36日

資産の部	
流動資産：	
現金	$1,100,000
売掛金	
棚卸資産	1,900,000
流動資産合計	
純固定資産	
資産合計	**8,000,000**
負債及び株主資本の部	
流動負債：	
買掛金	
短期有利子負債	
流動負債合計	
長期有利子負債	
株主資本	
負債及び株主資本合計	

7．ボーイング社の財務諸表が以下のURLからダウンロードできる。http://www.diamond.co.jp/go/pb/fmanage/（ただし記載は原文のまま）

以下の設問に答えよ。なお、必要な前提は自由に置いてよい。

a．2005年から2009年のボーイング社について以下を計算せよ。

－負債対株主資本比率

－インタレスト・カバレッジ・レシオ

－支払利息・元本カバレッジ

b．近年EBITの比率が落ちているボーイング社だが、以下の数値をカバーするためには、何％までなら大丈夫であろうか。

－支払利息及び元本の返済額

－支払利息、元本返済、及び配当の支払額

c．以上の計算から、上記期間におけるボーイングの財務レバレッジについて、何がわかるか。

第Ⅱ部

将来の財務業績の計画策定

第3章 財務予測

備えあれば憂いなし
———作者不明

ここまでの章では、財務諸表の評価や業績の分析など過去の事象について見てきたが、本章では将来について見てみることにしよう。まず財務予測の主要な技法を検討し、次に今日の大企業が行っている計画策定と予算編成を簡単に見ていくことにする。次章では、企業が成長管理を行うにあたって発生する計画策定上の問題を検討する。本章では予測と計画策定の手法に重点を置くが、適切な手法は、効果的な計画策定を行うことのほんの一部分にすぎないことを念頭に置くことも重要である。財務計画の基礎となる創造的な市場戦略や事業方針をつくり出すことは、財務計画と同等以上に重要である。

予測財務諸表

企業が財務を計画策定の中心に据える理由は少なくとも2つある。第1の理由は、多くの場合に予測や計画策定が財務数値を用いて行われるからである。計画は財務諸表の形で表現され、計画の評価も財務尺度を用いて行われることが多い。第2に、そしてより重要なことは、財務担当役員はお金という重要な経営資源に責任を持っていることである。すべての企業行動はお金と密接なかかわりを持っているので、どんな計画でも企業の限られた資源の枠内で、その計画を達成できるかどうかを明らかにすることが必要である。

一般に企業はさまざまな計画や予算を立てる。生産計画や人件費予算など企業の特定の側面に焦点を合わせたものもあれば、予測財務諸表のようにもっと広範囲を見渡すものもある。本章では、まず初めに広範囲を見渡すための技法を取り上げ、その後大企業の計画策定を扱う際に、より専門的な技法について簡単に述べることにする。

財務予測を行うために最もよく使われているのは、**予測財務諸表**である。予測財務諸表とは、簡単に言えば、予測期間末の企業の財務諸表がどうなるのかを予想したものである。この予想は非常に綿密な業務計画と予算の極致という場合もあれば、ごく簡単で大まかな予測にすぎない場合もある。しかしいずれの場合においても、予測フォーマットは論理的、かつ、一貫性を持った形で情報を提示している。

財務予測の主な目的は、企業の将来の外部資金調達のニーズを見積もることである。これは、財務計画策定においては欠くことのできない最初のステップである。その策定プロセスはきわめて単純である。仮に来年度の総資産が100ドルになる一方で、負債と株主資本の合計が80ドルしかないのであれば、20ドルの外部資金が必要であることは明確である。この20ドルの外部資金がどのような形態を取るべきか——買掛金、銀行借入、増資など——、について財務予測は多くを語らない。いずれにせよ、新規に20ドルが必要なのである。逆に、もし総資産が負債と株主資本の推計額以下になるのであれば、ビジネスを継続するために必要以上のキャッシュを創出するであろうことが明確である。そして、経営陣はこの余剰分をどのように使うのがベストなのかという意思決定を行うことになる。公式であらわすならば：

外部資金調達必要額＝総資産－（負債＋株主資本）

実務家はしばしば**外部資金調達必要額**を“プラグ(栓)”と呼ぶ。と言うのも、バランスシートをバランスさせるためにはこの金額で“栓をする”必要があるためである。

◉———対売上高比率による予測

ヴィクター・ボーグ氏が最初に述べたように、「特に将来にかかわるという点で、予測は常に困難である」。しかし、損益計算書や貸借対照表の多くの数字を将来の売上高と結びつけることで、この難しさを簡単かつ効果的に克服することができる。第2章で述べたように、この**対売上高比率**による予測は、すべての変動費とほとんどの流動資産及び流動負債が売上高に比例して変化するという特性を根拠としている。もちろんこれは財務諸表に記載されたすべての項目についてあてはまるわけではなく、固定資産などいくつかの項目については別の方法による予測が必要となる。それでも対売上高比率による予測は、多くの重要な変数について簡単で論理的な予測値を与えてくれるのである。

対売上高比率による予測の第1のステップは、過去のデータを検討して財務諸表のどの項目が過去の売上高に比例して変動しているかを明らかにすることである。これにより、どの項目が対売上高比率を用いて見積もることができ、どの項目が別の情報から予測しなければならないかを知ることができる。第2のステップは売上高の予測である。非常に多くの項目が売上高と直接的に結びつけられるため、可能な限り正確に売上高の予測を行うことが重要である。なお、予測財務諸表ができあがったら、その結果に関して適当な範囲での売上高変動に対する感度分析を行うほうがよいだろう。そして対売上高比率による予測の最後のステップは、これまでの対売上高比率を予想売上高に乗じることによって、財務諸表の各項目について予測を行うことである。たとえば、棚卸資産がこれまでは毎年売上高の約20%であり、次年度の売上高が1,000万ドルと予想される場合、次年度の棚卸資産は200万ドルになると予測される。これは単純明快である。

それでは対売上高比率による予測をわかりやすく説明するために、サバーバン・ナショナル銀行が抱える問題を見てみよう。サバーバン・ナショナル銀行は、配管及び電気器具の中規模の卸売業者であるR&Eサプライズ社と長年取引を続けてきた。R&Eサプライズ社は平均3万ドル程度の預金残高を絶えず維持しており、5年間更新可能な短期借入金5万ドルがあった。同社の業績は順調に伸びていたため、短期借入金はおざなりな分析だけで毎年更新されてきた。

2011年末にR&Eサプライズ社の社長は銀行を訪れ、2012年の短期借入金を50万ドルに増やしたいと申し出た。社長の説明によると、同社の順調な成長にもかかわらず、買掛金は継続的に増大し、現金残高が減少したと

表3.1◉R&Eサプライズ社の財務諸表　2008-2011年12月31日（単位：千ドル）

損益計算書				
	2008	2009	2010	2011*
純売上高	$11,190	$13,764	$16,104	$20,613
売上原価	9,400	11,699	13,688	17,727
売上総利益	1,790	2,065	2,416	2,886
費用：				
販売費及び一般管理費	1,019	1,239	1,610	2,267
正味支払利息	100	103	110	90
税引前利益	671	723	696	529
法人税等	302	325	313	238
税引後利益	**$369**	**$398**	**$383**	**$291**

貸借対照表				
資産				
流動資産：				
現預金及び有価証券	$671	$551	$644	$412
売掛金	1,343	1,789	2,094	2,886
棚卸資産	1,119	1,376	1,932	2,267
前払費用	14	12	15	18
流動資産合計	3,147	3,728	4,685	5,583
純固定資産	128	124	295	287
資産合計	**$3,275**	**$3,852**	**$4,980**	**$5,870**
負債及び株主資本				
流動負債：				
短期借入金	$50	$50	$50	$50
買掛金	1,007	1,443	2,426	3,212
1年以内に期限が到来する長期有利子負債	60	50	50	100
未払賃金	5	7	10	18
流動負債合計	1,122	1,550	2,536	3,380
長期有利子負債	960	910	860	760
資本金	150	150	150	150
留保利益	1,043	1,242	1,434	1,580
負債及び株主資本合計	**$3,275**	**$3,852**	**$4,980**	**$5,870**

＊推定

表3.2◉R&Eサプライズ社の主要な財務諸表項目の売上高に対する割合　2008-2011年

	実績				予測
	2008	2009	2010	2011*	2012**
年間売上高成長率	–	23%	17%	28%	25%
	売上高に対する割合				
売上原価(%)	84	85	85	86	86
販売費及び一般管理費(%)	9	9	10	11	12
現預金及び有価証券(手元流動性比率)	22	15	15	7	18
売掛金(売上債権回転期間)	44	47	47	51	51
棚卸資産(在庫回転率)	8	9	7	8	9
買掛金(仕入債務回転期間)	39	45	65	66	59
	その他の比率(%)				
法人税等/税引前利益***	45	45	45	45	45
配当金/税引後利益	50	50	50	50	50

＊推定
＊＊予測　＊＊＊州税及び地方税を含む

いうのである。サプライヤーの何社かからは、支払いをもっと早く行わない限り、今後は現金払いでしか取引をしないと迫られていた。さらにこの社長に50万ドルという数字の根拠を聞くと、「最も要求の厳しい業者にも支払いができ、現金残高も正常に戻すことができる『おおよその金額』である」とのことであった。

銀行の貸出担当者は、これほど大きい金額となると詳細な財務予測なしでは審査部が貸出を承認しないと知っていた。そのため、予測財務諸表を作成すればR&E社で必要になる資金量をより正確に予想できると社長に説明し、さっそく2012年の予測財務諸表を作成することを提言した。

予測財務諸表を作成するにあたり、まず2008年から2011年までの財務諸表(**表3.1**参照)を検討し、傾向を探ってみた。比率分析の結果は、**表3.2**のとおりであった。これらの表からたしかに社長が懸念している流動性の低下と買掛金の増大が読み取れる。現預金及び有価証券残高の対売上高比率が22日から7日に低下しているのに対して、買掛金残高の対売上高比率は39日から66日に上昇している(注1)。もう1つの懸念事項は、売上原価と販売費及び一般管理費の対売上高比率が上昇していることであった。つまり、同社の利益は明らかに売上高ほど伸びていないのである。

さて、**表3.2**の1番右側の列は、貸出担当者と社長が合意した業績予想である。最近の傾向から売上高は、2011年から25%の伸びが予想されている。販売費及び一般管理費は、会社にとって不利な労使交渉の結果、引き続き増大すると予想されている。過去の現預金バランスや競合の当該数値と比較したうえで、現預金及び有価証券残高については、少なくとも売上高の18日分まで増加させるべきであると社長は考えている。現預金及び有価証券残高は収益率が低い資産なので、この数値はビジネスを効率的に運営するために必要な最低限の金額であると社長は信じている。この金額以上の現預金及び有価証券残高は借入残高を増やすこととなり、結果として同社のコストが増加することからも、社長の考えは裏づけられる。貸出担当者は、その資金の大半が自分の銀行に預けられることになるので、ためらいなく同意した。社長はまた仕入債務回転期間を少なくとも59日に短縮すべきであると考えており、税率と配当性向は前年同様とした。

これに基づいて作成された予測財務諸表が**表3.3**である。まず損益計算書から見ると、上記の仮定に基づけば、税引後利益は前年比20%減の23万4,000ドルとなることがわかる。ここで唯一注意を要する項目は正味支払利息である。支払利息は会社が必要とする借入金の金額によって決まるので、それが決まっていない今はとりあえず前年と同額としておき、後で修正することにしてある。

▼外部資金調達必要額の見積もり

たいていの事業担当役員は、貸借対照表よりも収益性を示す損益計算書に関心を持っている。それとは逆に財務担当役員は、将来の必要資金を見積もるという目的のため、損益計算書については貸借対照表に影響を与えるという点にしか関心がない。財務担当役員にとっては、貸借対照表こそ重要なのである。

R&E社の予測貸借対照表（**表3.3**）で、初めに説明しなければならない項

注1｜本章で使われる比率の定義については、第2章の**表2.5**を参照。

表3.3◉R&Eサプライズ社の予測財務諸表　2012年12月31日（単位：千ドル）

損益計算書		
	2012	**注**
純売上高	$25,766	25%増
売上原価	22,159	売上高の86%
売上総利益	3,607	
費用：		
販売費及び一般管理費	3,092	売上高の12%
正味支払利息	90	当初と不変
税引前利益	425	
法人税等	191	税率45%
税引後利益	**$234**	

貸借対照表		
資産		
流動資産：		
現預金及び有価証券	$1,271	売上高の18日分
売掛金	3,600	売上債権回転期間51日
棚卸資産	2,462	回転率9倍
前払費用	20	概算
流動資産合計	7,353	
純固定資産	280	本文を参照
資産合計	**$7,633**	
負債及び株主資本		
流動負債：		
短期借入金	$0	
買掛金	3,582	仕入債務回転期間59日
1年以内に期限が到来する長期有利子負債	100	本文を参照
未払賃金	22	概算
流動負債合計	3,704	
長期有利子負債	660	
資本金	150	
留保利益	1,697	本文を参照
負債及び株主資本合計	$6,211	
外部資金調達必要額	**$1,422**	

目は前払費用である。未払賃金と同様、前払費用は売上高の増減と関係なく変動するが、その金額が小さく、また予測のためにあまり高い精度は必要としないので、おおよその見積もりで十分である。

次に固定資産であるが、社長によると2012年度の設備投資予算4万3,000ドルはすでに承認されているが、同年度の減価償却費が5万ドルなので、固定資産は7,000ドル減の28万ドル（28.7万ドル＋4.3万ドル－5万ドル＝28万ドル）になる。

銀行からの借入金がとりあえずゼロと記されていることに注目しよう。まず外部資金調達必要額を算出し、それから銀行借入を検討することになる。少し下にある「1年以内に期限が到来する長期借入金」とは、単に2013年度じゅうに満期を迎える元本である。満期日は借入契約で明記されている。この返済分は流動負債ということになるので、会計担当者は長期借入金から切り離して1年以内に期限が到来する長期借入金として計上している。

最後に説明しなければならない項目は留保利益である。R&E社は2012年度に新株発行の予定がないので普通株式数は一定である。したがって、留保利益は次のように算出される。

2012年度の留保利益　＝2011年度の留保利益＋2012年度の税引後利益
－2012年度の配当金
169万7,000ドル　＝158万ドル＋23万4,000ドル－11万7,000ドル

言い換えれば、配当金より多くの利益が得られた場合、その超過分が留保利益の積み増しとなる。留保利益は貸借対照表と損益計算書の掛け橋のような役目を担っており、利益が増えれば留保利益も増え、銀行借入の必要性は減る[(注2)]。

R&E社の予測財務諸表を完成させるための最後のステップは、外部資金調達必要額を見積もることである。前述した公式を使うと、

外部資金調達必要額＝総資産－（負債＋株主資本）
＝763万3,000ドル －621万1,000ドル
＝142万2,000ドル

つまりこの財務予測によれば、社長の目標を達成するためにR&Eサプライズ社が必要とする資金調達額は、50万ドルではなく140万ドルを超えていることがわかる。

「このご恩は何とお返しすればいいかわかりません」と言いながら、席を立って握手を求めてくる借り手の言葉が気がかりで、サバーバン・ナショナル銀行の貸出担当者はこの財務予測の結果についてどのようにしたらよいか判断に迷うことであろう。なぜなら、R&E社の2012年度末の売掛金は360万ドルほどとなることが予想されており、これは140万ドルの貸出にとって十分な担保となるだろう。しかし、R&E社は財務計画を真剣に考えていないし、社長も自分の会社の進路をわかっていないという明らかな不安材料を抱えているためである。ただし、財務予測から何を読み取るのかを深追いする前に、注意しなければならないことがある。この財務予測は、新規の追加融資に伴う支払利息の増大をまだ織り込んでいないのである。

支払利息

財務予測を行う初心者を悩ます問題の1つに、借入金と支払利息との循環的な関係がある。前述のように、支払利息は外部資金調達必要額が決まらないと見積もることができない。しかし一方では、外部資金調達額も部分的には支払利息によって決まるため、結局この2つはどちらも、一方が決まらないと他方が予測できない。

このジレンマを解決するには2つの一般的手法がある。より精緻なアプローチはコンピュータのスプレッドシートを用いて、支払利息額と必要資金額を同時に解く方法である。この方法の詳細は「コンピュータによる予測」のセクションで触れることにしよう。そして、もう1つのより簡便な方法は、この問題自体を気にとめないことである。つまり、最初の答えが理想の答えに十分近いと仮定するわけである。売上高をはじめとする変数の予測には誤差がつきものであるため、支払利息を正確に見積もれないことから生

注2　為替差益（差損）のような項目が留保利益に影響することで上記式の計算が複雑になることがときどきあるが、ここでは問題としないことにする。

じる誤差は、通常たいした問題にはならないのである。

最初に作成されたR&Eサプライズ社の予測財務諸表では、貸借対照表上の有利子負債の総額220万ドルに対し、支払利息額を9万ドルと予想している。利率を10%とすると、この支払利息は22万ドルとなり、最初の予想を13万ドル以上オーバーする。支払利息が13万ドル増加したとき、損益計算書にどのような影響があらわれるだろうか。第1に、13万ドルの支払利息は税引前の費用である。税率を45%とすると、税引後利益の減少は7万1,500ドルにすぎない。第2に、R&Eサプライズ社は税引後利益の半分を配当として分配しているため、税引後利益が7万1,500ドル減少したことにより留保利益の積み増しは3万5,750ドル減ることになる。したがって、これらすべての調整を終えると、留保利益の積み増しは3万5,750ドル減り、その結果、外部資金調達必要額は同額増える結果となる。しかし、新規の必要外部資金がすでに140万ドルを超えているときに、追加で3万5,750ドル必要となってもどの程度の意味合いを持つのだろうか。たしかに支払利息の増加は利益に大きな影響を与えるが、税金と配当金というフィルターを通すことで、外部資金調達必要額への影響は小さくなる。以上の話からわかることは、簡略化した財務予測でも、実際にはきわめて有益ということである。時間単位で顧客に請求できる立場にない限り、この手づくりの財務予測は多くの目的を満たす十分なものである。

季節変動

予測財務諸表に限らず、本章で扱ったすべての手法に存在する深刻な問題は、予測結果は予測しようとする日の財務状況しかあらわしていないという点である。**表3.3**はR&Eサプライズ社の2012年12月31日における外部資金調達必要額を示しているが、これ以前や以後の日における企業の資金調達ニーズについて何も示してはくれない。企業の資金調達ニーズが季節によって変動する場合は、年度末に資金調達ニーズのピークが来るとは限らないので、年度末における借入金のニーズを知っていても資金調達計画の作成のためにはほとんど役に立たない。この問題を回避するためには、年間の予測ではなく、四半期ごとまたは月ごとの予測を作成する必要がある。

また、資金調達ニーズのピークとなる日がわかっているならば、単純にその日における資金調達ニーズを予測すればよい。

予測財務諸表と財務計画

ここまでは、R&Eサプライズ社の予測財務諸表を使って同社の事業計画が財務面に及ぼす影響について見てきたが、これは作業の半分にあたる予測の部分であった。次の作業は本腰を入れて財務計画を作成することである。これまでの章で説明したテクニックを駆使して、経営陣は財務予測を注意深く分析し、抽出された問題を回避するために変更を加えるか、それともこのままで行くのかを意思決定する必要がある。とりわけ、外部資金調達必要額が大きすぎないかどうかを判断しなければならない。R&E社として140万ドルも借りたくないか、あるいは銀行がそのような巨額の貸出を認めようとしないか、理由はいずれにしても外部資金調達必要額が大きすぎると判断するのならば、経営者は事業計画を財務面での現実に合わせて修正しなければならない。この点こそ、事業計画と財務計画を統合して整合性のある戦略を策定するために重要な点である。さもないと、しばしば両者は衝突してしまう。幸いなことに、予測財務諸表はこの反復修正作業を行うにあたって、優れたテンプレートを提供してくれる。

このプロセスについて具体的に考えてみよう。たとえば、サバーバン・ナショナル銀行が、R&E社の経営陣が財務的な洞察力に乏しいことを懸念し、100万ドル以上の融資に消極的だったとする。他の金融機関からの借入や新株発行の可能性がないとすれば、R&E社は外部資金調達必要額を40万ドル削るべく事業計画を修正しなければならない。この課題に対応するには複数の方法があるが、それぞれ、事業成長、収益性、資金需要などに関して微妙なトレードオフを伴う。筆者らは、R&E社の経営陣と同様にはこれらのトレードオフを評価する立場にないが、そのメカニズムを説明することはできる。議論の末、経営陣として以下の修正事業計画を検証することに決めたとしよう：

- 売掛金の回収を厳しく行い、回収期間を51日から47日に短縮する

● 買掛金の支払期間を緩やかに伸ばし、59日から60日にする

そして、短縮した回収期間によって一部の顧客が離れ、また、長期化した支払期間が原因で購入割引を犠牲にせざるをえなくなり、結果として売上成長率は25%から20%に下方修正となり、また、販売費及び一般管理費も12%から12.5%に上昇することになると経営陣が考えたとしよう。

この修正事業計画を検証するには、これらの前提条件をインプットし予測財務諸表を再計算するだけでよい。**表3.4**がこの作業の結果である。外部資金調達必要額が100万ドル以下に収まった点はよいが、一方で税引後利益が**表3.3**の当初の計画値より34%((23万4,000ドル－15万5,000ドル)／23万4,000ドル)減少することになる。

このR&Eサプライズ社の修正予測財務諸表は、最適なのであろうか？ 他の想定される計画よりも優れているのだろうか？ これらは経営戦略にかかわる根源的な問いであり、100%の確からしさを持って答えることはできない。しかし、予測財務諸表はこのように計画策定過程において多大な貢献を行うことは確かである。なぜなら、代替案を評価する手段を提供し、それぞれの案のコストとメリットを定量化し、どの案が財務的に妥当なのかを示唆してくれるからである。

コンピュータによる予測

すぐに使える**スプレッドシート**のおかげで、コンピュータのスキルがあまり無くても、今や誰でもエレガントな(そして、ときには有用な)予測財務諸表の作成や複雑なリスク分析ができるようになった。スプレッドシートを用いた予測がいかに簡単かを見ていくため、**表3.5**にコンピュータ画面に表示されるであろう形で、R&Eサプライズ社の簡略化された1年間の予測が示されている(仮に読者がコンピュータ初心者であるならば、この節を読み飛ばすか、読み続ける前にスプレッドシートの基礎知識を習得することをお勧めする)。シミュレーションされた画面の最初の部分は仮定欄で、予測を行うのに必要なすべての情報と仮定を網羅している(即座にすべての必要な情報を思いつくことができないならば、後で入力するために最初は空欄をつくっておくと

表3.4◉R&Eサプライズ社の修正予測財務諸表　2012年12月31日

(単位:千ドル、修正箇所は太字)

損益計算書

	2012	注
純売上高	**$24,736**	**20%増**
売上原価	21,273	売上高の86%
売上総利益	3,463	
費用:		
販売費及び一般管理費	**3,092**	**売上高の12.5%**
正味支払利息	90	前年のままと仮置き
税引前利益	281	
法人税等	126	税率45%
税引後利益	**$155**	

貸借対照表

資産		
流動資産:		
現預金及び有価証券	$1,220	売上高の18日分
売掛金	**3,185**	**売上債権回転期間47日**
棚卸資産	2,364	回転率9倍
前払費用	20	概算
流動資産合計	6,789	
純固定資産	280	本文を参照
資産合計	**$7,069**	
負債及び株主資本		
流動負債:		
短期借入金	$0	
買掛金	**3,497**	**仕入債務回転期間60日**
1年以内に期限が到来する長期有利子負債	100	本文を参照
繰延法人税等	22	概算
流動負債合計	3,619	
長期有利子負債	660	
資本金	150	
留保利益	1,657	本文を参照
負債及び株主資本合計	$6,086	
外部資金調達必要額	**$982**	

表3.5◉スプレッドシートを用いた予測：R&Eサプライズ社の財務予測

2012年12月31日（単位：千ドル）

	A	B	C	D
1				
2	年度	**2011年実績**	**2012年**	**2013年**
3	純売上高	$20,613		
4	売上高成長率		25.0%	
5	売上原価／純売上高		86.0%	
6	販売費及び一般管理費／純売上高		12.0%	
7	長期有利子負債	$760	$660	
8	1年以内に期限が到来する長期負債	$100	$100	
9	利率		10.0%	
10	税率		45.0%	
11	配当金／税引後利益		50.0%	
12	流動資産／純売上高		29.0%	
13	純固定資産		$280	
14	流動負債／純売上高		14.5%	
15	株主資本	$1,730		
16	**損益計算書**			
17		計算式	予測	予測
18	年度	**2012年**	**2012年**	**2013年**
19	純売上高	=B3+B3*C4	$25,766	
20	売上原価	=C5*C19	22,159	
21	売上総利益	=C19-C20	3,607	
22	販売費及び一般管理費	=C6*C19	3,092	
23	支払利息	=C9*(C7+C8+C40)	231	
24	税引前利益	=C21-C22-C23	285	
25	法人税等	=C10*C24	128	
26	税引後利益	=C24-C25	156	
27	配当金	=C11*C26	78	
28	留保利益への繰入額	=C26-C27	78	
29				
30	**貸借対照表**			
31	流動資産	=C12*C19	7,472	
32	純固定資産	=C13	280	
33	資産合計	=C31+C32	7,752	
34				
35	流動負債	=C14*C19	3,736	
36	長期有利子負債	=C7	660	
37	株主資本	=B15+C28	1,808	
38	負債及び株主資本合計	=C35+C36+C37	6,204	
39				
40	**外部資金調達必要額**	=C33-C38	**$1,548**	

よい)。もし仮定を変更したり、シナリオ分析や感度分析を行おうと考えているならば、仮定欄に必要なすべての情報を入力しておくことで、後で仮定を変更したい場合に時間を大きく節約できる。仮定欄にある2012年のデータは、前述の手作業の予測で使用したR&Eサプライズ社のデータと対応している。

財務予測は仮定欄のすぐ下から始まる。1列目の「計算式2012年」という縦列は説明用に示したものであって、通常の予測では表示しない。これらの計算式をコンピュータに入力すると、2列目の「予測2012年」という列に示されている数値が計算される。3列目の「予測2013年」という列は、今の時点では空白にしてある。

なぜ貸し手はそれほど保守的なのか

「共和党員同士の結婚が多すぎるからである」と回答する人もいるだろうが、もう1つの可能性のある回答は、収益率が低いためというものである。簡単に言えば、もし貸出からの期待収益率が低いならば、貸し手は高いリスクを負おうとはしないのである。

たとえば、利率が10%である100万ドルの貸出を100件行っている銀行の損益計算書を見てみよう。

(単位:千ドル)

受取利息(10% × 100 × 100万ドル)	$10,000
支払利息	7,000
売上総利益	3,000
営業費用	1,000
税引前利益	2,000
法人税(税率40%)	800
税引後利益	$1,200

この支払利息700万ドルは、1億ドルの貸出を行うために銀行が資金調達を行う際、預金者や投資家に7%の収益率を約束しなければならなかったことをあらわしている(銀行の専門用語では、これらの貸出が3%の貸出マージンまたはスプレッドを生むと表現する)。営業費用とは、都心

のビルにある事務所の経費、美術コレクションの費用、従業員の給与などである。

これらの数値は総資産に対する利益率（ROA）が1.2%と非常に小さいことを示している。業績のレバーの話を想起すると、この銀行が適度な株主資本利益率（ROE）を達成するためには、財務レバレッジを大きく高めなければならない。実際、12%の株主収益率（ROE）を達成するために、この銀行は10倍の財務レバレッジ、すなわち株主資本1ドルに対して9ドルの負債を必要とする。

さらに悪いことに、この利益額は楽観的すぎる。というのは、すべての貸出が返済されるとは限らないという事実を無視しているためである。通常、銀行は債務不履行となった貸出の元本については40%程度しか回収できないので、100万ドルのうち残りの60万ドルは損失となる。債務不履行となった貸出について税務上の損失を無視すれば、これは銀行貸出100件のうち1年間にたった2件が回収不能となっただけで、120万ドルの期待利益が泡と消えることを意味している。言い換えれば、損失を被らないためには、貸出担当者は各貸出が返済されることを確信できなければいけない（さもなければ、貸出担当者は貸出が回収不能に陥る前に貸出担当部から栄転できると確信している必要がある）。したがって、貸し手が保守的なのは、意欲的な貸し手はとっくに倒産してしまっているからなのである。

仮定から予測を完成させるには、2つのステップが必要である。まず、インプットを予測アウトプットに結びつけるための一連の計算式を入力することが必要である。それが1列目にある計算式である。以下ではこれらをどのように読むかを述べる。たとえば、純売上高を示す最初の計算式は「=B3＋B3*C4」である。これはセルB3の数値に、セルB3の数値とセルC4の数値を乗じたものを足す、つまり「2万613ドル＋2万613ドル×25%」という指示をコンピュータに与える。2つ目の計算式は、予測売上高に予測される売上原価率を乗じるという指示である。第3の計算式は純売上高から売上原価を差し引いて、売上総利益を計算することを指示している。

注意すべき計算式は3つしかない。23行目の支払利息は、期末長期借入金（1年以内に期限が到来する長期借入金を含む）と外部資金調達必要額の合計額に借入利率を乗じたものである。ここで注意すべき部分とは、前述のように支払利息と外部資金調達必要額の相互依存性である（これについては、第2のステップで詳しく述べることにする）。他の2つの計算式は比較的易しい。37行目の株主資本の計算式は、期末の株主資本に留保利益への算入額を足したものである。40行目の外部資金調達必要額は、資産の合計額から負債と株主資本の合計額を差し引いたものである。

第2のステップは、支払利息と外部資金調達必要額の間の相互依存性を反映させることである。何の調整も行わなければ、支払利息の計算式を打ち込んだ段階で、コンピュータはおそらく「循環参照」という警告を出し、計算は行き詰まるに違いない。これを避けるためには、コンピュータが計算する式を修正しなければならない。エクセル2007またはそれ以降のバージョンを使用する場合、スプレッドシートの左上にある"マイクロソフトオフィスボタン"をクリック、"エクセルオプション"と"数式"をクリックする。"計算方法の設定"セクションのなかの"反復計算を行う"ボックスを選び、"OK"をクリックすると、修正作業は完了する。

さて、面白いのはここからである。前提条件を修正するには仮定欄にある該当箇所の1つを変更すればよい。そうすると、コンピュータは必要なすべての変更を即座に行い、修正後の予測を提示する。さらに1年先の予測も行うには、仮定欄を完成させ、「2012年予測」のセルを選択して反転表示させ、1つ右側の列にコピーすればよい。そして、純売上高と株主資本の計算式の修正を行えば、後はコンピュータが計算してくれる（財務予測を行うための無料のソフトであるPROFORMAに関する情報については、章末の参考文献等を参照のこと）。

不確実性への対応

◉———感度分析

現実的な財務予測に必ずつきまとう不確実要因と取り組む際に、役立つ技法がいくつか存在する。最も単純なものは、What-if分析として知られる**感度分析**（sensitivity analysis）である。What-if分析とは「もし売上高成長率が25％でなく15％だったらどうなるのか」「もし売上原価が売上高の86％ではなく84％だったらどうなるのか」ということを明らかにするものである。このWhat-if分析では、予測財務諸表を作成する基礎となる仮定を順番に1つずつ変更してみて、予測がどのように変化するのかを観察する。この技法は少なくとも2つの点において有用である。第1に、起こりうる可能性のある結果の範囲を示してくれることである。たとえばR&Eサプライズ社の当初の予測から感度分析を行った結果、将来達成される売上高によって外部資金調達必要額が140万ドルから200万ドルの範囲で変動することが示されたとする。この情報によって、経営者は将来60万ドルの外部資金を追加的に調達できるよう、資金調達計画に十分な柔軟性を持たせたほうがよいことがわかるだろう。第2に、感度分析は例外管理を促進する。経営者は感度分析によってどの仮定が予測に重大な影響を及ぼし、どの仮定がそうでもないのかを知ることができる。これによって経営者は、最も重要な仮定についての情報収集と予測に専念することができる。またその後の財務計画の実行においても、この情報のおかげで、財務計画の成功のために最も重要な要因に焦点を当てることができるのである。

◉———シナリオ分析

上記のように感度分析は有益であるが、一度に1つの仮定しか変化させないのでは、適切な予測をほとんど行えないことを認識する必要がある。つまり、ある条件に変化を引き起こす事象がどのようなものであっても、その事象は他の条件にも影響を及ぼすことが多い。たとえば、R&Eサプライズ社の売上高成長率が予想より15%下回った場合の外部資金調達必要額を予想しようとしているとしよう。感度分析では、単純に売上高成長率を15%低く設定して外部資金調達必要額を再計算することになる。しかし、このアプローチでは売上高の落ち込みが他の予測に一切影響を与えないと暗に仮定しているのである。売上高が予想より下回る際には当初は在庫が増え、企業が販売量を維持しようとして販売価格を下げる結果、利益率が低下するという仮定のほうが適切であるとすれば、これらの補完的影響も織り込まないと、外部資金調達必要額を過少に予測することになる。

シナリオ分析は一度に1つだけ仮定を操作するのではなく、視野を広げて特定の経済事象に応じて複数の仮定がどのように変化するかを見る。シナリオ分析の第1のステップは、企業にふりかかる可能性のあるいくつかの事象、つまりシナリオを注意深く選び出すことである。たとえば、主要な顧客の喪失、主要な新製品の導入成功、重要な競合の新規参入などが一般的なシナリオである。次のステップでは、選び出したそれぞれのシナリオについて、当初想定した仮定が適切であるか、あるいは新しいより正確な仮定と置き換えるべきかを確認するために、当初の仮定の変数をもう一度注意深く検討する。この分析の最後のステップは、それぞれのシナリオごとに個別の予測を作成することである。その結果、数は限られているものの、その企業が直面する偶発事象の範囲を示す詳細な予測が得られる。

シミュレーション

シミュレーションは、コンピュータを使った感度分析の発展形である。シミュレーションを行うには、まずその予測における不確実な要素の確率分布を明らかにすることから始める。各変数の取りうる値と、それぞれの値の起こる確率をあらわしたものが確率分布である。次にコンピュータにその確率分布に基づいてそれぞれの不確実な変数の値をランダムに選択させ、こうして得られた数値に基づく予測財務諸表を計算させる。これで1組の予測財務諸表が作成されるが、最後のステップを何度も繰り返すことで、たくさんの予測財務諸表を作成することができる。シミュレーションの結果は、こうしたたくさんの予測財務諸表をまとめた1つの表か、あるいはし

図3.1◉R&Eサプライズ社の外部資金調達ニーズのシミュレーション：
売上高成長率の頻度グラフと分布図一覧

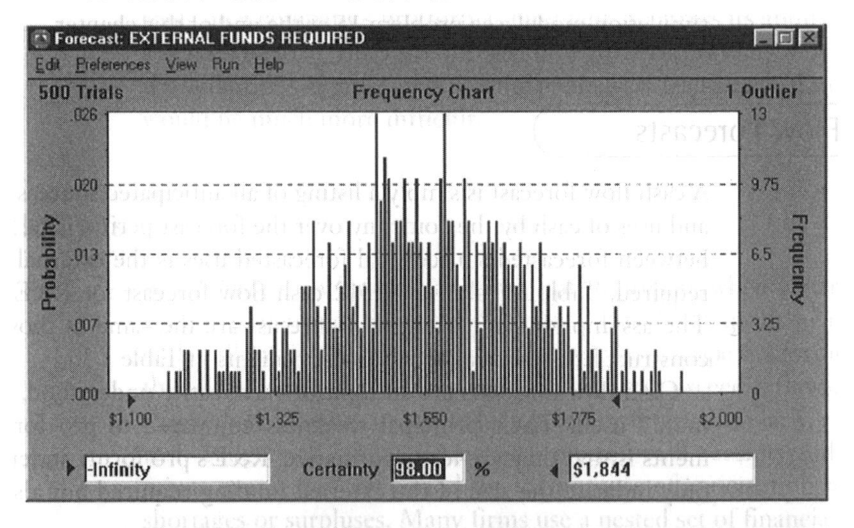

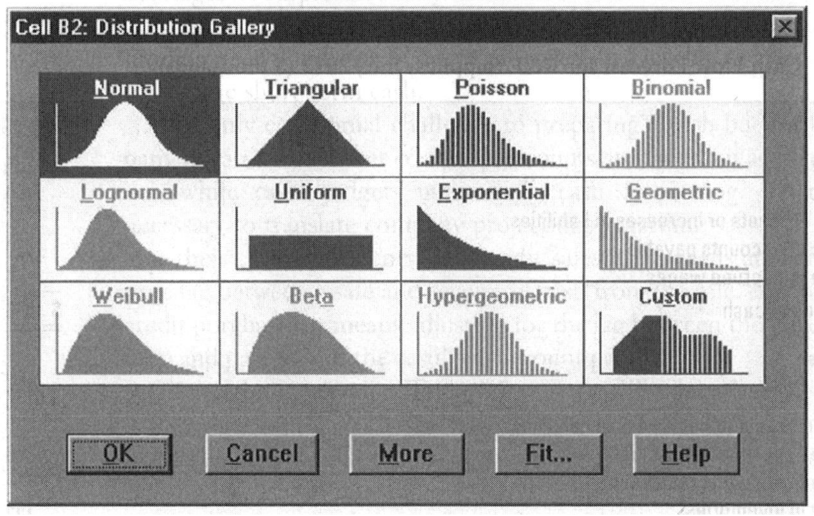

ばしばグラフの形で示される。

たとえば、**図3.1**は一般的なシミュレーションのプログラムであるCrystal Ballを使ったR&Eサプライズ社の外部資金調達必要額のシミュレーション結果をあらわしたものである。当初の予想では2012年には売上高が25%成長すると想定したが、言うまでもなくこれは推測である。この表は、予想売上高が10%から40%の範囲内で増加したときのR&E社の外部資金調達必要額を頻度グラフ（Frequency chart）の形で示している。このグラフを作成するために、図の下側にあるCrystal Ballが提供する分布図一覧（distribution gallery）のなかから釣り鐘状の正規分布を選んだ。そして、**表3.5**のスプレッドシート・モデルを使い、Crystal Ballに500回のシミュレーション結果を頻度グラフの形で示すように指示した。その結果は1分もかからず表示された。やろうと思えば、スプレッドシートのほとんどすべての仮定を変化させ、さらに他の仮定と相関させながら変化させることもできるが、シミュレーションがいかに簡単かを示すにはこれで十分であろう。

感度分析やシナリオ分析と比較してシミュレーションの最大の利点は、すべての不確実な入力変数を一度に変化させることが可能なことである。一方で最大の欠点は、筆者の経験から言えば、結果をどのように解釈すればよいのか難しいことが多い点である。1つの理由は、ほとんどの経営者は将来の事象を確率としてとらえることに慣れていないからである。**図3.1**の頻度グラフは、R&E社の外部資金調達必要額が184万4,000ドルを超える確率が2%あることを示している。この2%という確率はきわめて小さいので、同社としては184万4,000ドル未満の資金調達で十分であろうか。それとも、念のためにそれ以上借り入れるべきなのであろうか。同社は必要外部資金を調達できない可能性をどの程度まで許容できるのか。10%？　2%？　それとも0.02%が適切なのか。その答えは明白ではない。実際にシミュレーションを用いることが困難な2つ目の理由は、アイゼンハワー大統領の「できあがった計画ではなく、その計画策定の過程が重要である」という格言を思い出させてくれる。つまりシミュレーションでは「計画策定」のほとんどのことをコンピュータがやってくれるので、経営者はほとんどの場合、その結果を見るだけでよいのである。そのため、彼らはより単純な方法を用いて自ら分析した場合ほど、自社の現状とその将来の見通しについて深く洞察を行うことができないかもしれない。

Crystal Ballプログラムは、www.oracle.com/crystallballから15日間の試供版が入手可能である。実際上は、シミュレーションのモデルをつくって練習をするには、本章末の設問8を見るとよい。

キャッシュフロー予測

キャッシュフロー予測とは、将来の期間中の予想されるすべてのキャッシュの調達とキャッシュの使途を単にリストアップすることである。予想調達額と予想使途額の差が必要外部資金である。**表3.6**ではR&Eサプライズ社の2012年度のキャッシュフロー予測が示されている。この予測では、**表3.3**の予測財務諸表を作成する際に使われた仮定がそのまま使われている。

キャッシュフロー予測は非常に単純で理解しやすく、広く使われるとい

表**3.6◉R&Eサプライズ社のキャッシュフロー予測　2012年**（単位：千ドル）

キャッシュの源泉	
純利益	$234
減価償却費	50
資産の減少または負債の増加	
買掛金の増加	370
未払賃金の増加	4
キャッシュの調達合計	**$658**
キャッシュの使途	
配当金	$117
資産の増加または負債の減少	
現預金及び有価証券の増加	859
売掛金の増加	714
棚卸資産の増加	195
前払費用の増加	2
固定資産への投資	43
長期有利子負債の減少	100
短期有利子負債の減少	50
キャッシュの使途合計	**$2,080**

外部資金調達必要額の計算：

調達合計　＋　外部資金調達必要額　＝　使途合計

$658,000　＋　外部資金調達必要額　＝　$2,080,000

外部資金調達必要額　＝　$1,422,000

う長所を持つ半面、予測財務諸表に比べると得られる情報が少ないという短所がある。R&E社の予測財務諸表は外部資金調達必要額を示すだけでなく、同社の資金調達能力を評価するために有用な情報も示している。したがって、銀行の貸出担当者は予測財務諸表を分析することによって、企業の借入金返済能力を評価することができる。一方、キャッシュフロー予測では各項目の**変化額**しかあらわしておらず、キャッシュフロー予測から同様の分析を行うのはきわめて困難である。

現金予算

現金予算は、われわれが個人的な資金収支を心配する場合に作成しがちなものである。向こう数カ月の間に期待される現金収入と現金支出のリストであり、言うまでもなく前者が後者を上回ることを期待する。悪いことに後者が前者を上回る場合、将来的に預金を取り崩すか新規の借入が必要になる。同様に、企業の現金予算も、将来の現金不足や余剰を予測する目的で、予測期間中の現金収入と現金支出をまとめたシンプルなリストである。多くの企業は、業務計画や外部資金調達必要額の見積もりのために予測財務諸表一式を使用する。現金予算もまた、短期的な資金繰りを管理するために週次、ときには日次ベースで作成することも珍しくない。

現金予算を策定する際の唯一の概念的課題は、企業会計は発生主義に基づいているのに対して、現金予算は厳密に現金主義であるという点であろう。これにより、売上や仕入にかかわる予想を現金ベースに変換する必要が生じる。売掛金については、売上が成立してから実際に現金を受領するまでのタイムラグを調整しなければならない。同様に、買掛金は購入から実際に現金を支払うまでのタイムラグを調整する必要がある。

このメカニズムを確認するため、**表3.7**にジル・クレア・ファッション社の2012年第3四半期の月次現金予算を示した。ジル・クレア社は女性服を取り扱う中堅メーカー兼小売業者である。売上にはかなりの季節変動があり、真夏にそのピークを迎える。したがって、同社の財務担当者はこの期間にいかに適切な現金バランスを保つかに腐心することになる。単純化のため、

表3.7◉ジル・クレア・ファッション社の現金予算　　2012年第3四半(単位:千ドル)

	実績		予測		
	5月	6月	7月	8月	9月
1. 現金回収と支払額の算出					
予測売上高	$150	$200	$300	$400	$250
売上の回収					
売上の当該月中					
(0.3)(0.98)(月間売上)			88	118	74
売上の翌月					
0.6(前月の売上)			120	180	240
売上の翌々月					
0.1(2カ月前の売上)			15	20	30
総回収額			$223	$318	$344
仕入(0.6×翌月の売上予測)		$180	$240	$150	
現金支払い(前月の仕入)			$180	$240	$150
2. 現金収入と支出					
総回収額(上記より)			$223	$318	$344
中古機械の売却				79	
現金の総収入額			$223	$397	$344
支払い(上記より)			180	240	150
賃金・給料			84	82	70
支払利息			8	8	8
賃料			10	10	10
税金					12
元本の返済					40
その他			1	27	14
支出総額			$283	$367	$304
正味現金収入(支出)			($60)	$30	$40
3. 現金余剰もしくは不足					
期首現金残高			220	160	190
正味現金収入(支出)			(60)	30	40
期末現金残高			160	190	230
最低必要な現金残高			200	200	200
現金余剰(不足)額			**($40)**	**($10)**	**$30**

表は月次の現金予算を示す。実際は、変動の激しい売上と限られた現金を扱う財務担当者は、週次や日次の予算を必要とするだろう。

予算の一番上の部分“現金回収と支払額の算出”では、発生会計から現金会計への必要な変換を行っている。同社の販売条件は、顧客は同社に10日以内に支払えば2%の割引を得られるが、さもなければ満額を30日以内に支払うというものである。財務担当者は過去の実績をベースに、顧客の30%は当該月に支払うことで割引を獲得し、60%は翌月に支払い、残りの10%は購入から翌々月に支払うと予測している。7月の数値を見ると、予測売上高は30万ドルであるのに対して、現金回収額は22万3,000ドルにすぎないことがわかる。このうち、約8万8,000ドルが7月の売上から回収されている。この値は7月の売上高の30%の98%に相当する（98%は早めの決済に対する2%割引を反映したもの）。7月回収予定のうち約12万ドルは6月の売上から生じたもので、これは顧客の60%が翌月に支払うという予測に基づく。最後に、7月に回収するうち1万5,000ドルは2カ月前の売上から来るもので、これは5月の売上の10%に相当する。

ジル・クレア社は翌月の予定売上高の60%に相当する原材料を購入する。したがって、8月の予定売上高である40万ドルに対応して、7月の購入額として24万ドルが予定されている。ただし、同社は材料購入後30日に支払うため、7月の現金支払いは6月購入分の18万ドルである。

表3.7の2段目“現金収入と支出”は、各月で予想されるすべての現金の流入と流出を記録している。“正味現金収入（支出）”としてこれらの差額を月次ベースで記している。ジル・クレア社は現金の流入を2つの源泉——表の一番上にある売掛金の回収と7万9,000ドルの中古機械の売却——から予想している点に注目してほしい。ここでは考慮されていないが源泉となりうる他のものとしては、新規の借入、受取金利、従業員によるストック・オプションの行使などがある。そして、この段の下部には、各月で予測される現金支出をすべて列挙する。すなわち、すでに予測した掛けで仕入れたものの支払いの他、賃金・給料、支払利息、賃料、税金、元本返済、その他諸々の支出である。それぞれのカテゴリーにおいて、財務担当者は当該月に発生する現金ベースでの費用を記録している。現金予算には減価償却費という項目がないが、これは減価償却費が現金支出を伴わないからで

ある。

ジル・クレア社の現金予算の一番下の段には、これらの現金の流入と流出が外部資金の必要額に与える影響が示されている。考え方はいたって簡単だ。ある月の期末現金残高は翌月の期初現金残高となり、その月の正味現金収入（支出）に応じて増減する。たとえば、8月の期初現金残高16万ドルは7月の期末現金残高であり、8月の正味現金収入額3万ドルを加算して、期末現金残高は19万ドルとなる。財務担当者が定めた最低必要な現金残高と月末の現金残高を比較することで、月次の現金余剰あるいは現金不足を見積もることができる。ここで現金不足とは、支払いを行ったうえで月末に最低必要な現金残高を残すために、予測日に調達しなければならない金額である。一方、予想される現金余剰は同社が予測日に必要以上に現金を持っていることを意味しており、月末に会社の持つ現金が、最低必要な現金残高をこの金額だけ上回ることになる。言い換えれば、現金予算の現金余剰額もしくは不足額は、予測財務諸表やキャッシュフロー予測で判明する外部資金調達必要額と等しい。これらはすべて、企業が将来いくらの外部資金が必要になるのか、あるいは、どれくらいの現金余剰を生み出すのかを計測しているのである。

ジル・クレア社の現金予算からわかるのは、財務担当者は7月に4万ドルを借り入れる必要があるが、翌月には借入金を1万ドルに減額でき、そして翌9月末には借入を完済できるということである。事実、ジル・クレア社は同月末で3万ドルの現金余剰を生み、それを他の借入金の返済に充当したり、有価証券を購入したり、もしくは事業投資に回すことが可能となる。

各種手法の比較

形式はそれぞれ異なるが、本章で見てきた手法はすべて同じ結果を導き出す。仮定が同じでかつ計算上及び会計上の間違いさえしなければ、すべての手法において同額の外部資金調達必要額が見積もられる。読者に十分な会計の知識があるならば、ある手法と他の手法とを照合することができる。章末の設問5では、この事実を自分自身で確かめることができる。

もう1つ安心できることは、どの手法を用いた場合でも、新たに資金調達が必要な資金の見積額はインフレーションの影響を受けないということである。つまり、インフレ環境において財務予測を行う場合に、複雑なインフレ調整を行う必要がない。これは新たな資金調達ニーズがインフレ率と無関係であるというわけではない。第4章で見るように、実際にはインフレ率に比例して、たいていの企業の資金調達ニーズは増大する。ここで言いたいのは、上述の予測手法が、インフレ下でも外部資金調達必要額を正確に見積もることができるということである。

構造的には上記の3つの予測手法は同等のものであり、どの手法を用いるかは財務予測の目的次第である。計画策定や信用力の分析のためには、予測財務諸表をお勧めする。なぜなら追加的な財務分析を行うのに適した形で情報が示されるからである。キャッシュの短期的な予測及び管理のためであれば、現金予算が適している。キャッシュフロー予測はこの2者の中間に位置している。この手法は現金予算よりも幅広い視点で企業の事業をとらえている。また、予測財務諸表に比べると、会計の初心者でも簡単に作成して利用できるが、与えてくれる情報は予測財務諸表より少ない。

減価償却の問題

XYZ社は次年度の資金調達必要額の予測を行っている。当初は、外部資金調達必要額が1,000万ドルであると予測された。ところが会計のセミナーを受けてきたばかりのある製造部長は、この予測を見て（税務目的ではなく、業績報告目的のためだけに）次年度の減価償却費を100万ドル増やすことを提案した。彼女いわく「これにより会社の固定資産は100万ドル減り、資産の減少はキャッシュの調達となるので、その分だけ外部資金調達額を減らせる」とのことであった。さて、この製造部長の見解はどこが間違っているのだろうか。

解答：たしかに減価償却費の増加は固定資産を減少させる。しかし、同時に法人税引当金と税引後利益も同じ額だけ減る結果となる。法人税引当金と税引後利益はいずれも貸借対照表の右側（資金の調達）の項目となるものであり、これらの減少はキャッシュの使途となるため、全体として外部資金調達必要額は変わらない結果となる。これは現金予算が減価償却費をまったく無視していることと一貫している。以下は数値例である。

	当初の減価償却費のままの場合	減価償却費を増した場合	負債の増減
営業利益	$10,000	$10,000	
減価償却費	4,000	5,000	
税引前利益	6,000	5,000	
法人税（税率40%）	2,400	2,000	−400
税引後利益	3,600	3,000	
配当金	1,000	1,000	
留保利益への繰入額	**$2,600**	**$2,000**	**−$600**
負債の増減合計			**−$1,000**

大企業における計画策定

上手に経営されている企業においては、財務予測は計画策定のほんの一部分にすぎない。企業の経営幹部は、財務計画の基礎となる戦略的計画や事業計画を作成するのに、多くの時間と労力を費やしている。このような定例化された計画策定のプロセスは、複数の事業部を持つ大企業では特に重要となる。なぜなら企業内における調整、情報伝達、そして動機づけの重要な手段となることが多いからである。

大企業における効果的な計画策定は大きく分けて3つの段階に分けることができ、これらは毎年繰り返して行われている。大きな観点から見るとこの3つの段階は、戦略の選択肢を次第に絞っていく作業であるという見方ができる。第1段階では本社の経営幹部と事業部長が企業戦略を策定する。ここでは企業が市場において直面している脅威及び機会の広範囲にわたる分析、企業自身の強みと弱みの評価、そしてそれぞれのビジネス・ユニットごとの業績目標の設定が行われる。また、この段階での作業は創造的で概ね定性的である。財務予測は、企業の資源制約を概括的に示し、それぞれの戦略を行う際の資金調達の可能性を調べるためにしか使われない。

第2段階では、それぞれの事業部長と部門スタッフが、第1段階で設定された定性的で市場志向の目標に基づいて、その目標を達成するために必要であると思われる事業部内の活動を決定する。たとえば、第1段階での目標が、製品Xの市場シェアを18カ月以内に2%以上伸ばすことであれば、第2段階の計画では、この目標を達成するために事業部長が何をしなければならないかを決めていくことになる。この段階では詳細な支出計画はまだ承認されていないが、経営トップはそれぞれの事業部に対する資源配分の予定を大まかに提示しようとするだろう。したがってそれぞれの事業部長は、事業部の計画がシニア・マネジメントによる資源配分の方針と大きく外れてしまわないように、少なくとも大まかな財務予測を行う必要がある。

計画の第3段階では、それぞれの部門が第2段階で決定した活動計画に基づいて、定量的な計画と予算を立てることになる。基本的にここでは、合意された活動にかかるコストを見積もり、予算計上していく。この予算には2種類あり、事業予算と資本予算に分けられる。どの支出をどちらの予算に計上するかは企業によって多少は異なるが、通常は資本予算には高価で、かつ長期にわたり使用される資産に対する支出が含まれ、事業予算には材料費や給料など経常的に発生する支出が含まれる。

こうした詳細な事業部予算を本社で取りまとめたものが、企業全体の財務予測となる。経営陣が計画策定プロセスにおいて利用可能な資源を現実的に把握していれば、予測は予想外なものとはならないはずである。もしそうでなければ、本社の重役たちは事業部の支出計画を合計すると自社の利用可能な資源を上回ることに気づき、事業部予算を修正させることが必要となる。

企業の事業計画が範囲の広い戦略から具体的な進軍命令に進化するにつれて、この章で説明した予測手法はますます重要になってくる。というのも、第1に採択した戦略の財務面での示唆を明確に示す手段であること、そして別の戦略を検証する手段となるためである。つまり、財務予測とは、革新的なアイデアや戦略を具体的なアクションプランに変換する技法の集合体であるというのが適切な見方である。これらの技法は必ずしも成功を保証するものではないものの、これらがないと確実に失敗の可能性を高めてしまうのである。

本章のまとめ

1．予測財務諸表は、
- 事業担当部長がその意思決定によって生じる財務的な示唆を予測するための主要な手法である。
- 予測期間の終了時点において企業の財務諸表がどのようになっているのかを予測するものである。
- 通常、将来の外部資金調達必要額を見積もるために活用され、現在の事業計画の実行可能性を検証する優れた方法である。
- しばしば対売上高比率による予測（貸借対照表や損益計算書のさまざまな項目は売上高に対して一定の比率で増減する）に基づく。
- 以下の4つのステップを取る：
  - －過去の財務諸表を検討し、実績として売上高に連動している項目を特定する。
  - －将来の売上高を注意深く予測する。
  - －固定設備や機械など、売上高に連動しない項目に関しては独立した予測値を準備する。
  - －予測売上高の変化に対して予測結果がどの程度変化するか、その感度を分析する。
- あくまでも予測期日における予測であるので、季節変動を伴うビジネスを扱う場合は注意が必要である。
- 支払利息と借入残高が循環関係となるが、コンピュータのスプレッドシートに反復計算を指示することで容易に解決できる。
- 効果的な財務計画のためのすばらしい基盤である（経営陣として予測結果を注意深く分析することで、そのままでよいか、それとも明らかになった問題を回避するために変更すべきかを判断できる）。

2．キャッシュフロー予測は、

- 予測期間にわたって、想定される現金の源泉と使途の差異を埋めるために必要な外部資金調達額を予測する。
- 同じ前提条件であれば、予測財務諸表と同じ外部資金調達必要額となる。
- 予測財務諸表よりも得られる情報が限られている。というのも、必要な外部資金をどのように調達するのかを評価するために役立つ情報は得られないためである。

3．現金予算は、

- 予測期間における現金の収入と支出の差異という形で、現金残高の変動を示す。
- 発生主義会計ではなく現金主義会計に基づいている。
- 同じ前提条件であれば、予測財務諸表と同じ外部資金調達必要額となる。
- 一般的には、日次から月次までの短期予測によく活用される。
- 予測財務諸表よりは得られる情報が限られている。しかし、会計の初学者にとっては理解しやすい。

4．財務予測における不確実性への対応には以下3つのものがある。

- 感度分析：不確実な1つのインプット項目を一回に1つだけ変化させ、予測がどのように反応するかを観察する。
- シナリオ分析：主要顧客を失う、あるいは、大きな不況など、特定のシナリオを反映すべく複数のインプット項目についてお互いに整合するよう変化させる。
- シミュレーション：いくつかの不確実要素に確率分布を当てはめ、コンピュータを使って起こりうる結果の分布範囲を作成する。

5．大企業における計画策定には、

- 3つの連続するサイクルがある。
  - 経営幹部が最も積極的に関与する戦略的計画策定サイクル
  - 事業部長が定性的な戦略的目標を具体的な計画に置き換えるオペレーショナル・サイクル
  - 事業計画を金額的に見積もる予算編成サイクル
- このプロセスの段階に沿って進むに従って、財務予測と財務計画手法に依拠する程度が増大していく。

参考文献等

Benninga, Simon. *Financial Modeling*. 3rd ed. Cambridge, MA: The MIT Press, 2008. 1,133 pages.

多数のファイナンス・モデルを所収。予測財務諸表作成やシミュレーションの技法、ポートフォリオ分析やオプション、残存年数、投資期間の調整といった、より高度なモデルも含まれる。一貫してエクセルが使われている。57ドル。

Mayes, Timothy R., and Todd M. Shank. *Financial Analysis with Microsoft Excel*. 5th ed. South-Western College Publishing, 2009, 480 pages.

財務分析にエクセルを用いる際の入門書。洗練ぶりや野心的な度合いではBenningaの本には遠く及ばない。65ドル。

Software

本書に沿って作成されたPROFORMAでは、企業1社につき、ユーザーが入力した情報と仮定をもとに、最大で将来5年分の予測財務諸表を作成する。また、アウトプットされた財務予測の指標分析、持続可能な成長の分析も可能である。追加として「What if」分析も簡単にできる。

Websites

www.oracle.com/crystalball

このサイトからCrystal Ballのフル機能の15日試用版コピーをダウンロードすると、シミュレーション分析のために強力な機能がエクセルに付加される。
（訳注：日本語サイトでは、Oracle Crystall Ballの試用版はhttp://www4.kke.co.jp/cb/product/trial.htmlからダウンロードできる）

http://Office.microsoft.com/en-us/excel-help/CH010369467.aspx

「Get to know Excel 2010: Create your first spreadsheet」をチェックすると、エクセルの双方向的な入門ガイドがある。

www.exinfm.com/free_spreadsheets.html

101以上の、財務に関するさまざまな分析、その他コンピュータ上で便利なことができる、無料のエクセルプログラムがリンクされている。財務コンサルタントが集めたもの。

章末問題

1．あなたが同じ期間のある企業の予測貸借対照表を作成したところ、見積もられた外部資金調達必要額がマイナスだったとする。この結果をどのように解釈すべきか。

2．ある企業の同じ期間の予測貸借対照表と現金予算を作成したところ、予測財務諸表から算出された外部資金調達必要額が、現金予算で予測された現金不足額を上回ったとする。この結果をどのように解釈すべきか。

3．**表3.3**はR&Eサプライズ社の2012年12月31日時点での予測財務諸表である。予測貸借対照表は、外部資金調達必要額として140万ドルの銀行借入が必要であることを示している。一方、予測財務諸表は130万ドル相当の現金と有価証券があることも示している。このように、ほぼ同額の現金項目があるにもかかわらず、なぜ同社は銀行に対してほぼ同額の借入を申し入れようとしているのか。

4．**表3.5**に示されているR&Eサプライズ社について、本文中で言及したとおり、純売上高と株主資本の計算式を修正したうえで、下記の情報からスプレッドシートを使って**表3.5**の形式でR&Eサプライズ社の2013年度の財務予測を行うこととする。

2013年のR&Eサプライズ社の前提（単位：千ドル）			
純売上高の成長率	30.0%	税率	45.0%
売上原価／純売上高	86.0%	配当金／税引後利益	50.0%
販売費及び一般管理費／純売上高	11.0%	流動資産／純売上高	29.0%
長期有利子負債	$560	純固定資産	$270
1年以内に期限の到来する有利子負債	$100	流動負債／純売上高	14.4%
利率	10.0%		

a．2013年のR&Eサプライズ社の外部資金調達必要額はいくらか。2012年と比較するとどうか。

b．この財務予測の感度分析を実施せよ。仮に売上高に対する売上原価の比率が86%から84%に低下した場合、R&Eサプライズ社の外部資金調達必要額はいくらになるか。

c．この財務予測のシナリオ分析を実施せよ。仮に深刻な経済後退が2013年に発生した場合、R&Eサプライズ社の外部資金調達必要額はいくらになるか。純売上高が5%下落し、売価下落により売上原価比率が88%に上昇し、経営陣が売上高の下落に速やかに対応できず、仕入を削減することができない結果として純売上高に対する流動資産の比率が35%に上昇したとすると、どうなるか。

5．以下の表はペパートーン社の現金予算に関する情報、及び2011年12月31日現在の損益計算書と貸借対照表である。会計方法及び2012年度第1

ペパートーン社の抜粋情報　(単位：ドル)

売上高(現金販売は20%、残りは支払期間30日の信用販売)：		
2011年実績		
10月	$360,000	
11月	420,000	
12月	1,200,000	
2012年予想		
1月	$600,000	
2月	240,000	
3月	240,000	
仕入(すべて支払期間60日の信用仕入)：		
2011年実績		
10月	$510,000	
11月	540,000	
12月	1,200,000	
2012年予想		
1月	$300,000	
2月	120,000	
3月	120,000	
月次未払賃金		$180,000
3月に期限が到来する有利子負債の元本返済		210,000
3月の支払利息		90,000
3月の配当金支払額		300,000
2月の法人税支払額		180,000
3月の減価償却費		30,000
2012年1月1日の現金残高		$300,000
必要最低現金残高		150,000

ペパートーン社

年次損益計算書　2011年12月31日（単位：千ドル）

純売上高	$6,000
売上原価[1]	3,900
売上総利益	2,100
販売費及び一般管理費[2]	1,620
支払利息	90
減価償却費[3]	90
税引前当期純利益	300
法人税（税率33％）	99
税引後当期純利益	$201

貸借対照表　2011年12月31日（単位：千ドル）

資産	
現預金	$300
売掛金	960
棚卸資産	1,800
流動資産合計	3,060
固定資産	900
減価償却累計額	150
純固定資産	750
資産合計	$3,810
負債	
短期借入金	$0
買掛金	1,740
その他流動負債[4]	60
1年以内に期限が到来する長期有利子負債[5]	210
未払法人税	300
流動負債合計	2,310
長期有利子負債	990
株主資本	510
負債及び株主資本合計	$3,810

[1] 売上原価はすべて第一四半期に仕入れた商品による。
[2] 販売費及び一般管理費はすべて給与である。
[3] 減価償却費は1四半期当たり3万ドルである。
[4] 第1四半期の予想その他流動負債は変化しないと見込む。
[5] 2012年3月に満期となるのは21万ドルである。年度内にはもう支払いはない。

四半期に関する財務担当者の予測についての追加情報は、脚注に示されている。

a．これらの情報を使い、2012年度第1四半期の予測損益計算書と2012年3月31日時点の予測貸借対照表を作成せよ。3月31日現在の外部資金調達必要額はいくらになるか。

b．ペパートーン社の財務予想に関して、予測財務諸表は現金予算よりも多くの情報を提供するか。

c．読者が作成した予測損益計算書と予測貸借対照表から、2012年2月28日時点での外部資金調達必要額に関して何かわかることがあるか。

6．トイズ4キッズ社はプラスチック製玩具メーカーである。生産と販売は季節によって非常に変動する。以下の表は2012年度の外部資金調達必要

トイズ4キッズ社　2012年四半期別財務予測（千ドル未満省略）

	第1四半期	第2四半期	第3四半期	第4四半期
純売上高	$300	$375	$3,200	$5,000
売上原価（売上高の70%）	210	263	2,240	3,500
売上総利益	90	113	960	1,500
営業費用	560	560	560	560
税引前利益	(470)	(448)	400	940
法人税	(188)	(179)	160	376
税引後利益	($282)	($269)	$240	$564
現金（最低残高＝20万ドル）	$1,235	$927	$200	$200
売掛金（四半期売上高の75%）	225	281	2,400	3,750
棚卸資産（2011年12月31日の残高＝50万ドル）	500	500	500	500
流動資産	1,960	1,990	3,120	4,450
純固定資産	1,000	1,000	1,000	1,000
資産合計	$2,960	$2,708	$4;100	$5,450
買掛金（四半期売上高の10%）	30	38	320	500
未払法人税等（支払いは四半期遅れ）	(188)	(179)	160	376
流動負債	(158)	(142)	480	876
長期有利子負債	400	400	400	400
株主資本（2011年12月31日の残高＝300万ドル）	2,718	2,450	2,690	3,254
負債及び株主資本合計	$2,960	$2,708	$3,570	$4,530
外部資金調達必要額	$0	$0	$530	$920

額を示した四半期ごとの財務予測である。仮定は大括弧で記載した。

a．第1及び第2四半期の法人税がマイナスであることは、何を意味するのか。

b．第1から第3四半期の現金残高が、必要最低残高の20万ドルより多いのはなぜか。これらの数値はどのように計算されたのか。

c．予測の一番下に示されている「外部資金調達必要額」は、どのように計算されたのか。

d．トイズ4キッズ社が、予測で示された外部資金調達必要額を借り入れることは可能か。

7．この設問は、アクアティック・サプライズ社の1年と5年の財務予測を行い、感度分析とシナリオ分析を求めるものである。同社の2011年の財務諸表と経営陣が作成した予測は、http://www.diamond.co.jp/go/pb/fmanage/のウェブサイトからエクセルのスプレッドシートとしてダウンロード可能である（ただし記載は原文のまま）。この情報を使ってスプレッドシートに記載の設問に答えなさい。

8．この設問は簡単なシミュレーションモデルを作成することを求めるものである。もしシミュレーションソフトを持っていなければ、15日間無料のCrystal Ballフルバージョンをダウンロード可能である。www.oracle.com/crystalballにブラウザーを合わせること[訳注]。

a．設問4では、**表3.5**にあるR&Eサプライズ社の財務予測を2013年まで延長して作成することを求めた。同じスプレッドシートを使い、以下の前提条件で2013年の外部資金調達必要額をシミュレーションせよ。

i．純売上高の成長率は三角分布で、25%から35%の幅で平均30%

ii．支払利率は一様分布で、9%から11%の幅で変化

iii．税率は対数正規分布で、標準偏差2%で平均45%

b．もし財務担当者が95%の確度で2013年に十分な資金調達をしたいのであれば、いくら調達すべきか（右側にある頻度曲線下の三角形をつかみ、

訳注｜日本語版は、www4.kke.co.jp/cb/product/trialからダウンロードできる。

“確実性”ウィンドウの値が95.00になるまで左に動かす)。

第4章 成長の管理

残念ながら、成功への道筋はいつも工事中である
——作者不詳

財務計画において、成長とその管理は特に注意を要する。と言うのも、経営者はえてして成長すればするほどよいと考える傾向があるからである。規模が拡大すればそれに利益や市場シェアも付随すると単純に結びつけしまう。しかしながら、ファイナンスの視点からは成長は必ずしも好ましいことではない。急激な成長は経営資源の逼迫を招く。すなわち、経営陣がそれを意識して積極的にコントロールを行わない限り、破産という結果になりかねない。まさしく、企業の成長は同時に破綻に直結する恐れがある。残念ながら、成長が急激すぎた企業もほとんど成長していない企業もほぼ同じ割合で破綻する。それにも増して残念なのは、人々の望む製品を提供することによって市場に受け入れられ急激に成長した企業が、財務的な視点から成長を適切に管理しなかっただけで生き延びることができなかったという事実である。

逆に、ほとんど成長していない企業も、急激に成長した企業の場合とは異なる深刻な財務上の問題を抱えている。これらの企業が成長しないことの財務的な意味を十分に理解していないならば、それをいち早く見抜くことのできる企業買収家（raider）の格好の餌食となりうる。いずれのケースについても言えることは、成長のための財務管理を十分に検討しておく必要性があるということである。

成長についての財務的な考察を始めるにあたり、まず企業の**持続可能な成長率**（sustainable growth rate）について定義する。持続可能な成長率とは、財務資源の枯渇を招くことなく企業が成長できる最大の成長率のことである。次に、持続可能な成長率を上回る成長目標を設定している企業の経営陣がとるべき対策、また反対にそれを下回る成長しかできない場合の対策について考察する。そこから導き出される重要な結論として、成長は単に極大化すればよいものではないことがわかるであろう。多くの企業は、財務上の健全性を確保するために成長に一定の歯止めをかけることが必要である。また、利益を生み出さない成長に投入される資金は、むしろ株主に返却したほうがよい場合もある。成長に一定の歯止めをかける必要があるということは、規模の拡大がよいことであると考えてきた経営陣にとっては受け入れがたいことかもしれない。しかしながら、成長の管理に責任を持つ経営者にとって、それはきわめて重要なことである。

持続可能な成長

成功する企業は、たいがい次のような予測可能なライフサイクルを経由していく。最初は創業期である。この段階においては、製品の開発と市場の開拓に資金が費やされる。それに続く急激な成長期に入ると、利益をあげながらも、企業の成長があまりに急激なため定期的に外部からの資金調達が必要とされる状態が続く。第3の段階は成熟期であり、この段階の特徴としては、成長が鈍化するとともに、外部からの資金調達を卒業し、利益のあがる投資先へ再投資しても余剰資金が発生するようになる。最終段階は衰退期であり、企業の利益は限界的なレベルになり、内部的に再投資できる金額を超えた資金が生み出され、売上高が減少する。成熟期もしくは衰退期の段階にある企業は、往々にして、新製品開発や成長期にある企業に投資する機会を探求することに多大な時間と資金を費やしている。

まずは成長期についての考察から始めることにする。なぜならその段階において最も資金調達が喫緊の課題となるからである。その後、成熟期・衰退期の企業における成長の問題を取り扱うことにする。考察の中心となるのは、持続可能な成長率である。「金儲けのためには金が必要である」という格言を想起していただければ、その意味を把握できるのではないだろうか。売上高が増加するにつれ、あらゆる種類の資産がより多量に必要となり、それらを購入しなければならない。留保利益と新規の借入はある程度の資金を生むが、金額には限りがある。新株の発行か思い切った額の借入がない限り、資源の逼迫を招くことなく達成可能な成長率は限界に到達する。

その成長率が、持続可能な成長率と呼ばれるものである。

◉———持続可能な成長の等式

まず手始めに、成長が財務的な資源にどのように依存しているかを単純な等式であらわすことにする。そのために、以下のことを前提として置く。

- 企業は、資本構成及び配当政策について目標を持ち、それを維持しようとすること
- 経営陣は新株発行ができない、または希望していないこと

上記の前提については後で詳述することにして、ここではすべての企業に当てはまるものではないにせよ、この前提が非常に重要であることを理解しておけば十分である。

図4.1に急速に成長する企業の抱える悩みが示されている。これは企業の貸借対照表であり、2つの長方形——一方は資産、そして片方は負債及び株主資本——をあらわしている。無色の部分が期初の状態であり、資産＝負債＋株主資本であるから、当然同じ高さとなっている。ここで、企業が次年度に売上高を増加させるつもりならば、同様に資産（在庫、売掛金、生産設備等）も増加させなければならない。その増加分が図の資産側の灰色部分であり、これが売上高の増加をサポートするために必要な追加資産をあらわす。前提として株式の発行をしないので、当該資産の増加を賄うための資金は留保利益、もしくは追加の負債によってもたらされなければならない。

図4.1に示した企業の売上高の成長率を制限するものは何であろうか。ここで、貸借対照表の各部分が風船のようにまったく同一の比率を保ちつつ伸びるとすると、その伸びの度合を制限するものは何であろうか。これを理解するために、まず図の右下の株主資本の部分から見ていくことにする。株主資本が増大するにつれ、負債もそれに比例して増大することにより、資本構成は一定に保たれる。負債と株主資本の成長率が、資産の成長率を決定することとなる。そしてこの資産の成長率により、売上高の成長率が規定される。したがって結局のところ、売上高の成長率を制限するものは、株主資本の増加率である。それゆえ企業の持続可能な成長率とは、株主資

図4.1◉売上高を増加させるには新しい資産が必要となり、そのために資金調達を行わなければならない

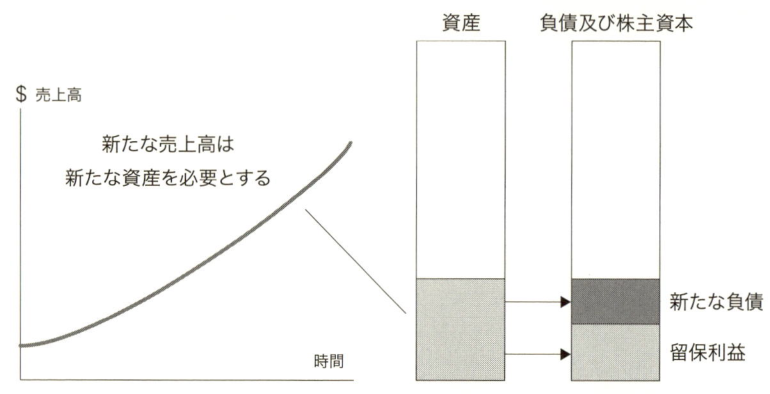

本の成長率にほかならない。

g^*を持続可能な成長率とすると、

$$g^* = \frac{\text{株主資本の変化額}}{\text{期初株主資本額}}$$

前提により企業は新たな株式発行をしないので、株主資本を増やすには留保利益が増えなくてはならない。したがって、この式は以下のとおり書き換えられる。

$$g^* = \frac{R \times \text{利益}}{\text{期初株主資本額}}$$

このRとは企業の利益内部留保率で、利益のうちビジネスのために企業内に留保される割合である。1から配当性向を引いたものと等しい。たとえば、ある企業が配当政策として利益の10%を配当に回すとしていれば、その企業の内部留保率は90%である。

「利益/株主資本」という比率には見覚えがあることだろう。ROEである。したがって

$$g^* = R \times \text{ROE（期初）}$$

最後に、第2章で論じた業績のレバーを思い出してみると、以下のように書き換えることができる。

$$g^* = PRA\hat{T}$$

第2章で学んだように、P、A、$\hat{T}$は業績のレバーである。Pは売上高当期純利益率、Aは総資産回転率そして$\hat{T}$は財務レバレッジである。財務レバレッジの^マークは、この比率が資産を期初株主資本額で割ったものであることをあらわしている（第2章では、期末株主資本額を使っていた）。

これが持続可能な成長率の等式である(注1)。その意味するところは何であろうか。前述の前提に基づけば、この式から企業の売上高の持続可能な成長g^*は、4つの比率P、R、A、$\hat{T}$の積であると言える。この比率のうちPとAは事業経営の業績を、他の2つは主要な財務方針をあらわしている。すなわち、内部留保率Rは経営陣の配当政策を、そして財務レバレッジ$\hat{T}$は資産に対する株主資本の比率についての方針を反映している。

持続可能な成長率の等式で重要なのは、g^*がこの**4つの比率の安定的な値と整合性を保てる唯一の売上高成長率**であるということである。売上高成長率がg^*以外の値を取った場合には、この4つの比率のうち少なくとも1つには変化が生じていなければならない。この意味するところは、もし持続可能な成長率を上回る率で企業が成長する場合には、経営の改善（売上高当期純利益率または総資産回転率の向上）を行うか、財務方針の変更（内部留保率または財務レバレッジの増加）を行わなければならない。

過剰な成長

急激な成長を遂げている企業にとって、過剰な成長は、持続可能な成長に関する最も重要な問題である。なぜなら、経営の効率化が常に可能なわ

注1　ここで、pratを下げる（訳注：pratには俗語で「尻」という意味がある。PRATとかけたジョークであろう）のを避けるよう忠告するのは、差し控えるべきだろう。

けではないし、財務方針の変更が必ずしも常に得策であるとは限らないため、急激すぎる成長を行って企業の健全性を阻害するようなこともありうるのである。これは、適切な財務計画を作成できていない中小企業に特に当てはまる。そのような企業は、売上高の成長を最大化すべきものと見ており、その財務面への影響にあまりにも関心が薄い。すなわち、急成長には自転車操業の危険がつきまとうということを理解していないのである。成長すればするほど、たとえ利益があがっていても資金需要は増大する。しばらくはレバレッジを増加することでこの需要を満たすことができても、いつかは借入余力の限界に達し、新たな借入の申し込みを貸し手から断られるようになり、企業は請求書の支払いをするための現金がないことに気づく。持続可能な成長率を上回る成長が財務的問題を引き起こすこと、そしてそれは未然に管理されるべきことを経営陣が理解しているならば、このような事態を避けることができる。

念のためご理解いただきたいが、筆者は企業の実際の成長率が持続可能な成長率と常に等しくなるべきだと言っているわけではないし、極力近づけるべきだと言っているわけでもない。経営者は、現実と持続可能な成長率との差異を予測し、その差異を管理するための計画を持たなくてはならないと言っているのである。重要なのはまず差異を認識すること、そしてそれを管理するための実行可能な戦略をつくることである。

◉――バランスのとれた成長

持続可能な成長率については、また別のアプローチができる。ROA（総資産利益率）は売上高当期純利益率×総資産回転率であらわせるので、持続可能な成長率の等式を以下のように書き換えることができる(注2)。

$$g^* = R\hat{T} \times \mathrm{ROA}$$

ここでRと$\hat{T}$は企業の財務方針をあらわすのに対し、ROAは企業の業績を総括したものである。したがって内部留保率が25%、財務レバレッジが1.6倍の場合、持続可能な成長の等式は以下のようにあらわすことができる。

$$g^* = 0.4 \times ROA$$

上記の等式は、財務方針が一定であれば持続可能な成長率がROAに正比例することを示している。**図4.2**はこの関係を示している。すなわち、売上高成長率をy軸、ROAをx軸においたとき、持続可能な成長率が右肩上がりの実線として示されている。実線が「バランスのとれた成長」と名づけられているのは、企業が自己資金で賄えるのが、この直線上における売上高の成長とROAの組み合わせだけであることを示している。この直線上から外れたポイントにおいては、必ず資金の不足もしくは余剰状態が発生する。結果として、高成長・低利益率の企業はこの図の左上(資金不足)に位置し、低成長・高利益率の企業は右下(資金余剰)に位置する。ここで、「自己資金で賄う」とは負債額が一定という意味ではなく、財務レバレッジが一定という意味であることは強調しておきたい。負債額は、株主資本に応じて増加しうる。

アンバランスな状態で成長し、資金不足もしくは余剰に陥っている企業は、以下の3つの方法のうちのいずれかを採用することにより、バランスのとれた成長に近づけることができる。それは成長率の変更、ROAの変更、もしくは財務方針の転換である。ここで最後の選択肢を検討するために、**図4.2**で示されている「バランスのとれた成長線」を有する企業が現在は資金不足の領域にいて、その状態を解消しようとしていると仮定してみよう。1つの戦略は、内部留保率をたとえば50%に、財務レバレッジをたとえば2.8倍に上昇させることであろう。以上により、持続可能な成長の等式は以下のように変化する。

$$g^* = 1.4 \times ROA$$

図4.2においては、これはバランスのとれた成長線を左上方に回転させ、

注2　厳密に言うと、この等式はROAではなく、投下資本利益率に関してあらわされるべきである。しかし、正確さを期しても、数学的な複雑さが増すことに見合うだけのものは得られない。より厳密な説明については、Gordon Donaldson, *Managing Corporate Wealth* (New York: Praeger, 1984)の第4章を参照のこと。

図4.2◉持続可能な成長の図解

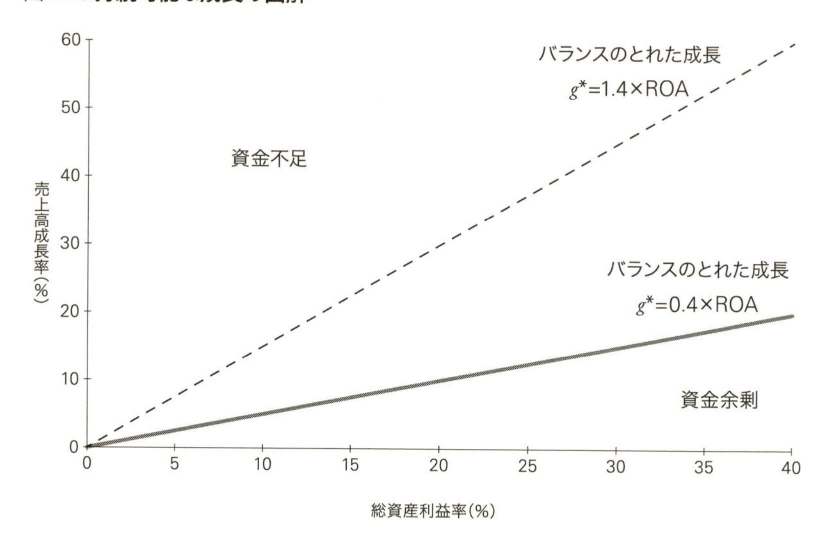

破線の状態にすることに等しい。この状態においては、どのレベルの利益率であっても以前より大きな成長率を支えることができる。

以上からわかるように、持続可能な成長率とはバランスのとれた成長をもたらすような成長率と利益率の組み合わせである。そして、持続可能な成長の課題とは、アンバランスな成長により生ずる資金余剰や資金不足を管理することである。実際の数値例を検討した後で、成長を管理するための戦略に戻ることにしよう。

◉———メディファスト社の持続可能な成長率

急成長を遂げている企業が直面する成長の管理の課題を例示するために、メディファスト(MF)社を見てみよう。MF社は「メディファスト5&1」等のダイエット食品の製造・販売を手掛けている会社である。**表4.1**はMF社の売上高における実際の成長率と持続可能な成長率について、2006年から2010年までの数値を示したものである。各年度の持続可能な成長率は、持続可能な成長に関する等式の4つの比率に基づいて計算した。4つの比率はここには掲載していないが、MF社の財務諸表に基づいて計算した。その結

表4.1◉メディファスト社の持続可能な成長率分析　2006-2010年

	2006	2007	2008	2009	2010
計算に必要な比率:					
売上高当期純利益率、P（%）	6.0	7.0	4.6	5.2	7.2
内部留保率、R（%）	99.5	100.0	100.0	100.0	100.0
総資産回転率、A（回）	1.33	2.02	1.92	2.07	2.64
財務レバレッジ、T（倍）	1.61	1.69	1.57	1.57	1.64
MF社の持続可能な成長率、g^*（%）	12.8	23.9	13.9	16.9	31.2
MF社の実際の成長率、g（%）	46.8	84.6	13.1	25.9	57.1

	What If?		
	売上高当期純利益率 8.2%	財務レバレッジ 1.8倍	両方生じた場合
2010年度のMF社の持続可能な成長率（%）	35.5	34.3	39.1

＊四捨五入により、合計は必ずしも一致しない

果、MF社の売上高は期間中で年平均45%以上の成長率であり、これはMF社の持続可能な成長率の2倍以上である。

実際の成長が持続可能なレベルを上回っていることに、MF社はいかに対処したのであろうか。各比率を調べてみると、MF社の総資産回転率がほぼ2倍に上昇しているが、売上高純利益率及び財務レバレッジはわずかながらの増加であり、総資産回転率の改善に比べると見劣りする。もしMF社の総資産回転率の改善がなければ、2010年の持続可能な成長率を達成するためには、MF社の財務レバレッジを3.93倍という危険な水準まで引き上げる必要があることから、MF社にとって総資産回転率の上昇は非常に重要であったことがわかる(注3)（なお、なぜ急速に成長する企業にとってこの財務レバレッジが危険な負債水準であるかについては、第6章を参照）。

図4.3は上記の事実関係をグラフ化したものである。MF社の2006年と2010年のバランスのとれた成長線と、MF社が各年度に達成した成長率と

注3　メディファスト社の売上高当期純利益率、内部留保率、総資産回転率が2006年の6.0%、0.995、1.33倍にそれぞれ留まったとき、同社の2010年の持続可能な成長率を達成するのに必要な財務レバレッジYは、31.3% = 6.0% × 99.5% × 1.33 × Yとあらわせる。これをYについて解いて、Y = 3.93。

図4.3◉メディファスト社　持続可能な成長問題　2006-2010年

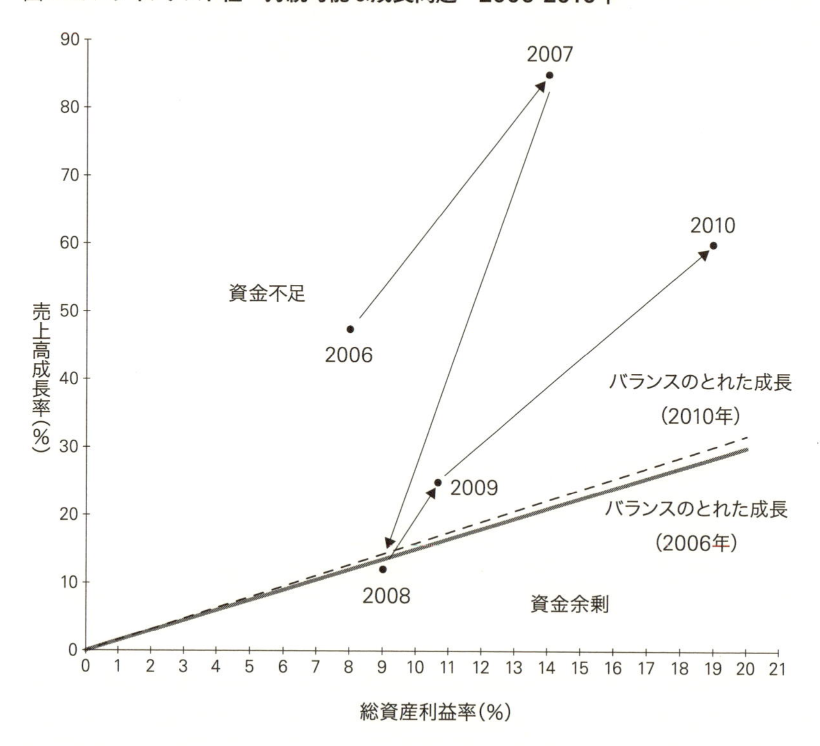

ROAの組み合わせを図示している。バランスのとれた成長線の傾きがわずかに増加しているのは、財務レバレッジが若干増加したからである。それにもかかわらず、MF社は景気後退のために売上成長率が「わずかに」13.1%であった2008年を除いて毎年資金不足の状態である。2008年以降、バランスのとれた成長線と各年度の実績とのギャップが拡大しているのは、MF社にとって急激な成長の課題が依然として残っていることを示している。

◉――――"What If"分析

経営者が持続可能な成長の問題に直面した場合、持続可能な成長の等式が解決策を見つけるのに役立つ。解決策は、**表4.1**の下段に示したような一連の"What If"（もしも…ならば）条件を通じて探し出される。たとえば、次年度にMF社は売上高当期純利益率を8.2%に高めることによって、持続可能な成長率を35.5%まで引き上げることができる。あるいは、財務レバレッジを1.8倍まで高めると、持続可能な成長率は34.3%まで上昇する。両方を同時に行えば、持続可能な成長率は39.1%になる。

実際の成長率が持続可能な成長率を上回った場合の対策

ここまで、持続可能な成長の等式を作成し、その等式を高成長企業に用いる例を示してきた。次の問題は、実際の成長率が持続可能な成長率を上回ってしまっている場合に、経営者はどのような対策を取るべきかである。最初のステップは、そのような状態がどれだけ継続するかを判断することである。もし企業が成熟期に到達し、成長のペースが早晩鈍化することが予測されるのであれば、一時的な問題として追加借入で対処すればよい。将来、成長率が持続可能な成長率を下回った段階で、企業は余剰資金を生むようになり、借入金の返済が可能となる。問題が長期的な場合には、新株発行、財務レバレッジの引き上げ、配当性向の引き下げ、収益性の低い事業の廃止、生産の一部もしくは全部のアウトソーシング、値上げ、「金のなる木」である企業との合併などの戦略のいくつかを組み合わせて行うことが必要になる。これらの戦略を詳細に検討することにする。

◉——新株発行

新株発行により資金調達を行う意志と能力が企業にあるならば、持続可能な成長の問題は存在しなくなる。なぜなら、株主資本の増加とそれによって可能となる追加借入が、さらなる成長のためのキャッシュの源泉となるからである。

問題は、この戦略を採用できる企業が限られており、また採用できたとしても魅力的な方法ではないということである。ほとんどの国において、株式市場は未発達であったり、存在していなかったりする。このような国で株式を発行するには、企業は新株を購入するような投資家を1人1人探し出すために、多大な努力とコストを費やさざるをえない。これは非常に困難な企てである。なぜなら、株式市場においてその株式の取引が活発に行われていないので、新しい投資家は流動性に欠ける株式を持つ少数株主となってしまうからである。結果として、新規株式に興味を持ってくれるのは、多くの場合既存株主の親戚と友人に限られてしまう。

デルの成長

時価総額300億ドルのデル・コンピュータ社のような有名な成功企業でさえ、規模拡大にまつわる存亡の危機を経験している。同社の若き創業者マイケル・デルは、1993年の爆発的な成長により同社が財務的危機に陥ったことを認めている。彼によれば、資金残高が一時には2,000万ドルまで落ち込んでしまったという。「あと一両日で資金は底をつくところでした。わが社の規模の会社にとってあってはならないことで，私は優先順位の変更が必要であることを理解したわけです」

もしデルがそのとき成長至上主義を放棄していなければ、現在同社は存在していなかったかもしれない。マイケル・デルは10代でデル・コンピュータを創業した。数年間の驚異的な成長によって同社が財務的危機に陥ったとき、彼は成長を管理するための専門知識を持ち合わせていなかった。幸運にも、彼には証券アナリストをなだめ、デルを堅実に運営していくことのできる経験豊かなマネジャーを雇うという分別があった。そうしたマネジャーたちは、売上高の成長よりも利益率と流動性に重点を置くべきだと主張した。1994年には売上高の成長が鈍化したことによってマーケットシェアは低下したものの、それによって前年の赤字から1億660万ドルの黒字へと転換を果たした。また、同社は正式な計画策定・予算編成プロセスも導入した。今日、デルは世界有数のコンピュータ・メーカーであり、堅実な成長を遂げつつ、健全な貸借対照表と資産の約40％を占める現金残高を保持している。

アメリカやイギリスのように株式市場が発達した国においても、新株発

表4.2◉アメリカ非金融企業の資本調達源泉　2001-2010年

内部		
留保利益	17.9%	
減価償却費	48.0%	
小計	65.9%	
外部		
負債の増加額	51.4%	
新株発行	−17.3%	
小計	34.1%	
合計		**100.0%**

出所：Federal Reserve System, *Flow of Funds Accounts of the United States*, www.federalreserve.gov/release/z1/current/data.htm.

行は容易なことではない。特に小規模な企業は、よほど魅力的な製品を有しない限り、ベンチャー・キャピタルを惹きつけたり、新株発行のために必要な投資銀行のサービスを受けたりすることができない。結果として、株式市場が未発達な国の企業と同様に、株式の取引がないため、主として親戚や友人しか株式購入に応じてくれないだろう。

また、新株の発行が可能であるのに、発行したがらない企業が実に多い。**表4.2**には、過去10年間における非金融業企業の資本調達ソースを示した。表からわかることは、減価償却費や留保利益の増加などの内部資金からの調達が全体の65%以上を占めており、企業の最も重要な資本調達ソースになっているということである。それに対して、**株式の発行は資本の調達というよりもむしろ資本の使途となっている**。つまり、当該期間においてアメリカ企業の自社株の買い戻しは、発行を上回っていたのである。

なぜ企業が新株を発行しないかという悩ましい問題については、本章の最後で改めて論じることとし、ひとまずは、多くの企業が新株発行をできない、あるいは発行しないという前提のもとに、急速な成長をいかに管理していくかの戦略について考えてみよう。

◉———財務レバレッジの引き上げ

新株発行が持続可能な成長に関する問題の解決に役立たない場合には、他に2つの対策がありうる。1つは配当性向を引き下げることであり、もう1つは財務レバレッジを上昇させることである。前者は企業に留保される利益を増やすことにより持続可能な成長率を押し上げる一方、後者は留保利益額の増加に併せて企業が利用できる借入額を増大させる。

財務レバレッジを上昇させることについては、2つの意味合いでデフォルトのオプションとして考えたい。コンピュータ・プログラミングの観点にたとえると、財務レバレッジの上昇は経営陣が計画するまでもなく発生するものという意味でデフォルトと言える。企業があまりにキャッシュが不足し債権者にタイムリーに返済できない場合には、デフォルトで買掛債権は増加する。また、財務レバレッジを上昇させることは、債務不履行という意味でのデフォルトにもつながる。つまり、負債水準が上がることについて債権者は難色を示し、倒産への第一歩である債務不履行に企業を追いやるのである。

財務レバレッジについては、この後の2つの章で詳細に述べることにする。しかしながら、デット・ファイナンスには限界があることはすでに明らかであろう。企業にとっての適切な財務レバレッジがどの程度であるかを把握し、その上限を超えないようにすることは、成長の管理における課題である。

◉———配当性向の引き下げ

負債のレバレッジに上限があるように、配当の支払いにもゼロという下限が存在し、すでに多くの企業が下限に達している。S&Pのデータベースによると、1万社の公開企業のうち、半分以上の企業は2010年において配当を一切払っていない(注4)。一般的に、株主の配当に対する関心は、その企業の投資機会に関する認識に反比例する。もし魅力的な投資に留保利益を振り向けたほうがよいと考えるならば、株主は将来もっと高い配当が得られることを期待して、現在の配当を望まないであろう(グーグルが配当していないことについて、株主から苦情が出ることはほとんどない)。一方で、企業が魅力的な投資先を見つけられないにもかかわらず配当が削減されるならば、株主の不興を買い、株価はすぐに下落するであろう。同族企業については、配当の変更がオーナー経営者の所得や税金に影響を及ぼすという追加的な問題も発生する。

◉———絞り込みによる収益性の向上

財務方針の変更以上に、企業として急成長を管理するためにできる事業上の施策がいくつかある。その1つが「絞り込みによる収益性の向上(profitable pruning)」と呼ばれるものである。1960年代から70年代の初頭を通じて、財務の専門家は多角化経営のメリットを強調することが多かった。それは、多様な製品市場から利益をあげることにより、企業はリスクを減らすことができるという考え方であった。つまり、それぞれの市場において経済事象が利益に与える影響が異なるので、それぞれの利益の変動は、全体として見れば「平均化」されるのである。しかしながら、今では、このコングロマリット的な多角化戦略には2つの問題が存在することがわかってきている。第1に、経営者にとってのリスクは減るが、株主には何のメリットもない。株主が分散投資を望むのであれば、業種の異なる別々の企業に自分で投資することにより、十分その目的を達成できる。第2に、資源には限りがあるため、同時に多数の製品市場において有力な地位を得ることは不可能であり、主要企業と効果的に競争できないので、多くの市場においてフォロワーとなりがちである。

絞り込みによる収益性の向上は、コングロマリット的な合併と対極をなすものである。この戦略は、あまりに多くの市場に手を広げすぎると、結局どの市場でも競争に生き残ることができなくなってしまうという認識に基づいている。つまり、収益性の低い事業は売却し、資金を残りの事業に

注4　このことは、配当はアメリカ経済において取るに足らないとか重要でないということを意味しない。半分以下の企業しか配当しなかった年でも、S&P500銘柄のような大企業の77%が、総額で2,210億ドル超の配当を株主に払っていた。これは利益総額の3分の1以上である。おそらく、小さく若い企業は配当を払わない傾向が高く、大きく成熟した企業は配当を払う傾向にあり、アメリカでは後者よりも前者のほうが数が多いということであろう。

再投資したほうがよいということである。

絞り込みによる収益性の向上によって、持続可能な成長の問題は2つの方向で減少する。つまり、収益性の低い事業の売却によって資金が直接的に創出されることと、成長の原動力のいくつかをなくすことにより、実際の売上高の成長が鈍化することである。近年、テキサスの大企業であるクーパー・インダストリーズ社をはじめとして、多くの企業がこの戦略をうまく用いている。クーパー社は、1970年代初頭にいくつかの事業を売却した。しかし、それは不採算事業であったためではなく、市場で有力な企業となるための資源がクーパー社に欠けていると考えたためであった。

絞り込みによる収益性の向上は、単一製品を扱う企業でも行うことができる。その場合には、支払いの遅い顧客や回転の悪い在庫を排除していくのである。これによって、3つの方向で持続可能な成長の問題が減少する。つまり、資金を新しい成長分野に自由に振り向けることが可能となり、総資産回転率が改善され、売上高が減少する。売上高が減少するのは、支払条件を厳格化したり在庫の点数を減らしたりすることで、一部の顧客を失う結果になるからである。

アウトソーシング

アウトソーシングは、ある活動を社内で行うか、外部のベンダーから購入するかという意思決定にかかわっている。アウトソーシングを増加させ、社内で行われる活動を減らすことにより、企業は持続可能な成長率を高めることができる。企業がアウトソーシングを行う場合、その活動を行うために拘束されていた資産が解放され、それによって総資産回転率が上昇する。いずれも、成長に関する問題の解決に寄与する。この戦略の極端な例が、フランチャイズ方式をとる企業である。こうした企業では、本部は資本集約的な活動をすべてフランチャイズ加盟店にアウトソーシングし、結果としてほとんど投資を行わない。

アウトソーシング戦略を有効にするために重要なのは、自社の独特の能力(すなわち、コンサルタントが「コア・コンピタンス」と呼ぶもの)を明らかにすることである。自社のコア・コンピタンスを損なうことなく、ある活動を他社に行わせることができるならば、その活動はアウトソーシングの候補として挙げられる。

価格決定

価格と数量は、明らかに反比例の関係にある。資金調達能力に比べて売上高の伸びが高すぎる場合には、値上げを行って成長を抑制する必要があるかもしれない。値上げによって売上高当期純利益率が向上するならば、持続可能な成長率をも高めることになるだろう。

実際のところ、成長そのものを変数と見なすことをお勧めする。つまり、もし急激な成長が問題だとすれば、成長を鈍化させることで問題に直接的に対処すべきである。成長を抑制するために、たとえば、隔週で水曜日の営業終了時間を繰り上げるとか、あるいはお客を10人以上同時に受け付けないといった方法が取られているかもしれないが、最も効果的なのは値上げすることである。

合併は有効な手段であるか

以上の対策でもうまく行かない場合は、豊富な資金を持つパートナーを探す必要があるだろう。必要な資金を提供できる企業は2種類ある。1つは、余剰資金の使い道として収益性の高い投資先を探しているような「金のなる木」と呼ばれる成熟企業である。もう1つは、提携によって流動資産と借入枠を提供してくれるような保守的な資金調達を行ってきた企業である。他社を買収したり、他社に買収されたりすることは、成長に関する問題に対するドラスティックな解決策ではある。しかし、過剰な成長によってやむをえなくなるまで待つよりも、むしろ財務的な余力があるうちに行ったほうがよい。

成長の不足

低成長企業、すなわち実際の成長率が持続可能な成長率を下回るような企業も、別の種類ではあるが成長の管理に関する問題を抱えている。この種の企業は、成長の火を絶やさぬよう新たな資金を必死になって探すことよりも、必要以上の利益をどう扱うかに悩まされている。これは取るに足らない、もしくはむしろ羨むべき状況のように思えるかもしれないが、この問題がまさに現実のものとなっており、ときにはその問題に脅かされている企業も増えている。

不十分な成長がもたらす問題をより詳細に検討するために、アメリカ国内42州に473店舗を展開する紳士服販売のジョス・エー・バンク社について見てみよう。ジョス・エー・バンク社の5年間にわたる持続可能な成長率の分析は**表4.3**に示されている

健全な売上高当期純利益率及び年10%を超える売上高成長率にもかかわらず、ジョス・エー・バンク社の持続可能な成長率は実際の成長率を大きく上回っているが、余剰資金をどのようにしているのだろうか。以前の章で述べたセンシエント・テクノロジー社とまったく同じように、同社では

表**4.3**◉**ジョス・エー・バンク社の持続可能な成長率分析　2006−2010年**

	2006	**2007**	**2008**	**2009**	**2010**
計算に必要な比率:					
売上高当期純利益率、P (%)	7.9	8.3	8.4	9.2	10.0
内部留保率、R (%)	100.0	100.0	100.0	100.0	100.0
総資産回転率、A (回)	1.48	1.37	1.42	1.39	1.30
財務レバレッジ、T (倍)	2.40	2.11	1.88	1.73	1.68
ジョス・エー・バンク社の持続成長可能な成長率、g^* (%)	28.1	24.0	22.4	22.1	21.8
ジョス・エー・バンク社の実際の成長率、g (%)	17.6	10.5	15.2	10.7	11.4

＊四捨五入により、合計は必ずしも一致しない

図4.4◉ジョス・エー・バンク社の持続可能な成長問題　2006-2010年

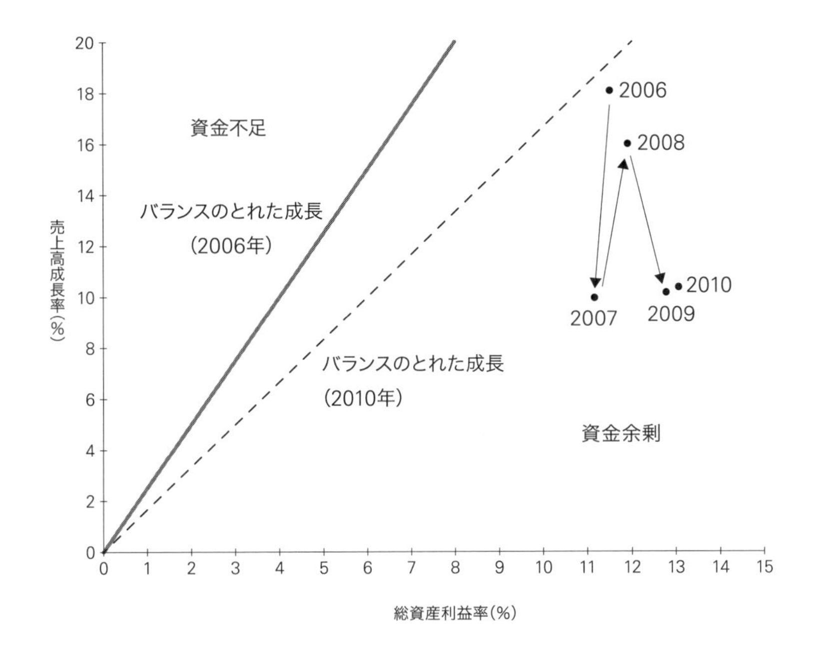

財務レバレッジを引き下げるために余剰資金が使われている。また、緩やかに総資産回転率が低下している。2006年から2010年にかけて、財務レバレッジは30%低下した。バランスシートを見ると、有利子負債を2006年に全額返済し、それ以降現金同等物の総資産に対する割合は41%まで急激に上昇した。総資産回転率が低下したのも当然のことと言える。この余剰資金をジョス・エー・バンク社はどうしたかというと、そのまま手元に保有し続けた。

図4.4はこれを図示したものである。ジョス・エー・バンク社のROAと売上高成長率の分布はグラフの右上に集積しており、これは余剰資金を効率的に活用できていないという事実がなければ、最適な位置にある。また、財務レバレッジが低下したことによって、バランスのとれた成長線が大きく下がってしまっている。それにもかかわらず、一貫してグラフの資金余剰の領域にいる。経営陣としてまさにこの余剰資金をどのように活用するかを決めないといけないときを迎えている。

実際の成長率が持続可能な成長率を下回った場合に取るべき対策

低すぎる成長に関する問題に対処するための最初のステップは、その状況が短期的なものなのか、長期にわたるのかを判断することである。短期的なものであれば、将来の成長に備えて資源の蓄積に努めればよい。

低すぎる成長が長期にわたる場合には、それが(市場が成熟したことの当然の結果として)業界全般に起こっていることなのか、それとも自社だけの現象なのかが問題となる。後者の場合には、成長不振の原因と新しい成長の源泉となりうるものを企業内で発見すべきである。この場合、経営者は自社の業績を慎重に検討し、成長を妨げている内部制約を識別して取り除かなければならない。それは組織の変更や開発コストの増加を含む痛みを伴うプロセスである。そのような自社分析で苛立たしいのは、成長を高めるために始められた戦略は2、3年で成果を生み出さなければならず、さもなければ経営者は他のよりドラスティックな解決策を探さざるをえなくなることである。

企業が内部的に十分な成長を生み出すことができない場合には、次の3つの選択肢——問題を無視する、株主に資金を還元する、成長を買う——が存在する。以下では、各代替案を簡単に見ていくこととする。

◉――問題を無視する

これには2つの方法がある。つまり、経営者は十分に儲からなくなっているにもかかわらずコア事業に投資を続けるか、これまでに大量に蓄積された遊休資源を単に放置しておくかである。どちらの場合でも、困ったことに十分に利用されていない資源が招かれざる関心を呼び起こすこととなる。資源を十分に活用できないことによって株価が下落し、そしてその企業は企業買収の格好のターゲットとなる。企業買収家の判断が正しければ、買収した企業の資源をより効果的に再配分することによって、多大な利益をあげることができる。そのようなときに再配置される経営資源としては、真っ先に既存の経営陣が挙げられるので、彼らは突然求人広告を読まざるをえなくなる。たとえ敵対的企業買収が起こらなかったとしても、企業をうまく運営できていない経営者は、取締役会やアクティブな株主から早晩クビにされる可能性がますます高まっている。

投資と成長との関係を特徴づけるもう1つの方法は、よい成長と悪い成長とを区別することである。よい成長は、コスト（資本コストも含む）を上回る収益率をもたらす活動に投資するときに生じる。よい成長により株主が利益を享受するため、株価は上昇し、買収の脅威が減少する。悪い成長は、コスト割れの収益率しかもたらさない活動に投資することにより発生する。思慮に欠けた行動は常に可能なので、悪い成長戦略は実行されやすい。何をやってもうまく行かない場合、過剰な資金を費やして他のビジネスの買収に走ることがある。このような戦略により一見余剰資金が一掃され、企業が成長したかのように見えるものの、それは悪い成長戦略によって貴重な資源が浪費されていることを覆い隠しているにすぎない。そして株式市場は今やよい成長と悪い成長とを見分けるすべを身につけており、悪い成長に対しては容赦しない。以上から得られる教訓としては、低成長企業が単に成長のスピードを速めることだけでは不十分であるということである。つまり、株主の利益になるように成長しなければならない。それ以外の成長はすべて見せかけであり、それに騙されてはならない（価値が創造される投資活動については第7章と第8章で詳述している）。

株主に資金を還元する

遊休資源の問題を解決する最も直接的な方法は、配当金の増額もしくは自社株買いによって株主に資金を還元することである。しかしながら、この方法は一般的になりつつあるが、まだ多くの経営者によって選択される戦略とはなっていない。

主な理由として、たとえ成長が株主にほとんど、もしくはまったく価値をもたらさないとしても、経営者は成長を優先させる傾向があることが挙げられる。個人的には、経営者は多額の配当を実施することに抵抗がある。なぜならば、そうすることは経営者失格を意味するからだ。株主は経営者に資本を有効に投資するという仕事を委託しており、その資金を返却することはその基本的職務を遂行できなかったことを意味しているのである。もっと露骨に言えば、配当は経営者の帝国の規模を小さくするものであり、本能的に受け入れがたい行為なのである。

ゴードン・ドナルドソンをはじめとする人々も、組織として成長を志向しがちなバイアスについて述べている(注5)。12社の大企業経営者が行う意思決定行動について、調査に基づいて慎重に検討し総合した結果、企業の長期的な存続のために、たとえ採算が取れなくとも経営者は成長を選択すると、ドナルドソンは述べている。経営者の目から見ると、企業の規模は市場の予測できない変化に対する防壁になり、それと同時に、成長することによって組織における従業員の昇進機会が増える結果、企業のモラールが向上する。また、成長が鈍化したときには、企業は最高の人材を失うリスクに直面する。

◉―――成長を買う

低成長に関する問題を解決するための第3の手段は、成長を買うことである。経営者としての能力に対する自信、幹部社員の引き止めに対する懸念、そして企業買収家に対する恐怖から、経営者はしばしば余剰資金を用いて他の事業へ多角化しようとする。経営者は、他のもっと活気のある産業での価値ある成長機会を体系的に探している。そして時間が限られるため、新しいビジネスをゼロからスタートさせるよりも、既存企業を買収することになる。

企業買収計画の正しい立案と実施は、大変難しい問題であり、ここで紙面を割く余裕はない。しかしながら2つの重要な点に言及しておきたい。第1に、多くの重要な点において、成熟・衰退企業の抱える成長管理の問題は、高成長企業の抱えるそれとは正反対である。特に、低成長のビジネスは余剰資金の有効な使い道を、一方、高成長企業はその成長のスピードを持続するための資金を探している。したがって、片方の企業の余剰資金をもう片方の急成長のために資金提供するべく合併することによって、高成長企

注5 | Donaldson, *Managing Corporate Wealth*.

業と低成長企業がそれぞれの成長管理に関する問題を解決することがしばしばあるのは当然の成り行きである。第2に、1960年代から70年代の初頭における企業買収・合併への賛辞とは裏腹に、これまでの研究から、成長のための買収は株主の観点から見て配当よりも明らかに有効性に欠ける戦略であることがわかってきた。買収対象になりうるような企業の株価は、将来のその企業の高い成長見通しをすでに織り込んでいるケースが多いため、買収のために高額のプレミアムを支払うと、並以下の投資となってしまう。この点に関する経営者と株主の間の対立については、第9章で述べる。

持続可能な成長とインフレーション

成長の源泉は、数量の増加と価格の上昇である。やっかいなことに、インフレーションによる成長に対しても、実質成長をサポートするのとほぼ同等の投資が必要になる。たとえば、実質成長がゼロ(各年の製造及び販売数量が一定)であるものの、10%のインフレにより成長している企業があるとする。その場合、在庫量は変わらないとしても、単位当たりの在庫コストが増大するため、全体として在庫投資は増加する。売掛金についても同様である。顧客の数も購買数量も変わらないものの、単価が上昇するため、売掛金に対する投資総額が増加する。

固定資産に対する投資もインフレ下では同様の動きをするが、それにはタイムラグがある。インフレが起きても直ちに固定資産を増やす必要性は生じない。数量が変わらないならば、既存の固定資産で製造できるからである。既存の固定資産が使えなくなり、値上がりした固定資産に取り替えるときに、企業の固定資産に対する投資額は増大する。

このようなインフレによる資産の増加も、実質成長と同じように資金を必要とする。つまり、インフレが発生すると高成長企業における成長管理の問題は悪化することになる。その度合は、主に経営者と債権者が、財務諸表に対するインフレの影響をどれだけ理解しているかによる。

インフレーションは、財務諸表に少なくとも2つの影響を及ぼす。第1に、前述したように外部資金調達必要額が増加する。第2に、増資を行わない場合には**取得原価主義に基づいた財務諸表**の負債比率が上昇してしまう。これは厄介な問題である。なぜなら、経営者もしくは債権者が、取得原価ベースで負債比率を一定に保持しようとすれば、インフレによって実質ベースの持続可能な成長率が低下してしまうからである。持続可能な成長率がインフレ調整前で15%だとすると、インフレが10%の場合、実質ベースの持続可能な成長率は約5%に下落してしまう。早い話が、インフレ下においては実質ベースの成長をサポートすべき資金が、インフレによる成長をサポートするために使われてしまうのである。

もし経営者と債権者がインフレーションの影響を理解していれば、インフレと持続可能な成長率の反比例の関係を重視する必要はない。たしかに外部資金調達必要額はインフレにより増大するが、返済に必要なドルの価値が下がって、負債の実質的な価値も減少するので、必要とされる正味資金調達額はインフレによりほとんど影響を受けないのである。

要するに、取得原価主義に基づく財務諸表においては、インフレによる成長と実質ベースの成長とはほぼ一対一対応の関係にあるといえる。インフレによって比率が何ポイントか上がったら、それは同じ分だけ実質の数値が減ると見なすことができる。というよりは、インフレ調整後の財務諸表を用いれば、持続可能な成長に対するインフレーションの影響は比較的小さいことがわかるというほうが正確であろう。経営者にこの事実を自社の取引銀行に理解させる能力があることを期待したい。筆者にはいまだできていないことではあるが。

持続可能な成長と予測財務諸表

本章で検討されたことを振り返ってみよう。経営者の抱える主要な財務上の問題に関する多くのことが、企業の実際の成長率と持続可能な成長率の比較によって明らかにされたはずである。実際の成長率が持続可能な成長率を上回っている場合には、経営者の関心は規模拡大のための資金獲得に向けられる。反対に持続可能な成長率を下回る場合には、余剰資金をいかに有効に活用するかという180度反対の課題が発生する。持続可能な成長の等式によって、多くの経営トップが自己の果たすべき役割をどう見ているかについても理解することができる。すなわち、増資をなるべく行わないようにすること、そして実際の成長と持続可能な成長がほぼ等しくなるように、事業戦略、成長目標、財務方針のバランスを取ることである。また、財務担当者以外の人々にとっても、持続可能な成長の等式は企業の成長率と財務資源の関係を明らかにする有用な手段となる。

しかしながら、持続可能な成長の等式は、基本的には予測財務諸表を単純化したものにすぎない。したがって、企業の成長管理に関する問題をより詳細に検討するためには、時間をとって予測財務諸表を作成することをお勧めする。持続可能な成長の等式は森を見る手段としては実に有効であるが、個々の木々の検討にはあまり向いていないからである。

新株発行による資金調達

本章前半で触れたように、企業が新株を発行できない、あるいは発行しようとしないことは、持続可能な成長を分析するうえでの重要な仮定である。**表4.2**を見ると、過去10年にわたりアメリカ企業において株式の発行は資本の調達というよりもむしろ資本の使途となっており、つまり株式の発行よりも消却のほうが多くなっており、この仮定とも整合する。そこで、なぜ企業はそれほどまでに新株発行に対して消極的なのかという点に特に焦点を当て、この現象を考察していくこととする。

図4.5に、アメリカにおける1975年から2010年にかけての毎年の正味の株式発行額が示されている。新株発行は、不規則な動きながら1983年には約280億ドルまで増加したが、それ以降急激に落ち込み、基本的にマイナスの水準で推移している。企業が内部資金や低利での借入を活用して自社株買いを積極的に行ったことで、2007年にはこれまでで最も低い水準であるマイナス7,870億ドルとなった。しかし、過剰な自社株買いは翌年に急に終息した。急速な景気後退によって内部資金が減少し、流動性の重要性に対する認識が増大したからである。

発行済普通株式を減らす方法としては2つある。すなわち、**自社株買い**、もしくは現金や負債による他社株式の買収である。各種資料を見る限りでは、

図4.5◉正味株式発行額　1975-2010年

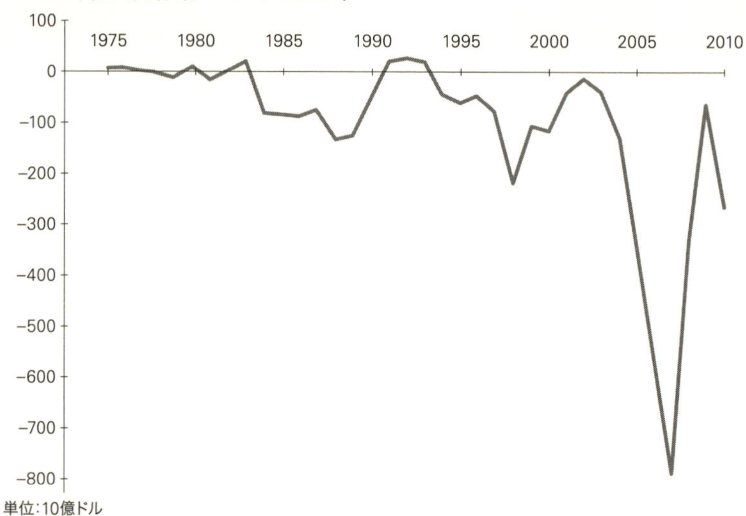

単位：10億ドル

出所：Federal Reserve System, *Flow of Funds Accounts of the United States*, www.federalreserve.gov/releases/z1/current/data.htm.

1980年代後半にアメリカを席巻した敵対的企業買収合戦がきっかけとなって、この20年ほどの発行済株式の急激な減少を招いたようだ。

近年、アメリカにおいて株主資本が減少してきているのは、株主への資金の還元や1株当たり利益（EPS）の改善手段として自社株買いが多用されてきていることに起因していると思われる。もし株式アナリストがEPSが15%成長することを予測する一方で企業は10%の成長しか期待できないと考えた場合、このアナリストの目標値を満たす方法は5%の発行済普通株式を自社株買いすることである。

このように、アメリカ企業では新株発行が資金調達のためにあまり用いられていないことはデータからも伺うことができるが、最近の調査でも、平均的な年で、アメリカの公開企業のうちわずか5%しか増資を行っていないこととも整合している。すなわち、典型的な公開企業は20年に一度しか新株発行を行わないことになる[注6]。

ただし、平均5フィートの深さであると聞いて川を渡ろうとした統計学者がおぼれてしまったという話があるように、株主資本の数値は新株発行と自社株消却を相殺したネットの結果であることを念頭に置く必要がある。

図4.6◉新規株式発行総額と新規株式公開　1980-2010年

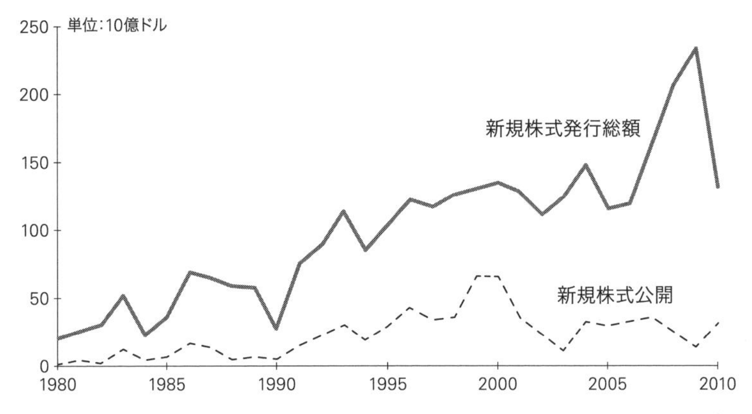

＊新株株式発行は、公開市場で発行された株式で優先株式を含む。IPOにはオーバーアロットメントを除き、国際トランシェを含む。

出所：*Federal Reserve Bulletin*, Table 1.46, "New Security Issues U. S. Corporations," various issues, new stock issues by corporations; Jay Ritter, "Initial Public Offerings: Tables Updated Through 2010," Table 8. bear.warrington.ufl.edu/ritter/IPOs2010statistics111.pdf.

図4.6には、1980年から2010年までのアメリカ企業の新規普通株式発行による資金調達総額を表示している。30年間の平均は983億ドルであり、2009年には2,340億ドルの史上最高額を記録している。景気後退期における新株発行の急増は、民間銀行が破綻を回避すべく必死で増資を行った結果であり、全体の増資額のほぼ4分の3を占める。

これらのデータをもとに考えると、過去10年にわたり非金融機関の新株発行による増資額は、同時期の資金調達額全体の4%であり、外部資金に占める割合は11.6%である。

図4.6には1980年から2010年までの**IPO（新規株式公開）**の実績も示している。IPOによる資金調達の合計額は株式発行総額の約4分の1であり、IPOのピークであった2000年度でも企業の外部資金調達総額の5%と、比較的地味なものとなっている。IPOの資金調達額は過去10年で低下傾向だという事実は、多くの人々にとって懸念材料となっている。

注6　U. S. Securities and Exchange Commission, *Report of the Advisory Committee on the Capital Formation and Requlatory Process*, July 24, 1996, Figure 4.

これらのグラフからわかることは、活発な自社株の買入消却が行われる半面、新株発行も盛んに行われているというアメリカ経済のダイナミズムである。結局のところ、アメリカ企業全体にとっては資金調達先としての株式市場の重要性は薄れているものの、一部の企業にとってはきわめて重要であるというのが妥当な結論であろう。新株発行を多用する企業は、株式ブローカーが「推奨株」と呼ぶところの、投資家にとって魅力的な製品やコンセプトを有する高成長のビジネスである（ハイテクやバイオテクノロジーなどの言葉が、すぐ念頭に浮かぶのではないだろうか）。

◉——アメリカ企業が新株発行をあまり行わない理由

アメリカ企業が新株発行を控える理由は多彩である。以下ではそのうちのいくつかを検討し、残りは第6章で資金調達を詳細に考察する際に触れることにする。

- 近年、全体的に企業が新株発行を必要としなかっただけであるように思われる。留保利益と追加借入で十分であったのである。
- 新株発行にはコストがかかる。新株の発行には調達額の約5～10%の発行費用がかかり、小規模の発行の場合にはさらに高率となる。これは同規模の債券を発行したときに比べ、少なくとも2倍近いコストである（ただし株式は普通は償還されることがないので、年当たりに換算した実質コストは債券よりも負担が軽い）。
- 多くの経営陣、特にアメリカ企業の経営陣は、EPS（1株当たり利益）に固執している。彼らは複雑な世界を簡単な概念で解釈しており、すなわちEPSの増加はよいことであり、減少は悪いことである。その観点からすると、少なくとも当初は発行済株式数が増加しても利益は増加しないので、新株発行は好ましくない。つまり、新株発行はEPSの**希薄化**を招くのである。調達された資金が効率的に活用され利益を生み出すまで、EPSは一時的に低下する。さらには、第6章で見るように、デット・ファイナン

注7　John R. Graham and Campbell R. Harvey, “The Theory and Practice of Corporate Finance: Evidence from the Field,” *Journal of Financial Economics*, May-June 2001, pp. 187-243.

スを行えばEPSはほとんど常に上昇する。

- さらに「市場不信」症候群がある。経営陣は、株価が10ドルであるときには、現在の戦略が成功し始めると、すぐに少しは株価が上昇すると期待する傾向がある。そして15ドルになると、彼らは株価の上昇が始まったのであり、近い将来さらに株価が上昇すると考える。このように本来経営者は自社の将来性に期待しがちであるため、現時点の株価が過小評価されていると常に考えており、そのため永遠に新株発行を遅らせる傾向がある。最近デューク大学のジョン・グラハムとキャンベル・ハーヴェイが371名のアメリカ企業のCFOに対して行った調査でも、このことが浮き彫りにされている。調査当時ダウ・ジョーンズ工業株平均が史上最高値に迫る勢いであったにもかかわらず、市場が自社の株式を正当に評価していると認識していたのはわずか3分の1にもみたず、過大評価されていると考えていたのはわずか3%であり、なんと69%が過小評価されていると考えていた(注7)。
- 最後に、多くの経営者が株式市場は資金調達先として頼りにならないと認識していることである。新株発行に際しての株価の不確実性だけでなく、資金が必要なときに納得のいく条件で新株発行ができない可能性に思い当たるのである。つまり、財務の専門用語で言うならば、新株発行の「窓」が閉じてしまうのである。当然、経営者からすればこのように当てにならない資金調達の源泉に依存した成長戦略を策定するわけにはいかない。むしろ、留保利益とそれに付随する借入に依存し、新株発行による資金調達にはたいして重要ではない補助的な役割しか与えないような成長戦略を策定する。この問題については、後の章でさらに議論することにする。

本章のまとめ

1. 企業の持続可能な成長率
   - 急速な成長が必ずしも好ましいわけではない。慎重な財務計画なしでは、企業は文字通り成長によって破綻することとなる。
   - 企業の持続可能な成長率とは、企業が財務資源を枯渇させずに達成することのできる最大の成長率である。
- 負債は株主資本に比例して増加するという前提を置いている。
- 次の4つの比率の積に等しい。
  - 売上高当期純利益率
  - 内部留保率
  - 総資産回転率
  - 財務レバレッジ（資産を期初株主資本で割ったものとする）
- 内部留保率に期初株主資本利益率を掛けたものにも等しい。
- 経営者と債権者が取得原価ベースの財務諸表に基づいて意思決定をしている場合、インフレーションによって低下する。

2．実際の売上成長率が持続可能な成長率を上回った場合
- 上記の比率のうちの1つ、またはそのいくつかが変化しなければならない。
- 予測したうえで、対応する計画を立てなければならない。
- 以下の方法によって管理できる。
  - 財務レバレッジの引き上げ
  - 配当性向の削減
  - 収益性の低い活動、製品、顧客の削減
  - いくつかまたはすべての製造工程のアウトソーシング
  - 値上げ
  - 「金のなる木」との合併
  - 新株発行

3．実際の成長率が持続可能な成長率を下回った場合
- 余剰資金が発生し、被買収先としての魅力が高まる。
- 経営者はキャッシュフローの有効な利用を考える必要がある。選択肢としては、
  - 財務レバレッジの引き下げ
  - 株主に資金を還元する
  - 値下げ
  - 「成長を買う」：急速に成長中であり資金を必要としている会社の買収

4．新株発行による調達

- 過去25年のほとんどの期間において、アメリカ企業は発行よりも多くの自社株消却を実施しており、株式は資金の調達手段というよりも使途であった。
- わくわくするような将来性があり、小規模で急速に成長している多くの会社にとっては、資金調達手段として非常に重要である。
- その他、新株発行による調達がめったになされない理由は以下のとおり。
  - 総じて企業に追加資金の必要性がなかった。
  - 負債に比べて株主発行コストが高い。
  - 多くの経営者が忌避する点として、新株発行は1株当たり利益を低下させる。
  - 経営者は一般的に現状の株価は不合理に低いと考えがちであるため、よりよい株価で発行するために先送りにしがちである。
  - 慎重な経営者からは、株式はあてにならない資金調達手段であると見なされることがある。

参考文献等

Websites

www.research.stlouisfed.org/fred2/

金利、雇用等に関する豊富なデータが蓄積されており、貴重なデータベースである。

pages.stern.nyu.edu/~adamodar/

ニューヨーク大学のアスワス・ダモラダン教授のホームページ。このサイトには、財務データ、スプレッドシート、学術的資料が収蔵されている。たとえば、債券格付、会社ごとのスプレッド、インタレスト・カバレッジ・レシオ、過去の株式、債券のリターン、産業ごとのROE等指標を参照できる。

章末問題

1．以下の文章について賛成か。それとも反対か。

「経営者の重要な仕事は、会社の実際の成長率と持続可能な成長率をできる限り等しくすることである」

2．以下の文章について正しいか誤りかで答えよ。また、その理由は。

a．企業が現在の持続可能な成長率以上に成長することができる唯一の方法は、新株を発行することである。

b．企業が多額の損失を計上している際には、株式市場からいつでも新しい資本を調達することができる。

c．自社株買いによって、通常1株当たり利益は増大する。

d．企業が自社の株式を買い戻すのは、株式が過小評価されていると経営者が考えているからである。

e．急速に成長している企業だけが成長の管理に関する問題を抱えている。

f．成長を加速させることにより、株価も上昇する。

3．**図4.5**を参照し、過去30年のアメリカにおける株式による純調達額の傾向を述べよ。また、このことからアメリカ企業における株式による資金調達について何が言えるか。

4．バイオサイト社は、カリフォルニア州サンディエゴにおいて医療用診察機器の開発・製造・販売を行っている。もしあなたが寄生虫、薬物乱用、心不全について検査したい場合には、同社に連絡するのが賢明だろう。以下は2000年から2004年にかけての同社の財務データである。

	2000	**2001**	**2002**	**2003**	**2004**
売上高当期純利益率（%）	11.2	10.3	12.7	14.3	16.9
内部留保率（%）	100.0	100.0	100.0	100.0	100.0
総資産回転率（回）	0.66	0.64	0.80	0.89	0.86
資産（期末、百万ドル）	$83.0	$102.7	$131.3	$194.6	$283.5
株主資本（期末、百万ドル）	$72.9	$90.9	$107.9	$152.9	$220.3
売上高成長率（%）	25.8	19.4	60.3	64.8	41.3

a．2001年から2004年におけるバイオサイト社の各年の持続可能な成長率を計算せよ。

b．同社の持続可能な成長率と実際の売上高成長率とを比較した場合、同社はこの期間中どのような成長の管理に関する問題に直面していたか。

c．同社はこれらの問題にどのように対処してきたか。

5．代表的なオートバイ会社であるハーレー・ダビッドソン社の2000年から2004年にかけての財務データは以下のとおりである。

	2000	2001	2002	2003	2004
売上高当期純利益率（%）	11.4	12.3	13.5	15.5	16.7
内部留保率（%）	91.3	91.9	92.8	92.2	86.6
総資産回転率（回）	1.25	1.14	1.11	1.00	0.97
資産（期末、百万ドル）	$2,436	$3,118	$3,861	$4,923	$5,483
株主資本（期末、百万ドル）	$1,406	$1,756	$2,233	$2,958	$3,219
売上高成長率（%）	17.8	16.4	21.4	14.0	8.5

a． 2001年から2004年にかけてのハーレー・ダビッドソン社の各年の持続可能な成長率を計算せよ。

b．同社はこの期間中に成長の問題を抱えていたか。

c．同社は持続可能な成長の問題にどのように対処してきたか。

6．第3章の問題7においてアクアティック・サプライズ社の2012年から5年間の予測財務諸表を作成することになっている。そこでの予測、またはhttp://www.diamond.co.jp/go/pb/fmanage/から入手できるエクセルスプレッドシート（ただし記載は原文のまま）に基づいて、同期間におけるアクアティック・サプライズ社の持続可能な成長率と実際の成長率を計算せよ。そのうえで、これらの数値から何が言えるか。

第III部

事業を運営するための資金調達

第5章 金融商品と金融市場

僕が投資銀行家になったことを母親には内緒にしておいてくれ。まだいかがわしい場所でピアノを弾いていると思い込んでいるのだから。
―――作者不明

財務担当役員の重要な仕事として、現在の事業運営と将来の成長のための資金調達がある。その仕事はマーケティング担当役員のそれに似ている。つまり、商品――この場合は、将来企業が生み出すであろうキャッシュフロー――を仕立て上げ、最も高い価格で販売しなければならない。財務担当マネジャーの顧客とは、企業の将来的なキャッシュフローを予測して事業に投資を行う債権者と投資家である。その投資と引き換えに、顧客は株券、社債といった証券や借入契約書を手にする。それらには、将来のキャッシュフローに対して顧客が有する請求権の性質が記載されている。証券が市場で売買される場合、通常、これらは**金融証券**と呼ばれる。

金融証券を仕立て上げるにあたって、企業の財務責任者は、自社のニーズに合致するとともに債権者と投資家にとっても魅力的なものにする必要がある。これが有効に行われるためには、金融商品、それが流通する市場、そして各証券が発行会社にもたらすメリットについて理解しておく必要がある。本章においては最初の2点、すなわち金融商品と市場について考察していく。次章では、適切な金融商品の選択について検討する。

企業の財務面での意思決定は、通常は経営トップとその財務担当スタッフの責任ではあるものの、こうした意思決定がなされるロジックについては、あらゆるレベルのマネジャーも理解しておく必要がある。第1に、私たちは個人の生活のなかで、たとえば家や車を買ったり学校へ戻ったりするために借金をするときなど、似たような財務上の意思決定を行うからである。第2に、投資家として、私たちは企業が発行した金融証券の買い手となることもある。そのときに、情報に通じた顧客となっておくのは賢明であろう。第3に、本書においては最も重要な目的であるが、賢明なファイナンス上の意思決定は効果的な財務マネジメントの根幹をなすものだからだ。経営者が他社に負けないリターンを生み出すために用いる業績のレバーの1つに財務レバレッジがあることからも、それはうかがえる。財務レバレッジは、企業の持続可能な成長率を決める主要な要因でもある。したがって、企業の財務上の意思決定に関するロジックを知らないでいると、マネジャーは自社とその課題に関して完全な理解ができないことになるのだ。

この章を始める前に、この章が目的としていないことについて少々書いておく。「金融市場」とは、余剰キャッシュを持つ主体がキャッシュ不足の主体に対して資金を供給する、ダイナミックで多様な主体が構成する流通システムに与えられた名前である。事業者は決してこの市場における唯一のプレイヤーでもないし、最も著名なプレイヤーでさえない。その他の積極的な参加者としては、国、州、地方レベルの政府機関、年金基金、財団、個人、商業銀行、保険会社、その他リストアップしきれないほど多くの参加者がいる。本章は、金融市場全体をバランスよく俯瞰したものではなく、非金融機関によって多く使われる金融商品、そしてそのような金融商品が販売される方法に的を絞っている。さらにお断りしておくと、短期の金融商品は考察の範疇外としている。金融市場というとき、1年以内の満期を持つ証券が取引されるマネー・マーケット（狭義の金融市場）と、期間がより長い証券が売買されるキャピタル・マーケット（資本市場）とを区別することが普通である。金融機関でない事業者はその資金調達のためにキャピタル・マーケットに依存する度合いが大きいことから、マネー・マーケットはキャピタル・マーケットに比べ大きくまた流動性も高いのであるが、本章ではマネー・マーケットについてはほとんど言及しない（金融市場と金融商品をより網羅的に学びたい場合は、本章末にある参考文献を読んでいただきたい）。

金融商品

幸いなことに、資金調達という分野は、まだそれほど法律や規制によって縛られていない。証券市場で販売する金融商品を選択する際、企業はそれほど強い法的規制を受けることはない。証券の選択と設計は概ね企業の自由に任されており、重要なのは投資家にアピールし、発行企業のニーズも満たすような証券が発行できるかどうかである。アメリカにおける証券市場はSEC（証券取引委員会）によって規制されており、また州政府からも多少は規制されている。SECの規制に煩雑で時間のかかる手続きはつきものであるが、SECは特定の証券に投資する利点の有無を判断してくれるわけではない。SECが要求するのは、投資家に対して証券の評価にかかわるすべての情報を与えることと、購入前にその情報の評価を行う適切な機会を与えることだけである。そのため、ときには非常に珍しい証券も登場する。フート・ミネラル社の発行した2.20ドル累積転換権（配当が宣言された場合）つき優先株や、サンシャイン・マイニング社の銀インデックス債などである。面白いものとしては、1983年にハンガリーが発行した6％の国債がある。これは利息が支払われるだけでなく、3年以内の電話の開設を約束していた。当時ハンガリーでは電話の開設に最長で20年もかかると言われていた。ロシアのウォッカ蒸留グループによって提案された社債も同じぐらい興味深い。その「リヤル債（リットル債とも言う）」と名づけられた社債は、年20％の利息を通貨で支払うか、もしくは年25％の利息をウォッカで支払うというものであった。発行者によれば、「ウォッカはこれまで1000年以上も通貨として機能してきており、この社債はそれを公的に認めたにすぎない」ということであった。

ただし、いかなる証券であろうと、背後にあるロジックを曖昧にしておいてはならない。金融商品をデザインする際に、財務担当役員は次の3要素を考慮しなければならない。それは、将来のキャッシュフローに対する投資家の請求権、投資家が企業の意思決定に参加する権利、企業の清算時の資産に対する投資家の請求権である。本章では、これら3つの変数に準拠して、より一般的な証券について説明する。これから本章を読み進むにあたって気をつけてほしいことは、特定の金融商品の性質は、法律や規制によってではなく、発行体と投資家の間の契約によって決定されるということである。したがって、以下で述べるのは特定の金融商品の正確な定義というよりも、むしろ一般的な証券の種類についてであると思って読んでいただきたい。

◉———社債

経済学者は物的資産と金融資産を区別することを好む。家屋・事業・絵画といった物的資産の価値はその物理的特性に基づく。金融資産とは1枚の紙切れ、より正式に言えば、将来の現金の支払いについての法的な請求権をあらわした証券である。支払いを約束している主体が発行者で、その受取人が投資家である。金融資産においても、将来の支払いに対する請求権について金額と時期が確定しているか、それとも優先する固定的な支払いすべてがなされた後の残りの金額を受け取ることができるという残余請求権なのかで、区別することは有用である。債券は確定した請求権を提供し、株式（普通株式）は残余請求権を提供する。ただし人間の創意工夫のあらわれと言うべきか、たとえば転換優先株などのように、純粋に固定的な請求権でも残余請求権でもなく、どっちつかずの証券もあることに驚いてはいけない。

デリバティブは、条件つきの請求権として、第3の証券のタイプに分類できる。デリバティブ証券は、将来の支払いに対する請求権が、元本となる何か別の資産の価値に依存するという点が特徴である。たとえば、IBM株を買うというオプションは、その価値がIBM社の株価に依存しているのでデリバティブと言える。デリバティブの人気と重要性は、フィッシャー・ブラックとマイロン・ショールズが1973年にオプションの価値を算定する正確な方法を初めて発表して以来、とても大きくなってきた。本章の補遺では、財務リスクマネジメントに関する広範な議論の一部として、デリバティブについて簡潔に考察している。さらに第8章では、投資機会の評価という文脈で再び取り上げている。

社債は他の負債と同様に、**確定利付証券**である。社債の保有者は毎年決まった額の利息を、そして満期には決まった金額を受け取る。受取額がそれ以上になることも、（発行会社が倒産しない限り）それ以下になることもない。社債とその他の負債、たとえば買掛金、銀行借入金、私募債との違いは、社債が小口の証券（通常1,000ドル単位）の形で販売されるということである。発行後、社債はよく整備された社債市場において投資家の間で取引されることが可能となる。

筆者は、前の章で、利益や減価償却の形をとった内部資金が、過去10年間のアメリカ企業で使われた資金の65%を占めることを説明した。外部資金調達について見ると、過去20年にわたって社債が最大の調達源であり、全体の約37%を占めるというデータがある。これに対して銀行その他からの融資やさまざまな形での信用供与は、11%であった。ただし、銀行からの融資はもはや重要性が低いと片づけてしまう前に、全体で見れば主要な資金調達源ではなくても、より小規模な企業にとっては重要な存在であるということは記憶に留めておくべきである。たとえば、2010年時点で、銀行融資が全債務に占める割合は、総資産が10億ドル超の製造業では8%にすぎないが、総資産2,500万ドル以下の小規模製造業においては34%であった(注1)。

社債の内容を性格づける3つの項目は、**額面**、**表面利率**、**満期**である。額面が1,000ドル、表面利率が7%、そして満期が2018年12月31日である社債を例に挙げる。額面とは、社債の保有者が満期に受け取る金額のことである。通常、アメリカで発行される社債の額面は1,000ドルである。表面利率とは、発行体が投資家に利息として毎年支払うことを約束した価値の額面に対する割合である。この社債の場合、年間70ドル(=7%×1,000ドル)の利息を、通常は35ドルずつ、年2回に分けて支払う。満期に社債の保有者に1,000ドルが支払われ、その先の利払いは発生しない。

通常、企業は発行時に新発債の表面利率を、満期と質が類似している他の社債の実勢利率と同一に設定しようとする。こうすることで、社債の当初の市場価格は概ね額面と同一になる。発行後は、市場金利や信用リスク見通しの変動により、社債の市場価格は額面から大幅に変動しうる。第7章で検討するが、金利が上昇すると社債価格は下落し、金利が低下すると社債価格は上昇する。

長期の負債のほとんどは、元本の定期的な払い戻しを要求される。この元本の払い戻しは、**減債基金**(sinking fund)として知られているものである。

注1　U. S. Federal Reserve, “Flow of Funds Accounts of the United States,” www.federalreserve.gov/releases/z1/. U. S. census Bureau, “Quarterly Financial Report for Manufacturing, Mining, Trade, and Selected Service Industries: 2010” Tables 1. 1 and 80. 1. www.census.gov/csd/qfr/qfr10q4.pdf.

会計に詳しい読者は、理論的には減債基金とは企業が将来の支払義務に備えて積み立てる資金であることを知っていると思うが、これは社債についてかつて用いられていた方法だが、今ではもう使われていない。今日、社債向け減債基金(bond sinking fund)とは、債権者に対する元本の直接の払い戻しであり、元本が減少していく。社債発行条件により減債の義務の形態は異なり、証券市場から一定数の社債を買い取るか、社債保有者に額面を支払うことにより一定数の社債を償還するなどの方法がある。償還方法を企業が選択できる場合、発行後に金利が上昇して社債の市場価格が額面を下回っているならば、企業が自社の社債を買い戻すことも自然なことである。

これまで述べてきたのは確定利付債券に関してである。社債よりもむしろ借入金により多く見られる形態は、90日短期米国債のような短期金利に利率が連動するものである。もし変動金利商品が、たとえば90日国債の利率に1%上乗せといった条件のものならば、各支払期日において、90日短期国債の市場金利に1%足して計算し直した利息が支払われる。変動金利商品の利率は市場金利に連動して変化するため、その市場価値は常に概ね額面に一致する。

国際的な投資の場合、表面利率と実際の利率は異なる

米ドル建て社債の利率10%は、円建て社債の6%もしくはイギリスのポンド建て社債の14%とは比較することができない。その理由を知るために、今日1,000ドルを利率14%の1年物ポンド建て社債に投資した場合の収益率を計算してみよう。本日の為替レートは1ポンド=1.50ドルであり、1年後の為替レートは1ポンド=1.35ドルであるとする。

本日1,000ドルでポンド建て社債666.67ポンド(=1,000ドル÷1.50)を購入すると、1年後に当該ポンド建て社債は、元利合計で、666.67ポンド×(1+0.14)=760ポンドとなる。これをドルに交換すると、1,026ドル(=760ポンド×1.35)となる。したがって、この投資の収益率は、ドルで計算するとわずか(1,026ドル−1,000ドル)÷

1,000ドル＝2.6%でしかない。

ドルで計算した収益率は、なぜこれほど低いのであろうか。それは、外貨建て資産への投資は、実は2つの投資、すなわち外貨建て資産の購入と将来の為替レートの変動に対する投機からなっているからである。このケースにおいて、外貨建て資産の収益率は14%と満足できるものであるが、ドルに対してポンドが、(1.50ドル－1.35ドル)÷1.50ドル＝10%安くなっている。したがって、全体の収益率はおよそこの2つの値の差となる。正確には以下のとおりである。

(1＋収益率)＝(1＋利率)×(1＋為替変動)

(1＋収益率)＝(1＋14%)×(1－10%)

収益率　＝　2.6%

つけ加えると、年初より年末のほうがポンドは安くなったので、当該年度を通じて、ポンドはドルに対して値下がりしたということになる。

▼繰上償還条項

社債のなかには、**繰上償還条項**が付され、発行会社は満期を待たずに社債を償還するというオプションを持っているものがある。この場合しばしば、繰上償還における償還価格には額面に対してわずかにプレミアムがつく。または、「delayed call」と呼ばれて、繰上償還が可能となる時期に一定の制限(通常、発行後5年もしくは10年後から)が加えられているものもある。

企業が社債に繰上償還条項を設定したい明白な理由が2つある。第1に、金利が低下した場合には、既存の社債を償還してより低い利率で新規の社債を発行することができるからである。第2に、繰上償還条項があることにより、より柔軟な財務戦略が可能となる。すなわち、企業は、市場の状況や戦略の変化に応じて、繰上償還条項を利用してその資本構成を変更することができる。

一見、繰上償還条項は企業に一方的に有利に見えるかもしれない。金利が低下した場合には、企業は社債を償還し、低金利で借り換えができる。しかし、金利が上昇したときに投資家には同様の手段はない。安い支払利息を甘んじて受けるか、損失を出しても売却するかである。企業の側からすればまさに「いいとこ取り」の感があるが、投資家も油断はしていない。一般的に、発行体に有利な繰上償還条項のついている社債は、表面利率が高めである。

▼財務制限条項

通常の場合、債権者は、社債を保有している人も含めて、企業の意思決定に直接参加することはできない。社債など企業の長期負債を保有している人は、社債発行契約書のなかの保護契約条項（protective covenants）を通じ、企業運営にコントロールを及ぼす。典型的な**財務制限条項**（covenants）には、流動比率の下限、負債対株主資本比率の上限、そして場合によっては、債権者の事前の了解なしに主要な資産を処分または取得することを禁ずる規定が含まれる。企業が利息の支払いと元本の返済をきちんと実施し、財務制限条項に違反しない限り、債権者には経営に対する発言権はない。もし支払いが遅延したり、財務制限条項に違反したりした場合には**債務不履行**（default：**デフォルト**）となり、債権者は絶大な権限を手に入れる。極端な場合には、債権者は企業を倒産に追い込み、最終的には清算させることもできる。清算手続きに入ると、企業の資産の処分やさまざまな権利者に対する資産売却収入の分配を、裁判所が監督することとなる。

▼清算手続きにおける優先順位

倒産時の資産売却収入の分配は、いわゆる「**絶対優先の権利**」に基づいて決定される。最初に分配を受けるのは、当然、未払いの税金を徴収する政府である。債権者のなかでは、**優先債権者**（senior creditors）、**一般債権者**（general creditors）、そして**劣後債権者**（subordinated creditor）の順に弁済を受ける。優先株主と普通株主は最下位である。上位の優先権を持つ権利者が全額弁済を受けるまで、下位の権利者は弁済を受けることができないため、清算においては、株主にまったく分配が行われないこともしばしばある。

▼担保付き債権者

担保付き債権（secured credit）とは、特定の企業資産（群）を担保とした優先

表5.1◉各種証券の収益率 1900-2010年

証　券	収益率*
普通株式	11.4%
長期社債	5.7
長期国債	5.2
短期国債	4.0
消費者物価指数	3.1

*年間収益率の計算においては、税金を無視し、利息及び配当金収入をすべて再投資すると仮定した。
出所：Elroy Dimson, Paul Marsh, and Mike Staunton. *Credit Suisse Global Investment Returns Sourcebook*

筆者の推計した長期社債の収益率は許可を得て使用されている。

債権（senior credit）の一形態である。清算が行われた場合、この特定資産の売却収入はもっぱらその担保付き債権者（secured creditor）への弁済に充当される。もし売却収入が担保付き債権者に対する債務を上回る場合、余剰資金は一般債権者への弁済に回される。売却収入が弁済額に足りない場合には、残る負債について担保付き債権者も一般債権者と同等の扱いを受ける。住宅ローンは、土地ないし建物を担保資産とする担保付き債権の一般的な例である。

▼投資対象としての社債

長い間、投資家は社債をきわめて安全な投資対象であると考えてきた。利息収入が明記されており、発行会社が倒産する可能性は低いからである。しかしながら、この考えはインフレーションが確定利付証券に与える重大な影響を忘れた議論と言わなければならない。なぜならば、確定利付証券の**名目**収益率は確定しているけれども、インフレ率が高い場合には、投資家が手にする利息と元本の価値が大きく減少してしまうからである。この意味するところは、投資家が関心を持つ必要があるのは**実質**（すなわちインフレ調整後の）収益率であり、名目収益率ではないということである。以上を考慮に入れると、債務不履行の起こりえない社債ですら、高インフレもしくは不安定なインフレ下においては高いリスクがあることがわかる。

表5.1では、1900年から2010年にかけての、各種の証券の名目収益率が示されている。長期社債を例に取ると、1899年に代表的な社債ポートフォ

リオを買った投資家が2010年まで保有し続けた場合、この111年間の年間収益率（ただし、利息及び返還された元本は同じような債券にすべて再投資したとする）は5.7%であったことがわかる。それに対して、アメリカ長期国債の同期間の収益率は5.2%であった。0.5%の差は「リスク・プレミアム」に基づくものだと言える。つまり、企業の債務不履行、もしくは社債の繰上償還といったリスクを補てんするものとして、投資家が国債に比べて社債から得る追加的な収益率である。

表5.1の1番下の行には、この期間の消費者物価指数の年平均変化率が示されている。1900年から2010年の平均年間インフレ率3.1%をそれぞれの名目収益率から差し引くことにより、実質（すなわちインフレ調整後）収益率が計算できる。社債の実質収益率は2.6%、長期国債の実質収益率は2.1%であった(注2)。長期債は、この期間中のインフレ率とペースを合わせてはいるが、それを超えるリターンはあまり大きくない。

▼格付け

市場で流通している社債の投資適格性を分析し、社債格付けという形で公表している会社が数社ある。格付けとは、その社債が債務不履行となるリスク（デフォルト・リスク）についてのアナリストの評価を、AAなどの等級を示す文字であらわしたものである。アナリストは、これまでの章で解説したさまざまな技法（たとえば貸借対照表の負債比率、カバレッジ・レシオなどの競合他社との比較による分析など）を用いて格付けを決定する。**表5.2**に有力な格付け会社であるスタンダード＆プアーズ社の格付けの定義を掲載してある。第6章の**表6.5**を見ると、格付けごとに主要な業績指標の数値が異なることがわかる。

▼ジャンクボンド

社債の格付けが重要な意味を持つのは、企業が社債発行時に提示する利率に影響を与えるためである。さらに、機関投資家の多くは「投資適格」の

注2　これらの数値は概算値である。正確な算式は、ir＝（1＋in）/（1＋p）－1、ここでirは実質収益率、inは名目収益率、pはインフレ率とする。この式によれば、社債と政府債の実質収益率はそれぞれ2.5%、2.0%となる。

表5.2◉スタンダード&プアーズ社の債券格付けの定義(抜粋)

スタンダード&プアーズの個別債務格付けとは、特定の金融債務、特定の種類の金融債務、あるいは特定の金融プログラムについて、債務者の信用力に関する現在の意見を示したものである。この評価では保証人、保険人、その他債務者の信用を補完する仕組みの信用力も考慮されている。また、その債務が発生している通貨も考慮されている。債券の格付けとは、ある金融債務の購入、売却、保有を推奨するものではない。なぜならば、それは市場価格もしくは特定の投資家にとっての投資の適不適に関して言及したものではないからである。

格付けは下記の点をそれぞれの度合に応じて考慮して決定される:

(1) 支払いの可能性、能力、及び金融債務をその条件に従って履行しようとする債務者の意志。

(2) 債務の性質と条件。

(3) 企業の倒産や再編成など処理が行われた場合に、破産法など債権者の権利にかかわる法律において、当該債務に付与されている保護と相対的な地位。

AAA

格付けAAAの債務は、スタンダード&プアーズの最高位の格付けである。当該金融債務を履行する債務者の能力はきわめて高い。

•

BBB

格付けBBBの債務は、債務が保護される基準を十分に満たすと見られている。ただし、経済状況の悪化もしくは環境の変化が起こると、当該債務の条件を履行する能力が低下する可能性がより高い。

•

CCC

格付けCCCの債務は、現実に債務不履行の可能性を抱えており、当該債務の条件が履行されるには事業、財務、経済がよい状況にあることが必要である。もしこれらの状況が悪化した場合には、当該債務の条件を履行する能力を失う可能性が高い。

•

•

D

格付けDの債務は、債務不履行の状態にあることを示す。仮に猶予期間の定めが有効なときでも、スタンダード&プアーズがその猶予期間内に支払いが行われると判断したものでなければ、期日までに債務の支払いがなされなかった時点で「D」格が用いられる。また、債務履行が危うくなったとして破産申請あるいは類似の手続きが取られているときにも、「D」が用いられる。

プラス(+)もしくはマイナス(−)

AAからCCCまでの格付けは、それぞれの格付けにプラスまたはマイナスを付することにより、その格付けのなかでの相対的な位置づけを示すことができる。

出所:Standard & Poor's Long-Term Issue Credit Ratings, www.standardpoors.com.

格付け（通常はBBB⁻以上）を持たない社債への投資を禁じられている。結果として、これまでは格付けの低い企業は市場における資金調達がきわめて困難であった。投資適格の格付けを得られていない社債のことを**投機的格付けの社債**、**ハイ・イールド・ボンド**（**高利回り債**）、もしくは単に**ジャンクボンド**と呼ぶ。

1980年代に投機的格付けの社債市場が活況を呈しつつ急速に発達するまでは、公募の債券市場はもっぱら優良大企業の独壇場であった。社債市場への参入の道を閉ざされ、デット・ファイナンスが必要な中小企業は、銀行や保険会社からの融資に頼らざるをえなかった。社債市場は依然としてほとんどの小規模企業には門が閉ざされているが、ジャンクボンド市場は多くの中型企業や新興企業に大きな恩恵をもたらしており、伝統的な銀行借入に代わって、市場での起債が有力な資金調達手段となっている。ジャンクボンド市場は、企業の乗っ取り屋や高いレバレッジの取引を行うプライベート・エクイティの投資家にとっても、重要な資金調達源となっている。

格付け会社は、最近の金融危機において、住宅抵当ローンを複雑に組み合わせた証券に対して過度に楽観的なお墨つきを与えることで、危機を助長したと批判されている。格付け会社は、2つの大きな過ちを犯したように見える。1つは、急速に変化する市場のなかで過去の実績という限られた情報に基づいて判断した結果、住宅価格が全国的に下落するかもしれないという危険性を過小評価した点だ。彼らの評価モデルは、住宅価格の下落は地域的には起こりえても全国的には起こらないだろうと決めつけていた。格付け会社ムーディーズ社の前シニア・ディレクター、マーク・アデルソンが後日述懐したように、彼らの評価方法は「ハワイの天気を予測するのに南極の過去100年の天気を観測しているようなもの」であった(注3)。第2に、これらの証券の格付けのもととなっている、住宅抵当ローンの品質が長年にわたって一定であると想定し、住宅抵当ローンを貸し出す際の基準が劣化していくかもしれないという可能性を見落としていた点がある。格付け会社からすれば、彼らの仕事は証券の質を格付けすることであって、その根拠となっている住宅ローンの審査をすることではないので、個々の住宅ローンの調査は必要ないという認識があった。ムーディーズ社で20年のベテラン社員であるクレア・ロビンソンの言によれば、「私たちはある統一基準による統計の専門家であって、融資係ではない」ということだった[注4]。

社債格付けは、デフォルトの可能性について投資家に何を語るか

以下の数値を見ていただきたい。格付けと投資期間ごとに社債がデフォルトする割合を示したもので、ムーディーズ・インベスターズ・サービス社の集計による、1970年から2006年までの間の数値である。たとえば、Aaa格がついた社債は10年間保有していても平均してわずか0.52%しかデフォルトにならない。一方で、同様の条件でCaaからC格の社債だと69.25%にもなる。格付けがより低いときにデフォルトの可能性が高まることは明白で、低格付けの社債の利率が高くなるのもうなずける。

このように社債格付けが低下するにつれデフォルト割合が上昇するという事実から、デフォルトの予測をする際に、格付けは有力な根拠となっている。また、投資適格の格付けと投機的格付けとの間で、デフォルト割合が目立って上昇する点も注目である。たとえば、5年という投資期間で見ると、Baa格（投資適格中最低の格）ではデフォルト割合は2%弱だが、Ba格（投機的のなかで最高の格）では10%を超えてしまう。

歴史的に見た平均の累積社債デフォルト率　1970−2006年

	対象期間（年）		
	1	**5**	**10**
社債格付け			
Aaa	0.00%	0.10%	0.52%
Aa	0.01%	0.18%	0.52%
A	0.02%	0.47%	1.29%
Baa	0.18%	1.94%	4.63%
Ba	1.20%	10.21%	19.10%
B	5.24%	26.79%	43.32%
Caa-C	19.47%	52.66%	69.25%

出所：Richard Cantor, David T. Hamilton, and Jennifer Tennant, Exhibit 2, "Confidence Intervals for Corporate Default Rates," 2007. ウェブ上ではssrn.com/abstract=995545 で入手可能。

注3　Roger Lowenstein, "Triple-A-Failure," *New York Times Magazine*, April 27, 2008.
注4　同上。

普通株式

普通株式は**残余収益**に対する証券である。普通株式の株主は、有利子負債の利息を含むすべての債務が弁済されたあとに残る収益に対して請求権を有する。したがって、企業が繁栄すれば最も恩恵を受けるのは株主であり、経営が悪化すると最も損失を被る。株主が毎年受け取る金額は、企業が配当金をいくら支払うことに決めたかによって異なる。取締役会は四半期ごとに配当金に関する意思決定を行うが、必ず配当金を支払わなければならないわけではない。

▼株主による支配

少なくとも理論上は、株主は取締役の選任権を持っており、それを通じて企業の経営を支配（コントロール）する。アメリカにおいて、変化の兆しは見られるものの、株式が幅広い投資家に保有されるようになってきたこと、そして取締役の選任に関する法律とが相まって、株主が経営を支配する権限は大幅に縮小されてきた。企業によっては、持株比率がわずか10%で取締役会を支配することが可能である。その他の多くの企業では有力な株主グループがいないため、企業の経営陣はほとんど株式を持っていなかったとしても、取締役会を支配することが可能になっている。

だからといって、こうした企業の経営陣が、株主の利益をまったく無視できるわけではない。なぜならば、経営陣の行動には少なくとも次の2点において、制約が課せられているからである。第1に、企業は製品市場における競争に勝利しなければならないということである。もし経営者が製品の生産またはサービスの提供を効率的に行い、競争力のある価格で販売することができなければ、企業は積極的な競合他社に市場シェアを奪われ、最終的には市場からの退出を余儀なくされることになる。市場での競争に勝ち抜くために経営陣がとる行動は、多くの場合株主の利益と合致している。

第2に、経営者の行動は証券市場によって監視される。将来起債または増資を予定している企業は、投資家に資金を提供してもらうために利益を出し続けなければならない。さらには、経営陣が株主の利益を無視すると企業の株価は下落するため、そのような企業は敵対的買収の標的となりやすい。

また、買収の脅威に直面していない場合でさえ、取締役会はしばしば機関投資家の圧力を受けて経営業績の監視を強め、成果をあげることができない経営陣を交代させるケースが増えてきた。近年の社長辞任劇の20%以上が取締役会によって更迭させられたものだった(注5)。企業買収と取締役会の役割の進化については、第9章で見ていくことにする。

ドイツや日本の株主のほうが、アメリカやイギリスの株主よりも、企業の経営者に対してはるかに直接的な支配を行使している。ドイツにおいては、法律上、事業会社に対する銀行の持株比率に制限がなく、歴史的に直接金融市場も未発達であったため、多くの企業の所有権が銀行に大きく集中するようになった。銀行は多くのドイツ企業において支配株主となっており、取締役会に代理人を送り込んで企業の起債・増資について実効的な支配を行っている。したがって、ドイツ企業の経営陣には、株主の利益を無視することなど到底できない相談である。

アメリカと同様、日本の銀行は事業会社の株式を5%を超えて保有することが禁止されており、また日本の資本市場はドイツよりも発達している。それにもかかわらず、日本における企業系列が、ドイツと同様の効果をもたらしている。第2章補遺で述べたように、ケイレツとは、通常の場合はメインバンクを含む企業グループのことであり、重要な事業関係の強化の手段として、かなりの株式の持ち合いが行われている。このように企業の株式の大半は株式持ち合いによってビジネスのパートナーや関係会社に保有されているため、経営陣にとって株主の利益を無視することの危険は大きい。

ドイツや日本の株主が行っている経営に対する直接的な支配と、アメリカでの間接的な支配と、どちらが経済的に優れているかは、容易に結論の出る問題ではない。なぜならば、ドイツ及び日本のモデルは企業経営に株主の生の声を反映できるけれども、企業統治(コーポレート・ガバナンス)が馴れ合いに陥り、必要な変革と革新を妨げる傾向があるからである。さらに、日本やドイツ流の企業統治の手法は衰退傾向にあるという証拠が積み上がってきている。ドイツにおいては、銀行よりも資本市場から直接資金調達することに企業の関心が高まった結果、銀行の発言力が弱まりつつある。

注5 “CEO Turnover Rate.” *The Economist*, May 20, 2010.

一方、日本においては、事業関係の強化よりも株価のパフォーマンスを株式保有の基準とする傾向が強くなってきた結果、株式の相互持ち合いは急速に減少してきている。

▼投資対象としての普通株式

普通株式の株主が受け取る投資のリターンとしては、配当と将来起こりうる株価の値上がりの2種類がある。d_1を1株当たりの年間配当額、そしてp_0とp_1をそれぞれ年初、年末の株価とすると、株主の年間収益は次の式であらわすことができる。

$$d_1 + p_1 - p_0$$

これを年初の株価で除することにより、**年間収益率**を次の式であらわすことができる。

$$\text{年間収益率} = \text{配当利回り} + \text{株価の変動率}$$

$$= \frac{d_1}{p_0} + \frac{p_1 - p_0}{p_0}$$

1928年から2010年において大企業の株主が受け取った平均配当利回りは3.9%、株価の平均値上がり率は7.2%であった。過去10年では、これらの数値はそれぞれ1.9%、1.7%である。

普通株式は、第1に、実物資産あるいは生産的な資産に対する所有権である。企業がインフレーション下においても利益率を維持できるのであれば、インフレ調整後の実質利益はインフレの影響を比較的受けないはずである。したがって、普通株式はインフレに対するヘッジの手段であると、長年考えられてきた。しかしながら、高インフレ下の1970年代の記録を調べてみると、それが当てはまらないことが判明した。**表5.1**をもう一度見てみると、普通株式の代表銘柄のポートフォリオを1899年に購入し、配当も同じポートフォリオに再投資したとすると、その投資家は2010年において111年間の平均で11.4%の収益率を得られたことになる。しかしながら、年平均

図5.1◉もし読者の曽祖母が1900年に1ドルを投資していたら アメリカ資産への名目収益率

（初期投資の1ドルは1899年末に行われ、利子や配当金は再投資されると仮定する）

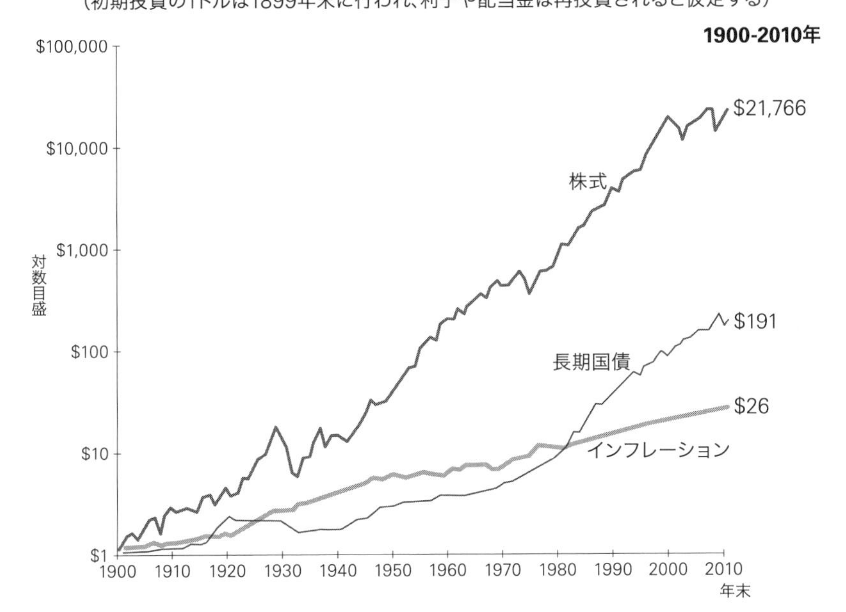

出所：Elroy Dimson, Paul Marsh, and Mike Staunton. *Credit Suisse Global Investment Returns Sourcebook. 172.* copyright © 2011 Elroy Dimson, Paul Marsh and Mike Staunton. 許可を得て使用されている。

9.2%の物価上昇が起こった1973年から1981年にかけて、普通株式の年平均名目収益率はわずか5.2%にすぎなかった。この意味するところは、実質収益率は約－4%だったということである。比較対象として同期間の社債のデータを見てみると、名目収益率が2.5%、そして実質収益率は約－6.7%であった。

1900年から2010年にかけての普通株式の収益率11.4%と国債の5.2%とを比較してみよう。両者の差である6.2%は**リスク・プレミアム**、すなわち株式保有のリスクを負うことにより獲得した追加の収益率であると考えることができる。普通株式の収益率と消費者物価指数の変化率とを比較してみると、この期間中の実質収益率は約8.3%（＝11.4%－3.1%）であったことがわかる。

図5.1を見ると、以上の事情をより鮮明に理解することができる。この図には、1899年末にさまざまな資産に1ドルを投資した場合に、2010年末に

図5.2●株式及び債券の年間収益率の分布　1928-2010年

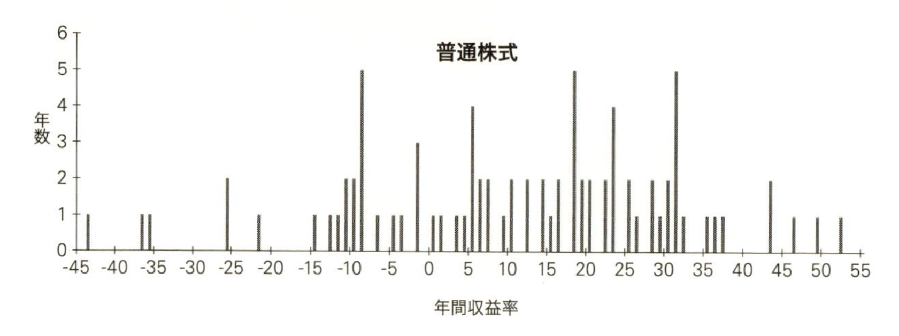

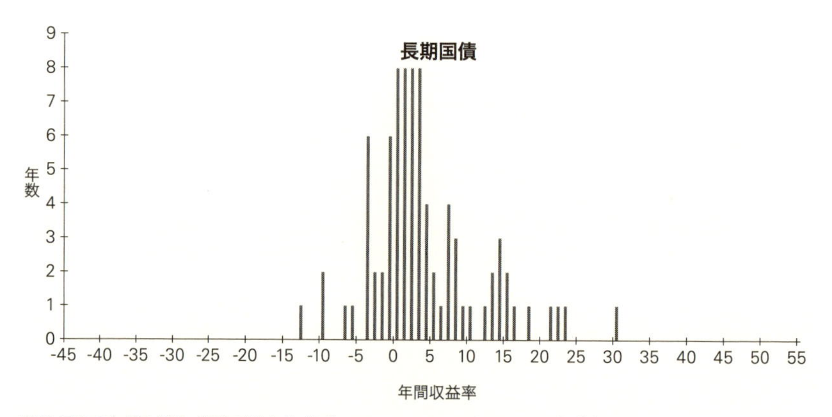

出所：アスワズ・ダモダラン教授のWebサイト（pages.stern.nyu.edu/~adamodar/）より。

いくらの価値になったかが示されている。明らかに普通株式への投資が有利である。1ドルの投資が2010年には2万1,766ドルという驚異的な金額に成長している。それに対して、長期国債に対して1ドル投資していても、2010年にわずか191ドルである。インフレの悪影響を反映させると、実質の値は同じく普通株式が850.70ドル、長期国債が7.50ドルとなる。しかしながら、**図5.2**からもわかるように、普通株式のバラツキは国債のそれよりもはるかに大きい。

配当金が増えると年間収益率は上昇するか

前述の計算式を見ると、配当金が増えると年間収益率も上昇するように思えるかもしれない。しかしながら、物事はそう単純ではない。現在の配当金が増加するということは、次の2つのどちらかを意味する。つまり、企業が投資に向ける資金が減少するか、あるいは投資額を維持するために外部からの資金調達が必要になるかである。いずれの場合も、現在の配当金を増やすことによって将来のキャッシュフローに対する株主の請求権が減少し、株価の上昇が抑制される。配当金が増加することによって投資家の年間収益率が上昇するかどうかは、どちらの影響が強いかによる。

優先株式

優先株式は複合証券である。すなわち、株式と債券の両方の側面を持っている。債券に似た点としては、優先株式は確定利付証券であり、額面に証券の表面利率を乗じた固定的な年間配当額を保証する。一方で株式に似た点としては、取締役会が配当をするという決議をしない限りこの配当を支払う必要はない。また優先株式への支払配当は、企業の税務上損金として処理することができない。したがって、表面利率が同じである場合、発行企業にとっての**税引後**の社債コストは優先株式の3分の2となる。株式とのもう1つの類似点は、優先株式にはコール・オプションがつくこともあるが、ほとんどの場合は償還期限が存在しないということである。企業が買い戻す選択をしない限り、優先株式は無期限に存在する。

▼累積的優先株式

企業の取締役にとって、優先株式の配当を払うように促す2つの強力な仕組みがある。1つは、優先株式の株主は配当の支払いにおいて普通株主に優先して権利を有するという点である。優先株主への配当金の支払いが完了するまで、普通株主にはまったく配当金が支払われない。2つ目は、実際にはすべての優先株式は**累積的**（cumulative）だという点である。優先株式への配当金が未払いとなった場合には、未払額が蓄積し、その未払額の支払いが完了するまでは、普通株式への配当を再開することができない。

優先株主が経営陣の決定に及ぼす支配力には、さまざまな形態がある。企業の主要な意思決定について優先株主の承認が常に求められる場合もあれば、きちんと配当金の支払いが行われている限りは経営についてまったく発言権を持たない場合もある。

優先株式は、資金調達の手段としてはあまり活用されていない。優先株式をコストの安い資本であると見なす経営者も存在する。つまり、優先株式は普通株式と同様に配当や償還期限について経営者としての柔軟性を保てる。一方で、将来の企業の成長については、その果実を請求する権利を有しない。したがって、優先株式のほうが普通株式よりもコストが低いと見なすわけである。しかしながら、大多数の経営者は優先株式を**税務上不利な有利子負債**として見ている。よほどのことがない限り、優先株式への配当をやめる企業がほとんどないので、経営者のほとんどは優先株式の柔軟性を評価していない。経営者にとって重要なことは、社債の利息が税務上損金処理できるのに、優先株式への配当はできないということである。

金融市場

ここまでは証券の基本的なタイプについて学んできた。本節では、こうした証券が発行され、取引される市場について見ていくことにする。特に、市場の効率性という大いに議論の分かれる概念に注目していく。

大まかに言って、金融市場とは投資家が企業に資金を供給するためのチャネルである。これらのチャネルは、参加している企業や取り扱われる証券の性格によって大きく異なることから、企業の資金ニーズについて3つの典型的な姿を想定しつつ解説していくのがよいだろう。すなわち、創業直後、公開直前、多国籍展開の3つである。これら3通りですべてを網羅しているわけではないが、金融市場とそこへの主な参加者の描写としては、十分役に立つものと筆者は考えている。

私募株式による調達

ジャネット・ホームズは、有望な医療用機器を新たに開発し、この研究成果を用いてビジネスを立ち上げたいと考えている。彼女の目下の課題は、どこから資金を調達するかという点だ。少し調べてみたところ、銀行借入や株式市場での増資、社債の発行といった、よく聞く資金調達手法はまったく問題外であることがわかった。彼女がつくろうとしているベンチャー企業では、銀行はリスクが高いとして融資してくれないし、公募で資金調達するには規模が小さすぎるからである。ある銀行員は、売掛金や機械やその他彼女の個人資産を担保とした少額の融資制度を紹介してくれたが、十分とは言えなかった。ジャネットも、新規開業するベンチャーの資金調達先として言われている「4つのF（創業者、家族、友人、そして愚か者）」に頼らざるをえないのかもしれない。しかし、もう1つ別の可能性がある。それは**戦略的投資家**や**ベンチャー・キャピタル**と呼ばれる存在で、ホームズ女史としても、会社の相当割合（たとえば、支配権を渡すくらい）の見返りとして、彼らから1,500万ドルくらいは正当に調達することが望めるかもしれない。

戦略的投資家とは、有望な新製品や技術を獲得する手段として、創業期の企業の株式を相当割合取得することを意図している事業会社である。取得されるほうの企業にとっては、競争相手であることもしばしばだ。マイクロソフトやインテル、シスコシステムズなどの戦略的投資家は、研究開発をアウトソースするための手段としてベンチャー投資を見るようになっている。新製品をすべて内製で開発するよりは、成功しそうな何かを獲得することを期待して、有望な創業期の企業を多数見つけてきてはカネをばらまくのだ。

ベンチャー・キャピタリストには2つのタイプがある。富裕な個人でしばしば「**エンジェル**」と呼ばれる投資家と、プロのベンチャー・キャピタル会社である。ベンチャー・キャピタルは、企業家精神に富み、急成長と高い投資リターンを実現する能力がありそうなビジネスに、ハイリスクの株式投資を行う。彼らは、投資先企業の多くの持分を取得し、経営においても積極的な役割を果たす。彼らのゴールは、5年から6年のうちに株式を公開するか、他の投資家に売却するかによって投資を現金化することだ。ベンチャー・キャピタルは、一社投資するために通常何十社もの投資候補先を検討しており、投資後も一社成功する代わりに何社かは失敗することは予期している。その代わり、成功した場合は、初期投資の5〜10倍のリターンを想定している。彼らの投資先は、何らかの技術志向の会社であることが多い。

ベンチャー・キャピタルは、「**プライベート・エクイティ**」として知られる存在の代表例である。プライベート・エクイティは、新規事業投資だけでなく、LBOや再生案件などさまざまな投資機会に投資するが、共通して2つの特徴がある。ハイリスクな投資をすることと、投資事業組合(原語は、private equity partnership)と呼ばれる特殊な組織形態を取っていることだ。通常の株式会社形態とは異なり、投資事業組合は、期限の定め(通常10年)のある有限責任組合の形を取る。ジェネラル・パートナーとして、プライベート・エクイティ会社はリミテッド・パートナーと呼ばれる投資家から一定の資金を調達する。これらのリミテッド・パートナーは、年金基金や大学の財団、保険会社といった機関投資家が主である。リミテッド・パートナーという名のとおり、通常の株主同様、企業の債務に関しては有限責任という保護が受けられる。プライベート・エクイティ会社は、この組合を通じて調達した資金を投資し、一定の年数にわたり投資先企業を積極的にマネージし、投資ポートフォリオを現金化したらその収益をリミテッド・パートナーに配分する。その見返りとして、プライベート・エクイティ会社はリミテッド・パートナーから、年間のマネジメント・フィーとして当初の投資額の2%相当を毎年、また成功報酬(carried interestと呼ばれている)としてポートフォリオが実現した値上がり分の20%(典型例)もしくはそれ以上を受け取る。たとえば、10億ドルのポートフォリオが結果として30億ドルで売却できたときの成功報酬は、4億ドル((30億ドル−10億ドル)×20%=4億ドル)となる。プライベート・エクイティ会社は、通常、異なる規模、満期の投資事業組合を複数マネージしている。

プライベート・エクイティ型の投資組合は、従来からある投資形態にはつきものだったインセンティブに関する以下のような問題に対応できることから、投資の形態としてますます重要になってきている。

- 組合方式は、所有者と管理者の間の意識のずれを最小化できる。プライベート・エクイティ投資家は、十分な知識を持ちアクティブなオーナーとして、その管理者がきちんと自分たちのために働くこと、そして彼らのゴールは見かけだけの短期的な利回りを追うのではなく、オーナーにとっての価値を生み出すことであると明確にする。
- 組合方式で満期までの年限があらかじめ決まっていることで、管理者は積極的な売買の姿勢を取らざるをえず、果断な決断ができるようになる。
- デイブ・バリー(訳注)が言ったことかもしれないが、満期が区切られていることは、投資家にとって結局はカネが返ってくるということでもあり、これは、管理者が彼らの資金をリスに餌でもやるように使っているのを漫然と見続ける必要がなくなる。

プライベート・エクイティのビジネスはどのくらいの規模だろうか。大きい。マルコム・グラッドウェルは、ゼネラル・モーターース救済に関する「ニューヨーカー」誌の記事のなかで、「過去25年の間に、プライベート・エクイティは無名の存在から、アメリカ経済を動かす最もパワフルな存在の1つにまで登りつめた」と書いている(注6)。「エコノミスト」誌によれば、「国際サービス従業員労働組合(SEIU)が、プライベート・エクイティが保有するポートフォリオに含まれる企業で働く人の数を合計してみたところ、全米で従業員の多い順に10社のうち5社が、そうだということがわかった。ウォルマートは世界に190万人の従業員を有する最大の小売業であるが、これに次ぐ第2位が、82万6,710人の従業員を(ヘルスケア業界大手のHCAや小売りのトイザラスなどを通じて)傘下に抱えるKKRである」(注7)。

IPO(新規株式公開)

ゲノミック・デバイス社は、6年前に3つのベンチャー・キャピタルから

訳注　アメリカの著名なコラムニスト。
注6　Malcolm Gladwell, "Overdrive: Who Really Rescued General Motors?" *The New Yorker*, November 1, 2010.
注7　"Face value: Bashing the Barbarians," *The Economist*, August 2, 2008.

1,500万ドルを調達してスタートした。その後、総額4,000万ドルに及ぶ2度のベンチャー・キャピタルからの資金調達を経て、ゲノミック社は今や年間1億2,500万ドルの売上と、年成長率40%を超える全国規模の会社に成長した。この急速な成長を支えるために、経営陣はさらに2,500万ドルの株主資本の投入が必要だろうと予測した。同時に、創業者とベンチャー・キャピタルは、これまでの苦労の果実をいくらか現金化したいとも考えていた。こうした事情により、普通株式による株式公開が検討されるにいたった。IPO、すなわち企業の株式を広く市場で取引できるようにすることで、株式の現金化を望む既存株主にはその機会を、企業には必要な資金調達の手段を提供することになる。

▼投資銀行業務

ゲノミック・デバイス社がIPOを行うにあたっての第一歩は、この業界で「ベイクオフ」と呼ばれるイベントを実行することである。これは、いくつかの**投資銀行**に声をかけ、彼らがどのように新規発行株式を販売し、IPOを行う企業にとってどのようなよい仕事をできるのか、その提案を出させて吟味することを指す。投資銀行は、金融市場が円滑に運営されるための潤滑油の役割を果たす。彼らは金融の専門家であり、企業の資金調達を支援する。他の活動としては株式・債券の取引の仲介、投資相談、合併・買収の分析、企業のコンサルティング等がある。また自社勘定で運用・取引をすることもある。バンカメリカのような大手銀行は、何千というブローカーを擁し世界じゅうにオフィスを持っている。また、ラザードのように、企業向けの仕事もしくは証券のトレーディングに特化しており、その結果として世間の目につきにくい投資銀行もある。

提供するサービスの範囲については、H. F. セイントがウォール街を描いたスリラー小説Memoirs of an Invisible Man（邦題『透明人間の告白』）において端的に述べられている。「(投資銀行家は) あらゆる種類の興味深いサービス及び行為、もっとはっきり言えば、スーツを着用したままでできるサービスまたは行為を行う。スーツの着用は彼らの職業倫理により課された制限である」(注8)

企業が新たに公開市場から資金調達をしようとしている際の、投資銀行家の責任は彼らの報酬とつりあっているわけではない。つまり、多岐にわたって多くの責任がある（資金調達の技法は、国ごとの慣習と法律に従って異なっている。紙面の関係上、またアメリカ以外の国の読者には申し訳ないが、アメリカの状況に限定して記述する）。ベイクオフを勝ち抜いた投資銀行は、「**引受主幹事**」の称号を手に入れ、直ちに企業に対して発行すべき証券の詳細な設計についての助言を行う。そして、投資銀行はそのような証券の発行をSECに登録するのを手伝う。この手続きには通常30日から90日かかり、企業の財務状況、役員報酬、事業計画など、経営者が秘密にしておきたいと思うこともあるような情報を公開することを含む。

登録手続きが認可に向けて進行している間、引受主幹事は「ロードショウ」と呼ばれる活動を指揮する。IPO企業のトップたちが、ニューヨークや他の金融センターにいる機関投資家に今回発行する証券を売り込むのである。

引受主幹事は、**販売シンジケート団**と**引受シンジケート団**の組成も行う。シンジケートとは、新規証券の販売のために一時的に提携した100以上の投資銀行からなるチームである。販売シンジケート団の各メンバーは、新規発行証券の一定の割合を投資家に販売する責任を負う。引受シンジケート団のメンバーは、実質的には卸売業者として行動する。彼らは企業から一定の引受価格で証券のすべてを買い取り、より高い価格で一般投資家に販売しようとする。全米証券業協会（National Association of Securities Dealers）が公表した「公正慣習規則」では、引受会社は、企業に提示した当初の募集価格を上回る価格で一般投資家に証券を販売することを禁じられている。しかしながら、必要であれば、シンジケートは募集価格よりも低い価格で販売することはできる。

株式市場は変動が大きく、また登録に際しては長い時間を要するので、引受証券会社は証券の発行会社に一定の価格を保証することによって、大きなリスクを負うように見えるだろう。しかし、実際はそうではない。引受証券会社が一定の価格を保証するのは、その証券の販売の数時間前になってからであり、すべてが計画通りに運べば、すべての証券は公開初日のうちに完売される。登録期間中に証券の販売条件が変更されるリスクを負

注8 | H. F. Saint, *Memoirs of an Invisible Man* (New York: Dell, 1987), p.290.

うのは、証券の引受会社ではなく発行会社である。

シンジケート団の存続期間は短い。シンジケート団は証券発行の数カ月前から「ブックビルディング」という事前販売活動のために結成され、証券の販売が完了するとすぐに解散する。たとえ証券発行が失敗に終わった場合でも、シンジケート団は証券発行日の数週間後には解散し、引受証券会社は売れ残った株式を自己勘定で処分しなければならない。発行コストやIPOの際の株価の値づけについては、また別の個所で言及する。

◉———追加発行

資金調達ニーズを持つ企業の3例めとして、トライラテラル・エンタープライズ社を登場させよう。多国籍展開する消費者向け製造業者で、年売上高は約900億ドルにのぼる。トライラテラル社は、新規借入で2億ドルを調達する計画であったが、選択肢は一括登録（Shelf Registration）、私募割当、もしくはオランダ領アンティル諸島の子会社を通じた国際的な起債に絞られていた。

▼一括登録

1982年から認可された一括登録制度によって、頻繁に証券を発行する会社は、発行する可能性のある証券を大まかに提示する一括登録を申請することで、面倒な従来の登録手続きを省けるようになった。この登録は2年間有効である。登録がSECにより認可され、また登録内容が定期的に更新されることを条件に、発行会社はその登録を「シェルフ（棚）」に置く、つまり随意に利用できる状態にしておくことができる。一括登録によって、証券の発行を決めてから実際に資金を受け取るまでの期間を、数カ月間から最短でわずか48時間に短縮することができる。

投資銀行がシンジケート団を急いで結成するには48時間ではあまりにも期間が短すぎるため、一括登録は「ボートディール」、つまりどこか1社の投資銀行がすべての発行証券を買い取り、バラバラに販売して利益を得るという形態をとることが多い。また、発行会社にとって投資銀行1社からでも2社からでも価格の見積もりをとる手間は変わらないので、一括登録では投資銀行間の競争入札になる可能性が高まる。結果として、発行する証券の種類などの要素にもよるが、一括登録を利用した場合の発行コストは、従来型の登録による発行に比べて10〜50%も低くなる(注9)。

一括登録で株式を発行することも可能である。1990年に認められた当初は、こうした発行はきわめて稀であったが、近年は急速に普及しており、今や株式の追加発行による調達額のおよそ半分はこの方式によるものである(注10)(ここで株式の追加発行とは、すでに株式公開されている企業による株式発行を指す。未公開企業が行うIPOと対比した用語である)。企業は、株価の一時的な動きに合わせて発行時期を決められることが、一括登録方式での株式発行の利点と考えているようだ。さらに、有利子負債と株式の双方の調達をカバーする包括的な(universal)一括登録の出現によって、発行者は有利子負債として調達するのか株主資本としてなのかを後の日付まで決めずにおくことができる。これにより経営者は、増資を考慮しているのだとのシグナルを投資家に送ることを避けることが可能になっている。こうした市場へのシグナルについては、次章でさらに言及することとしたい。

▼私募

トライラテラル・エンタープライズ社は、もしそうしたければ、1社ないし数社の大きな機関投資家に個別に社債を購入してもらうことで、SECへの登録を完全に避けることができる。SECは、保険会社や年金基金といった大規模な投資家は政府の保護が無くても自力で判断できるとの期待から、こうした私募取引は規制しないのである。私募取引は規制の対象外のため、こうした市場の規模を正確に示す統計数値は存在しない。推定によれば、銀行融資を除いた私募取引の市場規模は、調達金額ベースで、公開市場のおよそ半分程度と見られる(注11)。

注9 Robert J. Rogowski and Eric H. Sorensen, "Deregulation in Investment Banking, Shelf Registrations, Structure, and Performance," *Financial Management*, Spring 1985, pp. 5-15. Sanjai Bhagat, M. Wayne Marr, and G. Rodney Thompson, "The Rule 415 Experiment: Equity Markets," *Journal of Finance*, December 1985, pp. 1385-1402.も参照。

注10 Bernardo Bortolotti, William L. Megginson, and Scott B. Smart, "The Rise of Accelerated Seasoned Equity Underwritings," FEEM Working Paper, January 11, 2007. ssrn.com/abstract=957389. Don Autore, Raman Kumar, and Dilip Shome, "The Revival of Shelf-Registered Corporate Equity Offerings," *Journal of Corporate Finance*, Vol. 14 No. 1, 2008.も参照。

私募による調達は、比較的規模の小さい企業や、知名度の低い企業、また組織構造が複雑だったり、資金調達ニーズが投資家から理解されにくかったりする、いわゆる「開示情報面で問題のある企業」にとって、特に魅力的な手法である。また、私募調達は、企業の特定のニーズに合わせて調達方法を決めることができたり、手続きが迅速だったり、必要に応じて比較的簡単に再交渉できたりする点も特徴だ。

私募調達のデメリットで従来から大きいのは、SECに登録されていないため、公開の金融市場における売買が禁止されている点である。その結果、私募発行を行う場合、発行者はこの流動性の欠如を補うために、公募発行よりもよい条件を上乗せする必要があることが多かった。ただ、大規模な機関投資家同士の私募債取引を認めたルール144AをSECが定めた1990年以降、少なくとも開示情報に問題が少ない企業については、この傾向にも変化が起きている。ルール144Aは、企業が発行する証券については本質的に2つの並行した市場が存在するということをしっかりと定着させたいというSECの施策の一環である。2つの市場とは、個人投資家向けに厳密に規制された公開市場と、機関投資家向けにより緩く監視された私的市場の2つを指す。

▼国際金融市場

大企業にとって、資金調達の場は3つある。すなわち、**国内市場**、**外国市場**、そして**国際市場**である。国内市場とは企業の本国の市場であり、外国市場は他国の国内市場に相当する。したがって、アメリカの金融市場はIBMやGMにとっては国内市場であり、ソニーやブリティッシュ・ペトロリアムにとっては外国市場となる。日本の金融市場はソニーにとっては国内市場であり、IBM、GM、ブリティッシュ・ペトロリアムにとっては外国市場となる。

企業が外国市場における資金調達に魅力を感じる理由はさまざまである。国内市場が小さいか未発達である場合、企業にとって予定した量の発行を

注11　Stephen D. Prowse, “The Economics of Private Placement: Middle-Market Corporate Finance, Life Insurance Companies, and a Credit Crunch,” *Economic Review*, Federal Reserve Bank of Dallas, Third Quarter 1997, pp. 12-24. www.dallasfed.org/research/er/1997/er9703b.pdf.

行えるのは外国市場だけということがある。また、自国通貨ではなく、外貨建ての資金調達を望む企業もある。たとえばウォルト・ディズニーが日本に進出した際、収益が円建てであるということから生じる為替リスクを軽減するため、円建てで負債を調達しようとした。あるいは、予期される為替レートの変動のために、外貨建て負債のほうが本国通貨建て負債よりも割安であると発行企業が判断することもある。

外国市場における資金調達は、長らく規制のもとに置かれてきた。スイスや日本の金融当局は一定の期間内に外国企業が調達できる金額を制限したり、調達できる企業の企業規模や信用について一定の基準を設けていた。世界で最大かつ歴史的に最もオープンな市場であるアメリカ金融市場においてでさえ、外国企業の参入が無制限に許されてきたわけではない。1960年代後半からの約10年間、アメリカにおいて借入を起こす外国企業は、金利平衡税（Interest Equalization Tax：IET）という追徴税を課せられてきた。これは表向きはアメリカでの低金利を補うものとされていたが、本当の目的は外国資本による借入を制限することにより、外国為替市場において弱含みなドルの価値をかさ上げすることにあると見られていた。

企業が資金調達を行う第3の市場である国際金融市場は、国内・外国市場につきものの規制の回避ができる自由市場であると言える。調達対象通貨の発行当局の管理対象外で取引が行われた場合に、国際金融市場において資金調達が行われたとされる。ロンドンでのアメリカ企業によるドル建てローン、シンガポールでの日本企業によるユーロ建てローン、オランダ企業がフランクフルトで発行したイギリスポンド建て社債は、すべて国際金融市場での取引例である。いずれの場合も、通貨発行当局が直接の規制を及ぼすことができない場所で取引が行われている。したがって、アメリカ連邦準備制度理事会は、ロンドンにおける金融取引——たとえそれがアメリカ企業によるドル建ての取引であっても——を規制することはできない。同様に、欧州中銀が、シンガポールにおけるユーロ建ての取引を規制することも難しい。

国際金融市場はロンドンで第二次大戦直後に生まれ、当初はヨーロッパにおけるドル建ての取引に限定されていた。それ以来、市場は大きく発展し、今日ではほとんどの主要通貨が取引され、地域的には世界各地の金融センターに広がっている。現在、企業は国際金融市場において、大量の資金を非常に有利なコストで調達できる。しかも取引に付随した規制や報告義務は、最小限に抑えられている。

国際金融市場が国内金融市場よりも低いコストで資金を提供できる理由は2つある。1つは、銀行口座に準備預金を置く必要がないためであり、もう1つは**持参人払い**（bearer form）という形式で債券が発行できるからである。アメリカをはじめとする多くの国内金融市場においては、銀行は預金の一定割合を準備預金として、中央銀行に積み立てることが義務づけられている。この準備預金からは十分なリターンが得られないので、同額の利益を生み出すためには、国内貸出の利率は国際貸出の利率よりも高率にならざるをえない。

無記名債券（bearer bond）[訳注]の最大の魅力は、投資家が利子所得に対する税金の支払いを避けるのが容易になることである。無記名債券の発行会社は債券の保有者を絶対に知ることはなく、適切な時期に適正な利札（クーポン）を提示した人に対して、単に元利払いを行うだけである。それに対して、登録証券の発行会社は保有者と行った支払いの記録を保持する。無記名の証券は税金回避を促進することから、アメリカでは違法である。例で出したトライラテラル・エンタープライズ社がアメリカの非居住者に対してオランダ領アンティル諸島の子会社を通じて社債を発行しようと計画しているのも、それが理由である。無記名債券が国際金融市場で使用されているということは、国際債券は国内債券よりも低い表面利率であっても、同額の税引後のリターンを投資家に提供できることを意味している。

国内金融市場から国際金融市場に取引が流出したことによって、国内金融市場の規制緩和が急速に進んだ。企業や投資家が、単に国際金融市場に資金調達の場を移すことによって国内の面倒な規制を逃れることができる限り、規制当局は頭の痛い選択を迫られることになる。つまり、面倒な規制を取り除くか、それとも規制をそのままにし、国際市場が国内市場を犠牲にして成長するのを眺めているかである。

金利平衡税がよい例である。当初この税金が課された際は、当局の望み

訳注｜無記名は持参人払いと同義。定訳に従う。

通り外国企業がドルで資金調達を行うことを制限する効果があった。しかし時が経つにつれて、借り手は単純に国際金融市場へ行けば、この税金を回避できることに気がついた。したがって、金利平衡税の長期的な影響としては、ドルによる資金調達の総額にはたいした変化は与えず、単にアメリカからビジネスを遠ざけただけだった。実際、金利平衡税の廃止にあたり、国際金融市場に対するアメリカ金融市場の競争力を高めるためという目的が明言されている。

最近のアメリカの公開市場の強化を目的とした規制が、同じ轍を踏むのではないかと懸念する人もいるかもしれない。2002年のサーベンス・オクスレー法や2010年のドッド＝フランク・ウォール街改革・消費者保護法といった規制の動きは、長期的に見れば、単にビジネスをオフショアか市場外取引に追いやるだけなのではないかというわけだ。概ね状況証拠ではあるが、この懸念を裏づけるような情報は集まってきている。たとえば、過去10年間でIPO件数が減少していることや(注12)、小規模な公開企業の間で非公開化の動きが流行しているように見えること(注13)、「シャドウ・マーケット」と呼ばれる規制の及ばない私的市場で投資家が未公開株を売買できるようになっていること、フェイスブックやツイッターといった有望なIPO予備軍が公開を延期する決定をしたこと、などである。

もちろん規制がすべて悪というわけではない。金融市場の監督と金融パニックと戦おうという政府の意志が、過去70年以上にわたって市場と経済を大いに安定させてきた。現在の疑問は、最近の新たな規制強化の波が、公開市場をよりよくするよう働いているのか、それともビジネスを不自由で淀んだ状況に追いやっているのかという点である。注目していてほしい。

発行コスト

金融証券の発行にあたって、発行会社は2種類のコストを負担する。すな

注12 Craig Doidge, George Karolyi, and Rene Stulz, "The U. S. Left Behind: The Rise of IPO Activity Around the World," Charles A. Dice Center working paper, March 25, 2011. ssrn.com/abstract=1795423.

注13 Ellen Engel, Rachel Hayes, and Xue Wang, "The Sarbanes-Oxley Act and Firms' Going-Private Decisions," *Journal of Accounting and Economics*, September 2007.

わち、支払利息などの毎年発生するコストと、発行コストである。より重要な毎年発生するコストについては、後で検討することにする。発行コストとは、発行会社とその取得者が発売時において負担するコストである。私募発行の場合、唯一の実質的コストは代理人を務めた投資銀行へ支払う手数料である。公募発行においては弁護士費用、会計士費用、印刷費用がかかり、さらには証券を引き受けてくれた主幹事会社に支払う手数料も発生する。引受主幹事は手数料を**スプレッド**と表現する。例として、ABC社は従来からの登録方式によって普通株式1,000万株を売り出そうとしており、また現在同社の株式はニューヨーク証券取引所において20ドルで取引されているとしよう。公募の数時間前に、引受主幹事がABC社の経営陣に対して次のように告げたとする。「現在の市場の地合いから判断して、1株当たり19.00ドルでの販売が可能であり、その際のスプレッドは1.50ドルとなります。したがって御社の正味取り分は17.50ドルとなります」。この意味するところは、投資銀行が発行価格を市場価格よりも1ドル安く引き受け（市場価格20ドルに対して発行価格19ドル）、1株当たり1.5ドルすなわち総額で1,500万ドルの手数料をサービスの対価として請求するということである。この手数料は、シンジケート団に属する各投資銀行の重要性に応じた事前の合意に基づいて、引受主幹事とシンジケート団のメンバーの間で分配される。

割引発行するということは、新株の価格を現在の株価よりも安く設定すること、IPOの場合は公開が完了した直後の市場価格よりも安く設定することを意味する。投資銀行としては、割引を行ったほうが明らかに彼らの仕事は楽になる。しかし、割引発行が定着している背景にはそれ以上の意味があるようだ。証券の公募というものはどんな場合であれ、事情をよく知るインサイダーが、価値の不確かな証券をよく知らないアウトサイダーに売りつけるということである。インサイダーにだまされるのではないかというアウトサイダーが当然抱く心配をいやす1つの方法が、新規発行では常に安めに売るということだ。こうすれば、事情をよく知らない買い手であっても、発行後値下がりするよりは、値上がりする可能性のほうが大きいだろうと期待することができる。割引発行によるコストは、企業のポケットから出すコストではなく、その企業の株主が負担するコストである。

割引の度合いが大きければ、それだけ一定の資金額を調達するために必要な証券の量は増加する。社債であれば支払利息が増加するし、株式であれば既存株主の持株比率低下につながる。

過去の実証研究から、発行コストについては、2つのはっきりとしたパターンが確認されている。第1に、株式は有利子負債よりもはるかに発行コストがかかる。公開市場において資金調達を行う際の代表的なコストは、割引発行のコストを除くと、普通社債については総発行額の2.2%、転換社債については3.8%、そして上場企業の新株発行については7.1%にのぼる。株式の新規公開にあたっての平均発行コストは11.0%にも上昇する。第2に、どのような種類の証券についても、発行規模が小さくなるにつれて発行コストは急激に上昇する。株式発行による資金調達額に占める発行コストの割合は、1億ドル以上の発行規模の場合にはわずか3%であるのに対して、50万ドル以下の発行の場合には20%以上になる。社債による資金調達については、大規模な発行の場合は0.9%以下、ごく少額の発行の場合は10%以上である(注14)。

効率的市場

資金調達のたびに生じる問題は**タイミング**である。企業としては、当然、証券の価格が高いときに販売したい。この目的のために、経営者は金融市場における将来の価格動向を予測することに、日々膨大な時間とお金を費やしている。

証券発行のタイミングに気を遣うのは当然であるが、多くの学者や市場の専門家の見解によれば、金融市場における将来の価格の予測は「敗者のゲーム」である。このような悲観的見解は**効率的市場**という概念に依拠しており、この概念は最近数十年間大いに議論され、かつ見解が分かれている。

注14 Wayne H. Mikkelson and M. Megan Partch, "Valuation Effects of Security Offerings and the Issuing Process," *Journal of Financial Economics*, January-February 1986; Inmoo Lee, Scott Lockhead, Jay Ritter, and Quanshui Zhao, "The Cost of Raising Capital," *Journal of Financial Research*, Spring 1996; Securities and Exchange Commission, "Report of the Advisory Committee on the Capital Formation and Regulatory Process" (Washington, D.C.: U.S. Government Printing Office, July 24, 1996).

効率的市場に関する詳細な検討は、本書の本題から逸脱することになるので避けるが、この概念の及ぼす影響の広さを考えると、いくらか触れておくほうがよいだろう。

市場の効率性については議論の分かれるところである。なぜなら、効率的市場の支持者の多くは市場の効率性を示す証拠を誇張し、その事実が意味するところを正確に伝えていないからである。これを避けるために、ここで次の2点について合意しておくことにしよう。第1に、市場の効率性ははっきり白黒のつけられる問題ではなく、グレーな部分を含んでいるということである。市場は効率的か、さもなければ非効率的かという問題ではなく、効率性が高いか低いかである。さらに言えば、市場の効率性の程度は、特定の市場の研究によって実証的に知ることしかできない。第2に、市場の効率性は視点によって異なる。ニューヨーク証券取引所は、引受人（underwriter）と葬儀屋（undertaker）の区別もつかないようなデモイン在住の歯科医にとっては効率的であるかもしれない。同時に、各株式の売り手と買い手についての詳細な情報と最新の価格情報を有している取引所の専門家にとっては、きわめて非効率的だということもありうる。

◉――効率的市場とは何か

市場の効率性とは、競争的な市場において価格が新しい情報にどのように反応するかを述べたものである。競争的な市場に新しい情報がもたらされるということは、肉食のピラニアの一群に羊の肉の塊を投げ込むのに似ている。この場合、ピラニアとはもちろん投資家のことである。羊の肉が投げ込まれた瞬間、ピラニアが襲いかかるので大騒動が起きる。瞬く間に肉はなくなって用なしの骨だけが残され、まもなく水面はいつもの静かな状態に戻る。同様に、競争的な市場に新しい情報がもたらされると、投資家がそのニュースに反応して証券の売買を行うために大騒動が起こり、証券の価格が変動する。価格の調整が行われてしまうと、残された情報はすべて骨と同様に無価値になる。骨をいくらかじっても肉を得ることはできないように、古いニュースをいくら検討したところで、価値のある情報は何も出てこない。

効率的市場とは、価格が新しい情報に応じてすばやく変動し、取引される資産に関する入手可能な情報が現在の価格にすべて反映されている市場のことである。「すべて反映」とは、投資家が新しい情報をすばやく入手し、分析して予測を修正し、それに従って証券の売買を行うことを意味している。投資家は、価格の変動によってさらに取引を続けるインセンティブがなくなるまで証券を売買する。このような環境においては、現在の価格に投資家の判断がすべて反映されている。すなわち、入手可能な情報がすべて反映されている。

特定の市場における効率性の程度は、ニュースに対する価格調整のスピードと、価格が反応するニュースの種類に左右される。通常、情報の効率性の程度は次の3段階に分けて議論される。

1．現在の価格が過去の価格についての情報をすべて反映している場合、**ウィーク・フォーム**で効率的であるという。
2．現在の価格が公表された入手可能な情報をすべて反映している場合、**セミストロング・フォーム**で効率的であるという。
3．公開されているか非公開かを問わず、現在の価格がすべての情報を完全に反映している場合、**ストロング・フォーム**で効率的であるという。

多くの金融市場についての広範囲にわたる検証によって、少数の例外を除いてほとんどの金融市場はセミストロング・フォームでの効率性を有するが、ストロング・フォームでの効率性ではないことが示唆された。別の言い方をすれば、公開された情報に基づいて取引をしても、一般的には儲けることはできないということである。しかしながら、非公開の情報に基づいたインサイダー取引を行えば、儲けることができる。しかし、この説明には2つの点についてただし書きが必要である。1つは、視点の問題である。前述したことは一般的な投資家、つまり取引手数料を支払う必要があり、また情報収集のための特別なツールを持たない投資家に当てはまるのであって、市場で株価の値づけを行うマーケット・メーカーには当てはまらない。第2に、効率性を検証するにあたって、あらゆる種類の公開された情報とそのすべての組み合わせを検証することはできない。われわれに言えることは、いかにも影響がありそうなタイプの情報について利用可能な最も洗練された方法で検証したところ、市場は効率的だと示しているということである。

これは、未検証の情報源について市場が非効率となる可能性を排除するものではない。また、市場の非効率性の証拠を発見した研究者がこれを利用して儲ける道を選び、調査結果をまだ公表していないのだという可能性も否定するものではない。

新しい情報に対して株価はどの程度速く調整するのか

図5.3は、普通株式の株価が新しい情報に反応するスピードを示している。これは、イベント・スタディと呼ばれる研究手法の結果である。この研究を行ったマイケル・ブラッドリーは、買収の提案が買収対象企業の株価に及ぼす影響を検証している。まずはこのグラフは、買収を発表する40日前から40日後までの期間における、買収対象となったある企業の株価をプロットしたものであると考えると理解しやすいだろう。買収の提案は、買収対象企業の株主にとっては常によい知らせである。なぜなら、買収対象企業の現在の株価よりはるかに高い価格で買収提案がなされるからである。したがって、買収対象企業の株価は買収の発表後に上昇することが予想される。問題はどれだけ速く上昇するかである。その答えはグラフからも明らかなように、非常に速く上昇する。株価は発表までは緩やかに上昇しているが、発表日に急騰し、その後は方向感がほとんどなく推移している。夕刊で発表を知って翌朝にその株を購入するのでは、株価の大きな変動を逃してしまうのは明らかだ。市場はすでに新しい情報に反応した後となっているからである。

別の研究では、オクラホマ大学のルイス・エデリントンとジェイ・ハ・リーが、定期的なニュースリリースに対する市場の反応に関して、さまざまな金利や外国為替市場における価格の変動を取引ごとに検証している。その結果、価格の変動はニュースリリースが行われてから10秒以内に始まり、基本的には40秒以内に完了している。金融市場での取引でニュースによって儲けようと思うならば、ぐずぐずしてはいられないのである(注15)。

買収発表前の株価の緩やかな上昇については、3つの説明がある。(1)発表を予期して、インサイダーがその株を購入している。(2)証券アナリストはどの企業が買収の対象になり、いつ買収の提示がなされるかについてかなり的確に予測をすることができる。(3)買収する側の企業は、買収対象企業の株価が数週間にわたって上昇した後に発表を行う傾向がある。筆者自身の見解はあるが、どの説明が最も適当かの判断は読者に委ねることとしたい。

ユダヤの古い格言にあるように、「一例を挙げるだけでは証明にならない」。グラフに描かれている株価の動向が1社に関するものでしかないとすれば、それは単なる興味の対象の域を超えないであろう。この問題を避けるために、ブラッドリーは、15年間にわたって買収が成立したケースにおける買収対象企業161社の株価の動向を調査した。グラフ上の株価は161社の株価から構成された株価指数であり、時間軸はカレンダー上の日時ではなく「イベント日時」で示している。ここでのイベントとは買収の発表であり、これをゼロ日と置く。そして他の日付はこのイベント日からの日数で表示されている。したがってここで観察される株価の動向は、独立した1つのイベントではなく、一般的な事実をあらわしている。

近年、さまざまな市場やイベントに関するイベント・スタディが多数の学者によって行われており、これらの研究の大半において、アメリカ金融市場では、新しく公表された情報への反応が非常に速やかに生じるという結果が示されている。

注15 Louis H. Ederington and Jae Ha Lee, "The Short-Run Dynamics of the Price Adjustment to New Information," *Journal of Financial and Quantitative Analysis*, March 1995, pp. 117-34.

効率性の意味するもの

もし市場がセミストロング・フォームで効率的ならば、以下のことは正しいということになる。

図5.3◉株式公開買付が成功した対象企業161社の平均株価指数の時系列的変動

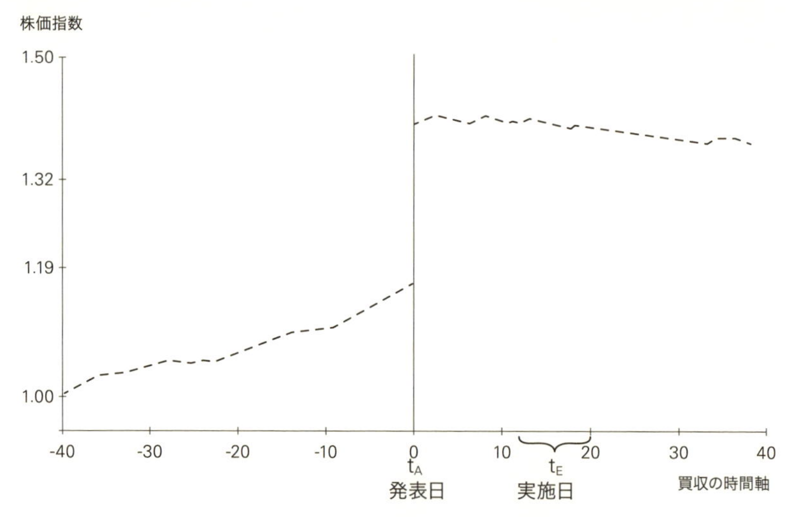

出所：Michael Bradley, “Interfirm Tender Offers and the Market for Corporate Control,” *Journal of Business 53*, no.4 (1980).

- 公開された入手可能な情報は、将来の価格の予測に役立たない。
- 非公開の情報がない場合、将来の価格の最善の予測は、おそらく長期的なトレンドを念頭に調整された、現在の価格である。
- 非公開の情報がない場合、企業が証券の最適な売出時期を選ぼうと試みても、証券の売出条件の改善にはつながらない。
- 非公開の情報がない場合、または平均以上のリスクを受け入れる意志がない場合、投資家は市場の平均収益率を上回る収益率を継続して獲得することは期待できない。

非公開の情報を持たない個人には、次の2つの選択肢がある。市場が効率的であることを認めて証券価格の予測を試みることをやめるか、自己の視点によって市場を非効率なものにするかである。後者はたとえば、他人に先んじて情報を得るための最良の情報収集システムを手に入れることなどである。この戦略の変形したものとして、通常は違法であるが、インサイダー情報の収集がある。あるいは、中華料理のおみくじ入りクッキーでよく言われるように、「市場に友人を持つことは財布のなかに現金を持っていることよりもよい」。一部の投資家が用いる第3の手段は、一流のコンサルティング会社の予測を購入することである。このアプローチの主な利点は、物事がうまくいかなかったときに他人のせいにできるということであろう。いずれにしても本当に正確な予測であれば、そのコンサルティング会社は自分で取引を行って金儲けができるわけであり、潜在的な顧客にわざわざ親切にする必要はないはずである。

これまでの解説が示唆するように、市場の効率性は微妙で刺激的な概念であり、投資家にとっても企業にとってもこの概念には数多くの重要な意味合いが含まれている。本章での扱いはやむをえず簡潔なものとなったが、経営者がインサイダー情報もしくは優れた情報収集・分析システムを持っていない限り、金融市場における価格の予測を試みても、ほとんど得るところはないということは、十分に理解できたはずである。この結論は、政府や企業が発行する証券にかかわる市場、外国為替市場、商品市場など、企業が参加している多くの市場に当てはまる。

しかしながら、この結論には注意しなければならない重要なことが1つある。経営幹部が自社についての非公開の情報を有しているのは明らかなので、自社の将来の証券価格をいくらか予測することができる、ということである。この意味するところは、経営幹部が自企業のインサイダー情報と将来展望に基づいて証券の新規発行時期を選ぶことは、実際に適切となる場合もあるということだ。しかし、はっきりと区別しておくべきことがある。つまり、次年度の自社の業績がアナリストの予想をはるかに上回ると社長が信じているために株式発行を延期するという意思決定は、セミストロング・フォームで効率的な市場である場合にはまったく筋の通ったものと言える。一方で、財務担当者が市場において株式全般がすぐに値上がりすると確信したために発行を延期するのは、そうではない。前者の意思決定はインサイダー情報に基づいているが、後者はそうではないからである。

市場の効率性を信じたから、金融危機が起こったのか

市場の効率性は、最近の金融危機では上手く機能しなかった。危機を総括した「墓碑銘」的な諸々の記事のなかで、コメンテーターたちは

このコンセプトは「信じがたいほど不正確で」「学問のように見せたニセ薬」であり、「資産バブル、規律の緩み、悪への誘惑、わざと複雑にした商品、これらが相まって致命的な危険を生み出し、結果としてあの惨状につながった」[注16]と結論づけた。

こうした辛辣な批判は正当なものだろうか。市場は効率的だという信念が、危機をもたらしたのだろうか。筆者の考える答えは、「イエスでありノーである」。サンタクララ大学のメア・スタットマンが指摘するように、市場の効率性という言葉には、通常少なくとも2通りの定義がある[注17]。本書でも用いている穏当な定義は、効率的市場とは投資家がリスクを取った投資をしても市場平均の利回りを継続的に上回ることは非常に困難であるという意味で、「市場には勝てない」というものだ。そうした勝てない市場においては、新しい情報に対して価格は即座に反応し、その反応は一貫して強すぎも弱すぎもしない。もしこれらの条件が揃わないとしたら、それはもはや勝てない市場ではないだろう。重要な点は、この穏当な定義においては、新情報に対する価格の反応は常に正しいのかどうかということについては何も言っていないことである。正確に言えば、市場を覆う投資家の気分を反映すると言っているのみであり、当然それは間違った方向に誘導されていることもあるだろう。すなわち、効率的市場において、価格は本質的な価値から外れることもありうるのであり、価格バブルが起こる可能性は明らかに存在する。

一方、野心的な定義も存在する。効率的市場とは、勝てない市場というだけでなく、価格は常に本質的価値と等しいという意味で合理的な市場でもあるというものだ。結果として、効率的市場における価格は、常に「正しく」、したがってバブルなど起こりえない。反証はいくらも見つけられるにもかかわらず、規制の少ない市場は必然的に合理的な市場でもあると信じているように見える金融市場の規制緩和提唱者たちは、この野心的な定義につい酔ってしまうのである。

効率的市場の概念は、金融危機の発生にどの程度の責任があるのだろうか。実は、市場の効率性に関する初期の学説を提唱した人々は、合理的な市場であるという定義のほうに傾いていた。したがって、彼らの発見の重要性を当初誇大に解釈してみせてしまったという意味で責任の一端は負わなければならない。しかし、それは何十年も前の話である。今日のファイナンス学者は、穏当な定義、すなわち市場の効率性とは勝てないという意味だという定義のほうに圧倒的な賛意を示している。事実、「行動ファイナンス」と呼ばれる、徐々に主流を占めつつある学問体系は、市場の気分によって価格が本来的価値からいかに外れていくか、その背後にあるメカニズムを本質的に研究している。

効率的市場とは合理的市場と同じだと信じ続けている人たちこそ、もっと責任を負うべきである。知的怠惰のためか、それとも規制緩和の理念をとにかく最優先にしているためかは知らないが、規制の無い市場は必然的に合理的となるという信念が蔓延していたことで、さまざまな要因が組み合わさって致命的な状況をもたらし、2008年の金融危機を招いたのではないだろうか。

注16　Jeremy Grantham quoted by Joe Nocera, "Poking Holes in a Theory of the Markets," *The New York Times*, June 5, 2009, and Roger Lowenstein, "On Wall Street, the Price Isn't Right," *The Washington Post*, June 7, 2009.

注17　Meir Statman, "Efficient Markets in Crisis," SCU Leavey School of Business. Available at ssrn.com/abstract=1543507.

補　遺

リスク管理のために金融商品を活用する

為替の固定相場制を定めたブレトン・ウッズ体制が1970年代前半に崩壊したことで、財務マネジャーの仕事は決定的に変化した。これにより、外国為替、金利、商品価格の変動幅が急激に上昇したことから、結果として生じるリスクを管理するため、金融商品、特に**金融派生的（デリバティブ）証**

券の利用に対する企業の関心も大きく高まった。当初は、各企業が個別の脅威が起こるたびに個別に少しずつ使用していたが、経営陣が商品や技法に精通してくるにつれ、取引量も増大し、取り組み姿勢もより前向きなものになっていった。

実際、一部の経営者の間では、現代のビジネスにおいては、合理的なリスクを引き受けることで報酬を得、それ以外のリスクは器用に避けることが重要だという見方が出てきている。この見方によれば、鉄鋼メーカーは気まぐれな鉄鋼需要を管理していく体制を整えているが、変動幅の大きい金利や為替に対応するには不十分な体制しかない。そう考えれば、企業の合理的な対応としてはこうした望ましくないリスクを避けるために金融商品を組織的に利用し、自社が得意な活動により焦点を当てられるようにすることだ。

ところどころ複雑な点はあるものの、事業を抱える経営幹部は少なくとも3つの理由から、財務リスク管理の基礎について理解する必要がある。

- 統計によれば、種々の形態のデリバティブ契約の想定元本を総計すると、2010年中旬時点で、**583兆ドル**にのぼる(注18)。実際の損失発生可能額は「わずか」**10兆ドル**前後だとはいえ、いかなる尺度から見ても市場は巨大である。この規模だけをとっても、よく知っておくべき理由にはなる。
- 他の面では非常に洗練された企業、たとえばプロクター＆ギャンブルやフォルクスワーゲンといった企業でも、デリバティブ取引で数百万ドルの損失を計上したことがある。もともとはリスクの軽減を意図していたのに、間違った使い方をすれば、デリバティブ証券はこれだけの損失をもたらすということが浮き彫りになった。すべての経営幹部は、デリバティブの用法を誤った場合のリスクと、それをいかに回避するかについて熟知しておく必要がある。
- 財務リスク管理は、まぎれもなく価値のある活動であるが、決して万能薬ではない。経営幹部は、どのような部署にいようとも、財務リスク管理の技術を効果的に活用しようとするのであれば、その技術は何ができ、何ができないのかについてはっきりと理解する必要がある。

この補遺においては、経営者がリスク管理のために活用できる他の2つの武器、すなわち**先物**契約(訳注1)と**オプション**について簡単に見ていく。まずは、ヘッジと呼ばれる単純なリスク管理の手法において、これらの武器をどう使っていくかから見ていくこととしたい。そして終わりには、オプション価値の定義とその値づけの方法について概観する。便宜上、ヘッジの議論は為替リスクの管理に関するものに限定しておく。本来なら金利や商品価格や与信リスクに関しても同様の議論はできるが、どの場合でも記述は似たようなものとなる（財務リスク管理についてより詳細な知見を求める場合は、章末の書籍の1つを精読することをお勧めする(注19)）。

先物市場

ほとんどの市場は**現物（スポット）**市場であり、そこでは現在設定された価格で即座に取引が行われる。先物市場においては価格が今日設定されても、取引はあらかじめ取り決められた将来の期日に行われる。食料品店でパンを買うのは現物市場における取引であり、ホテルの部屋を予約し、後日支払いを行うのは先物市場における取引である。

先物市場で取引されている資産は、ほとんどが現物市場においても取引されている。これらの市場について理解するために、為替市場での今日のユーロ直物レート（スポット・レート）(訳注2)が1ユーロ当たり1.4892ドルだとしよう。つまりこの金額を支払えば、1ユーロが直ちに手に入るのである。それに対して、180日の先物レートは1.4805ドルである。つまりこのわずかに安い額を180日後に支払えば、そのときに1ユーロが手に入ることになる。先物取引は通常、当事者が今日設定した価格で将来の一定期日にドル

訳注1　本章では「先物」で統一しているが、以下で解説する契約は、厳密には「先渡契約」（forward contract）である。先渡契約とは、ある特定の相手と、将来のある時期に、ある価格で取引することを現時点で契約するものである。一方、先物契約（future contract）とは、将来のある時期に引き渡される原資産を、市場（取引所）において、取引所との間で、現時点の先物価格で取引することを契約するものである。広義では、先渡と先物とを総称して先物と呼ぶため、ここでは煩雑を避けて「先物」で統一した。

訳注2　為替取引では慣例的に、現物のことを直物と呼ぶ。

注18　Bank for International Settlements, Table 19: Amounts outstanding of over-the-counter(OTC) derivatives, www.bis.org/statistics/derstats.htm.

注19　Michael Crouhy, Dan Galei, and Robert Mark, *Essentials of Risk Management*(New York: Mcgraw-Hill, 2005). Steven Allen, *Financial Risk Management: A Practitioner's Guide to Managing Market and Credit Risk*(New Yora: John Wiley & Sons, 2003).

とユーロを取引するという形の契約であり、多くの場合銀行との間で契約が結ばれ、取消不能であることが多い。

▼先物市場における投機

この補遺の主題はリスクの回避であるが、まず正反対の行為である先物市場における投機から見ていきたい。これから理解されることと思うが、投機――特に、ある投機の影響を受けないようにするために創造的に行われる別の投機――について、リスク回避の本質をなすものとして述べてみたい。この重要な事実を説明するために、あなたがふと押さえられない衝動にかられ、自宅を抵当に入れ、今度のバスケットボールの試合でニューヨーク・ニックスがボストン・セルティックスに勝つことに10万ドルを賭けてしまったと想像してほしい。しかしながら、あなたの配偶者はそのような賭けを喜ばず、賭けをキャンセルしなければ悲惨な結果となると警告してきた。しかし、当然だが賭けというものは、よほどのことがない限り、まずキャンセルできないものである。

そこでどうするか。賭けをヘッジするわけである。自分の母親が昔言っていたことは実は違っていた、つまり2つ間違いをすればどちらか1つは正しくなるのだ(訳注)と言い聞かせながら、あなたは2つ目の賭け、つまりこちらは、セルティックスがニックスに勝つほうに賭けるわけである。そうすると、どちらのチームが勝利しようとも、賭けに勝った分の収入で負けた分の損失をカバーできるので、胴元に支払う金を除けばあたかも賭けを行わなかったかのような状態になる。あなたの賭けはカバーされたわけである。企業は、金融市場の文字通り「賭け」を活用して、回避することのできない商取引上のリスクを管理している。

先物市場における投機についてより詳しく見ていくために、アメリカン・マーチャンダイジング(AMI)社の財務担当者は、ユーロが向こう6カ月間で大幅に安くなると確信していると想定しよう。為替先物市場を利用し、彼は自分の相場観に基づいて、古くから行われている「安く買って、高く売

訳注　英語で子どもをしつけるときなどによく使われる諺でTwo wrongs don't make a right：他人が悪いことをしているからといって自分は正しいということにはならない、というものがあるが、ここではそれの逆で、Two wrongs make one rightだと言っている。

る」という戦術を多少変更することで簡単に実行できる。この場合にはまず高値で売り、後に安値で買うのである。すなわち、今日1.4805ドルでユーロの先物を売り、ユーロ安となる180日間待ったうえで、先物契約で引き渡すためのユーロを直物市場で購入するわけである。もし彼の判断が正しければ、今日先物で売ったユーロの値段は6カ月後に直物で購入するものよりも高くなり、その差額が利益になるというわけである。もちろん反対の状況も起こりうる。つまり、もしユーロがドルに対して高くなれば、先物の売却価格は直物の購入価格を下回ることとなり、この財務担当者は損失を被ることとなる。

これを等式であらわすと、100万ユーロを先物で売却した場合の損益は、次のようになる。

$$\text{損益} = (F - \tilde{S})\,100\text{万ユーロ}$$

ここでFは180日の先物レートをあらわし、Sは180日後の直物レートをあらわしている。直物レートの上に波形符号をつけたのは、今日はまだ価格がわからないことに注意を促すためである。

この種の取引をあらわすのに便利な方法は、**ポジション・ダイアグラム**である。これは将来の未確定な直物レートに対応した取引の損益を縦軸にあらわしたものである。**図5A.1**(a)からもわかるように、財務担当者の賭けは将来の直物レートが今日の先物レートよりも下回る場合に勝つこととなり、上回った場合には負けとなる。本補遺を通じて、この図や、この図に類似したポジション・ダイアグラムを使って説明していく。

▼先物市場におけるヘッジ

ここからは、国際取引における損失のリスクを抑えるために、通貨に対する投機がいかに有効かを検討していく。財務担当者のユーロに対する賭けはとりあえず無視して、AMI社がドイツの顧客に対して100万ユーロ相当の販売取引を行い、その代金を180日後に受け取るとしよう。この売掛金のドル換算額は当然、将来の為替レートに依存することとなる。記号であらわすと、次のようになる。

$$\text{AMI社の売掛金のドル換算額} = \tilde{S}(\text{100万ユーロ})$$

ここでもSは直物レートをあらわす。AMI社は為替リスクに直面している。なぜならばドイツ企業への6カ月後回収予定の売掛金のドル換算額は、まだ確定していない将来の直物レートに依存しているからである。

図5A.1(b)は、AMI社の売掛金のポジション・ダイアグラムである。この図では、為替の変動に応じてAMI社の売掛金のドル換算額がどう変化していくかが示されている。もし直物レートが1.4892ドルのままで一定であれば、売掛金の価値は増えも減りもしないが、ユーロの価格の変化に応じて売掛金のドル換算額も変化していく。特に、数カ月間の間に不運にもユーロが下落してしまった場合、ドイツの顧客への売上高から期待された利益が一転して損失に変わってしまう恐れがある。これでは、この取引を成立させるために心血を注いだ販売チームは意気消沈してしまうであろう。

ドイツ企業への売掛金を発生させたことにより、AMI社ははからずもユーロの値上がりに賭けたことになる。もしこのリスクを避けたいのならば、財務担当者に先物市場でリスクを相殺するような賭けをするよう指示することで、簡単に回避できる。この例の場合、財務担当者は、先ほどと同様に、180日のユーロ先物を売る必要がある。先物の売りから発生する損益を売掛金のドル換算額に加えることにより、AMI社がドイツ企業への売掛金のドル換算額を148万500ドルに「確定」させたことになる。

$$\begin{aligned}
&\text{先物の売りからの損益} + \text{売掛金のドル換算額}\\
&\quad (F - \tilde{S})\text{百万ユーロ} + (\tilde{S})\text{百万ユーロ}\\
&\quad = (F)\text{百万ユーロ}\\
&\quad = (1.4805\text{ドル})\text{百万ユーロ}\\
&\quad = 148\text{万}500\text{ドル}
\end{aligned}$$

等式のなかから$\tilde{S}$がなくなっているということは、財務担当者が反対方向の賭けを巧妙に組み合わせることにより、AMI社の為替リスクを取り除いたことを意味する。したがって、直物レートがいくらになろうとも、AMI社は180日後に148万500ドルを受け取れる。財務担当者は**先物市場におけ**

図5A.1◉先物市場におけるヘッジ

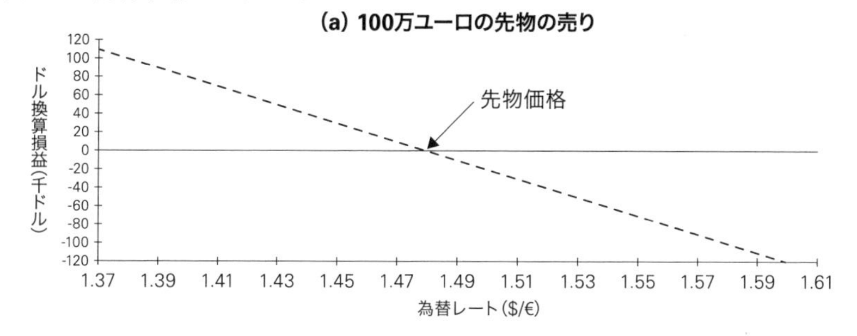

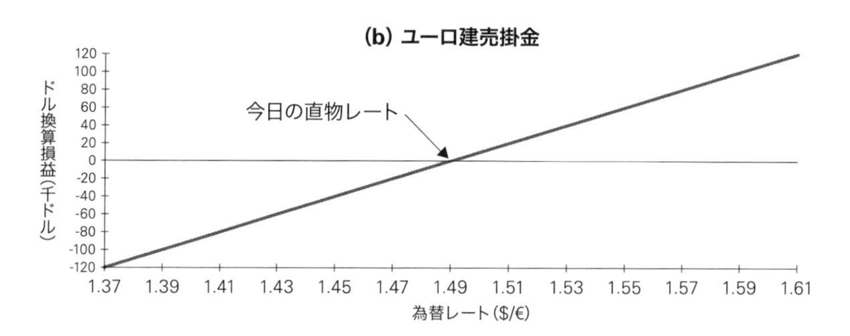

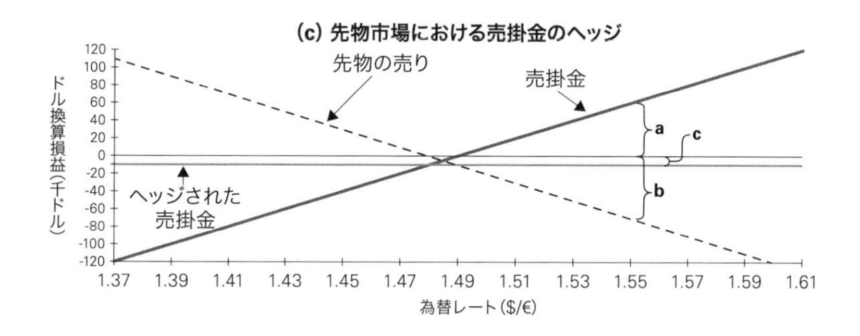

るヘッジを実行したわけであり、その結果として、どうなるかわからない将来の直物レートではなく、すでにわかっている先物レートで売掛金のドル換算額が決まることになる。つまり、AMI社は売掛金のドル換算額を先物レートで確定したのである。

先物市場におけるヘッジは、前述の先物市場における投機とどう違うのであろうか。違いは存在しない。つまり、取引自体はまったく同じである。

唯一の違いは、目的である。投機の場合、財務担当者はユーロ安という自分の相場観から、ひと儲けをたくらんだのである。ヘッジの場合、財務担当者は将来のユーロ価格について特定の見解を持っていないのかもしれず、ただ単純に売掛金が減るリスクを回避しようとしただけである。同じ取引が、それを行う個人の意図によって、リスクを伴う投機にもリスク回避のためのヘッジにもなりうるので、企業がしばしばリスク管理に苦労するのも驚くほどのことではない。

図5A.1(c)は、先物市場におけるヘッジをグラフにしたものである。右肩上がりの実線がヘッジされていない売掛金からの損益(b)であり、右肩下がりの点線が先物の売りに関するポジション・ダイアグラム(a)である。水平の線は売掛金と先物の売りの損益を合計したものである。両方を行う場合、ネットの効果は将来の直物レートに左右されない。先物によるヘッジはセルティックスとニックスの試合に関する反対の賭けと同様、リスクを消滅させる。

等式をあれこれいじってヘッジのネットの効果を算出するよりも、通常は各為替レートでのそれぞれの賭けのポジション・ダイアグラムを組み合わせることで、同じことをグラフ化して表示するほうが簡単である。たとえば、**図5A.1**(c)のなかで売掛金からの利益aに、先物の売りから生じる損失bを加えることにより、ネットの結果cが得られる。いかなる為替レートにおいてもネットの結果が水平な線の上にあるという事実から、ヘッジされた売掛金の価値は為替に左右されない、言い換えれば、ヘッジによって為替リスクが消滅したことを確認することができる(注20)。

注20　**図表5A.1**(c)におけるヘッジされたポジションは、損失をもたらすことになるように見える。しかしながら、これは正しくない。たしかに損に見えるのは、ユーロ先物の対ドルレートが直物より安い結果自動的にそうなるのだが、これはユーロ圏の金利がドル圏よりも高いことによる。もしユーロの先物ディスカウントがなければ、アメリカの投資家はドルを借りてユーロ現物を買い、ユーロの魅力的な金利で運用し、その後それを売ってドルに替えるという裁定取引によって、リスクなく儲けることができてしまう。したがって、ユーロ先物はディスカウントされて売られることになる。先物レートが財務担当者の予想する将来の直物レート(現在の直物レートではない)を下回っているときだけ、ヘッジによって予想される損失が発生する。この図では財務担当者の予想する将来の直物レートが現在の直物レートと同じであることを暗黙に仮定しているが、本当にそうなるとは限らないのは明らかである。

●———短期金融市場と資本市場におけるヘッジ

財務担当者はAMI社のユーロ建て資産についての為替リスクを、当該資産とまったく同一の金額及び期限を持つユーロ建て負債により取り除いた。トレーダーの間で使われる業界言葉で言えば、彼は会社の**ロング・ポジション**（**買い持ち**）を、同額の**ショート・ポジション**（**売り持ち**）により**カバー**し、相殺したのである。この例ではロング・ポジションとは外貨建て資産、そしてショート・ポジションとは外貨建て負債を意味している。双方を打ち消し合わせることにより、彼はポジションを**スクエア**にしたということになる。

ユーロのショート・ポジションをつくるもう1つの方法は、180日後の返済を約して今日100万ユーロの借入を実行し、直ちにユーロを直物市場でドルに交換することである。そして180日後に売掛金の回収により入金された100万ユーロを借入の返済に充てるわけである。結局のところ、このような**短期金融市場**（マネー・マーケット）におけるヘッジにより、AMI社は180日後に手に入る100万ユーロの代わりに今日一定金額のドルを受け取ることができるわけだ。市場が効率的だと期待できるならば、ヘッジのコストは先物市場においても短期金融市場・資本市場においてもほとんど同一である。

●———オプションによるヘッジ

オプションはロシアンルーレットに飽きた人のためにある——もっとも、オプションがヘッジの一手段でなければの話であるが。**オプション**とは、その保有者に、原資産を特定の価格で特定の時期に売買することのできる権利を与える証券である。オプションには2種類ある。**プット**・オプションは原資産を売却する権利を付与し、それに対して**コール**・オプションは原資産を購入する権利を付与する。たとえば、今日4万8,800ドルを支払うことにより、向こう180日間のいかなる時点においても、100万ユーロを1ユーロ当たり1.49ドルのレートで売ることのできるプット・オプションを購入できると仮定しよう。ここで使われる用語としては、1.49ドルがオプシ

図5A.2◉オプション市場におけるヘッジ

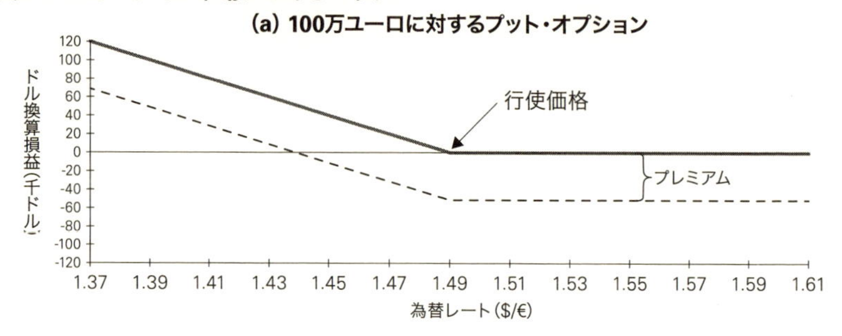

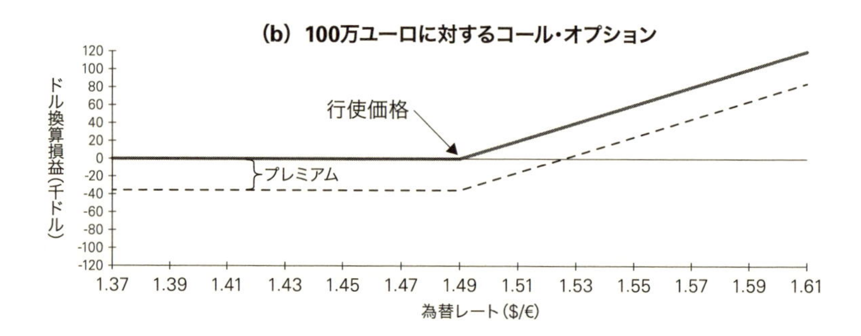

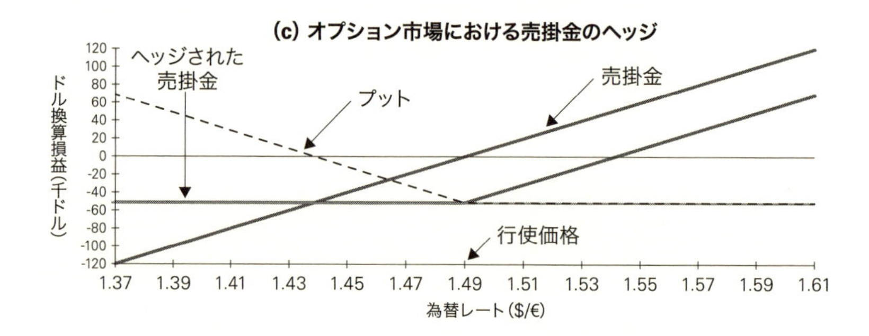

ョンの**行使価格**(または**ストライク・プライス**)、180日が**満期**と呼ばれる。今日支払う購入価格4万8,800ドルは**プレミアム**と呼ばれている。

図5A.2(a)は、満期日におけるさまざまな為替レートでのプット・オプションのポジション・ダイアグラムを示したものである。実線部分はプット・オプション自体のポジション・ダイアグラムであり、下の点線部分はプレミアムを含んだものである。実線部分を観察すると、満期において直

物レートが行使価格を上回っている場合、プット・オプションには価値がないことがわかる。1ユーロを1.49ドルで売る権利は、直物市場でより高値で売れる場合には当然ほとんど魅力がない。この場合、オプションは無価値のままで満期を迎え、4万8,800ドルのプレミアムは掛け捨てとなる。しかしながら、満期時の直物レートが行使価格を下回っている場合、結果は大いに異なる。たとえば直物レートが1.45ドルに下落した場合、100万ユーロを1ユーロ当たり1.49ドルで売却できるオプションの価値は4万ドルとなり、ユーロの価値がさらにゼロに近づくにつれこの価値は急速に上昇する。最善の結果(読者が欧州人ではないと仮定しよう)としては、ユーロの価値がゼロのとき、読者のプット・オプションは149万ドルを稼ぎ出すことになる。4万8,800ドルの掛け金の収益率としては悪くない。

コール・オプションのポジション・ダイアグラムは、ちょうどプット・オプションのそれと逆である。今日の終値から、行使価格が1.49ドルである100万ユーロの180日コール・オプションは、3万7,100ドルのプレミアムで購入できるとする。**図5A.2**(b)からわかるように、このコール・オプションは直物レートが行使価格を上回らなければ、無価値のまま満期を迎えることとなる。直物レートよりも高い値段で購入する権利など何の価値もない。しかし、直物レートが行使価格を上回ったとたんにコールの価値は直物レートに連動して上昇する。

オプションがなぜ真剣な投機家にとって魅力的であるのかを理解するために、あなたは6カ月後にユーロが1.55ドルに上昇すると信じていると仮定しよう。その相場観に基づいて先物市場で投機を行う場合、今日100万ユーロの先物を1.4805ドルで購入し、6カ月後に1.55ドルで売却することで、収益率は4.4%([(1.55 − 1.4805) ÷ 1.4805] = 4.4%)となる。代わりに、コール・オプションを3万7,100ドルで購入し、6カ月後に行使して直ちに1.55ドルで売却すると、62%([(1.55 − 1.49) × 100万 − 3万7,100] ÷ 3万7,100 = 62%)という途方もない収益率――先物を利用した投機の10倍以上――が得られる。もちろん、損失のリスクも相当なものである。つまり、ユーロが1.43ドルまで下落した場合、先物市場においては3.2%の損失で済むのに対して、オプションを用いると262%の損失が発生する。

AMI社は自社のドイツ企業への売掛金の為替リスクを軽減するために、

どのようにオプションを利用するのであろうか。売掛金があるため同社はユーロのロング・ポジションを持っていることになるので、財務担当者はそれを相殺するためのショート・ポジションをつくろうとする。すなわち、プット・オプションを買おうとするだろう。コールはAMI社の為替リスクを増大させるだけである。

ヘッジの効果をグラフ化して分析すると、**図5A.2**(c)のようになるが、これはAMI社のドイツ企業への売掛金と上記のプット・オプションの複合効果を示している。前述の場合と同様、右肩上がりの実線は売掛金のドル換算額に関する損益をあらわし、折れ曲がった点線はプレミアムを含んだプットからの収益をあらわしている。これら2つの線をそれぞれの為替レートで複合したものが折れ曲がった実線であり、オプションでヘッジした後のAMI社の為替リスクを描写している。

図5A.1の先物市場におけるヘッジとこのオプションによるヘッジを比べてみると、オプションの効果は保険にそっくりであることがわかる。つまり、ユーロ安の際の損失を一定に制限しつつ、ユーロ高の際は恩恵を受けられるようになっている。保険料に相当するのが、オプション・プレミアムである。

オプションは2つの状況下で、きわめて魅力的なヘッジの手段たりうる。1つは、為替レートがどちらに変動するかについての相場観をヘッジの実行者が持っているものの、あからさまな投機を行うだけの自信がない場合である。オプションを使えば、相場観が正しかった場合には利益を得ることができ、反対に間違っていた場合でも損失を一定に抑えることができる。また、為替リスクの発生が条件つきである場合にもオプションは有用である。企業が海外との取引に入札する場合、為替リスクが発生するか否かはもっぱらその入札の成否による。この条件つきのリスクを先物市場でヘッジすると、入札に失敗したときには、思いがけない、しかもとてもコストのかかる、逆方向の為替リスクを負うことになる。しかしながらオプションによるヘッジを行った場合には、最悪でもオプション・プレミアムを失うだけで済む。

●───金融市場におけるヘッジの限界

ヘッジの入門者はそのパワーを過大評価する傾向があるため、金融市場におけるヘッジの厳しい限界についても述べておく必要がある。

商取引上のリスクを金融市場においてヘッジするためには、2つの基本的な条件を満たさなければならない。1つは、リスクを生じさせる、もしくはリスクに密接に関連した資産が、金融市場において取引されていなければならない。今までの例にこれを当てはめると、ユーロという通貨が取引されていなければならない。こうした理由でインドルピーのリスクは、ユーロのそれよりもはるかに管理が困難である。

金融市場において外国為替のヘッジを効果的に行うために必要な2つ目の条件は、外貨建てキャッシュフローの金額とタイミングがほぼ確実に把握できることである。これは、キャッシュフローが外貨建て売掛金か買掛金から発生する場合にはまず問題にならないが、期待される売上高、売上原価もしくは利益といった営業活動からのキャッシュフローの場合には、事態は大いに異なる。

たとえば、アメリカ企業の財務担当者が次年度のドイツ向け輸出からの利益を100万ユーロと見込み、直ちにそのドル換算額を確定したいと考えているとしよう。どうしたらよいであろうか。一見すると答えは明白に思えるかもしれない。つまり、先物で100万ユーロを売り、ドルを買うわけである。しかし深く考えてみると、この戦略には深刻な問題が潜んでいることがわかる。第1に、この輸出企業のユーロのロング・ポジションは翌年の利益ではなく売上高に等しいのであって、ヘッジすべき金額はもっと大きくなる。

第2に、ヘッジすべき金額がわかっている売掛金の場合と違い、未知の期待される金額についてヘッジしなければならない。さらにドルとユーロ間の為替レートの変化は、このアメリカ企業のドイツにおける製品競争力に影響を与えるため、売上高それ自体が将来の為替レートに左右されることがわかっている。ポジション・ダイアグラムでこれをあらわそうとしても、ヘッジの対象となる外貨建てキャッシュフローは直線ではあらわせないので、ヘッジ戦略ははるかに複雑になる。第3に、もしこのアメリカ企業がドイツへの輸出を予測しうる将来にわたって継続していくつもりであるならば、為替リスクは来年の売上高だけでなく、はるかに長期にわたって発生する。したがって、来年の売上高のヘッジがいかに首尾よく運んだとしても、それは同社のユーロ建てリスクのごく一部にすぎない。結論としては、売掛金の発生のような個別の取引にまつわるリスクのヘッジは容易であるものの、営業活動からのキャッシュフローに伴う大きなリスクを金融市場でヘッジすることは、複雑でほとんど不可能なことである。

最後により哲学的な観点から、金融市場におけるヘッジについての慎重論を述べる。実証研究によれば、外国為替市場、商品市場、公社債市場はすべて「公平なゲーム」であり、予想外の価格変動によって儲かる確率と損をする確率はほぼ等しいという結果が出ている。もしそうであれば、為替リスクを繰り返し抱えているか、もしくは複数通貨での取引を行っているような企業は、長期的に見れば結局は損益が均衡するという理由で、ヘッジを行わずに済ませるということもできるだろう。この考え方によれば、金融市場におけるヘッジが正当化されるのは、企業がめったに為替リスクに直面しない場合か、潜在的な損失が企業にとって甘受するには大きすぎる場合か、または為替リスクをなくすことにより業績評価が正確になったり、社員の士気が向上するなどの管理面での恩恵がある場合に限定される。

通貨と金利のスワップ

もう1つのデリバティブ商品としてスワップと呼ばれるものがあり、これによって、ファイナンス担当の役員たちの多くは、社債を発行したり借入金を管理したりする際の考え方を改めるようになってきている。スワップとは、二者間で将来発生するキャッシュフローを交換しようという一連の契約である。そこでは、お互いに相手のキャッシュフローを受け取り、相手にキャッシュフローを払うことを約束している。スワップの市場価値は常に、交換の対象となるキャッシュフローの価値の差に等しい。**通貨スワップ**とは、異なる通貨建ての負債を交換することである。一方、**金利スワップ**とは、固定金利の利払いと変動金利のそれとの交換である。スワップは、参加している企業の財務諸表にはあらわれないので、債権者はスワップが締結されたことを知らないことが多い。スワップは今や相当定着しており、標準的なスワップが株式や債券のように電話越しで活発に取引される市場が存在している。もし読者の会社がスイス・フラン建て期間10年の負債を持っていて、これをドル建てにしたいと思ったら、スワップのディーラーに電話をすれば価格を教えてくれる。

スワップは初めて知ったときにはどうしても風変わりで、ともすると異常なもののように見える。しかし、背後にある考え方はいたって単純である。ある2つの主体が互いに相手の欲しいものを持っていたなら、それを取引することは常に双方にとって利益になる。スワップとはまさにこうした取引であって、交換される品物が将来の金利や元本の支払いというだけである。アセット・スワップと呼ばれて、将来の支払いを受け取る権利を取引するものもあるが、将来の支払いを行う義務をやり取りする債務者側のスワップのほうがより一般的である。

スワップは、少なくとも2つの理由から、便利なファイナンスのツールだと見なされてきた。1つは、多くの企業が資金調達の際に直面している根本的な問題の解決に役立つからである。スワップが出現するまでは、社債発行の際にどのような形の負債にすべきかといった企業の意思決定は、しばしば、企業が本当にやりたいことと投資家が買おうと思うことの間の妥協で決まってきた。発行企業はフランス・フラン建ての固定金利を望んでいたのに、条件がよいからという理由でカナダ・ドルの変動金利で調達したりしていた。しかし、スワップによって、自分のやりたいとおりにすることができる。すなわち、カナダ・ドルで調達したらすぐにフランス・フラン建の固定金利にスワップすればよい。実際のところスワップは、社債発行企業にとって自社はどんな形態の債務が必要なのかという問題と、投資家はどんな社債を買いたいのかという問題とを切り離すことに成功した。したがって、社債発行自体の意思決定と借入コストの低減という問題を大胆に単純化できるようになった。
　スワップの利点の2つめは、金利や為替のリスク管理のための便利な道具であるという点だ。スイス・フランが近々値上がりしそうで、スイス・フラン建ての負債を抱える企業はドル建ての負担が増えていくかもしれないと悩んでいる。心配は要らない。フランをドルにスワップしておけばよい。金利が下がりそうだというとき、高い固定金利の負債を抱える企業はみすみすそれを抱えていなくてはならないだろうか。簡単である。変動金利にスワップしておけば、金利が実際に下がったとき借入コストも下がっていくはずだ。

オプションの価値評価

　従業員への報酬設計から投資機会の分析にいたるまで、コーポレート・ファイナンスの世界におけるオプションの活用はますます浸透してきていることから、オプションの価値評価についての入門編レベルの説明を行っておくことは妥当であろう。
　あなたが、シスコシステムズの株を100株、1株当たり27ドル（現在の株価は25ドル）で購入することのできる5年間のオプションを保有しており、そのオプションの今日の価値を知りたいと思っているとしよう。このオプションは、すぐに行使しなければならないとしたら価値のないものである。なぜなら、25ドルで買えるものを27ドルで購入する特権にあまり高い価値は与えられないからである。この場合、あなたのオプションは「**アウト・オブ・ザ・マネー**（out of the money）」の状態にあると言われる。しかし幸運にもあなたはこのオプションをすぐに行使する必要はない。行使するまで5年間待つことができる。将来を考えると、オプションが満期を迎える前にシスコの株価が27ドルを突破するチャンスは十分にある。その場合、このオプションは「**イン・ザ・マネー**（in the money）」の状態になり、オプションを行使して株式の売却益を得ることができる。結論として、今日のオプションの価値は基本的に2つの要素に依拠することがわかる。すなわち、シスコの株価が満期前にオプションの行使価格を上回る可能性と、行使価格と株価との間にどれくらい開きがあることが予想されるかである。オプションの評価をする際の課題はこの2要素の価値の測定である。

オプションは昔から存在していたが、1973年に初めてこのオプションの価値評価という課題に対する実際的な解答が、フィッシャー・ブラックとマイロン・ショールズによってもたらされた。彼らのもたらした解答は価値評価に何を含め、何を除外するかという点で傑出している。ブラックとショールズは、オプションの価値を決定するのが、わずか5つの変数であることを示したのである。しかもそのうちの4つはいつでも新聞から知ることができる。その4つの変数とは次のものである。

- 原資産(前述の例ではシスコの株式)の時価
- オプション満期までの期間
- オプションの行使価格
- 金利

読者が期待するように、コール・オプションの価値は原資産の価格とオプション満期までの期間が増えると上昇し、行使価格が上昇すると低下する。シスコ株のコール・オプションの価値は株価が25ドルのときよりも50ドルであるとき、そしてオプションの行使期間が5年のときよりも10年のときに高くなる。それに対して、行使価格が27ドルではなく、40ドルとなればその価値は低下する。また、コール・オプションの価値は金利が上昇した場合も増加する。なぜならば、コール・オプションとは原資産の購入の先送りとも見ることができ、金利が上昇すれば、それだけこの先送りできる権利の価値も上昇するからである。

新聞などから知ることのできないオプション価値の決定要因は、原資産にかかわる収益率の**ボラティリティ**(volatility)(訳注)の期待値である。言い換えると、シスコ株のオプションの価値は、オプションの行使期間中におけるシスコ株の収益率についての投資家の見通しがどれだけ不確かかによる。これを予測する標準的な方法としては、株価の過去のボラティリティを収益率の標準偏差という形であらわすことである(標準偏差とは統計上、分散を

訳注 | 変動性、変動の大きさ。

測定するために広く使われており、これについては第8章で詳しく解説する)。もし最近のシスコ株の収益率の標準偏差が25%であるならば、これを将来のボラティリティの予測値として使ってもよいであろう。

面白いことに、オプションの価値はボラティリティが大きくなるにつれて上昇する。言い換えると、投機性のある株のコール・オプションは、実際に優良株のそれよりも価値がある。これは書き間違いではない。オプションは直感そしてファイナンスの考え方に反している。ボラティリティはリスクであり、リスクはよくないという一般的な考え方とは逆の考え方である。オプションの世界では、変動することが望ましいのである。なぜならば、オプションは悪い結果が生じても、損害を被らずに済むことを想起していただきたい。本章の例で言うと、シスコの株価が結局27ドルを超えなかったとしても、せいぜい新しい壁紙が手に入るという程度のことである。つまりオプションの保有者の関心はよいほうの可能性にしかなく、ボラティリティが大きければそれだけよくなる可能性が高まる。ホームランが出るたびに1ドルをもらえるとしたら、着実にヒットを打ち続ける打者よりも、成績にむらがある強打者を応援するはずである。オプションについても同様のことが言える。不確実性はオプションにとってはよいことなのである。

驚くべきことに、原資産の将来の予想価値がブラック=ショールズ式のインプット変数から抜け落ちている。本章の例で言うと、オプションを評価するのに向こう5年間のシスコ株の価値を予測する必要がないということである。なぜなら、市場の予測はすでに現在の株価に織り込まれているからである。

ブラック=ショールズのオプション価格評価式のおかげで、オプションの評価は今や簡単な3段階のプロセスになっている。第1に、4つの変数の現在の数値を確認する。第2に、通常は過去の原資産のボラティリティから原資産の収益率の将来におけるボラティリティを推定する。そして第3に、これらの数値をこのブラック=ショールズのオプション価格評価式、もしくはその後それを改良した式に代入し、コンピュータが計算結果を吐き出すのを待つわけである。1つの例として、次の条件のもとでシスコ株のオプションを評価してみよう。

オプションの行使価格	$27
オプションの満期	5年
現在のシスコ株式の価格	$25
5年物政府債の利率	2.50%
シスコ株式のボラティリティ	22.02%

ボラティリティの予測値は、多くの株式について過去のボラティリティなどの情報を提供しているロバーツ・オンライン・オプション・プライサーというウェブサイトから取ってきている。ここで使用している数値は、2011年5月9日を基準としてシスコ株の過去1カ月間のボラティリティをとり、それを年換算したものである。自分でブラック＝ショールズ式を使って計算するのは気の遠くなるような作業であるから、計算にはロバーツ・オプション・プライサー（これは前述のウェブサイトから利用できる）を使用する。例の5つの必要項目の数値をそこに代入することにより、シスコ株式100株のオプションの予想価値が539ドルであることがわかる。ボラティリティを35%とおくと、オプションの価値は806ドルに上昇する[注21]。

ブラック＝ショールズの価格決定モデルが紹介されてからのオプション取引の興隆を見ていると、「もしあなたがハンマーしか道具を持っていないならば、まもなくすべてのものが釘に見えてくるであろう」というマーク・トウェインの警句を思い起こさせる。オプションの価値がほぼ正確にわかるようになったおかげで、取引されるオプションの種類と取引規模は格段に大きくなった。今や金利、株式、株価指数、外国為替、天気、そして多種多様な実物商品がオプションの対象となっている。また、オプションは取引されるだけでなく、住宅ローンや銀行ローンなど多くの伝統的な金融商品にも実は組み込まれている。これまでは、これらのオプションは無視されてきたか、もしくはその金融商品の価格決定に大雑把に反映されるだけであった。現在では、オプションを独立して評価し、相応の値段をつけ

注21　ロバーツ・オンライン・アプリケーションは、以下のURLから参照可能である。www.intrepid.com/robertl/index.html.筆者は簡略化のためこのなかの要素をいくつか書き変えている。第1にロバーツ・オプション・プライサーで用いられている価格算出式は、ブラック＝ショールズ式を拡張したものである。ここで述べた5つの変数に加えて、配当利回りの代入も必要であるが、シスコの場合これはゼロである。また、ここで求めるシスコのオプションは、満期までの間ならいつでも行使可能な「アメリカン・オプション」である点を特定する必要もある。

ることが可能になっている。伝統的な金融商品にオプションが組み込まれていることが発見されてからは、従来は無かったオプションを組み込んだ金融商品が続々と開発されている。最後に、最近わかってきたことは、新製品を開発するかどうかといった企業の投資の意思決定にも、多くの場合オプションが組み込まれているということである。少なくとも理論的には、ここまで述べてきた技術を用いて値づけをすることができるのだ。これらは**リアル・オプション**と呼ばれ、実例としては、生産規模を拡大するか、生産を中止するか、あるいは製品構成を変更するか、こうした選択についてもオプションを応用できる。こうしたオプションの価格決定ができることで、企業の投資の意思決定は大幅に改善されることであろう（この問題は第8章で詳細に述べることにする）。リアル・オプションの価格をどう決定するかがわかれば、本当に世の中のすべてがオプションのように見えてくるであろう。

本章のまとめ

1．金融商品は、
- 企業の資金調達ニーズと投資家への魅力の双方を満たすよう設計された、企業のキャッシュフローと資産に対する請求権である。
- 法律や規制による制限をそれほど受けないが、十分な情報開示の要請には従わなくてはならない。
- しばしば4つのカテゴリーに分類される。
  - −債券などの確定利付き証券
  - −株式などの残余利益証券
  - −債券と株式の双方の特徴を持つハイブリッド証券
  - −ある原資産の価値に依存するデリバティブ証券

2．1900年以来、アメリカの普通株式の実現した収益は、
- 年平均11.4％である。
- インフレ率を年平均8.1％上回る。
- 債券の収益率と比べ、より変動が大きく、したがってリスクも大きい。

- 政府債の収益率を年平均6.2％上回る。

3．金融市場は、
- 企業にとって投資家に金融商品を売るチャネルである。
- 以下のセグメントに分かれている。
  - －プライベート・エクイティ　バイアウト・ファンドやベンチャー・キャピタルなどが有限組合を組成し、ハイリスクで中期的な投資を行っている。
  - －IPO　未公開企業が、投資銀行の助けを借りて、公開市場で広く投資家に自社の株式を販売する。
  - －追加発行　より大規模な公開企業が、私募、一括登録、ルール144Aなど多くの場合特殊な手法を用いて、資金を調達する。
  - －国境を越えた資金調達　大企業が他国の金融市場や国際金融市場において資金を調達する。規制のある国内市場に対して自由な市場と考えられる。

4．効率的市場とは、
- 新しい情報に対して価格が速やかに反応するため、現在の価格はその対象資産に関する入手可能な情報をすべて反映している市場のことを指す。
- 典型的には、新しい情報は瞬時に価格に織り込まれる。
- しばしば3つのカテゴリーに分類される。
  - －ウィーク・フォーム：過去の価格に関する情報をすべて反映した価格が形成されている。
  - －セミストロング・フォーム：公表された入手可能なすべての情報を反映した価格が形成されている。
  - －ストロング・フォーム：公表されているかどうかを問わず、すべての情報を反映した価格が形成されている。
- 同じ市場であっても、小口投資家にはとっては効率的だが、同時に市場のプロにとっては非効率的というように、相対的な用語である。

5．セミストロング・フォームの市場で、未公開の情報を持っていなければ、
- 公表されていて入手可能な情報は、将来の価格を予測するのには役立たない。

- 将来の価格を最もよく予測しているのは、おそらく長期的なトレンドを調整されたとしたうえで、現在の価格である。
- 企業は証券を発行する時期を選ぶことで発行条件をよくしようとすることはできない。
- 投資家は超過リスクを取ることなしに、継続的に市場平均を上回るリターンを得ることはできない。

参考文献等

Dimson, Elroy, Paul Marsh, and Mike Staunton. *Triumph of the Optimists: 101 Years of Global Investment Returns*. Princeton, NJ: Princeton University Press, 2002. 302 pages.

3名のイギリス人学者によるエレガントな書。20世紀において16カ国の金融商品から得られたリターンについて詳細な情報が得られる。重要な情報に関する権威ある情報源である。約120ドル。Credit Suisse Global Investment Return Yearbookにて毎年アップデートされている。

Fox, Justin. *The Myth of the Rational Market: A History of Risk, Reward, and Delusion on Wall Street*. New York: Harper Paperbacks, 2011. 416 pages.

合理的市場の仮説の興亡についてストーリー風に語る、優れて知的な現代ファイナンスの歴史。ニューヨーク・タイムスが2009年の「注目の書」に取り上げた。ペーパーバックで12ドル。

Gladstone, David, and Laura Gladstone. *Venture Capital Handbook: An Entrepreneur's Guide to Raising Venture Capital*, revised edition. London: Financial Times Prentice Hall, 2002. 448 pages.

もし読者がベンチャー・キャピタルから資金調達したいか、ベンチャー・キャピタリストになりたいとしたら、本書を読むべき。約30ドル。

Malkiel, Burton G. *A Random Walk Down Wall Street*. Completely revised edition. New York: W. W. Norton & Company, 2007. 445 pages.

市場の効率性や個人投資に関する古典かつベストセラーの入門書。学問と実務の両面から語られる。15ドル。

Mishkin, Frederic S., and Stanley G. Eakins. *Financial Markets and Institutions*. 6th ed. Reading, MA: Addison Wesley, 2008. 752 pages.

マネー、債券、株式、担保付債権、外国為替といった金融マーケットの入門書。金融機関の経営や金融政策までも含む。約160ドル。

Reinhart, Carmen M., and Kenneth Rogoff. *This Time is Different: Eight Centuries of Financial*

Folly. Princeton N.J.: Princeton University Press, 2009. 512 pages.

長年にわたって社会を苦しめる経済の崩壊や繰り返される自己欺瞞に対して、2人の偉大な経済学者が示した価値ある歴史的考察。比較してみれば2008年のパニックも実によくあることに見える。21ドル。

Websites

www.cboe.com

シカゴ・オプション取引所のホームページ。オプション価格や用語集、無料オンラインコースなどがある。

www.intrepid.com/robertl/index.html

Robert's Online Applications。株式のオプションや関連トピックの情報が多数収められている。オプションの値付けに必要な5項目の情報をオプション・プライサーへ入力すると、推定価格が出てくる。株価のボラティリティに関する情報も載っている。オプション・プライサーのページの下部にある「About options」には、オプションに関する軽妙な紹介があるのでチェックしてみよう。「オプションの価格はどのようにつけられるのか」という質問に答えるのに「通常は、たいへんな困難を伴う」人は誰もが一見の価値がある。

www.sandhillecon.com

ベンチャー投資のリターンとボラティリティを明らかにするために設計された"ベンチャー・キャピタルのダウ・ジョーンズ指数"を創造した。興味深く、綿密なベンチャー投資研究の数々が集められたサイト。

www.vnpartners.com

ベンチャー・キャピタルに関する、ためになる入門コンテンツ。

章末問題

1．**表5.1**は、普通株の年平均収益率は長期で見れば、米国債の収益率を上回ってきたことを示している。このパターンは、なぜ生じるのだろうか？

2．投資家にとって最も大切なものは、保有している株式数、株価、持株比率のうちどれであろうか。その理由も述べよ。

3．投資家が社債を保有することにより得られる収益率は、保有期間利回りと呼ばれる。これは利息収入に社債の価格変動（値上がりもしくは値下がり）を加えたものを当初の価格で除したものである。

a．額面価格1,000ドル、表面利率6%の社債の年初価格が1,050ドルで年末価格が940ドルだとすると、保有期間利回りはいくらか。利息は年単位で支払われるものとする。

b．社債の価格が年度じゅうに下落した理由を2つ挙げよ。

4．ある企業が新株発行により、5億ドルの調達を計画しているとする。担当の投資銀行によれば、新株の発行のためには8%の割引と7%のスプレッドが必要とのことである。（ヒント：現在の株価に対して8%の割引と、発行価格に対して7%のスプレッドということ）

a．同社の株価が現在の1株当たり75ドルから変化しないとすると、同社はいくらの発行価格で何株を発行しなければならないか。

b．この株式発行により投資銀行のシンジケートが手にする金はいくらか。

c．この8%の割引はキャッシュフローであろうか、それともコストであろうか。また、誰にとってのキャッシュフローあるいはコストか。

5．過去5年間の投資信託のパフォーマンスについて詳しく調べた新聞記事を読んだとする。その調査では、5,600本のアクティブ運用の投資信託から、過去5年間毎年、市場平均を上回る成績を残したのは104本だという。その記事では、これらの投資信託は市場が効率的ではないことを示す好例だという。「もし、市場が効率的だとしたら、少しの期間でも市場を上回るパフォーマンスを残す投資信託を期待できただろう。しかし、100以上もの投資信託が過去5年間毎年、市場平均を上回れるということは、もはや市場は真に効率的とは言えない。明らかにこれら100の投資信託のファンドマネジャーは、毎年市場を上回るだけのやり方を見つけ出したのだ」

あなたは、これは市場が効率的でないことの証拠だと考えるか？

6．a．リキッド・フォース社の株価は、配当金支払日に配当金額の半分下落するとしよう。税金がかからないものとした場合、この情報を活用するとどのような投資戦略を策定できるか。

b．もしあなたをはじめとする大勢の人々がその投資戦略を採用したならば、配当金支払日にリキッド・フォース社の株価がどのように変動するか予測せよ。

c. リキッド・フォース社の株価は、配当金支払日に、常に配当金額の2倍下落するとしよう。税金がかからないものとした場合、この情報を活用するとどのような投資戦略を策定できるか。

d. もしあなたをはじめとする大勢の人々がその投資戦略を採用したならば、配当金支払日にリキッド・フォース社の株価がどのように変動するか予測せよ。

e. 効率的市場において、税金や取引コストがかからないものとした場合、配当金支払日に株価はどのように変動すると考えられるか。

f. 投資家が得る普通株式からの収益率は配当金と値上がり益であるが、税金や取引コストがかからないものと仮定した場合、効率的市場において配当金の増加は投資家の利益になると言えるか。

次の問題は本章の補遺に対する読者の理解度を試すものである。

7. 負債を有する企業にとって、普通株式とは企業の資産に対するオプションであると見なす主張がある。この主張は何らかの論理に基づいているのか。もし基づいているとしたら、どのような論理に基づいているのか。

第6章 資金調達方法の決定

株主資本：株主が事業に投資して、なおかつ借入金を獲得・維持できる最少の金額のこと。
――マイケル・スペリー

前章では、金融商品とその取引市場に着目し、事業資金の調達方法について学んだ。本章では、企業として資金調達手段を適切に選択するにはどうしたらよいかについて考察する。

調達手段を適切に選択するには、2つのステップがある。第1のステップは、外部からの資金がいくら必要なのかを決定することである。多くの場合、第3章で述べた財務予測と予算編成を行っただけで必要資金額がわかる。経営陣は、まず売上の伸び、新しい資産に対するニーズ、そして内部で調達できる資金を予測する。ここで不足する資金は、すべて外部から調達しなければならない。しかし、これは作業のほんの始まりにすぎないことが多い。次に経営陣は、資金調達を行う金融市場と資金調達の条件について慎重に吟味することになる。経営陣が同意できる条件で必要な資金を調達することができないと判断した場合には、資金制約の範囲内に収まるように事業計画を修正することになる。

外部から調達すべき資金の額を決定したら、次に調達のために販売する金融商品の選択、もう少し正確に言うと、金融商品の設計のステップに移ることになる。ここが資金調達方法決定にあたっての核心部分である。前章で見たように、企業は多種多様な金融商品を選択することができる。その選択が適切なものであれば、必要な額を有利な条件で調達することができるだろう。逆に不適切であれば、調達コストが過大にかかり、過度のリスクを負い、あるいは証券を発行できなくなる。

ここで留意すべき重要な点は、ほとんどの事業会社は、創造的に資産を獲得し活用することで収益をあげるのであって、これらの資産を購入するための資金をいかに賢く調達するかではないということである。つまり資金調達の意思決定を行う際には、企業の事業戦略をサポートすることに焦点を当てるべきであり、事業戦略を脱線させる可能性をはらむような資金調達手段は避けるよう配慮を払うべきである。

少々の低い調達コストを追求して事業戦略を危険にさらすよりも、資金調達は事業戦略を補佐するものとしてとらえるべきである。これは積極果敢な資金調達を選択することが特に高くつきやすい急成長中の企業にとって、特にあてはまる。

本章では話を簡単にするために、ある単純な資金調達の例について考えていく。すなわち、XYZ社が今期中に2億ドルの資金調達を行う必要があるとして、社債と株式のどちらを発行すべきかという選択である。しかし、例が単純だからといって、問題の複雑さを忘れてはならない。第1に、社債と株式は利用可能な幅広い有価証券の範囲のなかで、両極端に位置する例にすぎない。幸いにして、これら両極端を考慮する結果わかることは、他のさまざまな調達手段をどの程度組み合わせるべきかという問題に適用できる。第2に、多くの企業、特に中小企業はエクイティ・ファイナンスができないか、そうすることを望まない。このような企業にとっては、借入金と株式のどちらで調達するかが問題ではなく、借入金をいくら調達するかが問題である。本章の後半で明らかにするように、株式での調達ができない場合、企業は成長をどのように管理するのかという広い課題の一部として、資金調達方法を決定せざるをえなくなる。第3の、そして最も重要なことは、資金調達方法は一度決定すればそれで済むものではないということである。ある時点での資金調達は、進化していく財務戦略における1つの出来事にすぎないのである。たしかにXYZ社は今2億ドルを必要としているが、2年後にはそれが1億5,000万ドルになるかもしれず、それ以降の金額はまだわかっていない。したがって、XYZ社が現時点で財務上の意思決定を行うにあたって最も大きなポイントとなるのは、その選択が今後の同社の資金調達力にどのような影響を与えるかという点である。究極的には企業の財務戦略は、長期的な競争上の目標や成長政策と密接な関連がある。

先に読み進む前にここで警告しておこう。ある企業にとって最良の資金調達を考えることは、大学教授がケース討議のクラスで学生に向かって言うことと似ている。すなわち、「君たちは、これらのケースには正しい答えというものはないが、間違った答えはいくらでもあることに気づくだろう」。本章を読み進むに従って、企業にとって最良の資金調達方法は何かという問いに対する正しい答えは、存在しないことがわかる。しかし一方で、数ある間違った答えにいたらないようにするための、いくつかの重要なガイドラインも発見することになるだろう。

本章ではまず、他人資本（Other People's Money：OPM）として知られる財務上の主要概念について考える。まず、他人資本が、リスク資産のオーナーである株主が抱えるリスクとリターンに対してどのような影響を与えるのか基本的なところを見る。そして、実務の上でリスク／リターンの効果を測るいくつかのツールを検討し、そしてビジネスにおける負債の最適活用を決定する要因に関する、最近の研究について触れて本章を締めくくる。この過程では、種々の資金調達手段がもたらす税務上の影響、過度に他人資本に依存することによって企業が直面する破綻コスト、高レバレッジのインセンティブ効果、新株を発行できない企業が抱える課題、そしていわゆるシグナル効果についても検討する。企業がある形態での資金調達を検討中であると公表した場合に起こる株価の動きについても言及する。本章の補遺では、資本構成の無関連性命題（irrelevance proposition）あるいはM&M理論と呼ばれる、ファイナンスにおける主要コンセプトについて取り上げる。

財務レバレッジ

物理学において、レバー（てこ）は大きな動きを活用して、より大きな力を出すための道具である。ビジネスの世界では、他人資本（OPM）あるいは一般に**財務レバレッジ**と呼ばれるものが、より大きなリスクを見返りとして株主の期待利回りを増加させるための仕掛けとなる。機械的には、財務レバレッジとは株主資本の代わりに資金調達コストの固定的な負債によって資金調達を行うことである。この代用により固定的な利払い負担が増加するため、財務レバレッジは株主へのリターンの変動幅、つまりリスクを増加させる。株主がこのリスクを共同で負担しているわけだ。財務レバレッジは文字通り両刃の剣のように、株主の期待リターンを増加させるものの、

表6.1◉デット・ファイナンスによって株主の期待収益率とリスクが増加する

投資:今日1,000ドルを支払って、1年後に50%の確率で900ドルか、50%の確率で1,400ドルとなる

パネルA: 100%エクイティ・ファイナンス。株主は1,000ドル投資する

投資結果	確率	株主へ	株主の収益率	収益率の期待値
$900	0.50	$900	**–10**%	-5%
1,400	0.50	1,400	**40**	20
				期待収益率=**15%**

パネルB: 80%デット・ファイナンス。年利10%で1年の借入。株主は200ドル投資する

投資結果	確率	貸し手へ	株主への残り	株主の収益率	収益率の期待値
$900	0.50	$880	$20	**–90**%	-45%
1,400	0.50	880	520	**160**	80
					期待収益率=**35%**

同時にリスクも増加させる。

表6.1はこの基本的なポイントをシンプルでリスクを伴う投資で例示している。税金を無視すると、現在の1,000ドルの投資が1年後に、50対50のチャンスで900ドルか1,400ドルとなる。ここでは、資金調達の手段を変えることで、株主の期待利回りとリスクがどのように変わるかがわれわれの関心事である。表の上半分のパネルAはすべて株式で調達した場合をあらわす。この投資は五分五分の確率でマイナス10%もしくはプラス40%のリターンをもたらすことになる(1,000ドルの投資に対し、400ドルの利益はプラス40%のリターンを意味する)。パネルAの太字部分を見ると、利回りはマイナス10%からプラス40%の範囲で、その期待値は15%となることがわかる。

それでは、有利子負債を加えると何が起こるのか見てみよう。仮に投資の80%にあたる800ドルを期間1年、金利10%で調達したとしよう。これにより株主による投資は200ドルに減少する。**表6.1**のパネルBを見ると投資からのキャッシュフローは変わらないものの、株主に残されるキャッシュフローは劇的に変化する。株主は元本と金利の合計である880ドルをまず債権者に払わなければならないことから、株主は200ドルの投資で20ドルか520ドルのいずれかを得るチャンスを均等に持つことになる。パネルBの

太字部分をもう一度見ると、これによって期待利回りは35%という魅力的な数字になるが、同時に、起こり得る結果はマイナス90%かプラス160%かという恐ろしい範囲に広がってしまう。

この事例からは、デット・ファイナンスは2つのことを株主にもたらすということが明らかにわかる。デット・ファイナンスは期待利回りを高めるが、同時にリスクも高めるのである。

この事例は、リスクのある1つの投資が、単純にファイナンスの手法を変えることにより、幅広い種類のリスクとリターンの組み合わせに変わりうることを示している。リスクとリターンを最小限にしたいか？　それならば、株式で調達しよう。ギャンブルしたいか？　それならば、同様の投資をする際にはいくらかの有利子負債も入れて投資しよう。本当に賭けをしたいか？　それならば、レバレッジを上げよう。同じことは、個人の投資と同様に企業にも当てはまる。財務レバレッジは、期待リターンを上げるのと同様に株主へのリスクも高め、そして企業は資金調達の方法を変えることで株主に幅広いリスクとリターンの組み合わせを提供できる。
（ちなみに、もしあなたがパネルBで株主が残した借入金800ドルにどんな意味があるか心配しているなら、それは無用である。株主が5,000ドルの投資のために1,000ドルの株式投資と4,000ドルの借入金という組み合わせで調達した場合でも、同様の結論が導かれる。パネルBにおけるすべてのドルの数値が上昇するが、リターンは同じままである）

財務レバレッジを見る2つ目の視点として、財務レバレッジは、製造において、変動費ではなく固定費を活用する手法である**営業レバレッジ**と多くの共通点を持つ。

時間給の製造工を削減するためにロボットを導入すると、ロボットの初期投資額によって固定費が増加するので営業レバレッジが増大するが、ロボットは長時間働いても残業代を払う必要がないので変動費は低下する。こうした営業レバレッジの増大は2つの効果を持つ。

すなわち、固定費を賄うためにより多くの売上が必要となる一方で、ひとたび損益分岐点を上回ると、売上増に伴う利益の増加はより大きくなる。

同様に、エクイティ・ファイナンスではなく、デット・ファイナンスを行った場合には、支払うべき利息と元本の返済が増えて固定費が増加するが、債権者には企業の利益を分配しなくてもよいため、変動費は低下する。このように財務レバレッジの増大も、同様な2つの効果を持つ。すなわち、財務上の固定費を賄うためにより多くの営業利益が必要とされる一方で、ひとたび損益分岐点に到達すると、営業利益の増加による利益増はより大きなものとなる。

こうした効果をもう少しはっきりと見るために、財務レバレッジがROEに与える影響を見てみよう。第2章で学んだように、いくつかの問題点はあるものの、ROEは財務業績を測るための尺度として最も広く使用されている。その定義は税引後利益を株主資本で割ったものであるが、ここでの目的に照らすとROEは次のとおり書き換えられる。

$$\mathrm{ROE} = \mathrm{ROIC} + (\mathrm{ROIC} - i')\frac{D}{E}$$

ここでROICは、当該企業の投下資本利益率（第2章で、税引後EBITを利益を生むために投下されたすべての資金の合計額で除したものと定義した）であり、i'は税引後の利率すなわち$(1-t)\times i$、Dは有利子負債、Eは株式の簿価である[注1]。ROICは、財務レバレッジの影響を受ける前の利益率と考えることができる。税引後の利率i'については、支払利息が税務上控除される費用であるために、利息の支払いが増えると当該企業の税負担が減少するという点を思い出してほしい。i'は、この税務上の効果を考慮に入れている。

この等式を具体例で示すと、センシエント・テクノロジー社の2010年のROEは、

注1　EBITを利払前税引前利益、iDを支払利息（利率iと有利子負債残高Dの積）とすると、税引後利益は$(\mathrm{EBIT}-iD)(1-t)$とあらわせる（tは税率）。この式は、会計担当者がEBITから税引後利益を算出する式でもある。次に、基本的な算数を使って、ROEを以下のように書き直すことができる。

$$\mathrm{ROE} = \frac{(\mathrm{EBIT}-iD)(1-t)}{E} = \frac{\mathrm{EBIT}\,(1-t)}{E} - \frac{iD\,(1-t)}{E} = \mathrm{ROIC}\times\frac{D+E}{E} - i'\frac{D}{E'}$$

$$\text{ROE} = 9.0\% + (9.0\% - 3.7\%)\frac{3億4{,}990万ドル}{9億8{,}380万ドル}$$

$$10.9\% = 9.0\% + 1.9\%$$

とあらわされる。ここで、3.7%はセンシエント社の借入金の税引後利率、3億4,990万ドルは有利子負債、9億8,380万ドルは株式の簿価である。センシエント社はその保有する資産に対して9.0%の基本的な利益（ROIC）をあげていたが、株主資本の代わりに3億4,990万ドルの借入金を資本構成に組み込みレバレッジを上げることで、ROEは10.9%に上昇した。

ROEに関するこの変形式は、大きな示唆を与えてくれる。財務レバレッジがROEに与える影響は、明らかに、i'に対するROICの相対的な大きさによって決まることがわかる。ROICがi'を上回る場合、D/Eとしてあらわされる財務レバレッジはROEを上昇させる。また、逆にROICがi'を下回る場合、財務レバレッジはROEを押し下げる。言葉で説明すると、この等式が意味するところは、企業が借入をして支払う利息よりも、その借入金を投資して得られる利益のほうが多ければ、ROEは上がり、その逆も然りということである。物事がうまくいっているときには財務レバレッジは業績を向上させるが、うまくいかないときには業績をさらに悪化させる。すなわち、財務レバレッジはよいときだけの友人のようなものである。

くれぐれも、借入コストを上回るリターンを稼ぐことは簡単なことだと思わないように。S&P社によれば、2010年に上場している非金融会社のうちわずか43%しかこれを達成していない。売上高が2億ドルを超える大きな企業でさえ、この率は60%にすぎない。人生の他の出来事と同様、事業においては期待はしばしば実現されないのである。

図6.1は、前述のROEの式を視覚的にあらわしている。とがった実線のカーブはすべてを株式で調達した企業のROEの典型的な分布を示している。期待値は10%に対し、想定されるレンジはマイナス12%からプラス35%となる。より平坦な点線のカーブは当該企業の負債対株主資本比率が2.0で税引後借入利率が4%の場合に予想されるROEの分布を示している。有利子負債による調達は、期待されるROEを10%から22%に押し上げるものの

図6.1◉レバレッジによってリスクと期待収益率が増加する

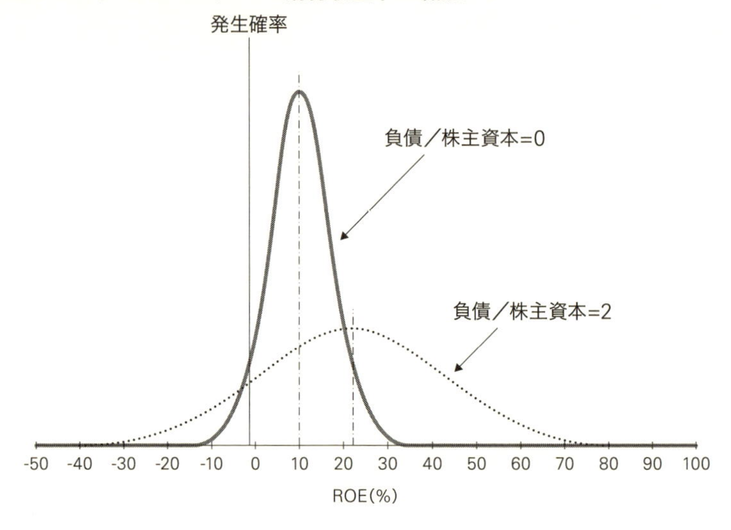

想定されるレンジはマイナス40%からプラス80%まで広がる。

少なくとも2つの理由から、ROEのとりうる範囲をリスクの尺度と見なすことは適切である。第1に、とりうる結果の範囲が大きくなるということは、その企業が達成するROEの不確実性が高まることを意味する。第2に、ROEのとりうる範囲が大きくなるということは、その企業の倒産の可能性が大きいということを意味している。2つの分布曲線の左側に伸びた裾を見てみよう。財務レバレッジがゼロであれば、この例では最悪の場合でもROEは12%のマイナスにとどまるが、負債対株主資本比率2対1の場合には、同じレベルの営業利益をあげてもROEは－40%と、3倍以上もの違いが生じる。このケースでは、営業利益が利息支払を賄うのに十分でなく、負債が赤字幅を拡大してしまっている。損失が大きいとき、あるいは継続的に発生するときには、企業が倒産することもありえる。

財務レバレッジは株主の期待収益率を高めるとともに、リスクも増大させることが改めて理解できたと思う。

ビジネスにおけるレバレッジの効果を測定する

ビジネスのなかでデット・ファイナンスがもたらす利益とリスクを実際に測定してみるために、2010年にセンシエント・テクノロジー社が直面した問題について考えてみよう

第2章を思い出していただきたいが、センシエント社は手堅く保守的なファイナンスをする会社で、業績面では改善してきているものの、レベルはあまり高くない。ファイナンス面での主な課題は、生み出した余剰キャッシュをどうすべきかという点である。近年は、長期借入金の返済に充てているが、現状の負債の減少率が続けば、およそ5年のうちに借入金はまったく無くなってしまうであろう。

さてここから、同社の直面した重要なファイナンス上の意思決定に関して、脚色した説明を行うこととする。2010年後半、センシエント社はゼネラル・エレクトリック社の一部門を買収するという暫定的な合意に達すると想像してほしい。これは何年もの間、同社として待ち望んでいたものである。合意された価格は4億5,000万ドル。センシエント社のCFOであるリチャード・ホブスは、この金額をどのように調達するのがベストなのか、決断を迫られている。同社と取引のある投資銀行は、容易に資金調達できる方法として、以下の2つを示している。

- 1株37.5ドル(手数料差引後)の価格で、普通株式1,200万株を新規発行する。
- 年利率6%の社債を額面価格で4.5億ドル発行する。償還期限は10年で、毎年2,500万ドルを返済していき、残存元本2.0億ドルは満期に一括返済する。

従来同社では、資本的支出を社内で生み出される資金とわずかな新規借入で賄える金額に留めようとしてきた。しかし、取締役会は今回の投資は非常に重要で延期はできないと考え、ホブス氏に次回の取締役会に資金調達案を提出するよう求めていた。最近、上級経営陣の若手の何人かが、センシエント社の財務方針を臆病すぎると批判していたことも、ホブス氏の意思決定をより複雑にしていた。彼らの言によれば、「当社が事業で負債を

表**6.2**◉**2011年のセンシエント・テクノロジー社の資金調達方法の選択肢に関する抜粋情報**

		2011年予測	(単位:百万ドル)
	新規資金調達前	**株式による調達**	**社債による調達**
有利子負債残高	$300	$300	$750
支払利息	17	17	44
元本返済額	20	20	45
株主資本(簿価)	1,100	1,550	1,100
発行済普通株式数	50	62	50
支払配当金(1株0.85$)	43	53	43

活用していないのは、お金をテーブルに置きながら、株主に渡す釣銭をごまかしているということだ」とのことだ。財務レバレッジを利かせれば、センシエント社のROEやEPS(1株当たり利益)が増加し、経営陣のボーナスも増加すると考えたことも、彼らがデット・ファイナンスを熱心に主張した理由の1つのようである。経営陣のうちこれらの若手は、今こそ借入金を増やすことで資金調達のバランスを正す絶好の機会だと見ていたが、ホブス氏はそこまでは確信を持てていない。

ホブス氏の見通しでは、この買収でセンシエント社の2011年のEBITは2億5,000万ドルに増えるはずである。下の表のように、過去のEBITの水準はここ数年かなり安定的であった。ホブス氏はさらに、今後数年にわたってセンシエント社の外部資金調達ニーズは、別の買収案件が持ち上がりでもしない限り、さほど高くないだろうと予想している。同社では2011年には1株当たり年85セントの年間配当額を予定していたが、この先数年の間は、取締役会はこの配当額を引き下げることを嫌がるだろうとホブス氏は考えていた。

	2003	**2004**	**2005**	**2006**	**2007**	**2008**	**2009**	**2010**	**2011予測**
EBIT(百万ドル)	131	129	112	129	147	162	158	173	250

表6.2は2011年の2つの資金調達案の概要である。表によれば、センシエント社が新規に資金調達を行わない場合、有利子負債は3億ドルで支払利息は1,700万ドル、元本の返済は2,000万ドルである。4.5億ドルを新たに借り入れた場合、これらの数字は大幅に上昇する。一方で、新株を発行した

場合、これらの数字は変わらないが、発行済株式数は5,000万株から6,200万株に、配当金支払額は4,300万ドルから5,300万ドルに増える。

◉———財務レバレッジとリスク

ホブス氏がまず着手すべき仕事は、選択できる資金調達手段を分析するにあたり、センシエント社として新しい借入金によって発生する負担に耐えられるかどうかを見きわめることであろう。これを行うには、同社の営業キャッシュフローと新規借入金による年間負担額を比べるのが最もよい。この分析を行うには2つの方法がある。1つは、第3章で議論したような予測財務諸表を作成し、さらに感度分析やシミュレーションによって予測の幅を広げることである。もう1つは、もっと単純にカバレッジ・レシオをいくつか計算することである。本当に金銭が絡んでくると、詳細な財務予測を行わなくてはならなくなるのは必至である。そのため、第3章の繰り返しにあまりならないようにしながら分析の感じをつかんでいただくため、ここではカバレッジ・レシオのみに議論を絞ることにする。カバレッジ・レシオについては第2章で扱っているので、簡単に話を進めよう。

2つの資金調達方法におけるセンシエント社の財務上の負担を税引前と税引後で見たのが、**表6.3**の上半分である。財務上の負担を税引前の数字であるEBITと比較するのが目的であるため、税引後の数字を税引前に計算し直す必要がある。これは税引き後の数字を$(1-t)$で割ることで算出できる。この場合のtは企業にかかる税率で、ここでは40%と置く。

EBITが2億5,000万ドルという前提のもとで、支払利息、元本返済額、普通株式への配当支払いという財務的負担を加味して計算した3つのカバレッジ・レシオを**表6.3**の下側の部分に示す。これらのカバレッジ・レシオの算定方法を示すと、表中の「普通株式配当金カバレッジ」とは、3つの財務上の負担の税引前合計値でEBITの2億5,000万ドルを除したものである［社債発行の場合、2億5,000万ドル÷（4,400万ドル＋7,500万ドル＋7,200万ドル）＝1.3倍］。ここでは、追加分の額を計算しているのではないことに注意する。新規の資金調達だけではなく、既存と新規の借入金を合わせた財務上の負担の総額にわれわれの関心はある。

表6.3◉2011年のセンシエント・テクノロジー社の財務負担予測とカバレッジ・レシオ（単位：百万ドル）

期待EBIT＝$250　税率＝40%

財務負担

	株式		社債	
	税引後	税引前	税引後	税引前
支払利息		$17		$44
元本返済額	$20	$33	$45	$75
普通株式配当金	$53	$88	$43	$72

カバレッジ・レシオ

	株式		社債	
	カバレッジ	EBIT下落許容率	カバレッジ	EBIT下落許容率
インタレスト・カバレッジ・レシオ	14.7	93%	5.7	82%
支払利息・元本カバレッジ	5.0	80%	2.1	52%
普通株式配当金カバレッジ	1.8	45%	1.3	24%

「EBIT下落許容率」の列は、カバレッジ・レシオを解釈する第2の方法である。これは、EBITが期待水準から何%低下すると、カバレッジが1.0倍を切るのかを示すものである。たとえば、社債で調達した場合、支払利息は4,400万ドルである。したがって、EBITが2.5億ドルから4,400万ドルへ82%低下すると、インタレスト・カバレッジ・レシオが1.0倍を切ることになる。この1.0倍という倍率は非常に重要である。これは、1.0倍より低いカバレッジでは、検討中の資金調達において営業利益では財務的負担を賄うには不十分ということになり、他の資金調達手段が必要となるためである。

予想通り、デット・ファイナンスにはリスクがあることが、これらのレシオによって示されている。いずれのケースでも、センシエント社が財務上の負担をカバーする割合は、デット・ファイナンスのほうが、エクイティ・ファイナンスの場合よりも悪い。事実、社債による調達の場合に、EBITが想定レベルから24%低下すると、普通株式への配当が危うくなる。配当が不可能になることは、元本や利息の支払いができないことよりも悲劇的ではないのは確かかもしれないが、ほとんどの企業において、できれば避けたい事態であることは間違いない。一方で、先述した事業の安定性を考慮

表6.4●2001年から2010年の非金融企業平均の負債関連比率、2010年の業界別同比率

S&P500指数の非金融企業と産業構成、規模によって加重平均したもの(カッコ内の数はサンプル企業数を示す)

	2001	2002	2003	2004	2005	2006	2007	2008	2009	2010
S&P500の非金融企業										
負債対総資産比率*(%)	27	28	26	23	22	22	24	28	28	27
インタレスト・カバレッジ・レシオ	5.5	5.7	6.5	7.8	8.1	8.8	8.1	6.7	5.2	7.0

*=有利子負債の数値はすべて簿価による

業界別の負債関連比率　2010年		
	負債対総資産比率(%)	インタレスト・カバレッジ・レシオ
一般消費財(80)	32	5.4
生活必需品(41)	29	9.4
エネルギー(41)	16	11.1
ヘルスケア(52)	21	14.1
工業(59)	41	4.7
情報技術(74)	13	26.0
素材(30)	27	5.9
通信サービス(8)	28	4.0
公益事業(33)	35	3.2

すれば、センシエント社にとってリスクは全体として管理可能とも言えそうである。実際、近年の大きな不況にもかかわらず、同社のEBITは、2003年以降で最も急に下落した年でも13%にすぎないことが、先の表からは見てとれる。

これらの数字とその解釈を頭に入れて、ホブス氏は次に自社の数字を他の産業と比較してみた。たとえば、**表6.4**の上部には、S&P500株価指数を構成する非金融企業における過去10年の負債対総資産比率とインタレスト・カバレッジ・レシオが示されている。一方、**表6.4**の下部には、いくつかの業種ごとに2010年における同様の数字が示されている。この2つの指標から、2007年までは有利子負債が減少していったことがわかる。2007年になると、景気の後退と魅力的な金利によって、この傾向が逆転している。一般に、企業の貸借対照表は、消費者や政府にありがちな極端な債務比率

表6.5◉S&P社による格付別の主要指標の中央値(事業会社の長期債　2007-2009年の3年間の数値)

	AAA	AA	A	BBB	BB	B
インタレスト・カバレッジ・レシオ(倍)	30.5	18.3	11.0	5.8	3.5	1.4
EBITDAインタレスト・カバレッジ・レシオ(倍)	33.5	20.5	14.3	7.6	5.2	2.3
営業キャッシュフロー/負債合計(%)	200.7	73.4	53.0	34.0	25.3	12.0
税引前利益対資本比率(%)	34.2	25.4	21.1	14.1	12.2	8.3
長期有利子負債対投下資本比率(%)	15.1	34.7	35.7	44.7	50.4	73.1
企業数	4	16	92	213	245	325
サンプル企業の割合(%)	0.4	1.8	10.3	23.8	27.4	36.3

定義:

EBITDA＝利息支払前・税引前・減価償却費及び償却費控除前利益

営業キャッシュフロー＝継続的事業からの当期純利益＋減価償却費＋償却費＋繰延税金＋その他非キャッシュ項目

税引前利益対資本比率＝EBIT／期初と期末の資本額の平均。資本とは、短期有利子負債、当期返済期限の有利子負債、オペレーティング・リース債務相当額を含む長期有利子負債、長期繰延税金債務、株主資本の合計

長期有利子負債対投下資本比率＝オペレーティング・リース債務相当額を含む長期有利子負債／長期有利子負債＋株主資本(優先株を含む)＋少数株主持分

＊これらの数字は業界標準値という意味ではない。企業データには、特別利益・特別損失を除き、オペレーティング・リース債務相当額を加えることで調整を行っている。

出所: David Lugg and Paulina Grabowiec, "CreditStats: 2009 Adjusted Key U. S. and European Industrial and Utility Financial Ratios," copyright 2009 by Standard & Poor's. Reproduced with permission of Standard & Poor's a division of the McGraw-Hill Companies, Inc.

に達したことはなく、2010年には不況前の水準まで戻っていることがこれらの数値から読みとれる。ホブス氏は、センシエント社が属する素材産業の数値に特に着目するであろう。センシエント社では、負債で調達する場合のインタレスト・カバレッジ・レシオを5.7と予測していたが、これは業界水準の5.9をわずかに下回る。一方、株式で調達した場合の同数値14.7ならば、はっきり上回ると言える。

表6.5は、別の角度からの比較である。この表では、2007年から2009年の重要な経営指標が、S&Pの社債格付けカテゴリーごとにどれ程度の差異があるかを示している。インタレスト・カバレッジ・レシオの中央値は、

AAAの企業の30.5倍からB企業の1.4倍まで、格付けに従って順次下がっていっていることがわかる。この判断基準によれば、予想インタレスト・カバレッジ・レシオが5.7倍のセンシエント社はBBB格で、投資適格と投機的格付けとのちょうど境界上にいる。

◉———財務レバレッジと利益

2つの資金調達手段におけるセンシエント社のカバレッジ・レシオを簡単に見た限りでは、少なくとも4億5,000万ドルのデット・ファイナンスは現実的であることがわかった。次に、その2つの資金調達案がどのように会計上の利益とROEに影響を及ぼすかを見ていこう。ホブス氏がこれを行うには、2つの資金調達案による予測損益計算書を見ればよい。企業の資金調達方法の選択がその企業の売上や営業利益に影響する可能性を差し当たり無視するとすれば、ホブス氏の分析は予測EBITから始めるのがよいだろう。**表6.6**はセンシエント社の2011年の予測損益計算書の下の部分について、好況と不況の場合に分けて示したものである。不況シナリオではEBITは低下して1億ドル、好況シナリオではEBIT4億ドルと健全な数値である。

この表の数字からいくつかの重要な点が浮かび上がる。1つはデット・ファイナンスが税務上有利なことである。センシエント社の納税額は、デット・ファイナンスの場合、エクイティ・ファイナンスの場合に比べて常に1,100万ドル少なく、結果として株主や債権者に対して分配可能なキャッシュフローが多くなっている。これはあたかも政府が企業に対してデット・ファイナンスを勧めるために、減税という形で補助金を支払っているかのようである。tを企業の税率、Iを支払利息とすると、この補助金は毎年tIドルとなる。**支払利息の節税効果**としてよく知られているこの補助金が、デット・ファイナンスの主な利点であると多くの人が考えている。節税効果が出るほどの課税所得があれば、企業はデット・ファイナンスのメリットを享受することができる。

第2に注目すべきは、デット・ファイナンスは税引後利益を減少させるので、一見すると負債のデメリットに見えるという点である。しかし、これはことの半面でしかないことを理解するべきである。たしかにデット・フ

表6.6◉センシエント・テクノロジー社の好況・不況下での予想損益計算書抜粋

（単位：百万ドル、ただし1株当たり利益を除く）

	不況時		好況時	
	株式	社債	株式	社債
EBIT	$100	$100	$400	$400
支払利息	17	44	17	44
税引前利益	83	56	383	356
法人税（40%）	33	22	153	142
税引後利益	$50	$34	$230	$214
発行済株式数（百万株）	62	50	62	50
1株当たり利益	$0.80	$0.67	$3.71	$4.27
株主資本簿価（百万ドル）	1,550	1,100	1,550	1,100
ROE（株主資本利益率）	3.2%	3.1%	14.8%	19.4%

ァイナンスは税引後利益を減少させるが、同時に株主からの投資額も減らしているからである。個人で見れば、500ドルの投資で90ドル儲かるほうが、1,000ドルの投資で100ドル儲かるよりも望ましいだろう。この効果を確認するために、EPSとROEを見るのが有効である。いずれも、株式のパフォーマンスを示す指標として広く用いられている。まず、**表6.6**で好況時を見ると、レバレッジが株主のリターンに与える効果がわかる。すなわち、社債による資金調達の場合のEPSは、株式発行による調達の場合より15%高くなっており、ROEでは31%も高くなっている。不況時では逆であり、株式発行のほうが社債よりもかなり高いEPSとROEを生み出している。これは、先に挙げた「ROICが税引後利率より低い例」に該当する。

この事実をより具体的に示すため、ROEもしくはEPSとEBITとの関係を示す**利益レンジ・グラフ**をつくるのがよい。たとえばROEを使うとすれば、**表6.6**で計算されたEBITとROEの組み合わせをグラフ上にプロットし、直線で結びさえすればよい。**図6.2**はその結果である。ここから、それぞれの資金調達計画において、EBITの変化に応じてROEがどう変化するかが読み取れる。好・不況時の予測を行ったとおり、社債による調達のケースが、EBITが1億ドルでROEが3.1%、EBIT4億ドルで同じく19.4%になっているのに対し、新株発行のケースにおいては、ROEの数字は、それぞれ3.2%

図6.2●センシエント・テクノロジー社の利益レンジ・グラフ

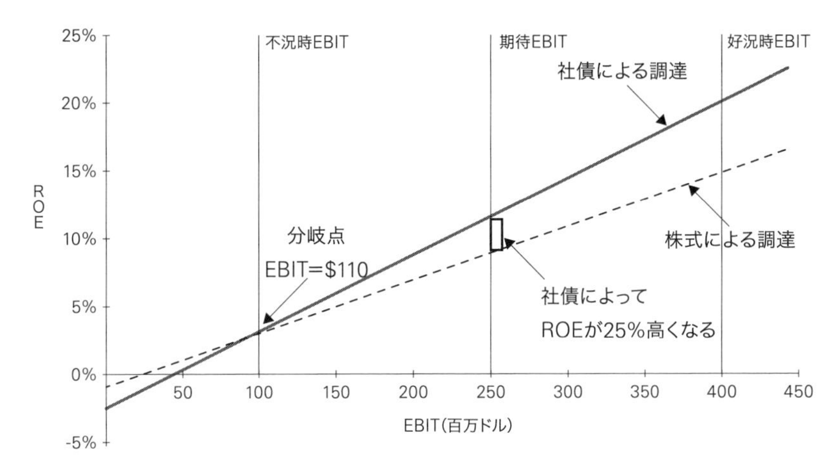

と14.8%となっている。

ホブス氏は、この利益レンジ・グラフが示す2つの特徴について特に興味を示すだろう。1つは、株式発行の代わりに社債発行を選べば、期待されるEBITの水準ではセンシエント社のROEが上昇するという点である。グラフに示されているとおり、期待EBITが2億5,000万ドルであれば、この増加幅は25%という魅力的な数字となる。また、ROEが即座に増加することに加えて、社債による調達の場合、センシエント社をより速い成長軌道に乗せることもできる。これは、グラフ上、社債による調達の場合に直線の傾きがより大きいことで示されている。センシエント社が社債発行によりEBITを1ドル増やしたときのROEの上昇幅は、株式発行の場合よりも大きい。ただ、残念なことに、この逆もまた言える。EBITが1ドル減ったときのROEの下落幅も、株式発行の場合に比べて大きいのである。

利益レンジ・グラフがホブス氏の目を引きつける第2の点は、社債による調達は常に高いROEをもたらすとは限らないことである。万一、EBITが分岐点である1億1,000万ドルを下回れば、実際に株式発行の場合のROEのほうが社債発行の場合よりも高くなる。センシエント社の期待EBITは分岐点をかなり上回っており、過去のEBITも概ね堅調であるが、将来もそうなるという保証はない。社債による調達がより高いROEを生むかどうかは、確実ではないことは明らかである。

いくら借りるべきか

カバレッジ・レシオ、財務予測、利益レンジ・グラフを見ることによって、センシエント・テクノロジー社において、さまざまな負債金額を支えられるかどうか、さまざまな負債水準が利益や株主へのリターンにどんな影響を与えるかについて、貴重な情報が得られる。これらを基礎として、本章の中心的な疑問に迫っていきたい。すなわち、企業にとって有利子負債による最適調達レベルをどのようにして決めるかという問いである。ホブス氏は、センシエント社として社債を発行するか株式を発行するか、どのように決めたらよいだろうか。一般的には、企業が財務上の意思決定を行う目的は、企業価値を増加させるためだという点に異論はないだろう。しかし、個別の意思決定にどのように適用すればよいのだろうか。前述したように、現状では詳細な答えを出すことは不可能である。しかし、この課題に対するいくつかの貴重な見方と、実践的なガイドを示すことは可能である。

無関連性

大きく分けて、財務上の意思決定が企業価値に影響を与えるのには、2通りの経路が考えられる。1つは、営業キャッシュフローは所与としたうえで投資家にとっての価値を高めるというもの、もう1つはキャッシュフロー自体の量を増やすというものである。しばらく前に、2人の経済学者が一見より有望そうな前者の経路を排除してしまった。フランコ・モジリアニとマートン・ミラーは、今やM&Mとして広く知られているが、営業キャッシュフローが一定ならば、企業が有する有利子負債の額は企業価値にまったく影響を与えないこと、したがって、企業価値を最大化しようとする経営者や株主にとって何ら関心を払うべきではないことを示したのである。彼らの挑発的な言葉によると、キャッシュフローが一定のとき、「資本構成に関する意思決定は無関連である」。リスクとリターンという点について、

M&Mが示したのは、問題なのはそれらの総量であって、株主と債権者でどう分配するかではないということである。

皮肉なことに、リスクとリターンの問題は、個人にとっては中心的な問題だ。リスク回避志向が強い人は安全な株式による調達を好み、リスクに無頓着な人は負債のほうを好むだろう。個人にとって財務上の選択が重要だとしたら、企業にとっても同様に重要なはずだと考えるのも無理はないかもしれない。しかし、この考え方は必ずしも当てはまらない。実際のところ、**M&Mの無関連性命題**の本質は、**ある一定の条件下では、企業の財務上の選択は価値に影響しない**という点を示したことだ。個人の生活にとっては、財務上の選択は重要だとしてもである。

直感的には、M&Mの無関連性の議論は、以下のように考えられる。企業は、トラックやビルなど有形の資産と、株式や社債など紙きれの負債とを持っている。企業の持つ有形資産が価値の真の創造者である。これらの資産からのキャッシュフローが一定で続くとしても、キャッシュフローに対する紙面上での請求権を単に呼び名を変えるだけで価値が生まれるとは想像しにくいであろう。紙の請求権のセットを変えたところで企業の価値は上がらないのである。

もう1つおまけに、M&Mの無関連性命題を支持する直感的な話をしよう。「自前の」レバレッジとして知られている話だ。これは、投資家が自分の投資にレバレッジをかけるのに、2つの方法があるという観察に基づいている。1つは、企業にカネを借りてもらうことで、もう1つは自分自身でカネを借りて信用で株式を買うことである。これは、操舵手が2人いるボートに似ている。企業が自社の財務上の決定によってレバレッジという進路をどう選んだとしても、投資家は自分の手元のレバレッジを決めることでそれを無効にしてしまうことができるのだ。投資家は企業のとったレバレッジを、すぐに自分のレバレッジで代替できるのだとしたら、企業がどの程度負債を持つべきかという問題などに関心を払わないだろう。はたして、企業のレバレッジはその価値に影響するのだろうか？（本章補遺では、無関連性命題と自前のレバレッジについて、数値つきの事例をもってさらに解説している）

合理的な経営者は、M&Mの無関連性命題が文字通り正しいとは信じて

図6.3◉財務上の意思決定におけるヒギンズの5ファクター・モデル

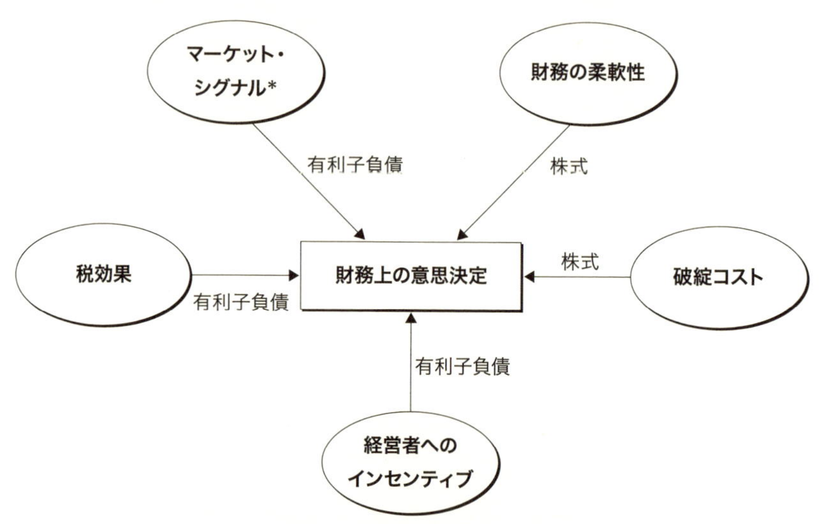

＊技術的には、マーケット・シグナルは企業のキャッシュフローに対する投資家の見通しに影響を与えるのであって、キャッシュフローそれ自体に影響するわけではないが、ここでの目的においてはその違いは重要ではない。

いない。しかし、財務上の決定が企業価値にどう影響を与えるかを実務上考える際の出発点としては有効であると、多くの人が認めている。M&M理論は、企業のキャッシュフローに対する請求権の呼び名を（株式から債券へと）変えるだけでは、価値に影響がないということを示す。すなわち、M&Mは財務上の決定が企業価値に影響を与える別の経路があることを示唆している。企業の財務上の決定は、それがキャッシュフローの「量」自体に影響を与える限りにおいて重要であり、そして最適資本構成とはこれらのフローを最大化する資本構成であるということを彼らは言っているのである。センシエント・テクノロジー社が社債と株式のどちらを発行すべきか決定するにあたって、リチャード・ホブスは、有利子負債額の変更がどのように企業のキャッシュフローに影響を与えるかを考察する必要があるのだ。

以下のページでは、企業の財務上の決定がそのキャッシュフローに影響を与える5つの経路について見ていく。マイケル・ポーターにならって、僭越ながら**ヒギンズの5ファクター・モデル**とでも称するものの一部を**図6.3**

に示した。図では、5つの要素を単独で見たとき、どの方向に影響を及ぼすかについても示している。すなわち、税効果は単体ではデット・ファイナンスを増やすように示唆する。一方、破綻コストは株式をもっと増やすよう注意を与える。ホブス氏の仕事は、これら5つの要素をセンシエント社の置かれた状況に即して理解し、これらの要素が集団として同社のキャッシュフローに及ぼす影響について合理的な判断を下すことである。

◉———税効果

デット・ファイナンスが税務上有利であることは明白である。**表6.6**に示されたとおり、センシエント社が借入金を4億5,000万ドル増やした場合、法人税は1,100万ドル少なくなる。これは明らかに企業と株主にとってはメリットである。あるいは法人税が48%の時代を振り返りながら、ウォーレン・バフェットがいみじくも言ったように、「もし事業の48%の利益を得るパートナーである連邦政府を排除することができるなら、事業の価値は上がる」。法人税の支払いが減れば、株主と債権者への分配に回せるキャッシュフローはそれだけ増える。

◉———破綻コスト

適切な有利子負債水準を選択する際の有力な考え方として、前述したようなデット・ファイナンスの節税効果と、過剰な負債により生ずるさまざまなコストの間のトレード・オフに関する意思決定だというものがある。このようなコストは総称して**「財務破綻」コスト**として知られる。この見方に従えば、有利子負債が低水準のうちは有利子負債による節税効果が大きく上回るが、有利子負債が増えるにつれて財務破綻コストが増加し、ついには節税効果を上回るようになる。したがって、互いに相反するコストとメリットを慎重にバランスさせながら、適切な有利子負債水準を決める必要がある。

財務破綻コストは支払利息の節税効果よりも数値化するのが難しいが、資金調達の意思決定を行う際には、節税効果に勝るとも劣らず重要である。

財務破綻コストは少なくとも3つの形をとる。これら3つの項目、すなわち、破産コスト、間接的コスト、利害の対立に分けて、簡単に見ていくこととしよう。

▼破産コスト

破産にあたって予期されるコストは、破産にいたる確率に、破産にいたった場合のコストを乗じたものに等しい。センシエント社のカバレッジ・レシオを見ればわかるように、過剰なデット・ファイナンスによる明らかな問題は、負債水準を上げることによって同社が返済義務を果たせなくなる確率が高まることである。結果として、過剰負債を負っていると、若干の利益の減少で終わっていたはずの話が、元本の返済期日や利息の支払期日を守れなくなり、破産するかどうかという議論になりうる。

ここでは破産法やその手続き等について完全な解説を行うことはできないが、以下の二点は押さえておきたい。まず、破産とは必ずしも清算を意味しないという点である。多くの破産企業は、事業を再編しながら営業を継続し、ゆくゆくは破産状態を脱して通常の状態に戻ることができる。2つめは、アメリカでは破産後のプロセスの不確実性が高いという点である。ひとたび破産すると、その企業の運命は破産判事と大勢の弁護士の手に委ねられ、これらの弁護士が権利を侵害された者を代表して、裁判が終わるか資金がなくなるまで、自分の顧客の利益最大化を追求することになる。今日のアメリカにおける破産は、勝ちが確実なのは弁護士だけという賭け金の高いポーカー・ゲームのようなものである。そして、経営陣や株主にとって、再建できた企業を得られるか、ほとんど何も得られないかは彼らの運次第なのである。

有利子負債の増大は破産の可能性を明らかに高めるが、これだけがすべてではない。ほかに考慮すべき重要な点は、破産が実際に起こったときの事業にかかるコストである。もし、破産しても、負債の返済繰り延べについて債権者と友好的な会議を数回行えばいいだけであれば、破産を避けるために負債を制限する必要はほとんどない。反対に、破産により「特売価格」で即時に清算されるのであれば、過度の借入は明らかに無謀である。それぞれの企業にとって、破産コストを決定する主要因は、資産の「転売(resale)」

価値と呼ばれるものである。この考え方を解説するために、2つの簡単な例を示そう。

エース社の主な資産は賃貸マンションである。その地域における賃貸マンションの供給過剰と同時に過度にデット・ファイナンスに依存したために、破産に追い込まれたと想定しよう。マンションはすぐに売却可能なので、破産のプロセスとしては、新しい所有者にマンションを売却し、その代金が債権者に分配されるという流れになる可能性が高い。このような場合の破産コストは相応に少なくて済み、法的費用や不動産鑑定費用、裁判費用、それにマンション売却の際に必要な値引きを加えたものとなる。事実、賃貸マンションから生み出される営業収益は破産の影響をほとんど受けないので、破産のコストは比較的小さく、エース社の積極的なデット・ファイナンスも正当化できるだろう。

ここで、エース社やその債権者がもともと考えていたマンションの価値と破産直前の実際の価値との差額が、破産のコストに含まれていないことに注意してほしい。この損失はマンションの供給過剰によるものであって破産によるものではない。資金調達方法の違いにかかわらず、また破産宣言の有無に関係なく、同社が被るものである。無借金企業なら破産を回避できたかもしれないが、それでもこの損失が無くなるわけではない。

極端に異なる例として、遺伝子工学の企業であるモレテック社について考えてみよう。同社の主要な資産は、優秀な研究者チームと魅力的な成長機会である。モレテック社が事業に失敗して破産すると、コストは非常に高くつくだろう。大部分が無形資産なので、個々の資産を売却して現金化してもほとんど現金は回収できない。また、独立した企業のままでいるにせよ、新しいオーナーの手に売り渡すにせよ、もとのまま事業を存続させることで価値を生み出すのは難しいだろう。

なぜなら、そうした不安定な状況下では、核となる従業員をつなぎとめることも、成長機会を追求するのに必要な資金を調達することも困難だからである。結局、破産はモレテック社の営業利益に悪影響を与えることから、破産のコストは高く、したがって、モレテック社としては有利子負債を控えめにするのが賢明だろう。

破産コストに関する以上のような考察から要約すると、企業の有する資産の特性によって、破産のコストはかなり違ってくることがわかる。清算するにせよ、あるいは新たな所有者へそのまま売り渡すにせよ、資産の転売価値が高いなら破産のコストはそれだけ小さくなる。そのような企業はデット・ファイナンスを比較的自由に行うことができると考えられる。逆に、資産の大部分が無形資産で、売却が困難なために転売価値が低い企業の場合は、破産のコストはかなり高くつく。こういう企業は、より慎重な資金調達手段をとるべきである。

言い換えると、企業の価値とは2つのタイプの資産から成る。現に存在する有形の資産と、成長の可能性とである。成長の可能性は、企業が将来着手しようとしているエキサイティングな投資機会を指す。有形の資産は財務破綻時にも価値が残ることが多いが、成長の可能性は明らかにそうではない。したがって、価値ある成長機会を持っている企業は、積極的なデット・ファイナンスを行わないほうがよいであろう。

破産に対する考え方の変化

この数十年の間に、アメリカにおける破産処理の公の目的が、債権者の権利保護から従業員やコミュニティ、社会全般を守ることへと幾分変わってきた。これに伴って、2つの点で変化が起こってきている。1つは、債権者が、破産時の損失額が大きくなる可能性を貸出金利の設定に織り込み、より高い利率を要求するようになったことである。もう1つは、多くの経営者が破産に対する見方を変えたことである。

かつては、破産とは、債権者の利益のために企業は惨めに解体されて、株主がすべてを失うブラックホールのようなものと見なされていた。今日では破産は、経営陣が問題の解決に動いている間、裁判所が債権者を黙らせておいてくれる静かな避難場所のようなものと考える経営者もいる。マンビル社は1982年8月にこの破産のメリットを享受した最初の企業である。同社は従来のいかなる基準から見ても債務不履行の状態ではなかったが、アスベストに起因する大規模な製造物責任(PL)訴訟が起こされることを予見して破産宣言を行った。1983年9月にはコンチネンタル航空がこれに続き、破滅的と同社が考えていた労働協約を破棄するために破産法による保護を利用した。その後、AHロビンズ社とテキサコ社が、それぞれ製造物責任訴訟と大規模な裁判と格闘する間、避難場所として破産が魅力的な手段だと考え、実際に利用した。これらの例ではすべて、破産宣言をした企業は、破産状態に入ったときよりも、より健全で価値の高い企業として再建できると期待していた。

▼間接的なコスト

破産の確率が高まるにつれ、破産の直接的なコストに加えて、企業にはしばしばより微妙で間接的なコストが発生する。こうしたコストは、あるコストが他のコストを増大させるような連鎖反応を引き起こし、お互いに増幅し合うことから特に厄介である。社内的には、経営陣がキャッシュを節減するために、投資、研究開発、マーケティングを抑制することで利益獲得の機会を逃すことなどが挙げられる。対外的には、顧客が将来の部品やサービスの供給に疑問を抱くことで売上が落ちたり、投資家が将来の支払いを懸念するために資金調達コストが上がったり、納入業者が長期的な納入契約や信用供与を渋ったりすることで営業コストが増加することが挙げられる。売上高の減少とコストの上昇は、さらに損失が起きないよう、もっと保守的になるよう経営陣にプレッシャーをかけることになる。さらには、競合相手企業が不振に気づきお客を奪おうとして、価格競争を仕掛けてきたり激しい営業攻勢をかけてきたりすることだろう。

ある産業では、信用供与をする業者は、沈みゆく船からはさっさと逃げる傾向が特に強い。こういう納入業者は、おそらく数千の小口の売掛金の管理をしなければならないので、経営の傾きかけた納入先とは取引をしたがらないだけでなく、トラブルの兆候が見えただけで逃げ出してしまう。保守的な経営陣、気まぐれな客、攻撃的な競合、逃げ足の早い納入業者によって、財務上健全な状態と破産とをつなぐ坂道は、とても滑りやすいものとなりがちである。

▼利害の対立

健全な状態にある企業の経営陣、株主、債権者は基本的な目的を共有している。すなわち、企業が発展するのを見ることである。しかし、企業が財務破綻に陥ったとき、さまざまな関係者が企業のことよりも自分自身のことを心配し始め、このような協調的な姿勢は蒸発してしまう。この結果起こる利害の対立が、過剰なデット・ファイナンスによる第3の潜在的なコストである。これから述べるのは、過剰投資問題、あるいはよくある言い回しで「ゴー・フォー・ブローク[訳注1]」として知られる問題の一例である。

XYZ社は、過剰借入のために深刻な危機に直面しており、株主資本の価値はほぼ無くなっている。株主たちが一文無しになりそうだというこの機に乗じて、機を見るに敏な投資銀行がかなりリスクの高い投資スキームを提案してきた。通常の状況であれば、同社も決して考慮しなかっただろうが、チャンスは低いもののとても大きな見返りがあるこの提案には、今や抵抗しがたい魅力がある。株主は、このスキームを見て考えた。「これはたしかに筋の悪い投資だ。しかし、何もしなければわれわれの株式は紙くずになるだろう。一方、もしこの投資に乗れば、少なくとも宝クジに当たるチャンスはある。当たれば借入金を清算することができ、われわれに残るものも少しはあるだろう。失うものがどこにある？　一か八か、当たって砕けろだ」。まさにこの理屈こそ、1980年代後半に、アメリカの貯蓄貸付組合(Savings and Loan：S&L)の多くの株主が、近くには間違いなく彼らの株が紙くずに変わるだろうという事態に直面し、大勝ちを夢見て預金者の資金で大胆なリスクをとった行動を鮮やかに説明できる[注2]。

それでは、節税効果や財務破綻コストの相対的な重要性を考えることで、資金調達方法について、どのような示唆が得られるのであろうか。これまでの分析によると、経営陣は資金調達にあたり、次のように、企業によって異なる3つの要因を考慮すべきことになる。

1．借入期間にわたって、追加支払利息の節税効果を利用できるかどうか
2．借入を増やすことによって増大する財務破綻コストの可能性
3．財務破綻が実際の問題となった場合の破綻コストの大きさ

このチェックリストをセンシエント・テクノロジー社に当てはめれば、要因1は有利子負債を増大させる妨げにはならない。同社は増加する節税効果を享受できるだけの利益は稼ぐことができそうだからである。同様に、同社の過去の収益の安定性から見て、新たに有利子負債の割合を増やすことで財務破綻リスクが増すと言っても、まず行きすぎとはならないだろう。最後に、センシエント社が被る破綻コストは、もし同社が新たな有利子負債の返済ができなくなったとしても、さほどひどくはなさそうである。季節性のある事業ではなく、神経質な供給業者の信用に依存しているようでもない。

また、製品の販売力には、価格よりも品質やイノベーション、製造の一貫性などが重要と思われるため、価格競争も起きそうにない。一方で、顧客のスイッチングコストが高いことは、問題になるもしれない。既存顧客としては、供給業者を変えたため、トルティーヤ・チップスの赤の色が少しでも変わったなどと考えるだけでも、夜ごと繰り返される悪夢のようである。

このように考えると、センシエント社の既存顧客(訳注2)は、苦い結果になるまで我慢する可能性が高いのではないか。もっとも同じ事情から、センシエント社がもし財務的に弱くなれば、新しい顧客が長期供給契約を結ぶのを避けるようになるだろうとも考えられる。

◉———財務の柔軟性

ここまでは、節税効果と財務破綻コストが資金調達方法の決定に及ぼす影響について、あたかも一度だけの出来事であるかのように考えてきた。センシエント社は資金を調達するにあたって、社債を発行すべきか、それとも株式を発行すべきか。現実にはこうした個々の意思決定は常に、より長期的な財務戦略のもとで行われる。その財務戦略は、企業の潜在的な成

訳注1 当たって砕けろ、一か八か、といった意。
訳注2 センシエント社は、食品等に使う着色料のメーカー。
注2 破綻に瀕した企業では過少投資の問題も起こりうる。経営陣が、その投資の利益は株主ではなく債権者にほとんど回ってしまうと考えて、魅力的で安全な投資をあえて避けるようになる場合である。

長性とその間の資本市場へのアクセスによって、大部分が決まってしまう。

極端な話、いついかなるときでも満足しうる条件でデット・ファイナンスでもエクイティ・ファイナンスでも行うことができるという類い稀な優良企業であれば、意思決定は簡単である。その企業は、長期的な節税効果と財務破綻コストを前提とした資本構成の目標を設定し、現在の資本構成を目標に近づけるような有利子負債と株主資本の割合を具体的に選べばよい。したがって、もし同社の現時点での有利子負債比率が目標より低ければ、明らかにデット・ファイナンスが選択される。もし有利子負債比率が目標より高ければ、株式を発行すべきとなる。

現実的には、資本市場への継続的なアクセスは保証されていないので、意思決定はもっと複雑になる。こうなると経営陣は、長期的な目標だけでなく、今回の決定が将来における同社の資本市場へのアクセスに対して、どのような影響を与えうるかという点にも注意を払わなければならない。これは**財務の柔軟性**（financial flexibility）という概念で、現在の決定が将来における資金調達の選択肢を狭めないように配慮するものである。

企業にとって財務の柔軟性がいかに重要か示すために、急速に事業が成長していて外部からの資金調達ニーズが常にあるXYZ社のケースを考えてみよう。たとえすぐに社債を発行するのが魅力的に見えても、XYZ社の経営陣は、過度に有利子負債に依存すると結果として「頭を抑えられる」ことを理解しておかなくてはならない。つまり、有利子負債による調達は、株式資本もそれに見合って増えていかない限り、いずれ不可能になるという意味である（「頭」と言ったのは、アメリカの貸借対照表で負債側の上半分を指す。イギリス式の貸借対照表だと負債の上に資本がくるが、そこは逆にとらえるとよい）。このように借入能力の限界に達すると、XYZ社は今後数年間、外部から追加的な資金を調達する際には、株式市場に依存せざるをえないことになるであろう。これは警戒すべき状態である。なぜなら、株式は不安定な調達源だからだ。市場の状況や直近の企業業績次第では、妥当な価格で、場合によってはどんな値をつけても、株式は発行できないかもしれない。そうなると、XYZ社の経営陣としては、資金不足が原因で魅力的な投資機会を見送らざるをえなくなってしまう。これは非常に高くつく可能性がある。競争上必須の投資を行うことができなかったために、永久に市場における地位を失うということもありうるからである。個人的な立場を考えても、必要な資金調達ができないために魅力的な投資機会を見過ごさなければならないとCFOが認めれば、同僚から冷たくあしらわれるだろう。このように、将来の成長機会のための資金調達を考えると、XYZ社はデット・ファイナンスへの過度の依存を避け、将来発生すると思われる資金需要に備えて財務の柔軟性を維持するのが得策だということになる。

新株を発行できないか、あるいはできればしたくない、ほとんどの小企業やそれより規模が大きい多くの企業にとって、事態はもっと極端なものとなる。これらの企業にとって、財務上の意思決定は、株式を発行するか借入を行うかではなく、借入を行うかそれとも成長を抑えるかの選択となる。必然的に、これらの企業にとっては、成長をどのようにマネージしていくかという広い枠のなかで財務の意思決定を行っていく必要がある。第4章を思い出してほしい。企業が新株を発行できないか、あるいは発行を望まない場合、持続可能な成長率は次の等式であらわされる。

$$g^* = PRA\hat{T}$$

ここで、P、R、A、$\hat{T}$はそれぞれ、売上高当期純利益率、内部留保率、総資産回転率、財務レバレッジである。この等式中のPとAは、事業運営において決定されるパラメータである。財務面での課題は、過度に借入金に依存せず、また普通株式を否応なく発行せざるをえないという事態にならずに、企業が適正と考える成長率で成長できるような配当・資金調達・成長の戦略を打ち出すことである。

あるとき、筆者の生徒だったある経営者から、私は「してはいけないことを熟知しすぎている」ので決して起業家にはならないだろうと言われたことがある。デット・ファイナンスに関して言えば、たしかにうなずかざるをえない。あまりに多くの起業家が、自分の努力は最終的に成功につながると信じているからであろうが、有利子負債は神からの純粋な恵みだととらえているように見える。彼らの眼には、有利子負債とは、彼らのビジネス帝国を純資産の価値を超えて拡大することを可能にしてくれる存在としか映っていないのだ。そのため、彼らの成長管理戦略は、債権者が貸してくれるだけ借りるべきである、となってしまう。言い換えれば、彼らは上の式の$\hat{T}$を最大化しようとする。財務上の決定を債権者に任せてしまうことで、意思決定はたしかにシンプルになる。しかしそれはまずいことに、重要な経営上の決定を利己的な部外者の手に任せてしまうことでもある。より賢明なアプローチは、堅実な資本構成を選び、この制約のなかで企業の成長率を管理していくことであろう。

資本構成にかかわる意思決定をリバース・エンジニアリングする

多くの企業はある特定の資本構成を選択したか、あるいはたまたまそのような資本構成になった後で、格付け機関が社債の格付けをする際に、どうかお手柔らかにと願うことが多い。しかし、そのプロセスの逆（リバース・エンジニアリング）を行う企業が増えてきた。すなわち、まず自社が望む社債の格付けを決め、そしてその格付けを保てるように借入金の上限を推測する。何社かのコンサルティング会社が、過去の格付け機関による決定を観察したうえで作成したモデルを売り出しており、企業がさまざまな借入金水準でどのような社債格付けを得られるか予測することが容易になっている。

資本構成をリバース・エンジニアリングすることには2つの魅力的な面がある。まず、格付けの低下を招く前に、企業が借りられる限度額を明らかにする点である。これは過剰借入を心配する企業や、デット・ファイナンスに伴って増大する節税効果に興味のある企業にとって貴重な情報である。第2に、特定の資金調達の決定によって債権者がどのように反応するか憶測する必要がなくなり、経営陣は現時点での予測と戦略に基づいてどの格付けがふさわしいのかという、より具体的な問題を考えることに専念できる。

◉———マーケット・シグナル

将来の財務の柔軟性を考慮すれば、通常はエクイティ・ファイナンスを先に行うほうがよいだろうということになる。これに対する説得力のある反論として、株式市場で起こりうる反応が挙げられる。第4章で見たように、実際にはアメリカ企業は新株発行を必ずしも広範には行っておらず、この明らかな傾向について、いくつかの説明を挙げておいた。ちょうどよい機会であるので、別の見解について考えてみることとする。

さまざまな企業が資金調達予定を発表した際の株式市場の反応について、学術的な研究が行われてきている。その結果、興味深い論文がある。1つは、ポール・アスキスとデビッド・ムリンズ(当時ハーバード大学)の研究で、ある企業が新株発行を発表したときに、その企業の株価がどうなるかについて分析している(注3)。彼らは、第5章で紹介したものと同様、イベント・スタディという手法によって1963年から1981年までに行われた新株発行に関する531件の事例を調べた。最初に公表された日をイベント日と定義し、調査対象とされた事業会社の80%以上でこのイベント日に株価が下落したこと、また全体としてこの下落は株価のランダムな動きではうまく説明できないことを発見した。さらに、観察された下落はその後の売買で埋め合わされず、むしろ既存株主にとっては富が永久的に失われた。

発表に伴う損失の大きさは驚くべきもので、平均すると新株発行額の30%を超えていた。この数字をイメージしやすくすると、企業が1億ドルの新株発行を発表した場合、既存株式の時価総額からおよそ3,000万ドル(=30%×1億ドル)分が、発表したその日のうちに値下がりしてしまい、永久に返ってこないと予想されるということである。

全体像を把握すべく、有利子負債を増やす発表の場合についても同様の調査が行われたが、株式発行の場合のような株価下落という反応は見られなかった。さらに、株式に関する発表は、善し悪し両方向に作用するようでもある。すなわち、自社株買いの発表は歓迎され、株価の大幅な上昇を

注3　Paul Asquith and David W. Mullins, Jr., "Equity Issues and Offering Dilution," *Journal of Financial Economics*, January-February 1986, pp.61-89.

もたらしている。

なぜこのような株価の反応が起こるのだろうか。いくつかの仮説がある。1つは、経営陣や株式市場の専門家がよく言っていることであるが、こうした株価の反応は希薄化効果によって説明されるというものである。これによれば、新たな株式の発行で企業というパイがより多くの数に切り分けられ、全体に対して既存株主が保有するパイの割合が小さくなるというわけだ。したがって、既存株主が保有する株式の価値が減少するのはきわめて自然である。反対に、企業が自社株買いを行うと、市場に残る株式の株主が保有する持分の割合が大きくなるので、価値が増大する。

実際には、この理由づけに懐疑的な人々もいて（読者のなかにもいるであろう）、こう指摘するだろう。株式発行はパイをより多くの数に切り分けることと似ているかもしれないが、パイ自身も株式発行のおかげで大きくなっている。もし企業が株式発行で1億ドル調達したのなら、発行以前よりも明らかに1億ドルだけ価値が増えているはずだ。大きくなったパイをより細かく切ったからといって、必ずしも価値が減少するとは言えない。同様に自社株買いによって残りの株主が得をするとは必ずしも言えない。たしかに自社株買いを実行すると、1株の持つ所有権の割合は増すが、自社株買いによって企業規模も縮小しているはずである。

さらに興味深い説明としては、**マーケット・シグナル**として知られているものがある。当たり前のことだが、センシエント・テクノロジー社の経営トップは、自社について外部の投資家よりも多くのことを知っていると仮定して、同社の利益レンジ・グラフ（**図6.2**）についてもう一度考えてみよう。もし読者が同社のCFOであり、自社の近い将来についてきわめて楽観的であったとしたら、どちらの資金調達手段を選択するだろうか。自社の扱う製品の市場と競合他社について徹底的な分析を行った結果、今後10年間にわたりEBITは成長を続けるであろうと確信したとする。ここまでの数ページで述べたことを理解していれば、この環境下ではデット・ファイナンスが論理的に選択されることがわかるだろう。有利子負債がより高いROEを生み出し、より高い成長軌道に企業を乗せることになるのである。さらに、増大する利益によって、有利子負債に伴う高い財務上の負担は簡単に賄えるだろう。

ここで設問を逆にして、センシエント社の業績見通しが暗く、将来のEBITが低下しそうだと考えられるときに、どの資金調達を勧めるか考えてみよう。このシナリオでは、カバレッジも高く、業績水準が低いときに相対的にROEが高くなるという理由により、明らかにエクイティ・ファイナンスが選択されることになる。

それでは、その企業に関して最も詳しい人が、将来の見通しが明るいときにはデット・ファイナンスを選択し、暗いときにはエクイティ・ファイナンスを選択するとすれば、新株発行の発表は、投資家に何を教えるであろうか。そのとおりである。経営陣は自社の将来に懸念を抱いており、安全な調達手段を選んだのだというシグナルを市場に送っていることになる。そうであれば、発表の日に株価が下落するので、多くの企業が「E(訳注)」という言葉を出すことすら嫌がり、新株の発行に消極的になることに何の不思議があるだろうか。

自社株買いの発表によって送られるマーケット・シグナルは、ちょうどこの逆となる。経営陣は自社の将来の見通しに楽観的で、現在の株価は説明できないほど低く、耐えられないほど魅力的なバーゲンセールだと考えているということだ。したがって、自社株買いの発表は投資家にとってよい知らせであり、株価は上昇する。

さらにマキャベリ的な見方をすれば、結論は同じものになるのだが、経営陣は投資家を搾取しているとも考えられる。つまり、株式が過大評価されているときに、ここぞとばかり株式を売り出し、過小評価されているときに株式を買い戻すという見解である。しかし、経営陣が新株を発行する背景が、自社の将来に対する懸念であろうが、新しい投資家をだまそうとしているのであろうが、シグナルは同じである。新株発行の発表は悪い知らせであり、自社株買いの発表はよい知らせである。

株式を割引価格で売ろうというニーズは、経済学の世界で「レモン問題」と呼ばれるものの一例である。売り手が売りものについて買い手よりもよく知っているときにはいつも、買い手はレモンを売りつけられようとしていると恐れて、安い価格でしか買おうとしない。売り手と買い手の間で情

訳注｜Equityの頭文字。

報の格差が大きくなればなるほど、より大きな割引幅が必要になる。読者の隣人が、何カ月か経ったメルセデスを売ろうとしているとき、ただ単に自分の妻がこの色が好みじゃないから売りたいんだと言ったなら、おそらくうそではないだろう。しかし、二度目も同じことを言ってきたら、それはうそかもしれない。彼が言わないだけで車には深刻な故障がある、すなわちレモンかもしれない。この可能性を防ぐためには、賢く、かつ何も情報を持たない買い手としては、もとの価格から大幅に値引きしなければ買わないと言うだろう。さらに、賢い売り手は、ほぼ新車同然なのに大幅値引きでしか売れないので、妻もこの色に慣れて来たよなどと言うかもしれないが、新車同然なのに売れ残っているということは本当にレモンなのだという可能性を高めるだけのことである。

マサチューセッツ工科大学のスチュワート・マイヤーズ教授は、このレモン問題があることから、彼が「**ペッキング・オーダー**(pecking order)」と呼んでいる資金調達のアプローチを企業が取るようになるのだ、と推論している[注4]。このペッキング・オーダーの最上位には最も好ましい手段として内部資金――留保利益や減価償却、過去の留保利益により蓄積された余剰資金――が位置づけられている。内部資金を好むのはレモン問題を根本的に回避できるからである。外部資金は二番目の優先度であり、デット・ファイナンスのほうがエクイティ・ファイナンスよりも優先順位が上である。これは、有利子負債のほうがネガティブなシグナルを発する可能性が低いからだ。言い換えれば、売り手と買い手の情報格差が、有利子負債のほうがより小さいため、レモン問題もより小さいだろうということで、有利子負債が株式に優先されるのである。結局のところ、資金調達方法の決定は、最適な資金源を求めて、このペッキング・オーダーを上から順番に模索することにほかならない。さらにマイヤーズ教授は、このペッキング・オーダーを採用している企業の有利子負債資本比率は、エクイティ・ファイナンスに対するデット・ファイナンスの長所・短所のバランスをとった結果ではなく、むしろ、投資需要に比べてその企業がどの程度高い収益性をあげてきたかについての長年にわたる蓄積の結果であると指摘している。こ

注4 | Stewart C. Myers, “The Capital Structure Puzzle,” *Journal of Finance*, July 1984, pp. 575-592.

れにより、高収益で緩やかに成長する企業は有利子負債から逃れることができるが、低い利益率でより急速に成長する企業は比較的高い財務レバレッジとともに生きていかなければならないことになる。

●――――経営者へのインセンティブ

インセンティブの効果は、ほとんどの財務上の決定においては関係が無いが、ひとたび関係が出てくると、その影響は非常に大きくなりやすい。

多くの企業において経営陣は、ある程度株主からの自由さを保持している。そして人類の本能そのままに、この自由度は株主のためというよりは自分自身の利益を得るために用いられる傾向がある。この所有と経営管理の分離があるために、経営者は、株主に利益を還元するよりも事業のために利益を留保したり、収益性を犠牲にして成長を求めたり、最高を追求せずにほどほどの業績で落ち着いたりといった、個人的な好みの追求にふけることが可能である。

積極的なデット・ファイナンスのよい点は、状況に応じて、株主の利益と経営者の利益の間にあるギャップを埋めることができることである。そのメカニズムは単純だ。企業の支払利息と元本返済の負担水準が高ければ、よほど強情な経営者であっても、健全な水準でキャッシュフローを生み出さなくてはならず、さもなければ事業も彼自身の椅子をも失うだろうということは理解している。債権者の息が首筋にかかることで、不相応な投資を行う余地など無く、最大限の努力をする他ないことをすぐに悟るだろう。第9章でもう少し詳しく見るが、LBOを行う企業は、積極的なデット・ファイナンスが、特に経営者が相応の株式を保有している場合、業績を伸ばすための強力なインセンティブになるということがわかっている。このようにレバレッジの高い企業の株式を持つことは、よりよい業績を残すよう努力させるためのニンジンであり、高い有利子負債の水準は、まずい業績を罰するムチとして働く。

◉———資金調達方法の決定と持続可能な成長

これまで、資金調達手段の選定の際にキャッシュフロー、ひいては企業価値に影響を及ぼす5つの経路について述べてきた。財務上の意思決定の技術は、個別企業において、これら5つの要素の相対的な重要性をどう見ていくかということである。この過程を明らかにするために、企業の成長と有利子負債のレベルとがどう関係するか、それに関して上記の要素から何がわかるかについて考えることにしよう。

▼急成長と保守主義の美徳

急速に成長するビジネスにおいて5つの要素が及ぼす効果を考慮すると、高成長と高い有利子負債比率は危険な組み合わせだということがとてもよくわかる。第1に、成長する企業が価値を創出できる最も力強い推進力は新規投資であって、デット・ファイナンスに伴う支払利息の節税効果やインセンティブ効果ではない。したがって、金融市場へのアクセスが制限されないようにするためにも、成長を優先したパッシブな財務戦略が望まれる。すなわち、有利子負債による調達は控えめとする。第2に、高成長企業が生み出す収益の変動幅が大きいほど、インタレスト・カバレッジ・レシオが低下するにつれ破綻の危険性が急速に増加していく。第3に、高成長の企業の価値は成長可能性という無形のものに依存する度合いが大きいので、こうした企業で予想される破綻コストは大きい。

これらの考察を総合すると、急成長中の事業がとるべき財務政策については、次のような方針が示唆される。

- 金融市場に継続的にアクセスできるよう、未使用の借入能力を残した保守的なレバレッジ・レシオを維持する。
- 成長を内部資金で賄えるように、控えめな配当政策を採用する。
- 投資による資金需要が内部資金を上回ったときでも数年間は資金供給できる、暫定的な流動性のクッションとして、現金・投資有価証券・未使用の借入能力を使用する。
- もしも外部資金が必要なときには、財務の柔軟性を損なわない範囲内でデット・ファイナンスを行う。

- 成長を抑制するくらいなら株式を発行するべき。成長の抑制は、すべての選択肢を使い果たした際の最後の手段とする。

マーケット・シグナルを跳ね返したディーア社

世界最大の農機具メーカーであるディーア社が1970年代終わりから1980年代初頭にかけて経験したことは、本章で取り上げた内容の多くについて教訓となる生々しい実例を提供してくれる。その教訓には、財務の柔軟性の価値、競争の武器としてのファイナンスの利用や、マーケット・シグナルの持つ力が含まれる。

1976年初め、石油価格の上昇、インフレ率の高騰と記録的な高金利により、農機具業界は深刻な不況に陥った。主なライバルであるマッセイ・ファーガソン社やインターナショナル・ハーベスター社よりも財務面ではるかに保守的だったディーア社はこのとき、同社の卓越した貸借対照表が持つ強みを競争の武器として利用することを選んだ。高金利と高水準の有利子負債という重荷を背負った競合他社が事業を縮小する一方で、ディーア社は大胆な借入によって大規模設備投資計画を実施し、財務面で苦しむディーラーを支援した。この戦略により、ディーア社の市場シェアは、1976年の38%から1980年には49%へと上昇した。同社の卓越した財務の柔軟性は、それほど価値のあるものであった。

しかし、1980年の終わりまでにディーア社の借入能力は低下したが、農機具市場は依然として低迷していたため、貪欲な拡張政策を止めるか、それとも業界が不景気に陥っているにもかかわらず新株を発行するか、苦しい選択を迫られることになった。1985年1月5日、同社が1億7,200万ドルの株式発行を発表した途端、既存株式の市場価値が2億4,100万ドルも下落した。この発表の影響があまりにも大きかったために、既存株主は同社が新たに調達する金額を上回る規模の市場価値を失った。

市場は否定的な反応を示したが、ディーア社の経営陣はこの戦略の長期的な利点を確信していたので歯を食いしばって株式を発行し、調達資金を借入の返済に充てた。こうして、拡張を続けるのに必要となる同社の借入能力と財務の柔軟性は復活した。一方、競合他社の財務状況は依然として苦境に陥ったままであった。

▼低成長と積極的な資金調達の魅力

急成長する同業者と比較した場合、低成長企業の資金調達方法の決定は容易である。こうした企業の主要な財務上の問題とは、余剰の営業キャッシュフローを処分することであり、財務の柔軟性やマイナスのマーケット・シグナルなどとは、基本的には無関係と言える。しかし、このような状況は、単に問題を解決するだけにとどまらず、機会をも与えてくれ、これまでも数多くの企業がそのような機会を活用してきた。その説明は以下のとおりである。たとえば、ある企業が魅力的な投資機会はほとんどないという現実に直面しているが、積極的なデット・ファイナンスの活用によって、株主価値を創出しようとしているとしよう。営業キャッシュフローが健全であることを活用して、できるだけ借入を行い、調達した資金で自社株買いをすることである。

このような戦略は、投資家に対して少なくとも3つのメリットを約束する。第1に、支払利息の節税効果は法人税額を減少させ、投資家により多くのお金をもたらす。第2に、自社株買いの発表はよいマーケット・シグナルを生む。第3に、高い財務レバレッジは経営陣のインセンティブを顕著に向上させるだろう。このように、高い財務レバレッジが経営陣に課す負担、たとえば多額の元利払いや倒産のプレッシャーといったものは、事業からキャッシュフローを絞り出すよう経営陣を励ますために必要な万能薬なのかもしれない。

要約すると、銀行から借入をする人々の間でいわれる古い諺に、銀行が

注5 John J. McConnell and Henri Servaes, "Equity Ownership and the Two Faces of Debt," *Journal of Financial Economics*, September 1995, pp.131-57.

喜んで融資をしたい企業とは借入を必要としない企業である、というのがある。同じようなことが借り手側でも言えるかもしれないということは理解できよう。外部資金を必要としない低成長の企業は、積極的な資金調達を魅力的ととらえるかもしれない。一方、外部資金を必要とする急成長の企業は、保守的な資本構成を維持するほうが魅力的であると考える。

実証研究では、この見解が裏づけられている。ジョン・マコンネルとヘンリ・セルバエスは、企業価値とデット・ファイナンスの関係についての研究で、高成長の企業では、財務レバレッジが増加すると企業価値が低下し、一方、低成長の企業ではまさにその逆が真実であると結論づけている(注5)。

さて、以上のことは、センシエント・テクノロジー社の決定にはどのような示唆を与えてくれるだろうか？　入手できる情報に基づき、筆者からのアドバイスは結局、社債を発行せよというものである。有利子負債の支払利息が1年目にもたらす1,100万ドルの節税効果は魅力的だ。一方、株式発行における1億3,500万ドルのシグナリング・コストはいかにも痛い（1億3,500万ドル＝30％×4億5,000万ドル）。同社は、近い将来に再び外部から資金調達する予定はないので、柔軟性は重大な問題ではない。さらに、新規借入による利払いと元本返済の増加は、経営陣をより熱心に、かつ賢く働かせるためのインセンティブになるだろう。リスクについては、従来からセンシエント社のキャッシュフローは非常に安定的であり、デット・ファイナンスによってインタレスト・カバレッジ・レシオが低下するとしても、予想される破綻コストは大きくない。最後に、デット・ファイナンスはセンシエント社につきまとう「事業が生み出す余剰資金をどうすべきか」という問題の解決を手助けしてくれるだろう。将来、新しい借入金の元利払いに使えばよいのである。総合的に見て、よい判断と言えるのではないか。

コルト社による積極的資金調達の事例

1986年後半にコルト社が実施した資本再構築は、成熟企業における積極的な資金調達の可能性を示している。航空機と自動車の事業からあがるキャッシュフローが増大する一方、魅力的な投資機会が欠如する状況に直面し、コルト社は資本構成の再構築を決定した。その内容は、発行済みの1株と引き換えに、85ドルの現金と再構築後の同社株1株を、株主に提供しようというものである。

この1株当たり85ドルの現金を支払うために、コルト社は14億ドルを借り入れ、長期有利子負債の総額を16億ドルに膨らませ、株主資本の簿価をマイナス1億5,700万ドルに減額させた。言い換えれば、資本再構築後、コルト社の債務は資産の簿価を1億5,700万ドル超過し、債務超過状態に陥った。これは由々しきレバレッジである。しかし、借り手が債務を返済できるだけのキャッシュフローを有している場合は、貸し手にとって簿価は2番目の重要度でしかなく、コルト社の健全な営業キャッシュフローが重要となる。将来のすべてのキャッシュフローを有利子負債の返済に充当するという経営陣の決意によって、必要な借入が可能になったのである。

さて、株主はどのように対応したか。「大成功だ、ありがとう」。この株式交換提案の発表直前に同社の株式は67ドルで売買されており、この株式交換が完了した直後、この新しく資本再構築された企業の株式は10ドルで取引されていた。つまり、67ドル相当の古い株式と引き換えに85ドルの現金プラス10ドル相当の新株1株を入手したことになる。この結果、株主は、たなぼた的に1株当たり28ドルの利益(=85ドル+10ドル−67ドル)を手にし、価値は42%上昇したことになる。

支払期日構成の選択

企業がデット・ファイナンスを選ぶ場合、次に問題となるのは有利子負債の満期をどうするかということである。期間1年の借入金か、期間7年の手形を売るか、それとも期間30年の社債を売り出すか。企業の資本構成全体を見たとき、支払期日構成のリスクが最も小さくなるのは、負債側の満期が資産側の満期と等しい場合である。この構成であれば、今後の営業活動で生み出される現金により、既存の負債の満期日に支払いを行うことが十分可能となる。言い換えると、負債が自己清算的であるということになる。負債側の満期が資産側より短ければ、満期が到来する負債の一部を新たに調達する資金で返済する必要が生じるため、再調達リスクをはらむことになる。また第5章で述べたとおり、満期の到来した負債の借り換えは、資本市場において自動的に行われるわけではない。負債側の満期が資産側よりも長い場合は、営業活動を通じて生み出される現金が、既存の負債の満期における返済額よりも大きくなる。これは安全性をより高めることになるが、一方で、ある期間に余剰資金を持つことも意味する。

満期を一致させることでリスクを最小化できるとすれば、一致させればよいのではないか。なぜ、負債側の満期が資産側の満期よりも短くなるのを許すのだろうか。企業が満期を一致させないのは、長期借入が適当な条件で行えない場合や、満期を一致させないことにより、総借入コストを低減させることができると経営陣が判断する場合である。たとえば、将来金利が低下すると財務担当者が考えている場合、今は短期の借入を行い、将来金利が低下したところで長期借入に借り換える戦略をとるのは当然である。もちろん、資本市場の効率性を信奉する者は、財務担当者が将来の金利を予測できると信じる論拠がないとして、この戦略を批判するであろうが。

インフレーションと財務戦略

ファイナンスにおける古くからの格言にこういうものがある。「インフレーションのときは借り手となるとよい。なぜなら、価値の下落した貨幣で返済をすればよいのだから」。しかし、この格言が当てはまるのは、インフレが予想されていない場合だけだということを理解しておくことが重要である。債権者がインフレを予測している場合には、貸出金元本の購買力の低下を予測し、それを埋め合わせるために金利を高く設定するはずである。すなわち、インフレ時に借入を行うことは必ずしも有利ではない。事実、もし借入期間中にインフレ率が予想外に低下すると、借り手にとってインフレが不利に働くことになりかねない。したがって、この古い格言を適切に表現すれば「予想されていなかったインフレが起こる」というときには借り手になるとよいということになる。

補　遺

無関連性命題

この補遺では、本章で述べた資本構成が企業価値と無関連であるという命題を示すと同時に、なぜ支払利息の税控除が、デット・ファイナンスに有利に作用するのかをより詳しく見ていくことにする。この無関連性命題によれば、期待キャッシュフローが一定とすると、企業がどのような資金調達方法を選択しようとも、企業価値や株主価値には影響を与えない。株主にしてみれば、企業はその資本構成の90%がデット・ファイナンスであっても10%でも、どちらでもよいということになる。

この無関連性命題は重要である。というのも、それが現実を描写しているからではなく、財務上の決定で何が重要かについて注意すべき点、すなわち財務上の選択が企業のキャッシュフローにどう影響するかを明らかにするからである。加えて、この命題自体がきわめて興味深い知的なパズルである。

◉———税金が無い場合

かつて、ヨギ・ベラがウェイトレスからピザをいくつに切り分けてほしいか尋ねられたとき、こう答えたと言われている。「6つに切ってください。8つも食べるほど私は空腹ではない」と。税金がない場合、企業の資金調達方法の決定はこのピザの切り分けと同じように考えることができる。企業のキャッシュフローに対する請求権をどのように切り分けようとも、それは同じ収益力を持つ同じ企業であり、したがって市場価値も同じである。このような世界では、財務レバレッジを高めることによって株主のリターンが増加するという利点は、リスクの増加によって完全に相殺されるので、

表6A.1◉**税金が無い場合、有利子負債による資金調達は、利益や企業価値には影響しない。税金がある場合は、慎重に有利子負債を利用することで、利益と企業価値を増加させることができる。**

	無税		法人税(40%)	
	ティミッド社	**ボールド社**	**ティミッド社**	**ボールド社**
企業損益				
EBIT	$400	$400	$400	$400
支払利息	0	80	0	80
税引前利益	400	320	400	320
法人税	0	0	160	128
税引後利益	$400	$320	$240	$192
投資額	$1,000	$200	$1,000	$200
収益率	**40%**	**160%**	**24%**	**96%**
個人所得				
受取配当金	400	320	240	192
支払利息	80	0	80	0
所得合計	$320	320	$160	$192
株式投資額	$200	200	$200	$200
収益率	**160%**	**160%**	**80%**	**96%**
個人の所得税(33%)				
税引前所得			160	192
所得税			53	63
税引後所得			$107	$129
株式投資額			$200	$200
収益率			**54%**	**64%**

財務レバレッジによって企業の市場価値は何ら影響を受けない。

この状況を例示すると以下のとおりである。証券会社が2つの株式投資案件、ティミッド社とボールド社[訳注]の話を持ってきたとする。この2つの企業はあらゆる面においてまったく同じだが、1つだけ違いがあった。ティミッド社は無借金経営であり、ボールド社は負債対総資産比率80%(利息は年率10%)である。どちらも1,000ドルの資産を持ち、永続的に毎年400ドル

訳注｜ティミッドは臆病の意。ボールドは大胆の意。

のEBITを見込んでいる。簡略化のため、両社ともに毎年すべての利益を配当として分配するものと仮定する。

表6A.1の無税と題された列は、法人税がない場合の両社の予測損益計算書のEBIT以下の部分を示している。支払利息がないため、ティミッド社のほうが高い収益をあげていることに注意してほしい。1,000ドルの投資からティミッド社は年間400ドルの利益を得ていることから、年率で40％の収益率を生んでいる。これは悪くない。しかし、証券会社はボールド社の積極的なデット・ファイナンスのおかげで、ボールド社の全株式をわずか200ドルで購入できるとして同社の株式を勧めている。200ドルの投資で年間320ドルの利益が得られるために、160％（＝320ドル÷200ドル）の期待収益率になる。これは凄い！

しかし、本書でここまで十分にファイナンスの勉強をしてきた人は、株式の期待収益率はデット・ファイナンスとともに常に上昇することを知っているため、この結果は取り立てて驚くべき数字ではない。さらに少し考えれば、リスクの異なる2つの投資における収益率を同列で比較することは誤りであることも、納得できる。仮にAの収益率がBのそれよりも高く、かつそれらのリスクが同じならば、Aはよりよい選択である。しかし、このケースのように、AがBよりもリスクも収益も高いならば、賭けは成立しない。ポーカーのプレイヤーや戦闘機のパイロットならば、高いリスクにもかかわらず投資Aを好むかもしれないが、われわれのような臆病者（ティミッド）は反対の結論に達することもある。

もう少し詳しく言えば、読者は財務レバレッジを活用することについて、ボールド社に頼る必要はないことに注意してほしい。自分で資金を借り入れ、その資金でティミッド社の株式を購入することで、ボールド社の資本構成を再現することができる。**表6A.1**で個人所得と題された中段の部分の左二列に、ティミッド社の株式を購入するために、年利率10％で800ドル借り入れた場合の結果が示されている。80ドルの支払利息を差し引いた所得合計を200ドルの株式投資と比較すると、ティミッド社の株式を自分で借入金を起こして購入しても160％の収益率を達成できることがわかる。企業が借入をする代わりに読者が借入をすることを厭わないならば、どちらの投資でもまったく同じ収益率を達成できることになる。

これで、何が証明されたのであろうか。本書では、税金が存在しない場合、投資家が企業のレバレッジを自前のレバレッジで代用できるならば、事業資金の調達方法が株主の総合的な収益率に影響を与えないことを示した。そして、もし総合的な収益率が影響を受けないのであれば、企業の価値も影響を受けない。企業価値は資金調達の方法に依存しない。仮に投資家が企業のレバレッジ効果を自分の借入金で再現できるならば、レバレッジの低い企業よりもレバレッジの高い企業に多く支払う理由などどこにもない(この論理に直感的に違和感がある人は、フランコ・モジリアニとマートン・ミラーがこれを説明しノーベル賞を受賞したと聞くと、少しは納得がいくかもしれない)。

税金がある場合

次に法人税を考慮しつつ、もう少し面白い世界で同じ話を考えてみよう。**表6A.1**の右側上段の数字は、40%の法人税率を仮定した場合のティミッド社とボールド社の税引後利益を示している。前記と同様、あなた個人の借入金は無いとすれば、ティミッド社の24%と比較して、ボールド社は96%という魅力的な収益率を提供し続けている。しかし、税金がないケースとは対照的に、企業が借入を行う代わりに、個人が借入を行っても、差は解消できない。ティミッド社の株式を購入するために800ドルの借入をした後でさえ、収益率は80%にすぎず、ボールド社株式の収益率は96%である。今度は、レバレッジを活用している企業は高い収益率を提供し、その結果、レバレッジを活用していない企業よりも価値があるということになる。

なぜ税金がある場合に、デット・ファイナンスが事業の価値を高めるのだろうか。2つの企業の税金の支払明細を見てみよう。ティミッド社の税額は160ドルだが、ボールド社は32ドル減って128ドルだけである。企業が得る成果は、3人の関係者、すなわち債権者、株主、税務署員に分配される。この例で見ると、デット・ファイナンスを行うことで、支払利息は税金が控除される費用となるために税金が減り、その分株主が潤う。言い換えれば、財務上の決定が株主の期待キャッシュフローを増加させているのだ。

表6A.1の一番下の段は、こうした結果になっているのは、個人にかかる

所得税を考慮に入れていないからではないかとの疑念を払拭するために、設けたものである。これを見れば、33%の所得税がかかるためデット・ファイナンスで生じる税引後所得の増加額が32ドルから22ドルに減るが、差額がすべてなくなってはいないことが読み取れる。これは、個人にかかる税率がいくらであっても、ティミッド社とボールド社の両社にとって税率が同じであれば結論は変わらない。投資信託や年金基金のような多くの機関投資家は課税されないため、個人所得税率を定義しなくてはいけないという問題を避け、企業については法人税引後の、個人については個人所得税引前の収益に焦点を当てるのが慣例になっている。本書でも、この慣例を尊重することにする。

ここで、デット・ファイナンスが有利に働くという税法上のバイアスが、主にアメリカの税法によるものであることは述べておかなければならない。他の多くの先進国では、法人税と個人に課税される税金とは少なくとも部分的には統合されている。つまり配当金の受取人は、企業が配当する前に利益から法人税を支払っている部分については、少なくとも部分的に所得税額控除を受けられる。先の税金が無い例と同じく、法人税と個人の税金が完全に統合されている場合は、財務レバレッジは企業価値に影響を与えない。

よって、アメリカ型の法人税が存在する場合、紙の上の請求権の組み合わせを変更して有利子負債を増やすことが（米国財務省は別にして）少なくとも株主の観点からすれば、価値を創造することにつながる。なぜなら、それによって個人投資家の得る所得が増えるからである。デット・ファイナンスを行うことで生み出される株主の年間収入増加額は、利息支払額に法人税率を乗じた数字、あるいは前に述べた支払利息の節税効果に等しくなる。本書の例では、年間の企業の税引後利払前利益は32ドル増加しているが（192ドル＋80ドル－240ドル＝32ドル）、これは80ドルの利息に40%の税率を乗じたものと等しい。

同じことを記号であらわしてみよう。有利子負債を活用したときの企業価値をV_L、活用しなかったときの価値をV_Uとすれば、本書の例では次のようになる。

$$V_L = V_U + \text{Value}\,(tI)$$

ここで、tは法人税率を、Iは年間の支払利息額を、またValue (tI)は将来における支払利息の節税効果の現在における価値をあらわしている。次章では、この最後の項目を「将来の節税効果の現在価値」と呼ぶことになる。この等式を言葉であらわすと、負債を活用した企業の価値は、その企業が負債を活用しなかった場合の価値に、支払利息による節税効果の現在価値を加えた値に等しいということになる。

額面通りに解釈すると、この補遺は不穏な結論を示唆していることになる。すなわち、事業の価値は資金がすべて有利子負債によって調達されるときに最大になるという結論である。だが、この章を読んで来られた読者はご存じのように、これはまだほんの話の始まりにすぎない。支払利息の税控除が、レバレッジによって企業価値を増大させるのと同様に、財務破綻のコストは企業価値を下落させる。さらに財務の柔軟性、マーケット・シグナル、インセンティブ効果を検討しながら、ひとつまみの持続可能な成長で味つけをすることで、企業財務の意思決定に関する近代的な見解に対するレシピを手に入れることができる。フルコースではないが、間違いなくたっぷりの一皿目となるであろう。

本章のまとめ

1．財務レバレッジは、

- ROEと持続可能な成長率に影響を与える基本的な財務変数である。
- 変動費である株式の代わりに固定費である負債調達をどの程度使うかを示す。
- 営業レバレッジと同様に、損益分岐点売上高を上げる効果があるが、いったん損益分岐点に達するとEPSの増加率も高まる。
- 株主にとっては、期待収益率とリスクを増やす。
- 期待ROEとEPSを増加させるが、同時にばらつきも増幅する。
- 使用するレバレッジの量しだいで、1つのリスク投資案件から幅広いリスクとリターンの組み合わせをつくることができる。

2．レバレッジが企業リスクに及ぼす影響を測るには、
- 予測財務諸表を用いたストレステストがある。
- いくつかの異なる有利子負債レベルにおけるカバレッジ・レシオを推計する。
- 営業利益のばらつき、同業他社のカバレッジ・レシオ、異なる社債格付けごとにどう異なるか等を勘案しながら当該企業のカバレッジ・レシオを解釈する。

3．レバレッジが企業の収益率に及ぼす影響を測るには、
- 異なる経済状況のもとでの予測損益計算書を作成し、比較検討する。
- 「利益レンジ・グラフ」を作成し、予測EBIT水準におけるROE、EPSの状況と、そして「分岐点」に予測EBITがどの程度近いかを見る。

4．無関連性命題とは、
- 理想的な状況下で、レバレッジは営業利益には影響しないという仮定のもとでは、財務上の意思決定は企業価値、株主価値に影響しないとするものである。
- 財務上の意思決定は、それが営業利益に影響を及ぼす大きさの程度において、重要である。

5．ヒギンスの5－ファクター・モデルとは、
- 企業のファイナンスが営業利益に与える5つの経路を特定した。
  - －税効果：支払利息が課税対象所得から控除されることによる。
  - －破綻コスト：その企業が財務的な義務を果たせないという懸念が発生するとき、ざまざまな相手から課せられるコストである。
  - －財務の柔軟性：有利子負債レベルを高くすると、将来の資金調達で可能な選択肢が限定される。
  - －マーケット・シグナル：経営陣がある1つの調達方法を（別の方法ではなく）選んだという事実がもたらす情報。
  - －経営上のインセンティブ：高い支払利息と元本返済額の支払いを満たすために、キャッシュフローを生み出さなくてはいけないというプレッシャー。
- 財務上の意思決定にあたっては、当該企業特有の環境に照らして各要

素を丁寧に検証することが重要だという点を強調している。

- 急速に成長する事業では保守的な資本構成を維持することが賢明であり、低成長の企業では逆の戦略が考慮に値することを示唆している。

参考文献等

Andrade, Gregor and Steven N. Kaplan, "How Costly is Financial(Not Economic) Distress? Evidence from Highly Leveraged Transactions that Became Distressed." *Journal of Finance*, October 1998, pp. 1443-1493.

著者は、過剰な有利子負債によって破綻にいたった高レバレッジの取引31件を調査し、財務破綻コストは企業価値の10～20%の範囲となると推測した。

Asquith, Paul, and David W. Mullins, Jr., "Signaling with Dividends, Stock Repurchases, and Equity Issues." *Financial Management*, Autumn 1986, pp. 27-44.

株式関係の大きな発表に対する資本市場の反応を測定するという実証的作業がよくまとめられている。マーケット・シグナルの入門と概観として優れる。

Hovakimian, Armen, Tim Opler, and Sheridan Titman, "The Debt-Equity Choice," *Journal of Financial and Quantitative Analysis*, March 2001.

資本構成の選択は短期的にはペッキング・オーダーがふさわしいが、長期的には節税効果と破綻コストとのトレード・オフが重要になるという考え方に根拠を示す。

Parsons, Christopher A. and Sheridan Titman, "Empirical Capital Structure: A Review," *Foundations and Trends in Finance*, 2008. 92 pages. Available at ssrn.com/abstract=1405562.

資本構成の決定に関する実証作業のなかで、入手しやすくアカデミック志向のもの。異なる資本構成ごとに関連する企業の特徴、企業が目標資本構成を変える際の要因、レバレッジの選択が企業行動に及ぼす結果の3部に分かれる。

Stern, Joel M., and Donald H. Chew, Jr., ed., *The Revolution in Corporate Finance*, 4th ed. Malden, MA: Blackwell Publishing, 2003. 631 pages.

実務家向け記事を集めたもの。気鋭の学者による、「*Journal of Applied Corporate Finance*」が初出のものが多い。特に見るべきはマートン・ミラーの「The Modigliani-Miller Proposittion after 30 Years」、クリフォード・W・スミス・ジュニアの「Raising Capital: Theory and Evidence」、スチュワート・C・マイヤーズの「Still Searching for Optional Capital Structure」。60ドル。

Websites

www.abiworld.org

米国破産協会（ABI）のウェブサイトで、企業及び個人の破産に関して多面的なニュースや統計が得られる。

章末問題

1．**表6.4**を見ると、公益事業はなぜこれほどインタレスト・カバレッジ・レシオが低いのだろうか。IT企業はなぜこれほど高いのだろうか。

2．財務レバレッジを上げると、株主が抱えるリスクも増える理由を説明せよ。

3．本章では、投資機会に恵まれた企業は、慎重な資本構成を維持することを勧めている。しかし、将来性のある中小企業は負債が非常に多い。

a．なぜ、投資機会に恵まれた企業は、慎重な資本構成を維持すべきなのか。

b．将来性のある中小企業が、この勧めに従わない理由は何であろうか。

4．プログレッシブ・メディア社の財務担当副社長として、あなたは以下の情報を持っている。

新規資金調達をしないとして、来年の予想税引後利益は	5,000万ドル
既存の負債について来年の要返済額は	1,700万ドル
既存の負債について来年の支払利息は	1,800万ドル
法人税率は	35%
普通株の株価は1株当たり	25ドル
発行済株式総数は	2,000万株

a．来年、金利7%で5,000万ドルの負債を新たに調達するとしたら、プログレッシブ社のインタレスト・カバレッジ・レシオはいくらになるか。

b．新たに調達する負債の年間要返済額が800万ドルだとしたら、プログレッシブ社の支払利息・元本カバレッジはいくらになるか。

c．プログレッシブ社が5,000万ドルの新規負債を調達するとして、来年のEPSはいくらになるか。

d．もしプログレッシブ社が新規負債の代わりに株価20ドルで200万株を新規発行（売出）したとしたら、来年のインタレスト・カバレッジ・レシオ、支払利息・元本カバレッジ、EPSはいくらになるか。

5．下記の変化が企業の利益レンジ・グラフ（**図6.2**）に、どのような影響を与えるのか説明せよ。また、下記のうち、財務レバレッジを高くすることでより魅力的になるのはどれか。逆に魅力がより小さくなるのはどれか。

a．新規借入の金利の上昇
b．同社の株価の上昇
c．同社の将来の利益に対する不確実性の増加
d．同社の普通株式の配当金の増加
e．同社がすでに持っている有利子負債残高の増加

6．この問題は難度が高いが、得るところの大きい問題である。ジェームズ・ブロドリック社は急成長しており、可能であれば新株発行なしでその成長を支えようと考えている。同社の主要な財務データは下記のとおりである。

年度	1	2	3	4	5
税引後利益（百万ドル）	$100	$130	$170	$230	$300
投資額（百万ドル）	$175	$300	$300	$350	$440
目標とする有利子負債対株主資本比率（簿価）（%）	120	120	120	120	120
配当性向（%）	?	?	?	?	?
有価証券（百万ドル）	$200	$200	$200	$200	$200
（0年目の有価証券＝200百万ドル）					

a．この予想によれば、同社は新株を発行することなく、どのくらいの配当を年間に支払うことができるか。年間の配当性向はどのくらいか。（ヒント：キャッシュの源泉は常に使用分と等しいことを想起しよう）
b．同社は安定的な配当性向を志向し、各年度の収益や投資のバラツキを吸収するクッションとして、市場性のある有価証券を使うと仮定する。5年間の配当金の合計を利益合計で除した比率と同じになるように年間の配当性向を設定せよ。次に、同社の毎年の有価証券の金額を求めよ。
c．利益が毎年、予測より下落すると仮定する。投資資金を調達し続け

るために、同社はいかなるオプションを持っているか。

d．ペッキング・オーダー理論に従えば、経営陣はこれらのオプションをどのようにランクづけすると思われるか。

e．なぜ、経営陣はこのペッキング・オーダー理論に従う傾向があるのだろうか。

7．この問題では、医療施設運営の民間企業としては世界最大のHCA社の資本構成を分析してほしい。2006年、プライベート・エクイティのシンジケートが同社を316億ドルで買収した。2010年11月には、歴史的低金利のなかで、配当リキャップを実施すると発表した。これは、主に153億ドルの社債発行などで調達した資金で、破格の200億ドルにも及ぶ配当を実施するというものである。

2005年から2009年までのHCAの財務諸表が入力されたエクセルのスプレッドシートと、個別の設問がhttp://www.diamond.co.jp/go/pb/fmanage/のホームページで入手できる（ただし記載は原文のまま）。

8．第3章　問7で、2012年初におけるアクアティック・サプライズ社の5年間の予測財務諸表をつくるという問題がある。あなたの予測、もしくは解答に基づき、以下の設問に答えよ。ファイルはhttp://www.diamond.co.jp/go/pb/fmanage/のホームページで入手できる（ただし記載は原文のまま）。

a．予測期間における同社のインタレスト・カバレッジ・レシオ（年ごと）を計算せよ。

b．予測の各年で、インタレスト・カバレッジ・レシオが1.0を切らないようにするには、EBITが何%までなら下落してもよいか計算せよ。

c．本書の**表6.5**を参考にして、もし社債格付けがインタレスト・カバレッジ・レシオのみを基準につけられるとしたら、2011年のアクアティック・サプライズ社の社債格付けは何になるか。

d．上の格付けに基づくと、アクアティック・サプライズ社が財務レバレッジを顕著に上昇させているのは、賢明な戦略と言えるだろうか。

第IV部

投資機会の評価

第7章 DCF法

目先の1ペニーは、はるか先の1ドルに等しい価値を持つ。
——作者不詳

現在の投資が会社の将来を左右する。したがって、創造的な投資計画をつくってこれを評価することはきわめて重要な職務であり、ファイナンスの専門家に任せればよいというものではない。それは、すべてのマネジャーの責任だ。うまく経営されている会社では、投資の意思決定プロセスは戦略策定のレベルから始まり、経営幹部はどの分野で競争を行うかを決め、そして競争に勝つ手段を決定していく。次に事業担当マネジャーが、これらの決定された戦略目標を、投資計画を含む具体的な実行計画に落とし込む。このプロセスで大切なのは投資計画の財務的な評価であり、通常、それは**資本予算**と呼ばれている。目標達成のためには、将来の収入増加を見込んだ現在の支出が必要だ。そこで、まず第1に、与えられたリスクのもとで将来の期待リターンは現在の支出を正当化できるかどうか、そして第2に、その投資計画が目標達成にとって最も費用対効果の高いものかどうかということを判断する必要がある。本章と次章でこれらの問いに答えていくことにする。

概観すると、本章と次章で検討を加える**DCF**(Discounted Cash Flow：**ディスカウンテッド・キャッシュフロー**)**法**は、企業が複数の期間にわたって費用を発生させ、便益(benefit)を生み出すアクションを検討する際に必ず関係してくる技法だ。DCF法は、株式や社債の評価、設備の取得及び売却に関する分析、製造技術の選択、新製品導入の決定、事業部門や企業の買収・売却のための評価、マーケティング・キャンペーンやR&Dの評価、さらには企業戦略の策定にいたるきわめて多岐にわたるテーマを扱う。実際のところ、DCF分析は現代のファイナンス、さらに言えば、現代のビジネスのバックボーンであると言っても過言ではない。

評価指標

いかなる投資機会においても、その財務的な評価は以下の3つのステップを踏む。

1．投資に関連するキャッシュフローの予測
2．投資の評価指標の計算
3．採択基準と評価指標の比較

評価指標とは、投資の経済的価値を数値であらわしたもので、最もよく使われる評価指標は投資収益率だ。他の評価指標と同じように、投資収益率は、投資に関連した複雑な現金の出入りについて、その経済的価値をあらわす1つの数値にまとめたものである。一方、**採択基準**は、投資の評価指標が採択に値するほど高いかどうかの判断を行うための比較の基準だ。これはちょうど、釣り人が10インチ以下の魚が釣れたならば海に戻すことにしているようなもので、釣り人にとっては、魚の大きさが評価指標であり、10インチが採択基準ということになる。

この3つのステップのなかでは評価指標と採択基準の決定が難しそうに見えるかもしれないが、実務的には第1ステップの、関連するキャッシュフローの予測が最も困難である。評価指標と採択基準の計算はほとんど機械的に行うことができるが、関連するキャッシュフローを予測することはむしろアートの領域に属しており、企業の市場、競争ポジション、長期的な目標について完全に理解する必要がある。その際における困難な問題は減価償却、資金調達コスト、運転資本投資といった一般的なものから、経営資源の共有、余剰能力、偶発的な機会といったようなより立ち入ったものにまで及ぶ。そのため、重要な費用や便益の多くは金銭に換算できないので、定性的に評価しなければならないという見方が浸透している。

本章では、関連するキャッシュフローと採択基準の問題は横に置いて、まず評価指標を取り上げる。関連するキャッシュフローの予測については本章の後半で検討する。また、採択基準については、次章「投資の意思決定におけるリスク分析」において取り上げる。

評価指標の検討を始めるにあたって、まず単純な数値を使った例で考え

表**7.1**◉**コンテナ栈橋のキャッシュフロー**（単位:百万ドル）

年度	0	1	2	3	4	5	6	7	8	9	10
キャッシュフロー	($40)	7.5	7.5	7.5	7.5	7.5	7.5	7.5	7.5	7.5	17

図**7.1**◉**コンテナ栈橋のキャッシュフロー・ダイアグラム**

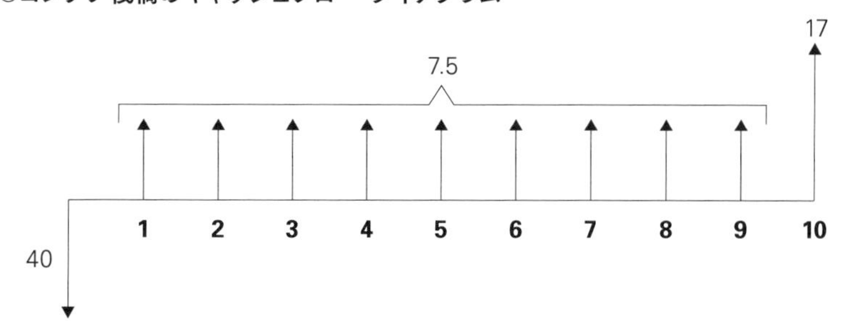

てみよう。パシフィック・リム・リソース社は、シアトルでコンテナ栈橋の建設を計画している。この会社が栈橋の建設と運営を行った場合の10年間にわたるキャッシュフローの予測を**表7.1**に示す。

図7.1は、それを**キャッシュフロー・ダイアグラム**（cash flow diagram）にしたものであり、全期間の費用と便益を図であらわしている。単純ではあるがこのような図を描くことで、最も基本的な投資機会についても、多くのミスを避けることができる。この図から、栈橋の建設に4,000万ドルかかり、10年にわたって毎年750万ドルのキャッシュ・インフローが期待されていることがわかる。さらに、耐用年数の終了時に栈橋を950万ドルで売却処分するので、10年目には1,700万ドルのキャッシュフローが期待されている。

◉———投資回収期間と会計上の投資収益率

パシフィック社の経営陣としては、栈橋から得られる便益は4,000万ドルの投資を正当化できるかどうかを知りたいわけであるが、この問題に答えるためには**金銭の時間的価値**を考えなければならない。金銭の時間的価値について述べる前に、明らかな欠点があるにもかかわらず広く使われている、簡単に計算できる2つの評価指標について考えてみたい。1つは**投資回収期間**として知られているもので、これは初期投資を回収するまでに要する期間と定義されている。コンテナ桟橋の場合の投資回収期間は5年4カ月であり、それは、初期投資を回収するまでに会社がこれだけの期間待たなければならないことを意味する（5年4カ月＝4,000万ドル÷750万ドル）。

2つ目の、広く使われてはいるが同様に欠陥のある評価指標は、**会計上の投資収益率**で、それは次のようにあらわされる。

$$\text{会計上の投資収益率} = \frac{\text{年平均キャッシュ・インフロー}}{\text{キャッシュ・アウトフロー総計}}$$

コンテナ桟橋の会計上の投資収益率は、［（750万ドル×9＋1,700万ドル）÷10］÷4,000万ドル＝21.1%となる。

会計上の投資収益率の問題点は、それが金銭の時間的価値を考慮していないという点にある。たとえば、パシフィック社の10年に及ぶ桟橋プロジェクトにおいて、キャッシュ・インフローのタイミングが少しでも遅れた場合、明らかに投資の価値は減るにもかかわらず、会計上の投資収益率は何の影響も受けない。また、投資回収期間はキャッシュフローの発生するタイミングを考慮しないだけでなく、回収期間終了後のキャッシュフローを完全に無視している。もし桟橋の残存価額が950万ドルから9,050万ドルに上がれば、投資はよりいっそう魅力的なものになるが、回収期間の数値には何の影響もない。7年目から10年目のキャッシュフローが変化したとしても同様である。

投資回収期間について公平を期して言うと、これは投資の評価指標として不適切ではあるが、投資リスクの手頃な目安としては使えることがわかっている。たいていの場合、初期投資を回収する期間が長くなればなるほどリスクが大きくなる。これは特に、将来の予測がほんの数年しかできないハイテク分野に当てはまる。そのような業界において、予測できる範囲内で回収することが約束されないような投資は、フロア・ショー抜きのラスベガスでの一夜のようなものである。

◉———金銭の時間的価値

正しい評価指標は、今日の1ドルには将来の1ドル以上の価値があるということを反映していなければならない。これは金銭の時間的価値という考え方であり、少なくとも3つの根拠がある。第1に、インフレーションにより今日の金銭と比べて将来の金銭の購買力は減少する。第2に、たいていの場合、金銭の受け取りが先になればなるほど不確実性が高まる。つまり30カ月先に1ドルをもらうよりも、30日以内に1ドルをもらうほうが価値があるのは、単に、通常の場合そのほうが確実であるからにすぎないということだ。

第3に、機会費用という重要な考え方がある。投資の**機会費用**（または**機会コスト**：opportunity costs）とは、次善の代替案から得られる収益（リターン：return）と定義される。今日の1ドルが1年後の1ドルよりも価値があるのは、今日1ドルを収益のあがる案件に投資すると1年後には1ドル以上に増やすことができるからだ。1年間お金の受け取りを待つということは、その間にあきらめた投資の収益率に等しい機会費用が発生するということを意味する。収益のあがる投資機会というものは常に存在するため、投資にはすべて機会費用がついて回ることになる。

▼複利計算と割引計算

金銭には時間的価値があるので、投資の回収期間と会計上の投資収益率を計算したときのように、異なるタイミングで発生したキャッシュフローを、単純に合算することはできない。異なるタイミングで発生する投資のキャッシュフローの時間的価値をあらわすためには、複利計算と割引計算の考え方が必要となる。銀行口座を持ったことのある人なら、複利計算のことは直感的にわかっていることだろうと思う。年利10%の利子がつく銀行口座を持っていて、年初に1ドルを預金したとすると、1年後にはいくらになるだろうか。当然、1.10ドルである。それでは、1ドルを2年間口座に預金したままにしたとするといくらになるだろうか。こちらは少々難しいが、利息も利息を稼ぐので、大部分の人はその答えが1.21ドルであるとわかるだろう。**複利計算**とは現在の金額の将来価値をあらわすプロセスのことだ。

キャッシュフロー・ダイアグラムであらわすと下の図のようになる。そして、そのパターンに注目しよう：年数が増えると（1＋0.1）の利率に従って将来価値も増える。たとえば、19年後の将来価値は利率が10％のときは、F_{19}＝1ドル（1＋0.19）^{19}＝6.12ドルとなる。

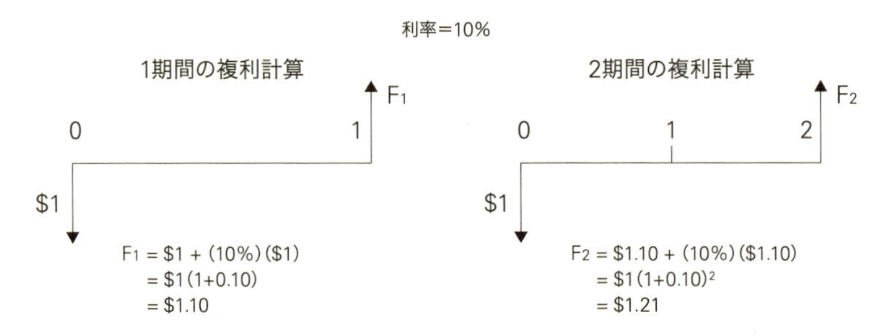

割引計算は複利計算のちょうど逆で、将来の金額の現在価値を見つけるプロセスのことだ。複利計算と明らかに似ているにもかかわらず、割引計算を何か不可解なものと思っている人が多い。しかし投資機会を分析するためには、複利計算ではなくて、割引計算を使うことになっている。

それでは、割引計算をやってみよう。年利10％の収益をあげる案件に投資し、1年後に1ドルを受け取ることが約束されているとすると、この約束には今いくらの価値があるだろうか。それは明らかに1ドルよりは少ないはずだが、正確な数字はすぐには浮かんでこないだろう。正解は0.909ドルである。これが1年後に受け取る1ドルの現在価値だ。それは今、0.909ドルを年利10％で投資したら、1年後には、0.909×（1＋0.10）＝1ドルになるということを意味する。

さらに複雑なケースとして2年後に1ドルを受け取る場合を考えてみると、現在価値は直感的にはほとんどわからないだろう。0.909ドルよりは少ないはずだが、答えは霧のなかである。正解は0.826ドル。年利10％でこの金額を投資すると、2年後に1ドルになる。右ページのキャッシュフロー・ダイアグラムでこの割引計算を例示した。複利計算との類似性に注目してほしい。ただ1つ違う点は、複利計算は現在の金額がわかっていて将来価値を知りたい場合に用いられるものであるのに対して、割引計算は将来の金額がわかっていて、その現在価値を知りたい場合に用いられるということだ。

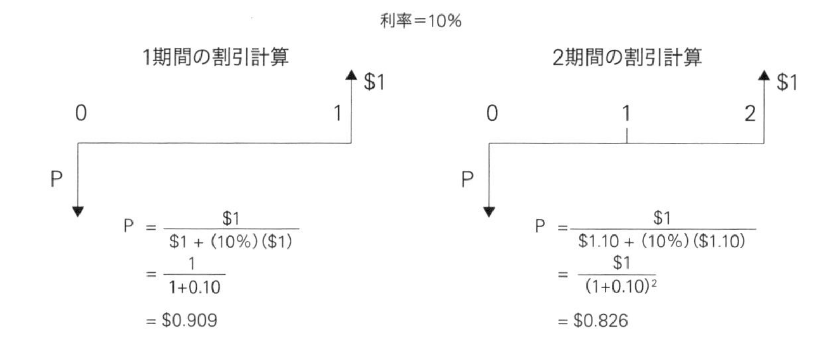

▼現在価値の計算

割引計算の問題をどのようにして解いたらよいだろうか。次の3つの方法がある：1. コンピュータを使ってキャッシュフロー・ダイヤグラムの下にある式を計算する；2. 巻末の付表Aを見る；3. 関数電卓に適切な数字を打ち込む。ここで筆者は電卓を使ったが、便利なものを選べばよい。

巻末の付表Aは**現在価値表**として知られており、1年から50年までの各年度末に受け取る1ドルを、1%から50%までの利率で割り引いた場合の現在価値を示したものだ。この表に示された現在価値は、それぞれの期間と利率について、先ほどの計算式を用いて1つ1つ計算したものだ。上記の現在価値をこの表で確認してもらいたい。

現在価値を計算する際に使う利率のことを、通常、**割引率**（discount rate）と呼んでいる。それは、2通りに解釈できる。1つは、企業に手持ち資金がある場合、割引率は同程度のリスクを持つ代替的な投資から得られる収益率のことだ。別の言い方をすると、**企業にとっての資本の機会費用**ということになる。もう1つは、企業が株式を発行して資金調達をしなければならないとすると、この場合の割引率は投資家が期待する収益率ということになる。言い換えると、**投資家にとっての資本の機会費用**である。第8章で見るように、この割引率は、投資キャッシュフローをそのリスクの大きさに応じて調整するためによく使われるので、**リスク調整後割引率**としても知られている。

巻末の付表Bは付表Aの兄弟分のようなものだ。これは割引率が1%から50%までの間で、1年間から50年間までのある期間中、毎年年末に1ドルの収入がある場合のキャッシュフローの現在価値を示したものだ。毎年同じ額のキャッシュフローが生じる場合、この付表にあるように**年金**（annuity：アニュイティ）と呼んでいる。両方の付表を説明するために、シンシナティ・レッズが有望な新人捕手と年俸200万ドルで4年契約をしたとしよう。その選手が年利率15%で資金運用できる投資機会を持っているとして、契約がどれだけの現在価値があるか計算してみよう。

この契約のキャッシュフロー・ダイアグラムは、次のとおりである。

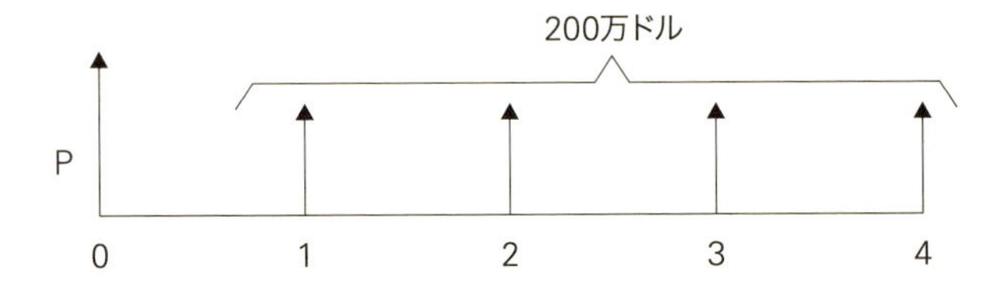

付表Aを使って現在価値Pを見つけるには、毎年の報酬を15%で割り引いて現在価値を計算することになる。その計算は次のようになる。

契約の現在価値＝0.870×200万ドル＋0.756×200万ドル
＋0.658×200万ドル＋0.572×200万ドル
＝571万ドル

もっと簡単な方法として、支払額が年金型（アニュイティ）であることに注目すれば付表Bが使える。付表Bによれば、15%の割引率で、4年間、毎年1ドルを受け取る場合の現在価値は2.855ドルだから、50万ドルの現在価値は次のようになる。

契約の現在価値＝2.855×200万ドル＝571万ドル

この野球選手は4年間で合計800万ドルを受け取ることになるが、その現在価値は570万ドルを少し上回った額となる。これが複利の効果である。

関数電卓は、簡単に言えばオートマチックな現在価値表と言える。数字を入れれば電卓が計算をしてくれる。DCF法の計算に関係があるキーは以下の5つである。n：期間、i：利率、PV：現在のキャッシュフロー、

PMT：年金型のキャッシュフロー、*FV*：将来のキャッシュフロー。次の図では、それぞれのキーの関係を示している。

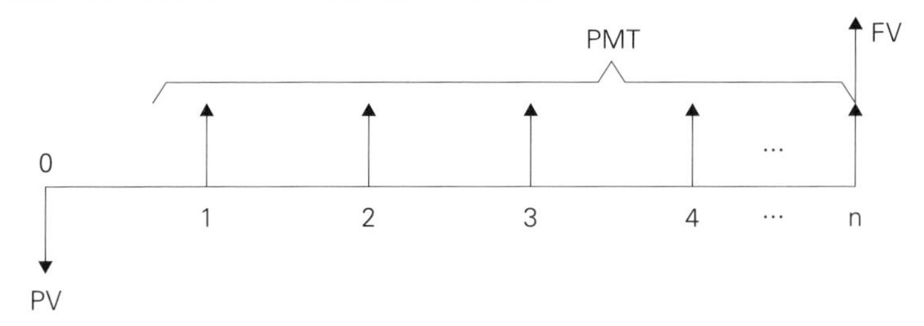

以下はこの野球選手の契約の現在価値を計算するための関数電卓の使い方を示した簡便図だ。契約の期間、利率、毎年受け取るキャッシュを打ち込む。順序は関係ない。そして電卓に現在価値を尋ねると、直ちに答えが出てくる。答えはマイナスとなっているが、それは今日契約をした場合に支払ってもよい金額を示している。

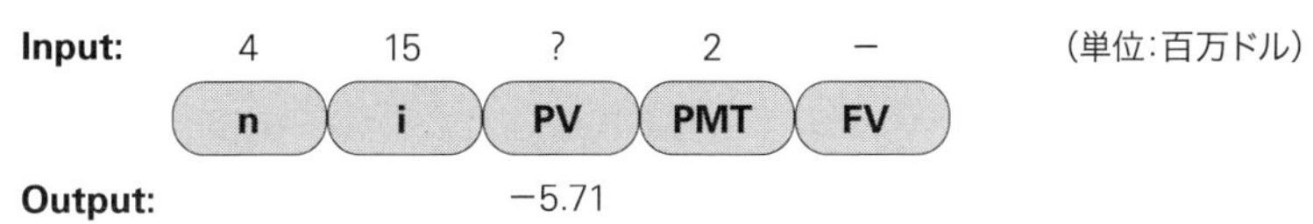

これが唯一の方法ではないが、便宜上、これから出てくるDCFの計算をこの略図を使って説明することにする。

等価性

キャッシュフローの現在価値に関して重要なことは、現在の金額が将来のキャッシュフローの価値と**等価**であるということだ。等価というのは、ある現在価値に相当する現金をその割引率で投資すれば、それを将来のキャッシュフローに変換できるということだ。この重要な事実を確認するために、571万ドルを4年間×200万ドル受け取る野球選手の契約に変換するプロセスを以下の表に示した。まず現在価値相当の571万ドルを年利15%で投資することにする。初年度末にその投資は650万ドル以上に増加するが、初年度の年俸として野球選手に200万ドルを支払うので、元本は約450万ドルとなる。2年度目にその投資は520万ドル以上に増えるが、2年度目の年俸として200万ドル差し引くと、元本は約320万ドルになる。こうやって4

年度末まで経過すると、4年度目の年俸の支払いによって元本がゼロになる。このように、野球選手にとって年利15%で投資を行うことによってキャッシュフローを変換でき、その結果として、今日571万ドル受け取ることと4年間毎年200万ドルを受け取ることは等価であるということがわかる。

年度	期初元本	利息（利率 15%）	期末元本	引出額
1	$5,710,000	$856,500	$6,566,500	$2,000,000
2	4,566,500	684,975	5,251,475	2,000,000
3	3,251,475	487,721	3,739,196	2,000,000
4	1,739,196	260,879	2,000,075	2,000,000

*最後に引き出された後に75ドルの残高があるのは、四捨五入による誤差のためである。

NPV（正味現在価値）

ここまで複利計算と割引計算と等価性を学んできたので、この考え方を用いてコンテナ桟橋の投資について検討してみよう。具体的には、**図7.1**の将来のキャッシュフローと等価となるような今日の単一のキャッシュフローに変換する。そうすることによって、すべてのキャッシュフローが現在価値であらわされるので、時間的価値の問題が解決する。そして、すべてのキャッシュフローを現在の価値で考えれば、すべてのキャッシュ・アウトフローの現在価値とキャッシュ・インフローの現在価値を直接比較することができるようになる。

計算は以下のとおりだ。同様のリスクを持つ投資機会の利率が年率で10%だとすると、桟橋の投資から得られるキャッシュフローの現在価値は4,975万ドルになる。

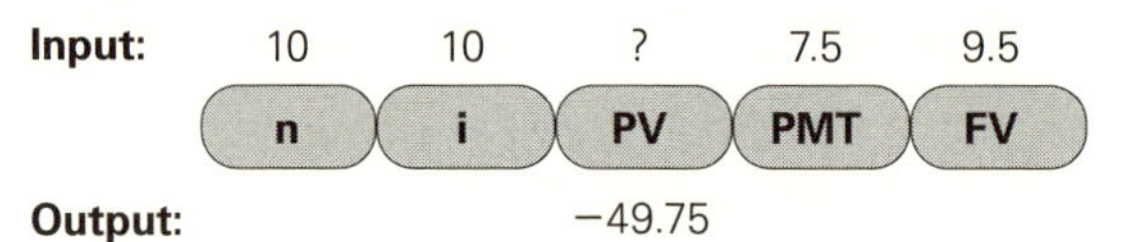

10年目のキャッシュフローは750万ドルの年金と売却処分による950万ドルの合計1,700万ドルとなっていることに注意してほしい。

下のキャッシュフロー・ダイアグラムは、この計算を図解したものである。現在価値の計算は、左図の複雑なキャッシュフローを、右図のようにゼロ時点（＝今日）の2つのキャッシュフローに変換する。これによって意思決定は容易になる。すなわち、パシフィック社は現在価値が4,975万ドルである将来のキャッシュフローのために、今日4,000万ドルを投資すべきだろうか。答えは明らかにイエスである。4,975万ドルの価値があるものに対して4,000万ドルを支払うことは明らかに理に適っている。

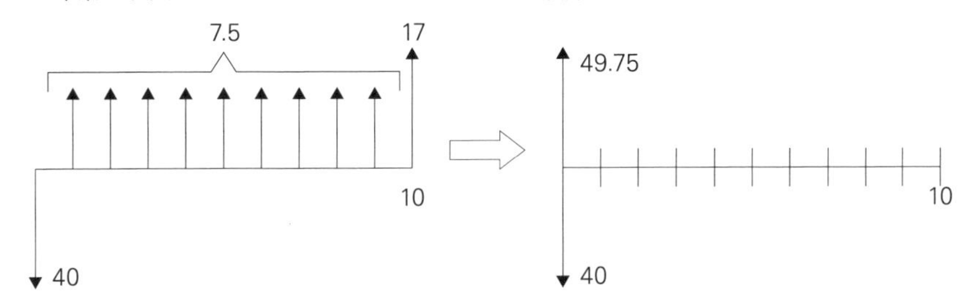

ここまで計算してきたのは、桟橋事業の**NPV**（Net Present Value：**正味現在価値**）と呼ばれるものである。このNPVは重要な投資の評価指標で、次のようにあらわすことができる。

NPV＝キャッシュ・インフローの現在価値－キャッシュ・アウトフローの現在価値

コンテナ桟橋事業のNPVは、975万ドルである。

▼NPVと価値創造

投資のNPVが975万ドルであるとわかったところで、何の意味があるのかと思うかもしれない。そこでもっとわかりやすく定義しよう。NPVとは、投資をすればどれだけ儲けることができるかを示すものだ。4,975万ドルの価値のある資産を4,000万ドルで手に入れたので、パシフィック社の富は桟橋への投資によって975万ドル増えたことになる。

これはきわめて重要な洞察だ。長年にわたって、研究者、経営の大家の間では、経営の目的は株主価値の創造であるべきだと唱えられてきた。そして上級経営幹部の間でも、そう唱える人は増加している。ファイナンス理論の輝かしい成果は、価値創造を口先だけの経営スローガンから実務における意思決定のツールにしたことだ。このツールによって、どのビジネスが価値を創造しているのかということが示されるようになっただけでなく、創造される価値を定量的に推計することができるようになった。株主に対して価値を創造したいならば、NPVがプラスの事業活動(NPVが高いほどよい)は実施し、NPVがマイナスの事業活動は実施しなければよい。NPVがゼロのビジネスは価値を創造も破壊もしないので、ギリギリでOKということになる。

式であらわすと次のようになる。

NPV＞0　　その投資は承認すべし
NPV＜0　　その投資は却下すべし
NPV＝0　　その投資はギリギリでOKである

費用便益比率

NPVは、投資の評価指標として不動の地位を占めている。投資機会を分析できさえすればよいと思っている読者は、ここから「含めるべきキャッシュフローの特定」の節まで読み飛ばしていただいても結構だ。一方、NPVとは異なるが同様に受容できる評価指標を使っている人とコミュニケーションができるようにしておきたいと考える読者や、いくつかのタイプの投資を評価する場合の作業負荷を軽減したいと思う読者は、このまま数ページ読み進んでもらいたい。

時間的価値を反映した第2の投資の評価指標は、**BCR** (Benefit-Cost Ratio：**費用便益比率**)である。これは収益性インデックス(profitability index)とも呼ばれ、政府関係機関でよく使われている。定義は以下のとおりだ。

$$\text{BCR} = \frac{\text{キャッシュ・インフローの現在価値}}{\text{キャッシュ・アウトフローの現在価値}}$$

コンテナ桟橋事業のBCRは1.24(＝4,975万ドル÷4,000万ドル)だ。BCRが1を上回るならその投資は魅力的で、1を下回るなら魅力的ではないということになる。

IRR（内部収益率）

疑いなく、経営者の間で最もよく使われているのは、NPVの兄弟分の**IRR**（Internal Rate of Return：**内部収益率**）だ。NPVとの関係も含め、IRRの説明をするために、パシフィック社のシアトル地区マネジャーの例を見てみよう。彼はコンテナ桟橋への投資の承認を得るために、割引率10%のときに桟橋への投資のNPVがプラスであることを明らかにし、その分析を会社の財務担当者に提出した。ところが財務担当者からは、分析手法は問題ないが最近の金利情勢から考えると、割引率には12%を用いるほうが適当ではないかという返事が返ってきた。そこでNPVを計算し直して、NPV＝544万ドルという数字を得た。プラスではあるものの、以前の975万ドルに比べてかなり低い数字である（544万ドル＝4,544万ドル－4,000万ドル）。

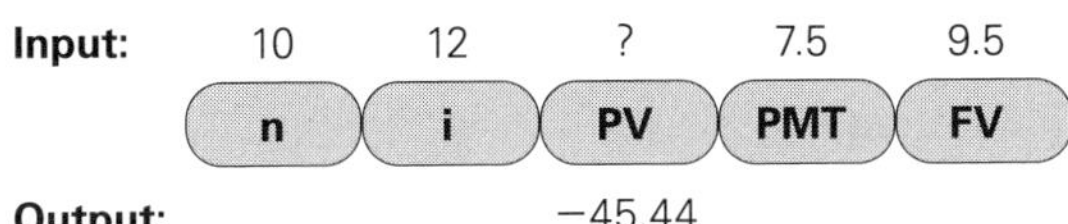

資料を突きつけられて財務担当者はしぶしぶながらこの投資を承認し、次はCFO（Chief Financial Officer：最高財務責任者）に報告することになった（割引率が高くなればNPVが減少するのは当たり前である。なぜなら、桟橋のキャッシュ・インフローは将来に生じるので、割引率の上昇によって将来のキャッシュフローの現在価値が下がるからである）。

財務担当者よりもさらに保守的なCFOは、手法については賞賛したが、事業にかかわるリスクと資金調達の困難さから考えて割引率を18%にするよう求めてきた。シアトル地区マネジャーが三たび計算すると、割引率18%ではNPVが－448万ドル（＝3,552万ドル－4,000万ドル）となることがわかったので落胆することとなった。

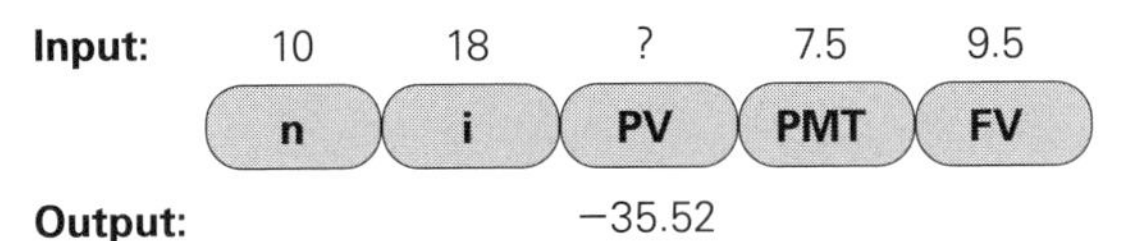

CFOはかつて銀行でローンを担当していただけあって、マイナスのNPVを見て、嬉々として提案を却下したのであった。シアトル地区マネジャーの努力はムダになったが、このプロセスはわれわれがIRRを理解する助け

表**7.2**◉**さまざまな割引率で計算したコンテナ栈橋のNPV**

割引率	NPV	
10%	9.75百万ドル	
12	5.44	
	←	**IRR = 15%**
18	−4.48	

になる。

表7.2にシアトル地区マネジャーの計算をまとめてみた。これらの数字からコンテナ栈橋事業の収益性には、割引率が12%から18%に変わる間に何か重要なことが起きているのがわかる。その範囲のなかでNPVが正から負になり、投資は承認から却下に変わる。この変化が起こる重要な割引率が、その投資のIRRだ。

正式にはIRRは以下のように定義される。

IRR＝投資のNPVがゼロとなる割引率

IRRも投資の評価指標の1つである。IRRと比較される採択基準は、その投資に係る資本の機会費用だ。もしIRRが資本の機会費用を上回っていればその投資は魅力的なものであり、下回っていれば魅力的ではないということになる。もしIRRが資本の機会費用と同じならば、その投資はギリギリだということになる。

Kを資本コストとすると、次のようになる。

IRR＞K　　その投資は承認すべし
IRR＜K　　その投資は却下すべし
IRR＝K　　その投資はギリギリでOKである

読者は、IRRとNPVが投資判断のほとんどのケースにおいて（残念ながらあらゆるケースではない）同じ結果をもたらす、と聞くと安心するだろう。つまり、ほとんどの場合、IRRに基づいて投資案件が承認される場合は、

図7.2◉さまざまな割引率で計算したコンテナ桟橋のNPV

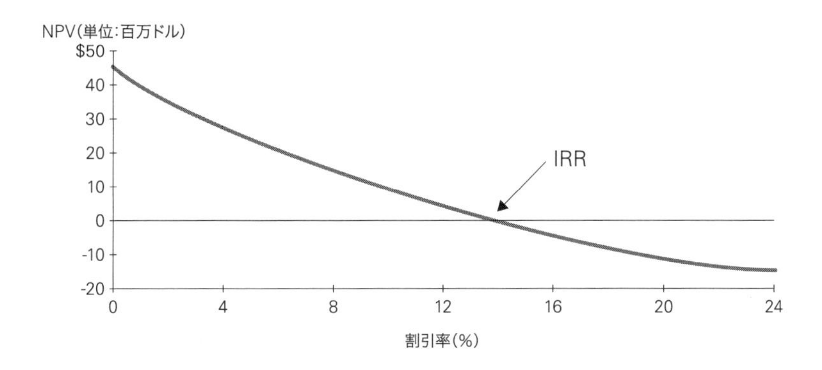

NPVもプラスとなり、その逆もまた然りなのだ。**図7.2**に**表7.2**の数字をプロットしてコンテナ桟橋事業のNPVとIRRの関係を図示した。割引率がおよそ15%のところでNPVがゼロになることがわかる。したがって、これがこの事業のIRRになる。資本コストが15%を下回ればNPVはプラスとなり、IRRも資本コストを上回るので、投資はいずれの指標からも承認される。資本コストが15%を上回ると、いずれの指標からも投資は却下されることになる。

図7.2は、投資のIRRを理解するうえで参考となる点をいくつか示唆している。第1に、資本コストがIRRよりも小さければ投資は魅力的となり、資本コストがIRRより大きければ投資は魅力的ではなくなる。そういう意味において、IRRは損益分岐点に相当する収益率ということができる。第2に、さらに重要なこととして、IRRは投資した金額を複利で増やしていく場合の利率であると考えることができる。その意味でIRRは銀行ローンや預金の利率と同様なものである。これはIRRと資本コストを直接的に比較することができるということを意味している。会計上の投資収益率などの他の簡便な方法は、金銭の時間的価値を考慮していないためにこのような比較はできない。

コンテナ桟橋への投資は年利15%の銀行預金と経済的に等価である

投資のIRRが銀行の預金金利と同様であるということを確かめるために、パシフィック・リム・リソース社が、桟橋を建設する代わりに、同じ4,000万ドルを年利15%の預金口座に預けると想定しよう。下の表を見れば、同社はこの口座から桟橋から得られるのとまったく同じキャッシュフローを得ることができ、10年後には桟橋への投資同様に元本がゼロとなることがわかるだろう。言い換えれば、リスクの違いは別として、桟橋への投資のIRRが15%だということは、15%の利率で銀行に預金したのと経済的には等しいということを意味している。

（単位：百万ドル）

年度	期初元本	利息（利率 15%）	期末元本	引出額 ＝投資からのキャッシュフロー
1	$40.0	$6.0	$46.0	$7.5
2	38.5	5.8	44.3	7.5
3	36.8	5.5	42.3	7.5
4	34.8	5.2	40.0	7.5
5	32.5	4.9	37.4	7.5
6	29.9	4.5	34.4	7.5
7	26.9	4.0	30.9	7.5
8	23.4	3.5	26.9	7.5
9	19.4	2.9	22.3	7.5
10	14.8	2.2	17.0	17.0

IRRの計算には、少々のトライアルアンドエラーを繰り返して、正しい値に到達することが必要となる。現在価値表を使って求めようとすると問題が生じるが、コンピュータか計算機を使えば、正解が出るまでにほんの少し待つ必要があるかもしれないが、問題はまったくない。以下の計算でコンテナ桟橋のIRRが15%であることがわかる。

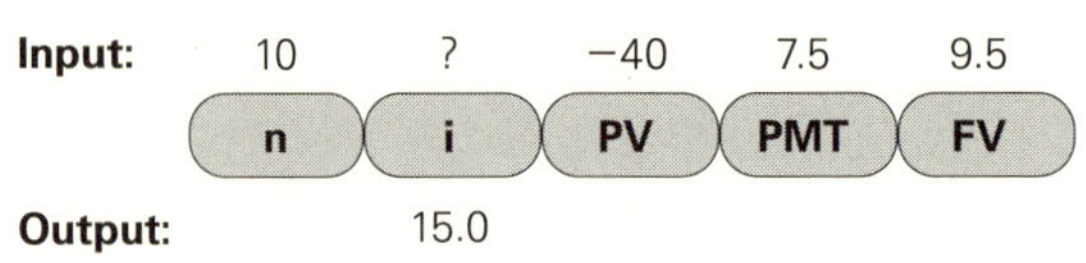

表7.3◉コンテナ桟橋のNPV、IRR、BCRをコンピュータのスプレッドシートで計算してみる

	A	B	C	D	E	F	…	K	L
1	**予想年間キャッシュフロー** (単位:百万ドル)								
2	年度	0	1	2	3	4	…	9	10
3	キャッシュフロー	($40)	7.5	7.5	7.5	7.5	…	7.5	17
4									
5	割引率:		10%						
6									
7				**計算式**			**解答**		
8	NPV(正味現在価値)			=NPV(C5,C3:L3)+B3			$9.75		
9									
10	BCR(費用便益比率)			=NPV(C5,C3:L3)/-B3			1.24		
11									
12	IRR(内部収益率)			=IRR(B3:L3,0.12)			15%		

表7.3はExcelによるコンテナ桟橋投資案件に関する計算を示している。「計算式」と表示された欄にある3つの入力データはスプレッドシートに通常はあらわれない。それはコンピュータが答えの数字を計算して「解答」欄に表示するように筆者が入力したものだ。スプレッドシートには多くの財務計算機能があり、それを活用することでさまざまな財務計算を行うことができる。Excelでは「数式」→「財務」を選択することでこれらの機能を利用することができる。NPV関数はC5のセルで特定した利率においてC3からL3までのキャッシュフローの現在価値を計算する。この現在価値からB3のセルにある4,000万ドルの初期費用を差し引くことでNPVを計算する。IRR関数はB3からL3までの数字からIRRを計算する。IRRを求めるのに行われる繰り返し計算を補助するため、IRRの予想値を入れる個所があるが、筆者は12%と入力した。

よくある間違いは、NPV関数は指定した範囲の数値に関して、最初に指定されたキャッシュフローが生じるより1期前の時点でのNPVを計算するということである。どういうことかと言うと、もし式を=NPV(C5,B3:L3)とすると、コンピュータは－1年度の時点でのNPVを計算してしまう。この間違いを避けるためには、1年度から10年度までのキャッシュフローのNPVを計算し、そこに0年度のキャッシュフローを加えればよい。

◉———いくつかの応用と展開

DCF (discounted cash flow) の概念は、多くのファイナンス的概念の基礎となっている。その幅広い適用力を示すため、あるいは、読者の概念理解を深めるため、また、本書で後ほど取り上げることになるテーマを紹介するため、いくつかの役に立つ応用と展開を検討したい。

▼債券の評価

投資家は通常、債券を評価するときにDCFの技法を用いる。例で示そう。ABC社の社債が額面1,000ドル、表面利率8%で満期まで9年間であるとする。少なくとも7%のリターンは欲しいと思っている投資家は、この債券を買うときにいくらまで払えるかを決めなければならない。そのキャッシュフロー・ダイアグラムは次のようになる。

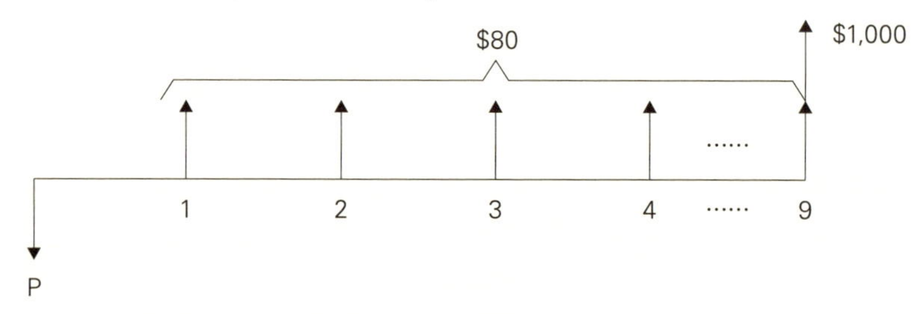

要するに、投資家は7%で割り引いた将来のキャッシュフローと等価であるPがいくらかを知りたいということだ。現在価値を計算すると1,065.15ドルになる。それは投資家がこの金額でABC社の社債を買うと、9年間のリターンがちょうど7%になるということを意味している。

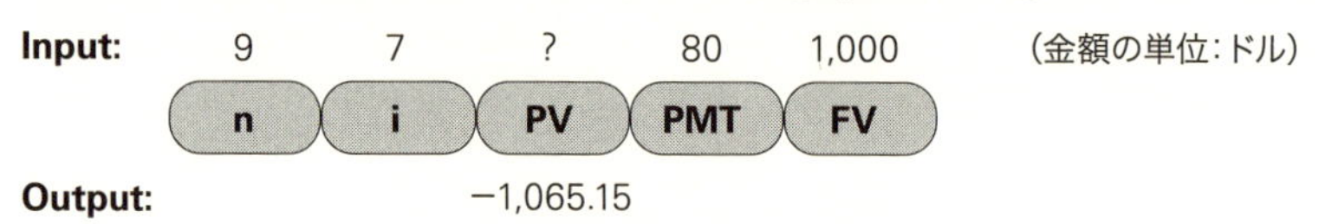

さらに言えば、この金額よりも高く買えばリターンは7%を下回り、安く買えば7%を上回ることになる。

通常の場合は、投資家は社債の価格を知っていて、それがどのぐらいのリターンをもたらすかを知りたいと思っている。ABC社の社債が1,030ドルで売られていたとして、この社債を買って満期まで保有した場合のリターンを投資家は知りたいのである。専門用語で言えば、投資家は債券の**最終利回り**を知りたいと思っている。計算をすると、最終利回り、つまりIRRは7.53%であることがわかる。

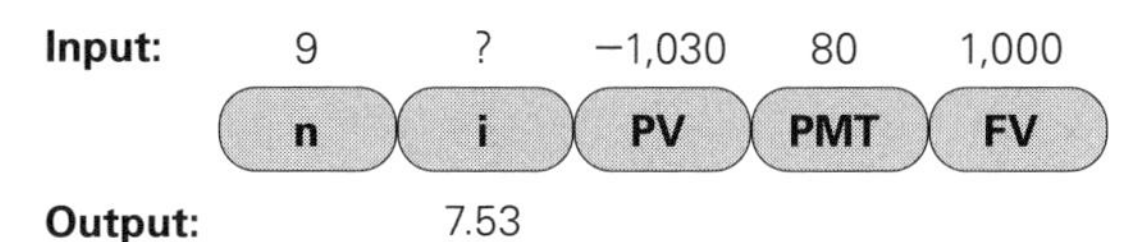

▼永久年金のIRR

イギリスやフランスの一部の国債のように、満期が無く、永久に決まった額の利子を支払う金融商品がある。永久に続く年金を**永久年金**(perpetuity：パーペチュイティ)という。多くの優先株式は永久年金と言える。第9章で企業価値を評価するが、会社の創出するキャッシュフローを永久年金ととらえると便利なことに気がつくだろう。

どのようにして永久年金の現在価値を計算すればよいだろうか。それは驚くほど簡単だ。毎年1ドルが100年間継続する年金の現在価値は、割引率が12%のときに8.33ドルにすぎない。

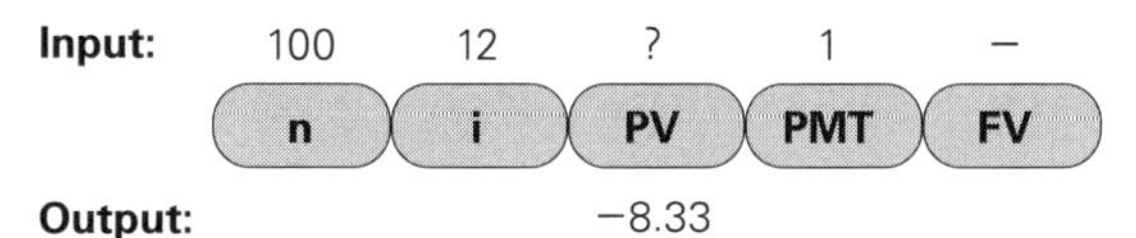

これについて考えてみよう。トータルで100ドルを手に入れてもその現在価値は9ドルに満たないということだ。なぜか。それは利子率が12%で銀行に8.33ドルを預けたら元本を維持したままで永久に毎年約1ドルの利息を手に入れることができるからだ(12%×8.33ドル＝0.9996ドル)。そのため、今日の8.33ドルの価値は、永久に毎年1ドルを手に入れることとほぼ同じであることがわかる。

ここから、次の単純な永久年金の公式が出てくる。毎年の手取り額をAとし、割引率をrとし、Pを現在価値とすると、

$$P = \frac{A}{r}$$

そして

$$r = \frac{A}{P}$$

たとえば、優先株式の価格が480ドル、年間の配当額が52ドルで、配当が永久に支払われるとする。この場合、IRRは10.8%となる(IRR=52/480)。計算式が単純なので、永久年金の公式は教科書の例題や長期資産を評価するときによく使われる。

▼等価年間費用

ほとんどのDCFの計算では現在価値やIRRを求めるが、それだけではない。たとえば、パシフィック・リム・リソース社が4,000万ドルのコンテナ桟橋を韓国の大手海運会社に12年の期間でリースすることを考えているとしよう。パシフィック社はリース終了時においても400万ドルの価値があると信じている。この取引を成立させるためには、投下した資本の機会費用も含めた投資回収に必要な毎年のリース料金を知る必要がある。つまり、パシフィック社は、初期投資と残存価値を毎年一定の支払金額に換算する係数を知る必要がある。金利が10%とし、税金を無視すると、必要な年間リース金額は568万ドルとなる。

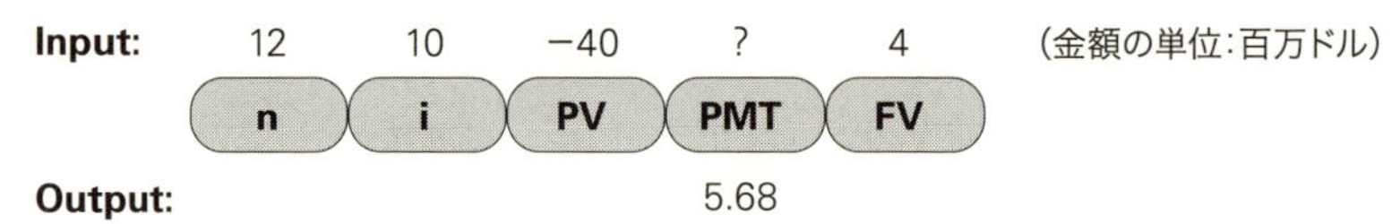

投資の**等価年間費用**として知られているこの数字は、時間軸で調整した桟橋の年間実効費用をあらわす。この計算は、パシフィック社が桟橋の等価年間費用に等しいリース料金を設定すると、投資に対してちょうど10%のIRRを得ることをあらわしている。等価年間費用については本章の補遺でさらに説明する。

異なる複利の計算期間について

話を簡単にするために、これまですべてのDCFの計算において複利の計算期間を1年としてきた。もちろん、現実は常にそうなっているわけではない。アメリカやイギリスでは債券の利子は半年ごとに計算されて、支払われる。多くのクレジットカードは月単位での複利、貯蓄性金融商品のなかには日単位の複利であることを宣伝しているものもある。

複利計算の期間が異なるということから、利子率を二種類に分ける必要性が生じる。表面利子率（APR：annual percentage rate）と実効利子率（EAR：effective annual rate）の二種類である。

両者の違いを見てみよう。1ドルを10%の利子率で複利運用すると1年後に1.1ドルになる。もしも複利の期間が半年だったらどうなるだろうか。そのためには利子率を2で割って、複利の計算期間を倍にすればよい。したがって、半年後に投資額は1.05ドルになり、1年後には1.1025ドル（1.05ドル＋0.05×1.05ドル）になる。半年複利の場合、最初の半年で得られた利子に対して次の半年で利子が生じるので、最終的には1年複利よりも額が少し増える。表面金利が10%でも半年複利の場合は実質的な利子率は10.25%となる。この場合、APRは10%だが、EARは10.25%となる。

mを年間の複利計算の回数とすると、次の関係式が成り立つ。

$$\mathrm{EAR} = \left(1 + \frac{\mathrm{APR}}{m}\right)^{m} - 1$$

したがって、6%の預金金利が毎日複利だとすると、実効利子率は$(1+0.06/365)^{365}-1=6.18\%$となり、18%のクレジットカードのローンは毎月複利の場合$(1+0.18/12)^{12}-1=19.56\%$となる。

教訓が2つある。第1に、複利の計算期間が1年以内の場合、真の利子率はAPRではなくてEARとなる。第2に、複利の計算期間の異なる金融商品を比較する場合はAPRではなくてEARで行わなければならない。連邦貸付真実法が後ろ盾になってAPRを使うことが慣行になっているので、EARが実質的に排除されているのが実情だ。だからこういう教訓が必要になる。

◉———相互に排他的な代替案と資本制約

ここで投資の選択を複雑にしがちな2つの事柄について少し考える必要があるだろう。まず、**相互に排他的な代替案**の問題を取り上げよう。

通常、ある目的を達成するための方法は1つとは限らない。そのため、投資においても、数ある代替案のなかからベストのものを選択するということになる。この場合、投資は相互に排他的であると言われる。こうした例はたくさんあって、建物をコンクリート建築にするのか、それとも木造建築にするのかといった選択や、車で通勤するのか、それともバス通勤にするのかといった選択、またビルを40階建てにするのか、それとも30階建てにするのかといったような選択が挙げられる。いずれの場合もどちらを選択しても目的は達成されるだろうし、また個別に見ればそれぞれ魅力的であろう。しかしながら、両方を同時に選択することはできない。通勤にバスを利用するなら、同時に車で通勤することは不可能だ。このように相互に排他的な代替案の場合、各々の代替案が魅力的かどうかを判断するだけでは不十分であり、どれがベストであるかを判断しなければならない。相互に排他的な投資は、ある1つの案件について単に行うべきか行うべきでないか考えればよいような独立した投資とは大きく異なる。

独立した投資の場合は、これまで見てきたNPV、BCR、IRRという3つの評価指標のどれを使っても投資の意思決定は同じ結果となる。しかし、相互に排他的な投資の場合、必ずしもそうなるとは限らない。これまでに挙げた例は、すべて独立した投資であることを暗黙の前提としていた。

投資評価を複雑にする2つ目の要因は、**資本制約**である。これまで、魅力的な投資機会すべてに投資できるだけの資金が企業に潤沢に存在するという暗黙の前提のもとに話を進めてきた。ところが、資本に制約がある場合には、資本予算に超えることができない一定の限度額がある。そのような投下資本の制約には、投資家が資金提供に消極的であるといった外部要因によるものや、各事業単位の投資額をコントロールするために経営陣が制限を課すといった内部要因によるものがある。いずれの要因であっても資本制約がある場合の投資の意思決定においては、投資評価に基づいて投資機会をランクづけし、ベストなものだけを選択しなければならない。

相互に排他的な代替案も資本制約も、投資をランクづけする必要性があるという点では同じだが、まったく同じというわけではない。相互に排他的な代替案の場合、資金は潤沢にあるのだが、技術上の理由からある投資だけが選択されることになる。資本制約がある場合、資金の不足が事態を複雑にする要因となる。さらに、投資をランクづけするときに用いる基準もそれぞれの場合で異なってくることから、相互に排他的な代替案におけるベストの投資が、資本制約のもとでのベストの投資になるとは限らない。本章の補遺ではこの問題を考察し、どのような条件の場合にどの評価指標を用いればよいのかについて述べている。

IRRについて

投資分析における関連するキャッシュフローの決定に行く前に、IRRについてのまとめを行っておきたい。IRRには、NPVとBCRに対して明らかな利点が2つある。第1に、直感的にわかりやすいという点だ。投資のIRRが45%だ、と言うのはNPVが1,200万ドルだ、BCRは1.41だ、と言うよりもイメージがわくだろう。第2に、適切な割引率を決定するという少々厄介な作業を回避できる点だ。通常のリスクを持つ投資機会のIRRが80%であることがわかったならば、常識的な範囲であればどんな割引率でもよい投資案件だと言えるわけだ。そしてIRRが2%ならば、割引率にかかわらず無理であろうと同様に確信できる。正確な割引率を心配しなければならなくなるのは、IRRが5〜25%の範囲になった場合だけだ。割引率がないと分析ができないNPVやBCRとはこの点が異なる。

残念ながらIRRにも、使用にあたって妥協が必要とされるようないくつかの技術的な問題がある。ここでは詳しく触れないが、問題があるということは認識しておくべきだ(詳細は章末に挙げた参考図書を参照のこと)。1つの問題は、稀にではあるがIRRが複数の数値を取ることがある点だ。つまり、2つかもしくはそれ以上の割引率でNPVがゼロになることがある。IRRが計算できないという場合もある。そのような投資ではどんな割引率でもNPVはプラスかマイナスのいずれかになってしまう。第2に、これはより深刻な問題として補遺でも説明するが、相互に排他的な代替案を分析するとき、あるいは資本の制約があるときに、IRRは適切な尺度にならないという点だ。

ほとんどの政治家は魅力があるが欠点もある。IRRもそのような存在と言える。真面目な専門家が努力をすればこのような問題を回避することはできるが、それよりもシンプルで直接的な代替指標であるNPVの計算に努力をすることを勧める。直感的にわかりやすくて魅力的だが、実際に使うときは要注意。これがIRRに対する筆者の見解だ。

含めるべきキャッシュフローの特定

いよいよ電卓をしまって投資機会の評価における最大の難問に取り組むことにしよう。評価指標を計算するには、金銭の時間的価値及び等価性に対する理解と多少の計算能力が必要であるが、投資に関連するキャッシュフローを推定することに比べれば、たいして難しいことではない。というのも、評価指標の計算が機械的なテクニックだけを必要とするのに対し、どのキャッシュフローを含めるのかの特定には、ビジネスの判断と見通しを必要とするからである。

どのキャッシュフローを含めるかの特定には、2つの原則がある。2つとも理論的に述べられているときは明白なように見えるが、実際に適用するとなると恐ろしく難しい。

1．**キャッシュフローの原則**

金銭には時間的価値があるので、発生主義会計で言うところの発生時点ではなく、金銭が実際に動いたときに投資のキャッシュフローを計上する。つまり、金銭が動かなければ計上しない。

2．**With-Withoutの原則**

投資が行われた世界（With）と投資が行われなかった世界（Without）があるとする。この2つの世界の間にあるキャッシュフローの差異が、投資の意思決定に関連するキャッシュフローである。もし、両方の世界で同一のキャッシュフローが生じるならば、そのキャッシュフローは投資の意思決定に無関連であり、計上すべきでない。

キャッシュフローを予測するうえで生じる問題に対して、実際にどのようにこれらの原則を適用していけばよいかということを、例を使って説明しよう。

プラスティール・コミュニケーションズ社の携帯端末事業部長に就任したニーナ・サンダースは問題を抱えていた。彼女の就任前に、事業部は携帯電話の新製品の導入を計画していた。事業部の分析担当者が出した数値はすばらしいものに見えたが、同社の資本投資検討委員会に諮るといっせいに非難されてしまった。あるメンバーは「まったく稚拙だ」と言い、別のメンバーは「うちの資産を盗もうとしている」とサンダースの事業部を非難した。委員長は、強い反感を買ったことに驚き、これ以上の対立を避けようとしてこの件を直ちに保留にした。そして、サンダースにさらなる検討と修正案の作成を求めた。そこでサンダースは部下の作成した計画を見直すことになった。

表7.4は委員会に提出された新製品導入計画の費用と便益の見積もりを示したものであり、問題となった箇所を太字で示してある。表の上部には初期投資と5年後の残存価値の見込みが表記されている。携帯電話のビジネスは変化が速いので、さらに改良された製品があらわれて、新製品を5年以内に陳腐化させると経営幹部は考えた。表の中ほどには新製品の予測損益計算書が、「フリー・キャッシュフロー」で始まる下部には財務分析が示されている。これらの数字に基づいて計算すると、新製品の導入は4,600万ドルの費用がかかり、IRRは37%となることがわかる。

フリー・キャッシュフロー(FCF)は投資プロジェクトの根本となるものだ。それは投資によって毎年出たり入ったりするすべての現金の見込みなので、FCFを割り引いて投資のNPVやIRRを計算する。定義は次のとおりだ。

FCF＝税引き後の利益＋現金の支出を伴わない費用－投資

ここにおいてプロジェクトの残存価値はマイナスの投資と考える。FCFについては後の章でまた議論する。

表**7.4**◉**事業部による携帯電話新製品の財務分析**（単位：百万ドル）

年度	**0**	**1**	**2**	**3**	**4**	**5**
工場及び設備	($30)					$15
運転資本の増加額	**(14)**					
初期エンジニアリング費用	**(2)**					
余剰設備	**0**					
投資合計	($46)					
残存価額						$15
売上高		$60	$82	$140	$157	$120
売上原価		26	35	60	68	52
売上総利益		34	47	80	89	68
支払利息		**5**	**4**	**4**	**3**	**3**
配賦費用		**0**	**0**	**0**	**0**	**0**
販売費及び一般管理費		10	13	22	25	19
営業費用合計		14	17	26	28	22
営業利益		20	29	54	61	46
減価償却費		**3**	**3**	**3**	**3**	**3**
税引前利益		17	26	51	58	43
法人税等（税率40%）		7	11	20	23	17
税引後利益		$10	$16	$30	$35	$26
フリー・キャッシュフロー	($46)	$10	$16	$30	$35	$41
NPV（割引率15%）	$35					
BCR	1.76					
IRR	37%					

＊四捨五入のため、合計等が合わない個所もある。

◉――減価償却費

会議における第1の論点は、事業部における減価償却費の扱いだった。**表7.4**に示されているように、事業部による分析では税引後利益を算定する際に、通常の会計実務に従って、売上総利益から差し引く諸費用のなかに減価償却費も含めている。これを見たあるメンバーは、減価償却費は現金支出を伴わない費用なので、投資の意思決定には無関連であると主張した。また他のメンバーからは、減価償却費の扱いはこれでよいが、事業部による分析のアプローチが間違っているという意見も出た。サンダースは正しいアプローチを明らかにする必要があった。

会計学における減価償却費の取り扱いは、スイス式の牛の数え方を連想させる。すなわち、足の数を数えて4で除するというものだ。それでもことは済むのだが、必ずしも直接的なやり方ではない。資産の物理的な劣化は経済的な事実であり、投資評価を行う際にそのことを考慮しなければならないという事業部の分析担当者の考え方は正しい。しかしながら、事業部の分析は新しい工場設備の残存価額がその取得原価よりも小さいと予測する際にも同じことを行っている。つまり、新しい工場と設備が3,000万ドルで建設され、5年後に1,500万ドルで売却処分されるということは、明らかに耐用年数にわたって減価償却を行うことを見越しているわけだ。初期投資額よりも小さい残存価額を用いることによって減価償却を含めているので、会計担当者が行うように毎年営業利益から減価償却費を控除するのは、明らかに二重計算である。

もし税金というものがなければ話はここで終わる。減価償却費はキャッシュフローの変化を伴わない費用であるため、投資の分析には無関連である。ところが、減価償却費は課税額に影響を及ぼしており、税金を通じて投資分析に影響を及ぼすことになる。したがって、次の2つのステップを踏む必要がある。

1．発生主義会計の手続きに従って、減価償却費を費用として計上し、税額を計算する。
2．税引後キャッシュフロー（Aftertax Cash Flow：ATCF）を計算するため、税引後利益に減価償却費を足し戻す。ATCFは投資の営業キャッシュフローの正しい尺度である。ATCFは先に定義したフリー・キャッシュフローの最初の2つの項目に等しいことに注意してほしい。減価償却は現金の支出を伴わない代表的な費用である。

前掲の**表7.4**は、事業部の分析担当者はステップ1．だけで、2．を行っていないことを示している。つまり、ATCFの計算で税引後利益に減価償却費を足し戻していない。事業部の分析の原案に基づいて、第1年度の適切な数値を計算すると次のようになる。

$$\text{ATCF} = \text{税引後利益} + \text{減価償却費}$$

$$1{,}300\text{万ドル} = 1{,}000\text{万ドル} + 300\text{万ドル}$$

以下の数ページにおいて**表7.4**をさらに修正するので、それに伴ってATCFの数値も変わる。しかし、ここでは減価償却費だけに注目して、1,300万ドルを正しいATCFの額とする。

減価償却による節税効果

減価償却費とATCF（税引後キャッシュフロー）との関係については、別の見方もある。ATCFを計算するにあたって推奨する方法は、税引後利益に減価償却費を加えることだ。式であらわせば次のようになる。

$$\text{ATCF} = (R - C - D) \times (1 - T) + D$$

R＝売上高

C＝現金を伴う営業費用

D＝減価償却費

T＝税率

この式をDで整理すると次のようになる。

$$\text{ATCF} = (R - C) \times (1 - T) + TD$$

最終項のTDは**減価償却による節税効果**として知られている。

この式はいろいろな点で興味深い。第1に、これは税金というものがなければ、減価償却費がATCFの予測に無関連であることを明らかに示している。Tがゼロであれば、減価償却費は式から消滅してしまう。

第2に、減価償却費が増えるとATCFも増えることになることがわかる。利益をあげている企業においては、計上できる減価償却費が大きければ大きいほど、ATCFも大きくなる。一方、税金を払っていない企業の場合は、減価償却費を増やしても意味がない。

第3に、この式は古い設備を新しい設備に取り替える更新投資を評価するのに有用である。このような場合、現金支出を伴う費用や減価償却費は選択する設備によって変わってくるが、売上高は変わらない。設備の選択によって売上は変わらないので、with-withoutの原則によって売上は意思決定には無関連となる。*R*をゼロとして書き換えると次のようになる。

$$\mathrm{ATCF} = (-C)(1-T) + TD$$

言葉であらわすと、更新投資の意思決定に関連するキャッシュフローは税引後の営業費用に減価償却費の節税効果を足したものになる。

次の表は、第1年度のATCFを計算するにあたっての、2段階のプロセスを示している。

営業利益	$20
引く　減価償却費	3
税引前利益	17
引く　法人税(税率40%)	7
税引後利益	10
足す　減価償却費	3
税引後キャッシュフロー	$13

税引前利益を計算するために減価償却費を引き、ATCFを計算するために減価償却費を足し戻すことに注意する。

この表はATCFを計算するもう1つの方法を示唆している。

ATCF＝　営業利益－法人税

1,300万ドル＝2,000万ドル－700万ドル

この式は、減価償却費が法人税に影響を及ぼすことを除いては、ATCFの計算に関連しないということを明確に示している。

運転資本と自然発生的な資金源

投資、とりわけ新製品への投資を行えば、固定資産が増加するだけでなく、

在庫や売掛金などの形で運転資本も増加する。With-Withoutの原則によれば、投資を行った結果生じる運転資本の変化は、投資の意思決定に関連することになる。実際、場合によっては運転資本の変化は、投資にかかわる最も大きなキャッシュフロー項目となる。

スプレッドシートに運転資本の変化に関する項目を入れたという点で事業部原案は正しい。しかし、運転資本に固有の特徴のいくつかが把握されていない。第1に、運転資本は新製品の売上に応じて増えたり減ったりするのが普通である。第2に、投資期間終了時に運転資本は現金化され、通常、それまでの投資額とほぼ同額を回収できる。その意味において、運転資本は可逆的だ。別の言い方をすると、運転資本投資は一般的に大きな残存価値を持っている。第3の特徴は、運転資本の増加を伴う多くの投資が、ビジネスの過程で自然に生じると同時に、明示的なコストを伴わない**自然発生的な資金源を**も生み出すことだ。具体例としては、買掛金、未払賃金、未払法人税等といった実質的に利息が発生しない流動負債の増加がある。プロジェクトの運転資本への投資を計算する際は、これらの自然発生的な資金源を流動資産の増加分から差し引かなければならない。

例を用いて説明するために、事業部が新製品導入の支援に必要とする運転資本投資の予測について、修正案を下表に示す。この表では、(1)新たに発生する流動資産、ただし自然発生的な資金源を差し引いたネットの流動資産増は売上高の20%であり、(2)その新製品が寿命を迎えたときに運転資本は全額回収されると仮定している。各年の運転資本投資額は運転資本の年度ごとの変化額に等しいので、売上高に応じて増えたり減ったりすることに注意しなければならない。

年度	**0**	**1**	**2**	**3**	**4**	**5**
新製品売上高	$0	$60	$82	$140	$157	$120
運転資本(売上高の20%)	0	12	16	28	31	24
運転資本の増減	0	12	4	12	3	−7
運転資本の回収額						24
運転資本投資合計	$0	($12)	($4)	($12)	($3)	$31

◉———埋没費用

埋没費用（または、**サンク・コスト**：sunk costs）とは、すでに発生してしまった費用であり、With-Withoutの原則によれば、現在の意思決定には無関連な費用のことである。この基準に従えば、事業部による財務分析において、すでに発生した200万ドルの初期エンジニアリング費用を計上していることは明らかに間違いであり、この金額を含めてはいけない。「これをどこかで計上しないと、エンジニアたちは生産開始前に金を湯水のように使ってしまう」という事業部の反論には一理ある。しかしながら、それは個別の費用予算には計上すべきであるが、新製品の提案に計上してはならない。投資の意思決定において大事なことは、われわれは真実の探求者であって、費用を管理する監査担当者や業績評価を行う管理職ではないということだ。企業が採用している特定の業績報告制度や業績評価制度にとらわれてはいけない。

このように言うことは簡単だが、埋没費用を無視することは心理的には難しい。そのことを2つの例で説明しよう。1年前にある会社の普通株式を1株当たり100ドルで購入し、現在はその株式が70ドルで取引されているとする。現在の見通しから70ドルという株価はむしろ割高であると思ったとしても、自分のミスを認めて今すぐ売る覚悟があるだろうか。それとも、当初の投資額を取り戻そうと値上がりするまで持ち続けるだろうか。With-Withoutの原則によれば、100ドルは埋没費用なので、税の効果がありうることを除けば株式を売るか否かに関しては無関連である。したがってその株式は売るべきである。ミスを認めたがらない人間の性や、疑り深い上司や配偶者に対して間違いを弁明しなければならないといったうんざりする状況のために、われわれの思考が曇ってしまうことはよくある。

もう1つの例として、ある企業の研究開発部門では、耐久性が高い電球の新製品の開発に、すでに10年の年月と1,000万ドルの資金を費やしてきたとする。当初は2年間の開発期間と100万ドルの費用という予定であったのだが、毎年開発期間が延び、費用もかさんでいった。現在の予定ではあと1年で開発が終わり、追加的な支出も100万ドルで済む見込みである。この電球がもたらす利益の現在価値はわずか400万ドルである。そのため社内ではこの事業を断念し、過去何年にもわたって予算の増額を承認してきた責任者を解雇すべきだという感情論が強い。

今にして思えば、明らかに、この会社は電球の開発を始めるべきではなかった。これで開発できたとしても、これまでの開発費は便益を大幅に上回るだろう。しかしながら、現時点も含めて開発中のいかなる時点でも、この事業の継続は合理的な判断であったと言える。過去の支出は埋没費用なのである。問題は、予想される便益が開発を完成させるのに**必要な残りの費用**を上回っているかどうかだ。過去の出費が関係あるとすると、それは残りの費用が正しく予測されているかどうかを判断する材料を与えてくれるという点だけだ。したがって、現在の予想が正しいと思うのであれば、この電球プロジェクトはもう1年継続すべきである。

配賦費用

投資評価を行ううえで減価償却費、運転資本、埋没費用を適切に取り扱うことは比較的単純であるが、単純に割り切れない問題もある。プラスティール社の資本予算マニュアルには次のように書いてある。

「売上を計上する新規投資は、本社間接費について応分の負担をしなければならない。したがって、新製品のプロジェクトは例外なく売上高の14%に相当する金額を本社間接費として毎年計上しなければならない」

しかし、**表7.4**が示すように、新しい携帯電話機の分析において事業部の分析担当者は、この指示を無視している。分析担当者が無視したのは、このマニュアルが単に間違っていて、本社費を新製品に配賦するのはWith-Withoutの原則に反しており、そのようなことをしたら創造性を阻害することになってしまうと考えたためだ。「もしもこのようなエキサイティングなプロジェクトに本社間接費という重荷を課したら、この事業の競争力はなくなってしまうだろう」というのが事業部の言い分だ。

ここで問題となるのは、社長の給与、法務部や経理部の費用といった新規投資に直接的には関連しない費用が、投資の意思決定に関連するかどうかということだ。With-Withoutの原則に単純に従えば、社長の給与が新規投資によって変わらないのであれば、それは無関連だ。法務部や経理部の費用についても同様である。これは明快だ。変化がなければ関連はない。
しかしながら、新規投資によってこれらの費用が変わらないと言い切れるだろうか。実際問題として企業が成長するに従って社長の給与は増え、法務部や経理部も大きくなるというのが否定できない現実であろう。問題は、このような費用を配賦するかどうかということではなく、事業の規模に応じてそれらの費用が変わるかどうかということだ。売上高の増加とそれらの費用の間に直接的な因果関係を見つけることは難しいが、長期的には関係がありそうである。したがって、売上高の増加を伴う投資に対して、売上高に伴って増加したこれらの費用を配賦して負担を求めることは、理に適っていることになる。配賦費用は必ずしも固定費ではない、ということを忘れてはならない。
コスト削減投資においても似たような問題が生じる。多くの企業において業績評価システムのなかでは、本社間接費は直接労務費に比例して部門や事業部に配賦される。ここである部長が労務費を節約できる資産に投資を行うチャンスを持っているとする。この部の狭い観点からすれば、そのような資産への投資には、

1．直接労務費の削減
2．部門に配賦される本社間接費の削減

という二重のメリットがある。しかし、全社的な観点や正しい経済的な観点からすれば、メリットとなるのは労務費削減だけである。なぜならば、その意思決定を行ったとしても、企業の本社間接費の総額は減らないからだ。それによって本社間接費が他のコストセンターに再配賦されるだけのことである。したがって、投資の意思決定には無関連である。

カニバリゼーション（共食い）

会議のなかで、他の事業部のプロダクトマネジャーが新しい携帯電話のプロジェクトは「不完全で楽観的すぎる」という意見を述べた。そして、次の2点を挙げた。第1に、意思決定は全社的観点から考えるべきであって、一事業部の狭い観点から考えるべきではないという点。第2に、この観点から予測キャッシュフローは新しい携帯電話が既存の携帯電話の売上を共食

いするという現実を反映したものにすべきだという点。つまり、既存の携帯電話を買おうと思っていた顧客の一部は新しい携帯電話の購買に切り替えるだろうということだ。このマネジャーの事業部の顧客の10%が新しい携帯電話に切り替えるので、年間で約700万ドルのキャッシュフローが消失するというのが彼の推測だった。そこで、少なくともこの数字を新しい携帯電話の予測キャッシュフローの毎年の費用として反映させるべきだと主張したのだ。

意思決定は全社的な観点から行うべきだというこのマネジャーの意見は正しい。さらに、With-Withoutの原則も新製品が共食い費用を負担すべきだという主張を支持するように見える。しかし、本当にそうだろうか。携帯電話メーカーのなかでプラスティール社が唯一のイノベーターというわけではないだろう。たとえば、HTCやノキアは、プラスティール社が出そうと出すまいと似たような新製品を導入するだろう。このような状況においては、プロジェクトをやらなかったとしてもプラスティール社の売上は失われるだろう。したがって、失われる売上はプロジェクトの意思決定とは無関連ということになる。究極的には、カニバリゼーションによる損失は競争の度合いによって決まる。そして競争市場における適切な教えは「競合他社に食べられるぐらいなら自分たちで食べたほうがよい」ということだ。**表7.4**でニーナ・サンダースがカニバリゼーション費用を無視したのは正しかったというのが筆者の見解だ。そうしなければ、イノベーションに対して有害な壁を築くことになってしまうだろう。

資源配分の意思決定におけるカニバリゼーションの扱いには重要な戦略的意味合いがある。業界の支配的な企業は、新しい破壊的な技術を採用することを嫌がることが多い。既存のおいしい商売とのカニバリゼーションを気にするからだ。技術革新に対して消極的になることが、しがらみのないより小さな企業に新規参入のチャンスを与えることになる。そのような企業が、動きの悪くなった大企業に対して効果的な戦いを挑むのだ。携帯電話業界では取るに足らない企業であったマッコーセルラーコミュニケーション社は、何年もの間AT&Tという巨大企業に対して互角以上の戦いを演じた。それは主としてAT&Tがカニバリゼーションによって固定電話の収益がなくなることを恐れたからだ。この携帯電話会社がいよいよ巨人の生命を脅かすということが明らかになってきた1994年になってようやく、AT&Tは100億ドルでマッコー社の買収に踏み切ったのだった。

余剰能力

携帯端末事業部の計画において、新製品導入にかかわる最も辛辣な議論は、他の事業部が持つ余剰生産能力の活用についてである。3年前に交換機事業部は生産ラインを増設したが、現在の稼働率は50%にすぎない。携帯端末事業部の分析担当者は、新しい携帯電話のサブコンポーネントの生産にこの生産ラインを活用できると考えた。余剰能力を活用することで設備投資をしなくて済み、会社の資金を節約できると考えたわけだ。そのため、携帯端末事業部はこの生産ラインの使用コストを計上しなかった。これに対して交換機事業部長は別の見解を持っていた。その生産ラインは交換機事業部が購入した資産なので、ただで使わせるつもりは毛頭ないと強硬に主張したのだった。携帯端末事業部に対しては、余剰能力を適正な価格で買うか、さもなければ自分で生産ラインをつくることを要求した。交換機事業部長は余剰能力の価値を少なくとも2,000万ドルと見積もった。これに対して携帯端末事業部の分析担当者は、余剰能力はすでに支払われたものであるから現在の意思決定にとっては埋没費用であり、したがって交換機事業部長の主張はナンセンスであると反論した。

技術的な理由から、必要以上の生産能力を持つ設備を購入することがしばしばある。そのため、この余剰能力をどう扱うかという問題が出てくる。このケースでは、よくあるように、解答は会社の将来の計画次第ということになる。交換機事業部が現在から将来にわたってこの余剰能力を活用する予定がないのなら、携帯端末事業部がそれを利用しても新たなキャッシュフローは発生しない。したがって、余剰能力の利用には費用がかからない。一方、交換機事業部がこの余剰能力を現在他の用途に利用する案があるか、あるいは、将来的にそれを使う可能性があるとすると、携帯端末事業部がその能力を利用するには費用がかかることを意味する。したがって、その場合は新製品導入計画にその費用を計上しなければならない。

具体例として、交換機事業部は規模拡大によって、2年後にその余剰能力が必要になるとしよう。その場合、余剰能力は最初の2年間は費用を計上しなくてよいが、3年目から携帯端末事業部の新製品がこの余剰能力利用に要する費用負担を求められるのは適切である。携帯端末事業部はこの余剰能力分をすべて自事業部のものとするわけではないとはいえ、この新規生産能力の取得は今日の意思決定によるものであり、携帯電話の新製品導入の意思決定に関連している。つまり、携帯端末事業部は一時的な余剰能力を活用することで、設備投資を2年間先送りするというメリットを享受しているのである。

このような事業部間での経営資源の共有は、実務において数多くの会計上の問題を引き起こす。たとえば、ある経営資源を先に使用した事業部が、使用した期間の使用料を後から使用する事業部に支払うべきか、その取引によって事業部業績の評価にどのような影響が生じるか、新規設備の費用を2年後にどのように計上するか、などである。しかしながら、これらの問題はあくまでも社内の問題であり、会社に現金の流出入はないので、投資の意思決定とは無関連である。したがって、今日行うべきことは正しい投資の選択であり、それに伴うこうした会計上の問題は後で考えよう、というのが本書の立場だ。

余剰能力の問題には逆のケースもある。つまり、現在の需要を上回る能力を持つ資産の取得を検討していて、その資産において発生する余剰能力をどう扱えばよいかを決定しなければならないケースだ。ある会社が湖で旅客輸送を行うため、水中翼船の購入を考えているとする。しかし、水中翼船を有効利用するためには、莫大な資金をかけて専用の桟橋を2つ建設する必要がある。1つの桟橋で水中翼船10隻が停泊可能であるが、技術的な理由からそれよりも小さい桟橋を建設することは難しい。もし2つの桟橋にかかるすべての費用を現在検討中の水中翼船1隻で回収しなければならないとすると、NPVは大きくマイナスとなり、投資案件は却下されてしまう。しかし、桟橋の費用の10分の1だけが水中翼船1隻に配賦されるのであれば、NPVはプラスとなる。この場合、桟橋の費用をどのように取り扱うべきだろうか。

桟橋の費用の正しい取り扱いは、この場合にも、この会社の将来の計画次第である。もし、この会社が将来的に水中翼船を追加購入する予定がないのなら、桟橋の費用すべてが現在の意思決定に関連している。一方、もしこの水中翼船が将来的に購入する何隻かの水中翼船の最初の1隻なのであれば、この1隻が桟橋の費用の一部分だけを負担すると考えるのが妥当である。もっと一般的に言えば、この会社が直面している問題は、投資をどのように定義するかという問題だ。問題は、水中翼船を購入すべきかどうかではなく、水中翼船による輸送事業に参入すべきかどうかということになる。大局的な疑問を投げかけることによって、この会社は長期的な観点から投資を検討し、船を何隻購入するべきか明確に考えざるをえなくなる。

◉――資金調達コスト

資金調達コストとは、企業が投資に必要な資金の調達に伴って発生する配当金、利息、元本の返済のことを言う。**表7.4**に示したように、携帯端末事業部の分析担当者は、新製品の費用のかなりの部分を有利子負債で調達することを予定し、有利子負債の支払利息を項目として計上している。ニーナ・サンダースは、With-Withoutの原則から、ある種の資金調達コストは意思決定に関連していることを理解していた。つまり、お金はただではないということである。一方で、事業部の分析担当者が資金調達コストを適切に取り扱っているかどうかについては、確信を持っていなかった。

サンダースの洞察は正しい。分析担当者はキャッシュフローに利子費用を計上するという過ちを犯していたのだ。資金調達コストはたしかに投資の意思決定に関連しているが、二重計算をしないように気をつけなければならない。第8章で明らかにするように、お勧めできる評価指標を計算するときに使用する、最も一般的な割引率は、企業が負担する年間資本コストである。投資の年間キャッシュフローから資金調達コストを差し引いたうえで、その投資が資本コストを上回ることを期待するのは、明らかに二重計算ということになる。したがって、投資のキャッシュフローを予測するときは、資金調達コストをキャッシュフロー計算には含めず、すべて割引率に反映させるというのが標準的な方法である。この問題については次章で説明することにする。

表7.5はサンダースによる事業部の新製品導入計画の修正版だ。ここまで

表**7.5◉修正版：携帯電話新製品に関する財務分析**（単位：百万ドル）

仮定：

運転資本の増加	売上高の20%、第5年度末に全額回収
初期エンジニアリング費用	支払済み（埋没費用）
余剰能力	第2年度に2,000万ドルの新規設備を購入、毎年200万ドルの減価償却費
支払利息	割引率に反映
配賦費用	配賦コストは変動費と見なし、売上高の14%

年度	**0**	**1**	**2**	**3**	**4**	**5**
工場及び設備	($30)					15
運転資本の増加	**0**	(12)	(4)	(12)	(3)	**31**
初期エンジニアリング費用	**0**					
余剰能力			**(20)**			**14**
コスト合計	($30)	($12)	($24)	($12)	($3)	
残存価額合計						$60
売上高		$60	$82	$140	$157	$120
売上原価		26	35	60	68	52
売上総利益		34	47	80	89	68
支払利息		**0**	**0**	**0**	**0**	**0**
配賦費用		**8**	**11**	**20**	**22**	**17**
販売費及び一般管理費		10	13	22	25	19
営業費用合計		18	25	42	47	36
営業利益		16	22	38	42	32
減価償却費		**3**	**3**	**5**	**5**	**5**
税引前利益		13	19	33	37	27
法人税（税率40%）		5	8	13	15	11
税引後利益		$8	$11	$20	$22	$16
減価償却費の足し戻し		**3**	**3**	**5**	**5**	**5**
税引後キャッシュフロー		$11	$14	$25	$27	$21
フリー・キャッシュフロー	($30)	($1)	($10)	$13	$24	$82
NPV（割引率15%）	$25					
BCR**	1.64					
IRR	30%					

＊四捨五入をしているため、合計が合わないところもある。

＊＊BCR＝キャッシュ・インフローの現在価値／キャッシュ・アウトフローの現在価値＝63.0／38.4＝1.64

論じてきた修正点をすべて反映してある。IRRは30%と、携帯電話の新製品ラインは依然として魅力的なプロジェクトなので、サンダースは自らの事業部の提案に自信を深め、資本予算検討委員会が今度は賛成してくれるものと思っている。

これらの例から、新規の投資機会に関連する費用と便益を特定する場合に、経営幹部が直面する難問についての認識を深めることができたと思う。この仕事はファイナンスの専門家ではなく、事業担当マネジャーの仕事であるということがわかっていただけたであろう。

補　遺

相互に排他的な代替案と資本制約

本章では相互に排他的な代替案や資本制約の存在によって、投資の分析が複雑になることを簡単に述べてきた。この補遺では、そのような場合にどのように投資の分析を行っていくべきかについて説明しよう。

2つの投資があって、1つを選んだ場合に他を却下しなければならないとき、2つの投資案件は相互に排他的である。橋をつくるのに鉄橋にするのかコンクリート橋にするのかといったケースや、パイプラインの直径を12インチにするのかそれとも8インチにするのかといったこと、またボストンへ行くのに車で行くのかそれとも飛行機を使うのか、といった選択はすべて相互に排他的な代替案である。各々の場合、仕事を遂行する方法が複数あるため、最上の選択を行うことが意思決定の目的となる。相互に排他的な投資は独立した投資とは対照的である。独立した投資では、ある1つの投資機会は他の投資機会と互いに無関係に分析される。

投資が独立しており、なすべき意思決定がそれを承認するかそれとも却下するかということだけであれば、NPV、BCR、IRRはいずれも評価指標として十分で、どれを使ったとしても同じ結論に達するであろう。しかしながら、投資が相互に排他的である場合、ことはそれほど単純ではない。

図**7A.1**◉**ガソリンスタンド計画のキャッシュフロー・ダイアグラム**

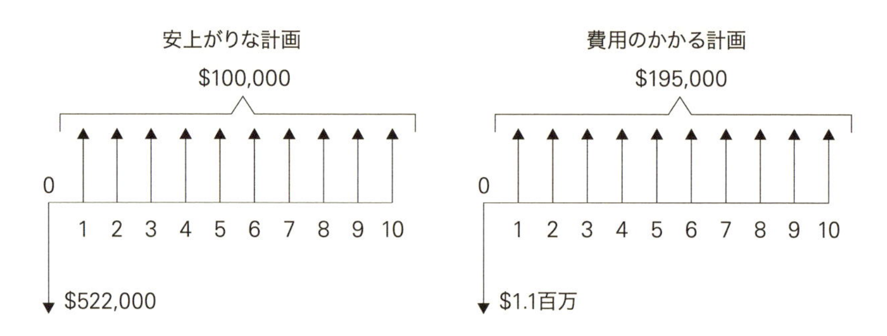

表**7A.1**◉**ガソリンスタンド計画の評価指標**

	NPV(割引率10%)	BCR(割引率10%)	IRR
安上がりな計画	$92,500	1.18	14%
費用のかかる計画	98,200	1.09	12

ここではペトロ石油ガス会社が新しいガソリンスタンドの計画として2つの代替案を考えており、評価には10%の割引率を適用するとしよう。**図7A.1**に示されているように、安上がりな計画では初期投資額が52万2,000ドルで、今後10年間毎年10万ドルのリターンが予想される。一方、費用のかかる計画では初期投資額を110万ドルとし、それによって消費者に力強くアピールすることから、今後10年間毎年19万5,000ドルのリターンを見込んでいる。

表7A.1に各々の投資ケースについて3つの評価指標が示されており、これらの指標によれば、どちらの計画も魅力的である。いずれもNPVはプラスであり、BCRは1以上で、IRRはペトロ社の資本の機会費用を上回っている。もし可能であればペトロ社は両方の投資を行うべきであるが、相互に排他的であるので、実際はどちらかを選択しなければならない。したがって、ただ単に承認するか却下するかということではなく、2つの投資をランクづけして、よいほうを選択しなければならない。しかし、ランクづけを行う場合には、3つの評価指標がすべて同じ結論を導き出すとは限らない。なぜなら、安上がりな計画ではBCR、IRRの数値が費用のかかる計画より高くなっているが、NPVの数値は低くなっているからだ。

ここで、相互に排他的な代替案を評価するにあたってどの評価指標が適切かを決めるためには、NPVこそが投資によって期待される富の増加を測る直接的な手段であることを思い出す必要がある。費用のかかる計画によって経済的価値は9万8,275ドル増加するが、安上がりな計画では9万2,500ドルしか増加しない。費用のかかる計画のほうが明らかに優れていることがわかる。

相互に排他的な代替案の評価にBCRとIRRを用いた場合の問題点は、それらが投資規模の大小を反映しないということだ。極端な例を挙げると1ドル投資をして80%の利回りを得るのと、100万ドル投資をして50%の利回りを得るのではどちらを選択するだろうか。投資が相互に排他的な場合は、規模が問題になってくる。そのため、適切な評価指標としてはNPVを使わなければならない。

◉――残りの57万8,000ドルはどうなったのか

安上がりな計画を選択したときに節約した57万8,000ドルをペトロ社がどうするかの記述がないので、読者のなかには上記の説明を不十分だと感じる人もいるだろう。もし、このお金を魅力的な案件に投資することができれば、安上がりな計画のほうが有利ということになるかもしれないが、それについては資本制約の節で述べることにする。今言えることは、ペトロ社が投資に使える資金に制約があるときにだけ、この問題が発生するということだ。NPVがプラスになるすべての案件に投資するのに必要な資金を企業が調達できる場合においては、安上がりな選択によって節約された資金の最良の使い道は(訳注)、NPVがゼロの案件に投資することである。NPVがゼロの投資では経済的価値を増やすことができないため、安上がりな計画に投資して資金が節約されるからといって、費用のかかる計画に投資するという決定が変更されることはない。

訳注｜もはやNPVがプラスの案件は残っていないので。

◉———期間が異なる投資案件

ペトロ社の例では便宜的に投資期間が両方とも10年という前提だったが、もちろんいつもそうなるとは限らない。期間が異なる代替案を比較する場合、ただNPVを比較するだけでは適切とは言えない。ここで、木造の橋を建設するか、それとも鉄橋を建設するかを決定しようとしている会社について考えてみよう。

- 木造の橋は、当初のコストが12万5,000ドルで、1万5,000ドルの維持費が毎年かかり、耐用年数は10年である。
- 鉄橋は、当初のコストは20万ドルで、毎年5,000ドルの維持費がかかり、耐用年数は40年である。

どちらのほうがお得な買物か。たとえば割引率を15%とすると、木造の橋の予想耐用年数10年間の費用の現在価値は20万282ドル（＝初期費用12万5,000ドル＋次に示す維持費用の現在価値7万5,282ドル）である。

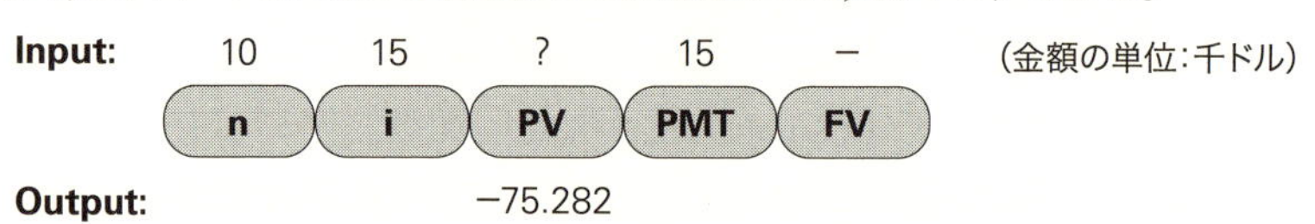

鉄橋の場合は、耐用年数40年間の費用の現在価値は23万3,209ドル（＝初期費用20万ドル＋維持費用の現在価値3万3,209ドル）である。

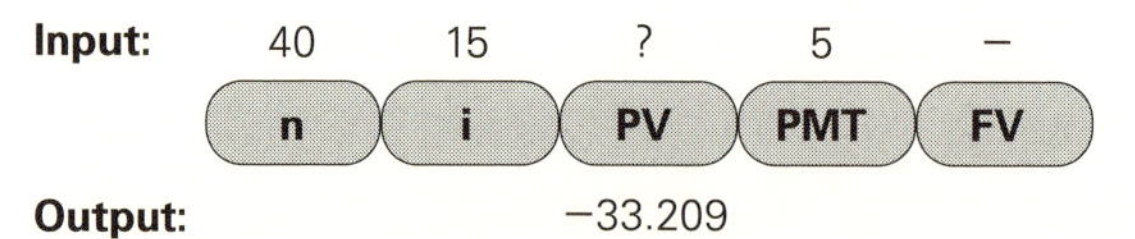

もし目的が橋の費用を最小限にすることであれば、単純に現在価値を比較して、木造の橋のほうがお得な買物ということになる。しかし、これは明らかに2つの橋の予想耐用年数に違いがあることを見落としている。つまり、木造の橋を建造する場合、10年後には橋が必要なくなるということを暗黙の前提としていることになる。

メッセージは明快だ。耐用年数が違う相互に排他的な代替案を比較するときは、この違いを分析に反映させる必要がある。1つのやり方は、それぞれの代替策を共通の投資期間で吟味することだ。たとえば、この会社にとって橋が20年間必要だとする。インフレーションによって10年後に木造の橋を架け替えるのに20万ドルかかり、20年後の鉄橋の残存価額が9万ドルになるとする。キャッシュフロー・ダイアグラムは下の図のようになる。

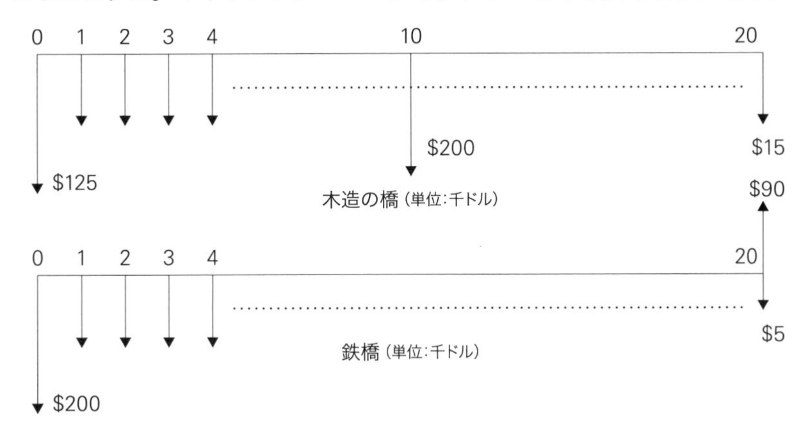

木造の橋を選択した場合の費用の現在価値は26万8,327ドル（＝初期費用12万5,000ドル＋次に示す維持費用の現在価値9万3,890ドル＋次に示す10年後に建て替える新しい橋の費用の現在価値4万9,437ドル）となる。

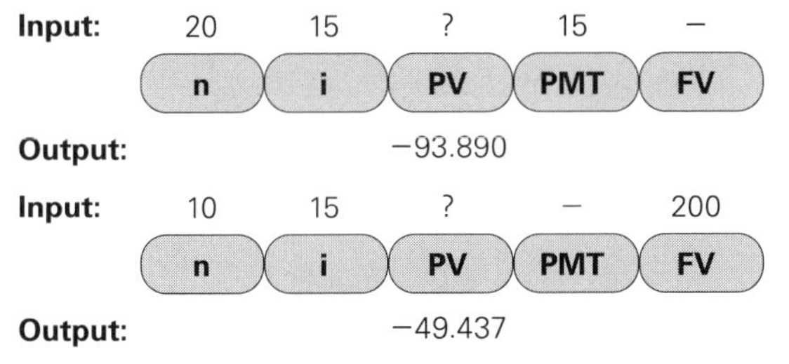

鉄橋の場合は、22万5,798ドル（＝初期費用20万ドル＋維持費用と残存価値の現在価値2万5,798ドル）となる。20年間という共通の投資期間で比較すれば、鉄橋のほうが費用の現在価値は安くなる。

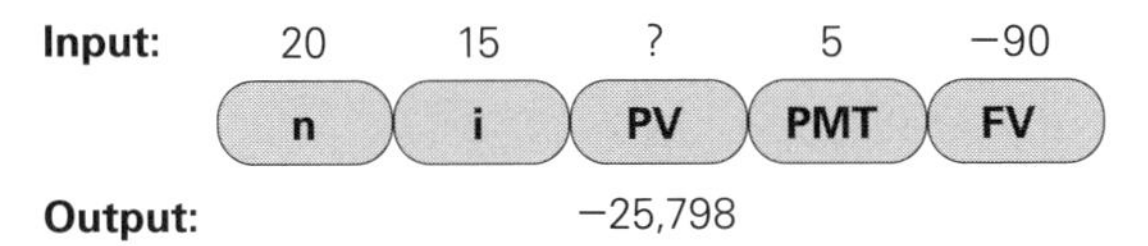

耐用年数が違う相互に排他的な代替案を比較するときのもう1つのやり方は、それぞれの等価年間費用を計算することだ。次にその計算を示す。

木造の橋

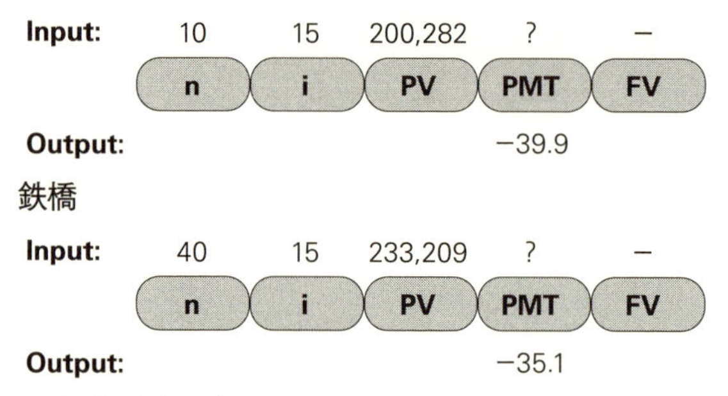

木造の橋の費用の現在価値である20万282ドルを10年間の耐用年数に分配すると、等価年間費用は3万9,900ドルであるのに対して、40年の耐用年数の鉄橋の等価年間費用は3万5,100ドルとなる。40年という時間軸で見た場合、10年ごとに建設する木造の橋の費用が変わらないとすれば、どちらが有利かは明らかだ。等価年間費用が木造の橋よりも安い鉄橋を選択すべきである。

この結論にいたるために必要な前提に注意しよう。技術進歩によって木造の橋の更新費用が下がると見込むと、最初の10年間は等価年間費用が高くとも、次の10年間の安い等価年間費用で相殺されて、木造の橋が有利になるかもしれない。同様に、インフレーションによって木造の橋の更新費用が上昇すると見込むと、最初の10年間の等価年間費用は、適切な意思決定をするための情報としては不十分ということになる。等価年間費用は、価格水準が一定のときには、耐用年数が違う相互に排他的な代替案を分析する洗練された方法と言える。しかし、価格の変動に直面するとこの方法を使うことは難しくなる。

資本制約

ここまでの議論の暗黙の前提として、企業が割引率と同じコストで投資資金を十分に調達できるということにしている。これと正反対の前提が資本制約である。資本制約がある場合、あらかじめ決められた予算というものがあり、それを超過して投資することは許されない。相互に排他的な代替案の場合にも当てはまることだが、資本制約のもとではただ単に投資案

表7A.2◉資本制約のもとでの4つの独立した投資案件（資本予算=20万ドル）

投資案	初期投資額	NPV(割引率12%)	BCR(割引率12%)	IRR
A	$200,000	$10,000	1.05	14.4%
B	120,000	8,000	1.07	15.1
C	50,000	6,000	1.12	17.6
D	80,000	6,000	1.08	15.5

件を承認するか却下するかということだけでなく、それらをランクづけする必要がある。一見似ているように見えるが、この2つは根本的に異なっていることを理解しなければならない。相互に排他的な代替案の場合、資金には問題ないが、技術的な理由ですべての案件に投資することはできない。一方、資本制約がある場合、技術的にはすべての案件に投資することが可能であるかもしれないが、資金が十分にない。これはただ単に意味が違うというだけではない。次の例が示すように、ランクづけする過程が2つの場合で根本的に異なる。

サリバン・エレクトロニクス社の資本予算は20万ドルであり、経営陣は**表7A.2**に示されている4つの独立した投資案件を持っているものとする。投資分析に用いる3つの評価指標によればすべての投資を行うべきであるが、すべてに投資すると予算をオーバーしてしまうので、それはできない。実際に3つの指標を用いてランクづけをしてみるとNPVではAが最上の投資案件となり、B、CとDと続き、BCRとIRRを用いれば、Cが最上となり、それにD、B、Aと続く。つまり、Aは最上位にも最下位にもなりうる。

これらのランクづけを意味のあるものにするためには、投資案件を評価する目的が富を増やすことにあるということを、思い出す必要がある。これは資本制約下において企業は、NPVの合計が最も高くなるような投資案件の組み合わせを実施しなければならないということを意味している。1つの方法は、予算内に収まるようなあらゆる投資案件の組み合わせから、NPVが最も高くなる組み合わせを選ぶことだ。手っ取り早い方法としてはBCRによって投資案件のランクづけを行い、リストの上から予算がなくなるまで、もしくはBCRが1になるまで案件を追加していく。これに従えば、サリバン社は案件C、D、と案件Bの12分の7に投資すべきという結論に達する。このとき、NPVの合計は1万6,670ドル（＝6,000ドル＋6,000ドル＋8,000ドル×7÷12）となる。案件Bが12分の7だけであるのは、CとDに投資すると7万ドルしか残らないからである。

資本制約がある場合に、NPVによって投資案件のランクづけをすることが正しくないのは、なぜだろうか。これは、資本制約がある場合には、受取額が全体でいくらかではなく、1ドル当たりの受取額に注目しなければならないからだ。サリバン社の例はこのことを明らかにしてくれる。投資AではNPVが1万ドルと最も大きいが、1ドル当たりのNPVは最も小さい。資本制約がある場合には投下資本に制限があるため、ランクづけをする場合、1ドル当たりの利益を見なければならない。それにはBCRが適している。

ここで2つのことをつけ加える必要がある。上記の例ではIRRとBCRとでランクづけは同じとなった。たしかにこのような場合が一般的なのだが、いつもそうなるとは限らない。2つの評価指標でランクづけを行い、結果が異なった場合には、BCRによるほうが正しいランクづけとなる。ここではなぜランクづけに違いが生じるのか、なぜBCRのほうが優れているかということについての説明は省略するが、もしBCRではなくIRRでランクづけしたら、ときどき間違うことがあるかもしれないということは覚えておこう。次に、部分的な投資ができない場合、すなわちサリバン社にとって案件Bの12分の7だけを投資することができない場合には、どの評価指標によるランクづけもあまり信頼できなくなり、NPVを最大にするために可能な投資案件の組み合わせを1つ1つ検証していくという手間のかかる方法をとらなければならなくなる。

◉――将来の機会に関する問題

ここまでは、NPVがプラスである限り、資金を遊ばせておくより投資をしたほうがよいという前提で話を進めてきた。しかし、資本制約がある場合にはこのことは当てはまらない。たとえば、サリバン社の技術陣が6カ月以内に20万ドルの費用をかけて新製品を開発し、そのNPVが6万ドルになると同社の財務担当役員は信じているとしよう。この場合、同社の最善の戦略は、現在検討中の投資案件をすべて白紙に戻し、この新製品のために

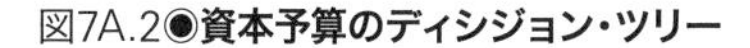
図7A.2◉資本予算のディシジョン・ツリー

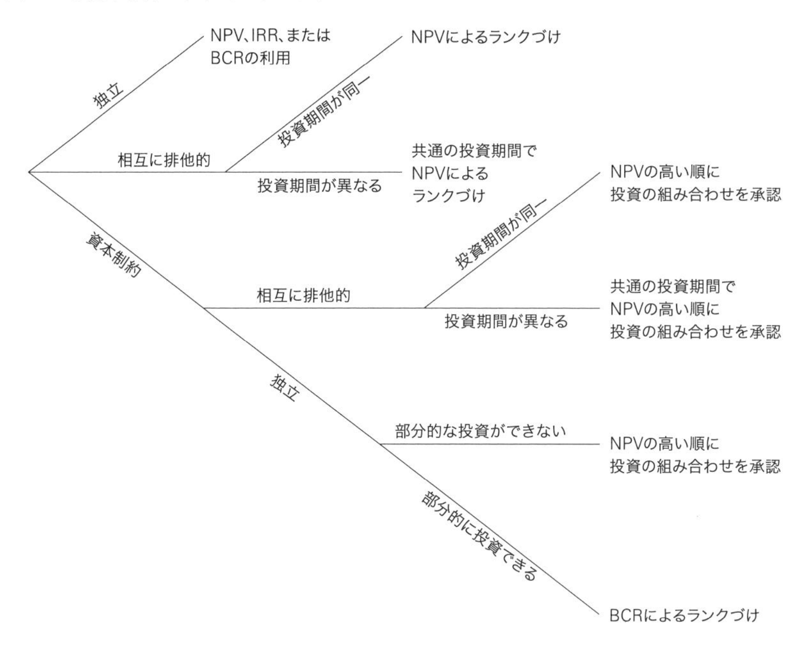

資金を蓄えておくことである。

この例は、資本制約がある場合の投資評価は、現在の投資機会の評価だけでは不十分で、現在の機会と将来の見通しを比較する必要があることを示している。ところが、実際問題としてはこのような比較は難しい。なぜなら、経営幹部が将来の投資機会について明確なイメージを持つことを期待するのは、非現実的だからである。したがって、現在のプロジェクトに投資するのと将来の機会を待つのと、どちらがよいかを確信を持って決定することは不可能である。これは資本制約がある場合に現実的な投資評価を行うには、必然的に主観的な判断が大きくかかわってくるということを意味している。

◉―――ディシジョン・ツリー

相互に排他的な投資代替案や資本制約によって、ただでさえわかりにくい問題がさらに複雑になる。**図7A.2**に示した資本予算のディシジョン・ツリーは、これらをまとめたものだ。この図は、本章で述べてきたさまざまな条件における、適切な評価指標などを示している。たとえば、ディシジョン・ツリーの一番下を見れば、資本制約がある場合に、独立的で、かつ部分的に実施できる投資を評価するときには、BCRによってランクづけするのが適切であることがわかる。自分の理解度を認識するためにも、なぜある指標がある条件下で適当であって他の指標がそうでないかを説明できるか確かめてみよう。

本章のまとめ

1．投資機会の評価は3つのステップで行う。
- 関連するキャッシュフローを予測する。
- 評価指標を計算する。
- 評価指標を採択基準と比較する。

2．金銭は時間的価値を持つ。その理由は：
- 先送りされたキャッシュには機会費用が発生する。
- インフレが時間の経過とともに購買力を減殺する。
- 通常の場合、キャッシュフローが遠い将来になるほどリスクが増える。

3．等価性
- 現在の金額をある割引率のもとで投資して、将来のキャッシュフローと同じキャッシュフローをつくり出すことができたら、現在の金額と将来のキャッシュフローは等価であると言う。
- 複利計算や割引計算で投資分析から異なる時間の要素を除去することができる。

4．NPV
- 投資に伴って入ってくるキャッシュの現在価値と出て行くキャッシュの現在価値の差。
- 投資のメリットを数字で適切にあらわす。
- NPVがプラスであれば投資を行う。

- 最終的に投資家が手に入れる富の増加もしくは減少の見込み。
- 株主の価値を創造することを目指す経営者が使う意思決定ルール。

5．IRR

- 投資のNPVがゼロになる割引率。
- 投資によって得られたお金が増加する率。
- 投資の採算分岐点であり、IRRが割引率を上回ったら投資を実行し、下回ったら投資を見送る。
- NPVの兄弟分であり、ほとんどのケースにおいて適切な評価基準となる。

6．評価対象に含めるキャッシュフローの推測

- 投資機会を評価するときに最も難しい作業。
- 2つの原則に従う。
  - キャッシュフローの原則：お金が動けばカウントし、動かなければカウントしない。
  - With-Withoutの原則：投資をするかしないかで差異が生じるものはすべて関連するキャッシュフローとして評価に含める。差異が生じなければ含めない。
- 注意すべき問題
  - 毎年の減価償却費：税額の推定においてのみ評価に含める。
  - 運転資本と自然発生的な資金源：純額で計上する。また、残存価値を含む。
  - 埋没費用：含めない。
  - 配賦費用：変動する場合は含める。
  - カニバリゼーション：競争市場では評価対象に含めることは少ない。
  - 過剰能力：現在か将来において有効活用できる場合は対象に含める。
  - 財務費用：対象に含めるが、通常はキャッシュフローではなくて割引率に反映する。

参考文献等

Bierman, Harold and Seymour Smidt. *The Capital Budgeting Decision*, 9th ed. Philadelphia,

PA: Taylor & Francis, Inc., 2006. 402 pages.

Bierman と Smidt はコーネル大学の教授で長年にわたりその名前は投資計画と同義語だった。この版は複雑なテーマについての明快かつ簡潔な入門書だ。ペーパーバックで56ドルで入手できる（同じ著者のAdvanced Capital Budgeting Refinements in The Economic Analysis of Investment Projects, 2007. 392pages. $175もある）。

Titman, Sheridan and John D. Martin. Valuation: The Art and Science of Corporate Investment Decisions, 2nd ed. Upper Saddle River, NJ: Prentice Hall, 2010. 520 pages.

高名な2人の学者によるバリュエーションについての革新的なファイナンスの教科書。DCF分析、企業評価、リアル・オプション分析など。90ドル。

Software

本書に合わせて作成されたもので、エクセルのDCFプログラムが利用者の設定したキャッシュフローのDCF分析を行う。NPV、IRR、現在価値のグラフ、キャッシュフロー・ダイアグラムなど6つのアウトプットを表示する。

Websites

hadm.sph.sc.edu/courses/econ/tutorials.html

よくつくられた一連のガイドで、NPV、IRR、リスクなどのビジネスの話題をカバーしたクイズがある。

www.berkshirehathaway.com

ウォーレン・バフェットの20年以上にわたる伝説的な株主への手紙で、バークシャー・ハサウェイのゴルフシャツも買える。バークシャーのオペレーションの経済原則が簡潔に説明されているバフェットのOwner's Manualが参考になる。筆者も成長してバフェットのように書きたいものだ。

章末問題

問題に答えるための計算にはいくつかの方法があるが、マイクロソフトのエクセルを勧める。その理由は、計算能力、対応能力、それにみんなが使っているからだ。財務計算をエクセルでやるための手順を1ページにまとめたものとして、次のファイルを参照のこと。

C7_Excel_Tutorial.docx。http://www.diamond.co.jp/go/pb/fmanage/ より。ただし記載は原文のまま。

1．金利を8%として次の質問に答えよ。

金銭の時間的価値の問題

a．4年後に受け取る1,000ドルの現在価値はいくらか。

b．8年後の1,000ドルの現在価値はいくらか。年数が経つとなぜ現在価値は小さくなるのか。

c．今日1万2,000ドル投資をしたら7年後にその価値はいくらになっているか。

d．1年後に5,000ドルを受け取り、2年後に4,000ドルを受け取り、10年後に8,000ドルを受け取ることができるという権利に対していくら支払うか。

e．2,000ドルの投資をしたら、その価値が倍になるのにどのぐらいの期間を要するか。

f．20年にわたって毎年年末に500ドルを投資したら、20年後にその価値はいくらになっているか。

g．ある夫婦は子供の大学教育のために次の18年間で25万ドルを貯金したいと思っている。そのために毎年年末に一定の金額を貯金する。その金額はいくらになるか。

h．毎年600ドルの支払いを受けられる権利があり、その権利を7,500ドルで購入するとすれば、毎年600ドルの支払いはどれだけ続く必要があるか。この支払いが5年しか続かない場合に、7,500ドルの投資を正当化するためには、5年後の残存価値（清算価格）はいくら以上必要か。

収益率の問題

i．今日1,300ドル投資をすると50年後に6万1,000ドルになる。この投資のIRRはいくらか。

j．今日75万ドル投資すると23年後に1,120万ドルが手に入る。この投資のIRRはいくらか。

k．2万2,470ドルの投資をすると毎年5,000ドルが10年間にわたって手に入る。その収益率はいくらか。もしも投資金額が2万2,470ドル以下だったらどうなるか。2万2,470ドル以上だったらどうなるか。

l．ある投資は5年後に金額が倍になって返ってくる。この投資のIRRはいくらか。

m. ある投資についてキャッシュフローの見込みは次のようになっている。この投資のIRRはいくらか。

年度	0	1	2	3	4	5
キャッシュフロー(百万ドル)	−$460	−28	75	160	280	190

n. 1987年にヴァン・ゴッホの『ひまわり』(ゴッホの最高傑作とされているわけではない)がオークションで3,600万ドルで売られた(手数料を除く)。98年前の1889年に同じ絵が125ドルで売られた。売り手にとってのIRRを求めよ。それは芸術作品への投資に対して何を意味しているか。

銀行ローン、債券、株式の問題

o. 額面が1,000ドルで表面利率が7%の10年債を買うとしたらいくらで買うか。利子は毎年支払われるものとする。

p. 1株について5ドルの配当を永久に支払う優先株式を買うとしたらいくらで買うか。

q. ある会社は8年後に満期を迎える1億5,000万ドルの社債の返済のためにお金の積み立てを計画している。満期のときに返済をするために次の8年間、毎年年末に一定額を積み立てていくとしたら、年当たりいくら必要か。もしも毎年年初に積み立てるとしたら答えはどのように変わるか。

r. 銀行から12万ドルを借りて、利子も含めて6年で毎年同額を支払って返済することを考えている人がいる。銀行が8%のリターンを得るためには毎年の銀行への返済額はいくらになるか。税金とデフォルトリスクは無視する。

2. 不動産会社が区画を6万ドルで売りに出している。1万ドルを今支払い、その後毎年1万ドルを「利子なしに」5年間にわたって支払うという条件だ。交渉のなかで、同じ区画を即金なら4万8,959万ドルで買えるということがわかった。同時に、法務費用、手数料などのために購入時に2,000ドルのサービス料金が発生することもわかった。6万ドルの分割払いプランは所得税前でおよそ何%の金利を課していることになるか。

3．ある地方大学を出た資産家は継続的に毎年1人の学生のフルコストをカバーできる奨学基金を設立しようとしている。事務的な準備のため、大学は3年後から奨学金の支給を開始する予定である。今年度の学生1人のフルコストは4万5,000ドルで、将来においてもこの額は実質ベースで一定であると見込まれる。奨学基金が実質年率5%で運用できるとして、この奨学基金のためにこの資産家はいくらの金額を提供しなければならないか。

4．1年前にカフェヴィータ・コーヒー・ロースティング社は小型コーヒーロースター3台を330万ドルで購入した。現在（2010年）、同社はメリットのある新型機を入手できることがわかった。新型機は450万ドルで、残存価値はゼロである。既存機も新型機も2020年まで使用可能だ。経営陣は新型機に対して120万ドル／年の粗利を見込んでおり、定額法で減価償却すると税前利益は75万ドルとなる。

既存のロースターは60万ドル／年の粗利が見込まれ、11年の残存期間と定額法での償却を前提とすると、税前利益は30万ドルとなる。既存のロースターの市場価値は150万ドルである。この会社の税率は45%で、ハードルレートは10%とする。

既存のロースターを売却するときの税率は無視し、11年後の残存価値はゼロと見なした場合、カフェヴィータ社は既存のロースターを取りかえるべきか。

5．次のような投資機会がある。

0年めの初期費用	1,500万ドル
1年めからの年間売上高	2,000万ドル
減価償却費を除いた年間費用	1,300万ドル
期間	5年間
税引き後の残存価値	0ドル
毎年の減価償却費	300万ドル
税率	40%

この投資の収益率を求めよ。投資家は税引き後で少なくとも10%のリ

ターンを要求している。この投資機会は魅力的か。

6．間違いさがしである。次の議論において間違いがいくつあるか。そして、なぜ間違っているのかについて簡単に説明せよ。間違いを修正する必要はない。

（単位：千ドル））

年度	0	1	2	3	…	10
初期投資額	−$1,000					
販売個数		100	100	100	…	100
販売単価		15	15	15	…	15
収入総額		1,500	1,500	1,500	…	1,500
売上原価		800	800	800	…	800
売上総利益		700	700	700	…	700
営業費用						
減価償却費		100	100	100	…	100
支払利息		100	100	100	…	100
税引前利益		500	500	500	…	500
法人税（税率40%）		200	200	200	…	200
税引後利益		$300	$300	$300	…	$300

「ロレッタ。これはいいですよ。数字を見てください」

「ロレッタ。私の説明を聞いてください。会社の目標は利益を毎年少なくとも15%増やすことだと上司が言っています。このプロジェクトは間違いなく利益を増やします。毎年税引後の利益を30万ドル増やします」

「計算をしたらこのプロジェクトの収益率は30%（300ドル／1000ドル）で、最低目標利益率の10%を上回ります。NPVで見るなら、10%で割り引くと843.5ドルになります」

「どう思いますか、ロレッタ」

「デニー、なかなかいいですね。でもいくつか質問があります」

「どうぞ、ロレッタ」

「それでは、売掛金などの増加はどうなっていますか」

「それは関係ありません。プロジェクトが終われば現金を回収できます。それは無利子のローンと同じことで、費用というよりもメリットととらえられます」

「しかし、デニー。販売費と一般管理費の追加発生を無視していませんか？」

「ロレッタ、そこがこの計画のよい点です。最近の不景気のために既存の人手で追加的な作業をこなせるのです。実際に、この提案の強みは、これをやることによって予定されていた何人かの従業員の解雇を回避できるのです」

「なるほど、わかりました、デニー。上司もこのプロジェクトをあなたにきっと任せるんじゃないかと思います」

7．この問題のためのスプレッドシートでは、エクセルのいくつかの財務計算機能について概説している。そして、毎月の返済が求められる住宅ローンに関するいくつかの質問が載っている。スプレッドシートはhttp://www.diamond.co.jp/go/pb/fmanage/（ただし記載は原文のまま）。

8．あなたはマテル社に勤務していて、ハリーポッターの弁当箱を製造・販売する権利についてワーナーブラザーズと交渉している（すでに人形は売っている）。マーケティング部では、来年から向こう3年にわたって年間で5億ドルの弁当箱の販売を目論んでいる。その3年間が終了したところで事業資産を清算する。その他の情報はhttp://www.diamond.co.jp/go/pb/fmanage/（ただし記載は原文のまま）を参照のこと。以上の情報に基づいて、関連するキャッシュフローを特定し、NPV、BCR、IRRを計算せよ。

第8章 投資の意思決定におけるリスク分析

人間、1日1回は賭けをしてみるもんだ。でないと、いくらツイていてもそれに気づかないまま終わってしまうからね。
――ジミー・ジョーンズ〈競馬調教師〉

すべての財務上の意思決定には、リターンだけではなく、リスクもかかわってくる。これがわかっている思慮深い人々は多いが、投資銀行家では少ない。ビジネスにおける投資では、不確定な将来の利益を期待して、確定した金額の支出を今日行わなければならない。したがって、実際の投資の評価に、前章で論じたDCF法を活用するには、リターンだけでなく、リスクも考える必要がある。その際、考慮すべき点が2つある。第1に、実務では、リスクがあると、キャッシュフローを適切に予測することが難しくなる。第2に、さらに重要なのは、概念上、リスク自体が投資の価値を決定する基本的な要素となることだ。たとえば、同じ期待収益率（期待リターン）でリスクが異なる2つの投資がある場合、ほとんどの投資家はリスクの低いほうの投資を選択する。経済学用語では、このような投資家を**リスク回避的**であると呼ぶ。つまり、リスクが投資の価値を低下させることになる。

個人や企業はリスク回避的に振る舞うことから、**図8.1**に示されるような、投資におけるリスクとリターンの関係が生じる。政府が発行する債券（国債）などの低リスク投資の期待収益率は低く、リスクが高くなるにつれて期待収益率も上昇するはずであることが、この図からわかる。ここで上昇するはずであると書いたのは、示されたリスクとリターンの関係が、こうなってほしいという単なる期待以上のものだからである。投資リスクが高い場合、高いリターンを確実に得られると思わなければ、読者や筆者のようなリスク回避的な投資家は投資しないだろう。

このリスクとリターンのトレード・オフ（二律背反）が、ファイナンス理論の基礎である。過去40年間、学者たちは特定の方法で定義したリスクを使い、理想的な条件下におけるリスクとリターンの関係が、図のように直線的になることを示してきた。この直線は**市場線**（market line）と呼ばれており、

図8.1◉リスクとリターンのトレードオフ

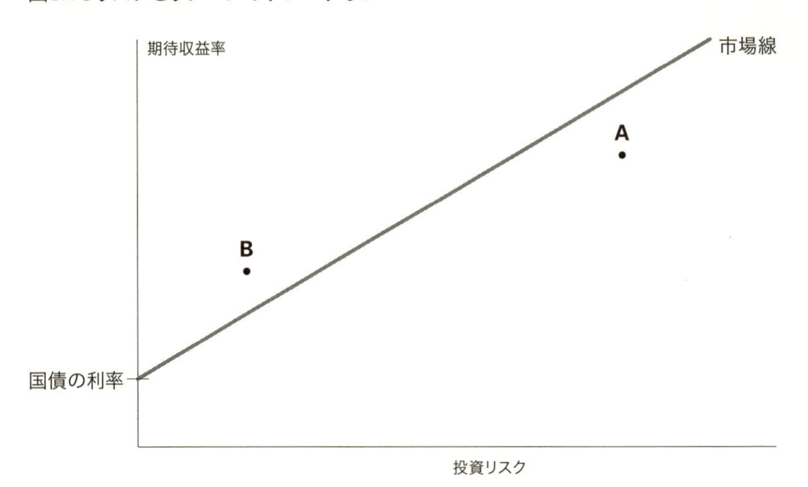

効率的に機能している経済でのリスクとリターンの関係を示している。

ここでは市場線の詳細には触れない。大切なことは、投資の期待収益率を知るだけでは投資の価値を決められないという認識を持つことだ。つまり、投資評価とは、リターンだけでなくリスクも考慮するという2次元の作業なのだ。投資機会を評価する際に、「収益率がいくらか？」ではなく、「リスクを正当化するのに十分なリターンか？」と問いかけることが適切だ。これを**図8.1**上の投資案件AとBで説明しよう。投資Aの期待収益率は投資Bより高いが、投資としてはBのほうが好ましい。Bの期待収益率は低いが、市場線の上にあり、他の選択肢よりもリスクに見合う期待収益率は大きい。一方、投資Aは市場線より下にあり、同じリスクでさらに高い期待収益率を得られるはずの投資がほかにあることを意味している(注1)。

本章では投資の評価にリスクを反映することを検討する。前章におけるDCF法の中心的なテーマは、金利、割引率、資本の機会費用などに関するものだった。これらの数量的要素が投資のリスクや金銭の時間的価値に関

注1　同じことをより分析的に言うと、これまで見てきた財務レバレッジの考え方に基づいて、資産Bの所有者は安全で低いリターンに留まらなくてもよいことがわかる。有利子負債を活用することでBの期待リターンとリスクを高くすることが可能となる。実際に、適切な金額の有利子負債を調達することで、資産Bの所有者はBより高い資産A並みの期待収益率かそれ以上の期待収益率を、資産Aと同じリスクで得ることができることを市場線は示している。そのためBのほうがよい投資と言える。

連していることを強調しながらも、その根源についてはあえて曖昧なままにしていた。割引率に投資リスクを織り込んでいく方法を説明することで、いよいよこの課題を明らかにすることとしよう。投資リスクを詳細に定義した後で、前に紹介したセンシエント・テクノロジー社の資本コストを推定する。そして、リスク調整後割引率である資本コストの強みと弱みを説明する。最後に、投資機会を評価するときのいくつかの落とし穴と、業績評価の世界で注目を集めるEVA（economic value added：経済付加価値）に触れて本章を締めくくる。補遺では、本章のテーマを論理的に展開したものとして、資産βと調整現在価値（APV：adjusted present value）分析について議論する。

投資分析にリスクという第2のパラメータを加えると、複雑さと曖昧さが増す。こう言えば、本章のテーマが単純ではないことがおわかりだと思う。したがって本章では、投資評価について詳細な解答を提供するのではなく、どのように投資評価を行うのか、あるいは投資評価に活用できるさまざまな技法についての一般的な手引きを提供する。しかし、複雑さと曖昧さが増すと言っても、ものは考えようである。投資の意思決定が簡単にできるのであれば、教育の行き届いたマネジャーや熱意ある財務評論家の必要性がなくなってしまうではないか。

あなたはリスク回避的か？

ここにリスク回避的かどうかを調べるための簡単なテストがある。あなたはどちらの投資機会がよいと思うか。

1．今日1万ドルを支払い、1年後にコインを投げその表裏によって、5万ドルを受け取るか、それともさらに2万ドルを支払うかを決める。
2．今日1万ドルを支払い、1年後に1万5,000ドルを受け取る。

もし2のほうがよいと思ったら、あなたは大多数の人と同じくリスク回避的である。両方とも投資費用が1万ドルで1年後の期待収益率が1万5,000ドル（50%の投資収益率）であるが、酔っ払っていたりカジノで熱くなっていたりしていない限り、ほとんどの人が不確実な1よりも確実な2のほうを好むことが確認されている。つまりリスクがあるために、1の価値が相対的に低下しているのである。

簡単に自分で確認できるリスク受容度テストがラトガース大学から提供されている。(njaes.rutgers.edu/money/riskquiz)

リスクの定義

投資リスクには大きく言って2つの側面がある。**投資のリターンのばらつき**と、**他の資産から得られるリターンとの連動性**だ。まずはばらつきについて見てみよう。**図8.2**は2つの投資から得られるであろう収益率のばらつきを釣鐘の形をした曲線であらわしている。投資Aの期待収益率は約12%で、投資Bの期待収益率は約20%となっている。

ばらつきのリスクについては、起こりうる結果の範囲と結びついている、別の言い方をすると、結果を取り巻く不確実性と結びついている、ということが直感的にわかるだろう。投資Aは起こり得る期待収益率が相対的にまとまっているのでリスクが低い。これに対して、投資Bの期待収益率は相対的にまとまっていないのでリスクが高い。まとまり具合を計測するためには、統計学の手法を使って収益率の標準偏差を計算すればよい。どうやって投資の期待収益率と標準偏差を計算するかは、ここでは気にしなくてもよい(注2)。リスクは起こりうる結果のばらつき、つまり、不確実性に連

注2　投資の期待収益率は起こりうる収益率をその確率で加重平均したものである。仮に3つの収益率が起こりうるとして(8%, 12%, 18%)、それぞれが起こる確率がそれぞれ40%、30%、30%だとすると、投資の期待収益率は次のようになる。

期待収益率＝0.40 × 8% ＋ 0.30 × 12% ＋ 0.30 × 18% ＝ 12.2%

収益率の標準偏差は起こりうる収益率と期待収益率の偏差をその発生確率で加重平均したものである。この例では、起こりうる収益率と期待収益率の偏差は、(8% − 12.2%)、(12% − 12.2%)、(18% − 12.2%)となる。この偏差は正の数値も負の数値もあるので、そのまま足すと相殺されてしまう。それを防ぐためにそれぞれを二乗する。そして、二乗した偏差をその発生確率で加重平均し、その平方根を求める。

$$標準偏差 = \{0.4(8\% - 12.2\%)^2 + 0.3(12\% - 12.2\%)^2 + 0.3(18\% - 12.2\%)^2\}^{1/2} = 4.1\%$$

投資の起こりうる収益率と期待収益率の偏差を確率で加重平均すると4.1%となる。

図8.2◉投資リスクの例示：投資Aは投資Bより期待収益率もリスクも低い

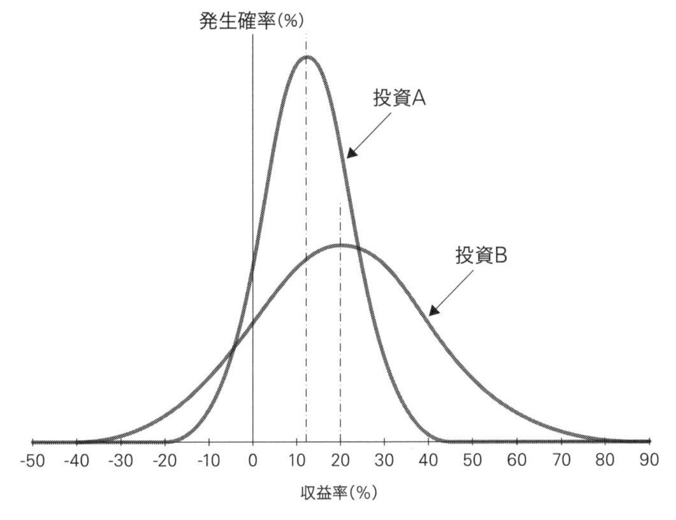

動すること、そしてこのばらつきを計測する手法があるということを認識しておけば十分だ。

◉――リスクと分散化

上で説明したばらつきのリスクは、しばしば**投資のトータル・リスク**と呼ばれる。しゃれた言い方をすると、投資のロビンソン・クルーソー的リスクを指す。もしも投資家が1人で孤島に取り残されて他の資産に投資をすることができなければ、このようなリスクに直面することになる。ところが、この投資家が孤島から脱出し、再び分散化されたポートフォリオに投資できるようになると話は劇的に変わる。ある資産を保有することによって生じるリスクは、その資産のトータル・リスクよりも少ない。はるかに少ないのが普通だ。言い方を変えると、リスクとは起こりうる結果のばらつき以上の要素があるのだ(「以上」と言うとリスクが高くなる誤解を与えるので、「以下」と言うべきかもしれないが)。

その理由を見てみよう。**表8.1**は2つの単純なリスクを伴う投資についての情報をあらわしている。アイスクリーム屋の買収と傘屋の買収だ(注3)。

表**8.1**◉**分散によるリスクの低減**

投資	**天気**	**確率**	**ROE**	**加重平均した成果**
アイスクリーム屋	晴れ	0.50	**60%**	30%
	雨	0.50	**–20**	–10
			期待される成果＝	20
傘屋	晴れ	0.50	**–30**	–15
	雨	0.50	**50**	25
			期待される成果＝	10
ポートフォリオ：				
アイスクリーム屋と	晴れ	0.50	**15**	7.5
傘屋を1/2ずつ組み合わせ	雨	0.50	**15**	7.5
			期待される成果＝	15%

議論を簡単にするために明日の天気は雨と晴れが五分五分だとしよう。アイスクリーム屋の買収は明らかにリスクがある。明日が晴れれば60%のリターンを手に入れるが、雨が降れば20%の損失を被るからだ。傘屋も同様にリスキーだ。雨が降れば50%のリターンがあるが、晴れれば30%の損をするからだ。

この2つの投資を別々に見るとリスクがあるが、両方の投資を含む**ポートフォリオ**で考えるとリスクは存在しない。アイスクリーム屋への投資が50%、傘屋への投資が50%というポートフォリオを考えてみよう。損失と利益がお互いに打ち消し合うことで明日の天気がどちらになろうとも15%のリターンが実現される（たとえば、晴れの場合、ポートフォリオの半分を占めるアイスクリーム屋は60%のリターンを稼ぎ、残り半分を占める傘屋は30%の損失を計上する。{15%＝0.5×60%＋0.5×（－30%)})。ポートフォリオの期待値はそれぞれの投資の期待値の平均値となる。一方で、そのリスクはゼロとなる。両方の資産を保有することで起こりうるリターンのばらつきを除去することができる。「無料のランチは無い」という言い回しを聞いたことがあるかもしれないが、ファイナンスの世界では実は「ある」のだ。これを

注3　筆者はこれをかなりよい例だと思っていたが、最近になってワシントンD.C.の露天商が天気に応じて清涼飲料水と傘を切り替えて売っていることを知った。

分散化と呼んでいる。

これは極端な例だが、リスクについての重要な事実を示している。つまり、分散化されたポートフォリオを保有できるとき、考慮すべきリスクは個別に見たリスク（ロビンソン・クルーソー的リスク）ではなくて、ポートフォリオの一部としてのリスクととらえられるということだ。この例が示しているように、この2つの見方によるリスクの違いは無視できないのほど大きいのが普通だ。

ある投資資産のリターンとポートフォリオのリターンが完全に連動しない限りにおいて、その投資資産を独立して見た場合のリスクは、それをポートフォリオの一要素として見た場合のリスクよりも大きくなる。そのような一般的な状況においては、資産のリターンの変動の一部は、ポートフォリオのリターンの変動によって相殺されるため、投資家が負うリスクは小さくなる。再び**表8.1**を見てみよう。アイスクリーム屋のリターンは変動が大きいが、リターンが悪くなるとまさにそのときに傘屋のリターンがよくなる。そのため2つの投資を組み合わせるとリターンの変動はなくなる。雨が降ろうが晴れようがポートフォリオは15%のリターンを生み出す。別の言い方をすると、資産を集めてポートフォリオを形成すると、「平均に収れん」するプロセスが発生してリスクが小さくなる。

ほとんどのビジネスの投資は、多かれ少なかれ同じような経済環境に依存しているので、アイスクリーム屋と傘屋の例のように変動が完全に相殺される投資機会は存在しない。しかし、このような分散による効果が存在するのは確かだ。投資のリターンやキャッシュフローが完全に同じ方向に連動しない限り、つまり個々の投資が独自の動きをする限り、ポートフォリオの一部を構成するある投資のリスクは、その投資の起こり得るリターンのばらつきよりも小さくなる。

より公式的に言うと、投資のリスクは次のように2つに分解することができる。

トータル・リスク＝システマティック・リスク＋非システマティック・リスク

システマティック・リスクとは金利の変化や景気の循環など経済全体、

図8.3◉普通株式ポートフォリオの分散化の威力

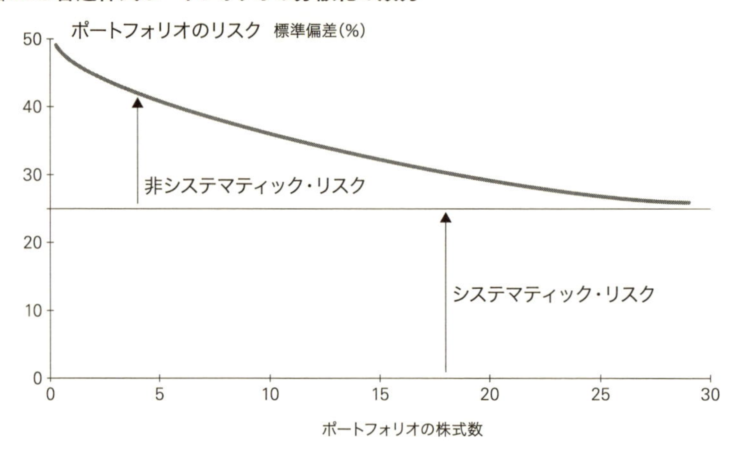

あるいは市場全体から影響を受けるリスクのことで、分散化によってリスクを小さくすることはできない。これに対して、**非システマティック・リスク**は火事や訴訟などの個別の事情によるリスクのことで、分散化によってリスクを小さくすることができる。利口な投資家は分散化された投資ポートフォリオを保有することができるので、投資機会を評価する際はシステマティック・リスクだけが関係してくる。それ以外のリスクは分散化することで回避できる。

図8.3は、株式のポートフォリオにおける分散化の威力を示している。これは標準偏差であらわされたポートフォリオのリターンの変動と、ポートフォリオに組み込んだ株式の数の関係を示している。株式の数が少ないと変動幅が大きいが、株式の数を増やすにしたがって急激に小さくなることに注目してほしい。ポートフォリオを構成する株式の数が増えると「平均への収れん」効果が発生して非システマティック・リスクが小さくなる。研究によれば、ランダムに選んだ株式の数が30を超えると非システマティック・リスクはほとんど除去され、分散化によってトータル・リスクが約半分になることがわかっている(注4)。

注4　Meir Statman, "How Many Stocks Make a Diversified Portfolio?" *Journal of Financial and Quantitative Analysis* 22(September 1987), pp. 353-63.

投資リスクの予測

ここまで、リスクとリスク回避について一般的な方法で定義を行った。次に、特定の投資機会に内在するリスクの量をどう推測するかについて考えてみよう。ビジネスによっては、科学的または歴史的な根拠に基づいて、投資リスクを客観的に計算することができる。たとえば、油田の開発がこれに該当する。探査会社が油田を発見し、その地形特性を調べれば、その地域で採掘される開発井の採算が取れるかどうか、その確率を十分正確に判断できる。

ときには歴史がガイドの役割を果たしてくれる。全世界に1,000店のファーストフード・レストランを展開している会社は、1,001店目を出店する際の期待収益率とリスクについて、十分な知見を持っていると言ってよいだろう。同様に、読者がIBMの株式を購入しようと考えているなら、IBM株の将来のリスクとリターンを予測するのに、過去における年間収益率の変動の実績が重要な手がかりとなるだろう。IBM株のように市場で取引されている株式のシステマティック・リスクをどのように計測するかについては、後で説明することにする。

これらはむしろ簡単なケースである。多くの場合、ビジネスにおける投資は個別性が高く、そのリスクを推定するには、かなりの部分を主観的な判断に頼らざるをえない。たとえば、ある企業が新製品への投資を考えるとき、投資リスクの推定のベースとなるような技術的知見や実例が、過去にほとんどないといったケースが多い。このような場合のリスク評価は、意思決定に参加する経営陣の洞察力や、その業界の経済性に対する知見、あるいは投資結果に対する理解などによって決まる。

システマティック・リスクと企業のコングロマリット的な多角化

経営者のなかには、分散化がリスクを軽減させるという話を聞くと、コングロマリット的な多角化企業集団をつくることがそれで正当化されるととらえる人もいる。合併が収益面では何ら向上が見込めなくても、多角化には企業全体のキャッシュフローのリスクを減らす効果があるので、有意義であるというロジックだ。株主はリスク回避的なので、リスクが軽減されるので企業価値は増加するだろうということになる。

しかし、この理屈はよく言っても不完全だ。もし株主が、こうしたコングロマリット的な合併によるリスク軽減効果を望むのならば、2つの独立した会社の株式を自分のポートフォリオのなかで保有するほうが、はるかに簡単に同じ効果を得ることができる。株主は、このような効果を得るために経営者に経営を任せているのではない。他の会社を買収しようとしている経営者は、何か別の理由づけを探すべきである。

投資リスクを推定する3つの技法

先に述べた感度分析、シナリオ分析、シミュレーションという3つの技法は、投資リスクを主観的に推定する場合に有効である。いずれも投資リスクを客観的に測定する技法ではないが、何からリスクが発生しているのか、及びこれらのリスクが予想される収益率に与える影響について、経営陣が体系的に考えるためには役に立つ。簡単に言えば、投資のIRRやNPVは、販売価格、販売量、耐用年数など多くの不確実な経済的要素に依存している。感度分析は、これらの不確定要素の1つが変化すると、投資の評価指標がどのように変わるのかを見積もるものである。一般的な方法では、不確定要素について楽観的ケース、悲観的ケース、最も起こりそうなケースの3つのケースを想定し、各々の収益率を計算する。これにより結果のバラツキの範囲を認識することができる。シナリオ分析は、これをもう少し拡張して、ある特定の状況を想定したうえでそれに合致するように、いくつかの不確実な変数について相互に整合性を保ちながら変化させてみるものである。

シミュレーションについては、財務計画のツールとして第3章で少し触れた。シミュレーションでは、各々の不確定要素の確率分布と各要素間の相関関係の程度を指定し、各要素が発生する確率に応じて、その要素の値を繰り返しコンピュータに選ばせる。この点からシミュレーションは、感度分析とシナリオ分析の応用と言えるだろう。コンピュータは選択した変数の組み合わせに応じて収益率を計算する。その結果は**図3.1**のように発生頻度に応じて収益率をプロットしたグラフになる。感度分析、シナリオ分析、シミュレーションの主な利点は、投資リスクにかかわる個々の経済的要因について体系的に考えられること、投資の収益率が各々の経済的要因にどの程度左右されるのかその感度がわかること、考えられる収益率のバラツキ範囲の情報が得られることである。

リスクを織り込んだ投資評価

投資に内在するリスクの概念を理解したら、次のステップはこれを投資機会の評価に活用することだ。

◉――リスク調整後割引率

リスクを投資評価に織り込む最も一般的な方法は、割引率を調整することである。つまり、リスクのあるキャッシュフローの期待価値を、リスクに対するプレミアムを含んだ割引率で割り引くという方法である。あるいは、期待キャッシュフローに基づく投資のIRRを、リスク・プレミアムを上乗せした必要収益率と比較してもよい。当然のことながら、プレミアムの大きさは予想されるリスクに応じて大きくなる。

リスク調整後割引率を説明するために、投資金額が1,000万ドルで、10年間にわたって毎年200万ドルのリスクを伴うキャッシュフローが期待されるプロジェクトを考えてみよう。リスクフリー・レートは5%だが、経営陣がキャッシュフローの不確実性に対して7%のリスク・プレミアムを上乗せすると決めているとすると、このプロジェクトのNPVはいくらになるだろうか。

12%のリスク調整後割引率で計算すると、NPVは130万ドルになる(1,130万ドルの将来キャッシュフローの現在価値から1,000万ドルの初期費用を引いたもの)。この投資のNPVはプラスであるから、リスク調整後でも魅力があるということになる。これと同様のアプローチに、期待キャッシュフローを使って投資のIRRを求め、リスク調整後割引率と比べる方法がある。このプロジェクトのIRRは15.1%で、12%を上回るため、リスクが存在してもこの投資は魅力的と言える。

リスク調整後割引率がどれだけ投資の魅力を低下させるかについても注目しよう。投資がリスクのないものだとして、割引率5%を用いたときのNPVは540万ドルとなるが、より高いリスク調整後割引率が適切である場合、NPVは400万ドル以上減少する。つまり、経営陣が投資をしようと思うには、少なくともこれだけの価値が追加で必要ということである。

リスク調整後割引率の長所は、投資に対するリターンをリスクに応じてどのように設定すればよいかについて、ほとんどの経営者が何らかの考えを持っているという点だ。言い方を変えると、経営者は**図8.1**の市場線の形状についての基本的な理解があるということだ。たとえば、第5章の**図5.1**の歴史的データから長期的に見て普通株式のリターンは政府債よりも6.2%高いことがわかる。現在の政府債の利回りが4%だとすると、一般的な普通株式と同じ程度のリスクのある投資に対して10.2%のリターンを期待することは理に適っている。同様に、リスクが異常に高くなければ40%のリターンが見込める投資は魅力的だとわかる。そのような見方が正確性を欠くことは確かだが、それでもリスク評価に何らかの客観性をもたらしてくれることになる。

資本コスト

リスク調整後割引率とその使い方を説明したので、残された課題は個別の投資に対して何%で設定すればよいかということになる。単にリスクフリー・レートに7%を上乗せするだけでよいのか、それとももっと客観的なプロセスがあるのだろうか。もっと客観的なプロセスは存在する。それは**資本コスト**という概念に基づいている。債権者と株主があるビジネスに投資をすると、それと同様のリスクを持つ他の投資から得られたはずのリターンに等しい機会費用を負担することになる。これらの機会費用をまとめると、**資本を提供する投資家の期待を満たすべく、企業がその保有する資産を活用して稼がなければならない最低限の収益率**と定義できる。これがその企業にとっての資本コストだ。もしもこの投資家の求める最低限の収益率を推定することができるならば、企業が行う典型的な、もしくは平均的なリスクを持つ投資を評価するのにふさわしい、客観的に定義されたリスク調整後割引率が得られる。資本コストの方法論では、妥当なリスク調整後割引率について意味のある情報を得るために金融市場に注目する。経営者の勘に頼る必要はないのだ。

さらに、ある企業の資本コストを推定する方法がわかれば、それによってさまざまなプロジェクトに適用するリスク調整後割引率を推定することができるようになる。それは次のような類推で考えればよい。もしもプロジェクトAのリスクが会社1が行った投資のリスクと同じと思われるのならば、会社1の資本コストをプロジェクトAに求められる収益率と見なすことができる。会社1とその競合他社すべての資本コストの平均値を使えばさらによい。したがって、伝統的な製薬会社がバイオテクノロジーの投資を検討しているとしたら、既存のバイオテクノロジー業界の平均資本コストが妥当な要求収益率となる。以下に資本コストをさらに詳細に定義し、センシエント・テクノロジー社の資本コストを推定して、それをリスク調整要素としてどのように使用するのかについて議論を行う。

資本コストの定義

XYZ社の資本コストを推定する際に、次の情報を持っているとしよう。

	XYZ社の負債及び株主資本	資本の機会費用
有利子負債	$100	10%
株主資本	200	20

資本の機会費用がどのように決まるかについては後ほど議論することにし、ここでは、他にも投資案件があるとしたうえで、債権者は融資に対して最低10%の利息を求め、株主はXYZ社株に対し最低20%の収益率を期待すると仮定しよう。この情報をもとにXYZ社の資本コストを計算するため

には、次の2つの簡単な質問に答えるだけでよい。

1. **債権者と株主の期待に応えるため、XYZ社は既存の資産を活用して年間でいくら稼がなければならないか。**

債権者は100ドルの融資に対し10%の収益率、つまり10ドルを期待している。しかし、利息の支払いは税金が控除されるので、税率が50%の黒字企業の場合、税引後の実質的なコストは5ドルで済む。株主は200ドルの投資に対し20%、すなわち40ドルを期待する。したがって、XYZ社は合計で(1－0.5)×10%×100ドル＋20%×200ドル＝45ドルを稼がなければならない。

2. **債権者と株主の期待に応えるため、XYZ社は既存の資産で年にいくらの収益率をあげなければならないか。**

45ドルの利益をあげなければならないXYZ社への総投資額は300ドルであるから、要求される収益率は15%（＝45ドル÷300ドル）である。これがXYZ社の資本コストである。

記号を使って以上の議論を繰り返してみよう。XYZ社が既存の資本で毎年稼がなければならない金額は、

$$(1-t)\times K_D D + K_E E$$

ここで、tは税率、K_Dは有利子負債の期待収益率あるいは有利子負債コスト、DはXYZ社の有利子負債の額、K_Eは株主資本の期待収益率あるいは株主資本コスト、EはXYZ社の株主資本の額である。同様に、XYZ社が既存の資本で稼がなければならない毎年の収益率は次のようになる。

$$K_W = \frac{(1-t)K_D D + K_E E}{D + E} \qquad (8.1)$$

ここで、K_Wが資本コストである。

上記の例から以下のとおりとなる。

$$15\% = \frac{(1-50\%)\times 10\% \times 1億ドル + 20\% \times 2億ドル}{1億ドル + 2億ドル}$$

言葉で説明すると、企業の資本コストとは、その企業が調達する有利子負債と株主資本のコストであり、資本構成におけるそれぞれの大きさによって加重平均したものである。資本コストの式の*W*は、それが加重平均コストであることをあらわしている。資本コストがしばしばWACC（Weighted Average Cost of Capital：加重平均資本コスト）という略語であらわされるのもそのためである。XYZ社の資本の3分の1が有利子負債、3分の2が株主資本なので、その資本コストは有利子負債コストの3分の1に株主資本コストの3分の2を加えたものになる。

$$15\% = (1/3 \times 5\%) + (2/3 \times 20\%)$$

▼資本コストと株価

資本コストと株価には重要な関係がある。その関係を見るために、XYZ社が既存の資産を使って資本コスト以上の収益率をあげたらどうなるかを考えてみよう。債権者に対するリターンは契約で一定と決められているため、超過リターンはすべて株主に帰属する。したがって、企業が株主資本の機会費用以上の収益率をあげられる場合、新たな投資家を引きつけることになり、株価は上昇する。逆に、XYZ社の収益率が資本コスト以下であった場合には、株主は期待した収益率を受け取れないために、株価は下落することになる。株価は、新たに株式を購入しようとする投資家の期待リターンが、株主資本の機会費用と再び等しくなるまで下がり続ける。したがって、資本コストを別の方法で定義すると、**企業が株価を維持するために既存の資産であげなければならない収益率**となる。最後に、株主に対する価値という観点から言うと、資本コスト以上にリターンをあげた場合に経営者は価値を創造し、資本コスト以下の場合は価値を破壊したことになる。

◉───センシエント・テクノロジー社の資本コスト

資本コストをリスク調整後割引率として使うためには、当然、資本コストを計算できなければならない。つまり、数式(8.1)の右辺の項目すべてに数字を当てはめるということだ。実際にセンシエント・テクノロジー社の2010年度末の資本コストを計算してみよう。

▼ウエイト

まず、DとEのウエイトを測定しよう。これには普通2つの方法が用いられるが、実はそのうちの一方だけが正しい。1つは貸借対照表上の有利子負債と株主資本の額、つまり簿価を使用する方法。もう1つは市場価値を使用する方法である。**市場価値(時価)**とは、企業の社債と発行済株式のそれぞれの数量と証券市場における社債と株式の価格とを各々掛け合わせたものである。**表8.2**に示すとおり、センシエント社の2010年度末の負債と株主資本の簿価は、それぞれ3億4,990万ドルと9億8,380万ドルであった。この場合、負債とは有利子負債のみを指している。なぜなら、その他の負債は、税引後キャッシュフローを推定する際にすでに考慮されている税金の支払見込額(訳注1)か、投資キャッシュフローにおいて運転資本の一部分として扱われる自然発生的な現金の源泉かのいずれかだからである(訳注2)。また、**表8.2**はセンシエント社の有利子負債と株主資本の市場価値が同じく期末日においてそれぞれ3億4,990万ドルと18億2,180万ドルだったことを示している。

慣行に従って、センシエント社の有利子負債の市場価値は簿価と等しいと仮定した。たしかにこの仮定は正確ではないが、株主資本と比べると有利子負債の市場価値と簿価の差は非常に小さいことも確かである。センシエント社の株主資本の市場価値は、年度末の株価である36.73ドルに発行済普通株式数の4,960万株を乗じたものである。株主資本の市場価値は簿価のおよそ2倍にのぼっているが、これは投資家が企業の将来性について楽観的

訳注1 財務会計と税務会計が別々であることによる。
訳注2 運転資本は営業キャッシュフローに区分されることが多いが、投資キャッシュフローに区分されることもある。どちらの方法も会計処理上認められている。

表8.2◉センシエント・テクノロジー社の有利子負債及び株主資本の簿価と市場価値（2010年12月31日）

	簿価		市場価値	
調達	金額（百万ドル）	構成比	金額（百万ドル）	構成比
有利子負債	$349.9	26.2%	$349.9	16.1%
株主資本	983.8	73.8%	1,821.8	83.9%
合計	$1,333.7	100.0%	$2,171.7	100.0%

な見通しを持っているためである。

資本コストの測定に簿価と市場価値のどちらが適当かを判断するために、次のように考えてみよう。10年前に普通株式のポートフォリオに2万ドル投資し、読者自身は価値を上げるために何もしなかったが、現在の価値が5万ドルになっているとしよう。証券会社と投資コンサルタントに相談したところ、現在の株式市場の状況を考えると、ポートフォリオの通常期待できる収益率は年10%であるという。さて、読者はポートフォリオの初期費用である2万ドルに対しての10%の収益率で満足するだろうか。それとも、現在の5万ドルに対する10%の収益率を望むだろうか。明らかに、現在の市場価値である5万ドルのほうが、この意思決定に関して適切である。この初期費用の2万ドルは埋没費用であるため、現在の意思決定に関係はない。同様に、センシエント社の株主と債権者はそれぞれ、18億2,180万ドルと3億4,990万ドルを投資しているが、それはあくまでも証券市場で満足できる収益率が得られるということを前提としている。このように資本コストを測るには、有利子負債と株主資本の市場価値を用いることが正しい。

▼有利子負債コスト

これは簡単な問題である。2010年12月時点のセンシエント社の債券と同様のリスクと償還期間を持った債券の利回りは約6.1%で、センシエント社の限界税率は約35%であった。したがって、センシエント社の税引後有利子負債コストは、4%[（1－35%）×6.1%]となる。この計算において、債券市場における実勢金利ではなく表面利率（金利）を使おうとする初心者がいるかもしれない。しかし、債券の表面利率は当然ながら埋没費用である。

さらに、新規投資を評価するための資本コストを求めているので、新発債のコストが必要となる。

▼株主資本コスト

株主資本コストを見積もるのは、有利子負債コストの推定とは違ってきわめて困難である。有利子負債や優先株式では、企業はその保有者に一定の金額を所定の期間支払い続けることを約束する。約束された支払額と証券の現在の価格がわかれば、期待収益率を計算するのは簡単だ。これは前章で債券の最終利回りを計算する際にしたことだ。一方、普通株式の場合はもっと複雑だ。企業は株主に対して将来の支払いを約束してはおらず、期待収益率を簡単に算定できる方法はない。

▼永久年金と仮定する

このジレンマから抜け出す1つの方法として、40フィートの穴の底にはまった物理学者と化学者と経済学者の話を思い出してみればよい。穴から抜け出すために、物理学者と化学者は持てる限りの知識をもとにいろいろ試したが、ことごとく失敗した。とうとう自暴自棄になって、経済学者に向かって彼のプロとしての技能が脱出の手助けになるかと尋ねた。「もちろん」と経済学者は答える。「問題はきわめて初歩的だ。まず、梯子があると仮定しよう」。ここでの「梯子」とは、株主の期待する将来の配当金支払いについての仮定である。この英雄的な第一歩によって、問題は本当にきわめて初歩的なものとなる。これを論証するため、株式投資家が毎年1株当たりdドルの配当を永久に受け取ることを期待していると仮定しよう。現在の株価Pは判明しており、将来にわたって継続的な支払いが行われると仮定する。次は将来の継続的な支払いの現在価値が、現在の株価Pと等しくなる割引率を見つければよい。前章の議論から、そのような割引率K_Eにおける永久年金の現在価値は、

$$P = \frac{d}{K_E}$$

であらわされる。これを割引率について解くと、

$$K_E = \frac{d}{p}$$

となる。すなわち、投資家がある企業の株式が永久年金と同等であると期待すると仮定するなら、その株主資本コストは配当利回りに等しいことになる。

▼永続的な成長

以上の話よりもう少し現実的なケースとして、株主が来年1株当たりdドルの配当を受け取り、その後この配当が永久に年率g%で成長することを期待しているとしよう。幸いなことに、この一連のキャッシュフローの問題にもまた非常に簡単な解き方がある。読者を数学で煩わせることを避けて、割引率がK_Eのとき、このキャッシュフローの現在価値は以下のとおりとなる。

$$P = \frac{d}{K_E - g}$$

そして、割引率を解くと、以下のようになる。

$$K_E = \frac{d}{P} + g$$

この式は、永続的な成長の仮定が正しければ、株主資本コストは企業の配当利回り（$d \div P$）に配当の成長率を加えたものと等しくなることを意味する。これはK_Eの**永続的な成長の定式**として知られている。

K_Eの問題は、永続的な成長を仮定して得られた推定値が、その仮定と同程度しか正しくないということである。鉄道や電力、鉄鋼などの成熟企業では、現在の成長率が無限に続くという仮定は合理的であるかもしれない。そのような場合には、永続的な成長の定式を使って株主資本コストについて妥当と思われる推定値が得られる。そのようなケースを除けば、現在の会社の成長率が永続するという仮定は非現実的であり、資本コストは過大評価されることになる。

▼過去の実績を手がかりとする

株主資本コストを推定する際の第2の、そして一般的にはより有効なアプローチは、リスクのある投資に対する期待収益率の決定要因に注目する。リスクを伴う資産への期待収益率は、一般的に次の3つの要素から構成される。

リスク資産の期待収益率
＝リスクフリー・レート＋インフレーション・プレミアム＋リスク・プレミアム

この式は、リスク資産の保有者はリターンを3つの源泉から得ることを期待できるということをあらわしている。右辺の第1項は、資産を保有することで生じる機会費用に対する代償である。ここでは、リスクのない投資に対する利率である。第2項は、時間の経過とともに投資の購買力が低減していくことに対する代償である。これをインフレーション・プレミアムという。第3項はリスクを負うことに対する代償で、**リスク・プレミアム**という。幸いなことに、初めの2項は国債のような債務不履行リスクのない債券の期待収益率に等しいため、これを別々に扱う必要はない。国債の利率は容易にわかるので、問題はどうやってリスク・プレミアムを推定するかということになる。

リスク資産が普通株式である場合、過去のデータを手がかりとすることは有益である。**図5.1**で示されているように、過去1世紀にわたってアメリカ普通株式の年利回りは、国債のそれを平均で6.2%上回っていた。普通株式の株主は、システマティック・リスクを負う報酬として、国債保有者より年率で6.2%高い収益率を得たことになる。これをリスク・プレミアムとして2010年の長期国債の利率である4.2%に加えると10.4%となり、これが典型的なアメリカ企業の株主資本コストということになる。

過去の超過収益率である6.2%をリスク・プレミアムとする根拠は何であろうか。それは十分に長い期間にわたって見れば、投資家が受け取ると期待したリターンと実際に受け取ったリターンは一致するということである。たとえば、投資家が株式への投資から20%の超過収益率を期待しているが、実際の収益率は3%の状態が続いているというケースを考えてみよう。この場合、2つのことが起こる。1つは、投資家は20%という期待値を下げざるを得ないはずである。もう1つは、失望売りによって相場が下がるので、その後に実現する収益率が上がる。このように、時間の経過とともに期待と現実がほぼ均衡するようになる。

「平均的なリスク」を持つ企業の資本コストの推定値はわかったが、平均値と一致するリスクを持つ企業ばかりではない。そこで、個別企業のリスクを反映した資本コストを求めるためにはどのようにすればよいだろうか。正解は、平均的なリスクを反映している方程式に、企業の**株式ベータ（β）**として知られている係数を挿入する。それによって、方程式は次のようになる。

株主資本コスト＝国債の利率＋β_e×（普通株式の過去の超過収益率）

記号であらわすと次のようになる。

$$K_E = i_g + \beta_e \times Rp \quad (8.2)$$

ここにおいてi_gは国債の利率、β_eは該当する企業の株式ベータ、そして、Rpは普通株式の超過収益率だ。β_eは平均的な株式と比較した場合の、ある特定の株式のシステマティック・リスクの相対的な係数だと理解すればよい。その株式のシステマティック・リスクが平均的な株式と同じなら、β_eは1.0となり、歴史的なリスク・プレミアムがそのまま適用される。平均的な株式よりもリスクが高いならβ_eは1.0より大きくなり、リスク・プレミアムもそれに応じて大きくなる。逆に、リスクが低いならβ_eは1.0より小さくなり、リスク・プレミアムも小さくなる。

▼ベータの推定

ある企業のベータをどうやって推定すればよいかという疑問を持つのは当然だ。実際のところ、それはかなり単純だ。**図8.4**に、センシエント・テクノロジー社のベータの推定方法が記されている。それは過去60カ月にわたるS&P500株価指数の月間リターンに対するセンシエント社の普通株式

図8.4◉センシエント・テクノロジー社のベータは以下の直線であらわせる

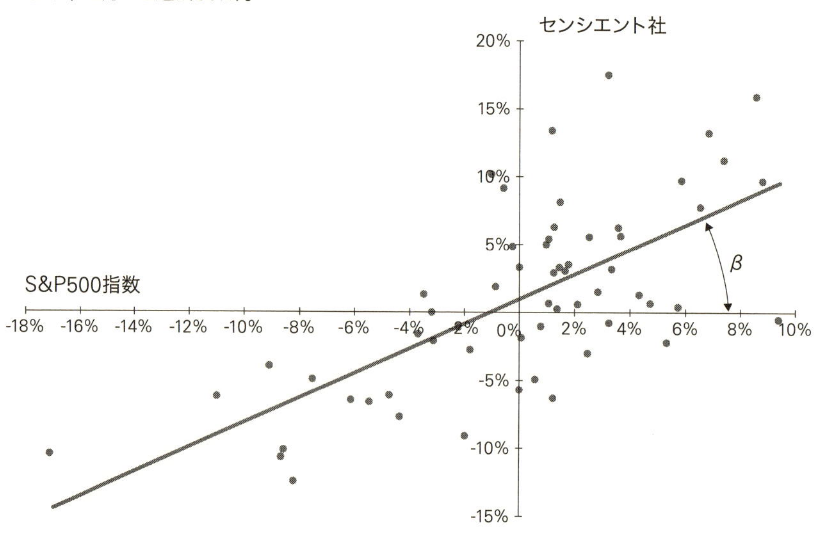

の月間リターンの関係をあらわしている。たとえば、2008年10月においてS&Pの指数は17%下落したのに対し、センシエント社の株は10%下落した。このリターンの関係はグラフ上の一点にあらわすことができる。S&P500指数は多くの普通株式で構成される広く分散化されたポートフォリオなので、そのシステマティック・リスクは平均的な株式、あるいは市場全体のシステマティック・リスクと同等であると見なしてもよいだろう。また、グラフには両者の関係を最もよくあらわす直線が示されている（もしも読者が回帰分析をご存じであれば、これは単純な回帰直線である）。

統計学の利点

　本章で出てくる概念の多くは、初歩的な統計学の助けによって説明できる。すでに述べたとおり、投資のトータル・リスクとは起こりうるリスクのばらつきであり、通常はリターンの標準偏差であらわされる。一方、システマティック・リスクは、広く分散されたポートフォリオのリターンとの相関関係の大きさ依存している。したがって、投資のシステマティック・リスクは以下のようにあらわせる。

$$システマティック・リスク=\rho_{jm}\sigma_j$$

ここで、ρ_{jm}は投資jと、よく分散されたポートフォリオmとの相関係数で、σ_jは投資jのリターンの標準偏差である。相関係数は、1から－1の間を動く数で、＋1のときは完全に正の相関があり、－1のときは完全に負の相関があることを示す。多くの事業投資ではρ_{jm}は0.5から0.8の範囲にある。つまり、投資のトータル・リスクは、20%から50%の部分を分散投資によって軽減できることを意味している。株式ベータは、十分に分散されたポートフォリオのシステマティック・リスクに対する相対的な指標であるから、株式jの株式ベータは以下のとおりとなる。

$$\beta_j=\frac{\rho_{jm}\sigma_j}{\rho_{mm}\sigma_m}$$

どのような変数であれ、自分自身との相関係数は1なので、上の式は

$$\beta_j=\frac{\rho_{jm}\sigma_j}{\sigma_m}$$

この式は株式jの株式ベータをあらわすと同時に、r_jとr_mの回帰直線の傾きでもある。ここでr_jとはjの実現リターン、r_mとは分散されたポートフォリオの実現リターンをあらわす。

この直線の傾きがわれわれが求めているベータである。それはS&P指数の動きに対するセンシエント社株式のリターンの感度をあらわしている。0.92という傾きは、S&Pが1%上下したときにセンシエント社株は平均して0.92%上下するということを意味している。つまり、センシエント社の株

表8.3◉代表的な企業のベータ値

企　業	ベータ値	企　業	ベータ値
アドバンスト・マイクロ・デバイセズ	2.19	コストコ・ホールセール	0.74
アマゾン・ドット・コム	1.17	カミンズ	1.96
アメリカン・エレクトリック・パワー	0.59	ディーン・フーズ	0.70
AIG	3.75	デル	1.38
アップル	1.38	デューク・エナジー	0.43
AT&T	0.67	エクソン・モービル	0.49
エイボン・プロダクツ	1.50	ゴールドマン・サックス	1.40
バンク・オブ・ニューヨーク	0.73	H&Rブロック	0.52
バクスター・インターナショナル	0.51	IBM	0.73
バークシャー・ハサウェイ	0.46	インテル	1.10
ボーイング	1.25	JDSユニフェーズ	2.30
カーマックス	1.32	マイクロソフト	1.08
キャタピラー	1.74	セイフウェイ	0.71
CBS	2.05	サザン・カンパニー	0.36
シェブロン	0.75	サウスウェスト航空	1.10
コカ・コーラ	0.60	ウェルポイント	0.97
コンソリデーテッド・エジソン	0.31	ウェルズ・ファーゴ銀行	1.38

出所：Standard & Poor's Compustat.

式は平均よりもリスクが低いということだ。この直線の傾きがよりなだらかであれば、センシエント社株は市場の変動に対して反応しにくいということであり、それは経済全体に影響を与える事象に対して反応しにくい、つまりリスクが低いということだ。直線の傾きがより強ければ逆のことを意味する。グラフ上のすべての点が必ずしも直線の上にはないという事実は、センシエント社の月間リターンを決定する際における非システマティック・リスクの重要性を意味している。非システマティック・リスクは分散投資によって除去されるので、非システマティック・リスクは期待リターンや株価の決定に影響を与えることはない。

幸いなことに読者自身がベータの計算を心配する必要はない。リスクをあらわすベータは、有価証券の分析においてとても重要なので、多くの証券会社や投資アドバイザーがすべての公開企業の普通株式のベータを定期的に発表している。**表8.3**は代表的な企業の最近のベータの数値例だ。最も

表8.4◉センシエント・テクノロジー社の資本コストの計算

調達	金額(百万ドル)	構成比	税引後コスト	加重コスト
有利子負債	$349.9	16.1%	3.9%	0.6%
株主資本	1,821.8	83.9	9.9	8.3
			加重平均資本コスト	= 8.9%

＊四捨五入のため、合計は必ずしも一致しない

低いベータは電力会社のコンソリデーティッド・エジソンの0.31で、最も高いのが最近の危機で政府の救済を受けた悪名高き保険会社のAIGの3.75だ。数値はイメージ通りだと思う。ハイテクやインターネット関連のようなハイリスクのビジネスの会社のベータは高く、食品関連やスーパーのようなローリスクの会社のベータは低い。

センシエント社のβの推定値である0.92を数式(8.2)に代入すると株主資本コストは次のようになる。

$$K_E = 4.2\% + 0.92 \times 6.2\% = 9.9\%$$

▼センシエント・テクノロジー社のWACC

あとは計算するだけだ。**表8.4**はセンシエント社の資本コストの推定値をあらわしている。センシエント社のWACC(加重平均資本コスト)は8.9%である。すなわち、2010年末において債権者と株主の期待に応えるために、センシエント社はその資産の市場価値に対して少なくとも8.9%の収益率を生み出さなければならない。また、それは株価を維持するために必要な収益率でもある。式であらわすと次のようになる。

$$K_W = \frac{(1-0.35)\times 6.1\% \times 3億4{,}990万ドル + 9.9\% \times 18億2{,}180万ドル}{3億4{,}990万ドル + 18億2{,}180万ドル} = 8.9\%$$

ベータの議論を終えるにあたって、一点だけ指摘しておく。数式(8.2)については直感的に説明したが、数式そのものは**CAPM**(Capital Asset Pricing

図8.5◉投資のリスク調整後割引率はリスクに伴い上昇する

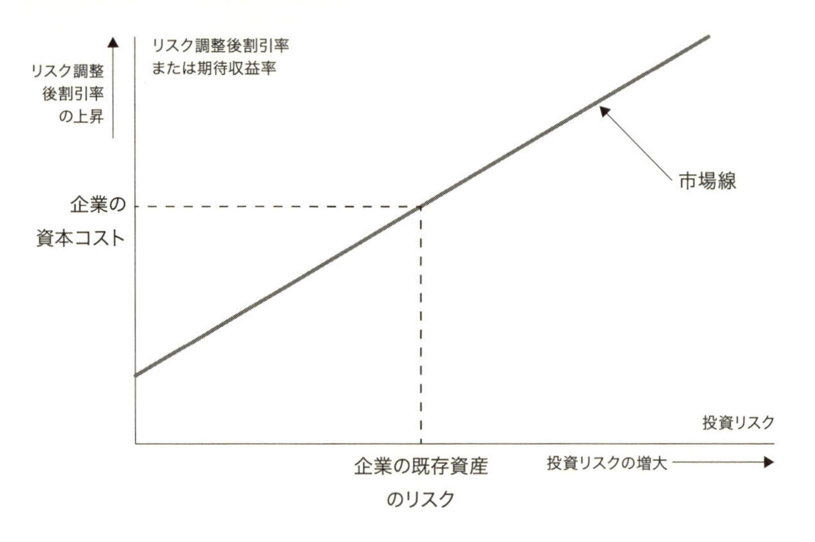

Model：資本資産価格モデル）として知られる確固たる概念的基礎に基づいている。CAPMによると数式（8.2）は**図8.1**に示された市場線そのものだ。つまり、リスク資産に対する期待リターンとそのシステマティック・リスクの間の均衡関係をあらわしている。別の言い方をすると、数式（8.2）はリスク資産に対して投資家が要求する最低限の収益率をあらわしている。

◉———投資評価における資本コスト

資本コストが、債権者と株主の期待に応えるために、企業が既存の資産を活用して稼ぎ出さなければならない収益率であるという事実は興味深いが、ここではより大きなテーマである新規投資の採択基準として資本コストを使うことを考えよう。

既存の資産から導き出された概念を新規投資に適用することに、何か問題があるだろうか。新規投資と既存資産のリスクが同じであるという仮定が有効であれば、問題はない。リスクが同じ場合には、新規投資は本質的に既存資産の複製物と考えてよいため、資本コストが適切なリスク調整後割引率となる。リスクが異なる場合には、さらに注意深く考察しなければならない。

図8.5の市場線は、この同一リスクの仮定の重要性を端的にあらわしている。すなわち、リスク回避的な個人の期待する収益率が、リスクの増加に伴って大きくなることを示している。たとえば、経営陣は老朽化した設備の更新よりも、新製品の導入に対して高い期待収益率を要求するだろう。なぜなら、新製品のリスクのほうが大きいので高い収益率を生み出さなければならないからだ。この図はまた、考えられるリスク調整後割引率は数多くあるが、企業の資本コストはそのうちの1つにすぎず、それは企業の既存資産のリスクに対応した割引率であることを示している。つまり、資本コストは、新規投資のリスクが既存資産のリスクに等しいときにのみ、適切な採択基準となると言えるだろう。そうでない投資の場合は、資本コストは適切な基準ではない。しかし、がっかりする必要はない。たとえ不適切であったとしても、資本コストの概念に基づいてリスクを適切な値に修正すればよいからだ。

複数のハードルレート

企業は少なくとも3通りの方法で、さまざまな投資リスクに対するハードルレートを調整している。最初の2つは資本コストの考え方をそのまま展開したものだ。大型プロジェクトの場合は、まずそのリスクが同等と考えられる産業を特定し、その業界の数社の加重平均資本コストを推定し、その平均値をプロジェクトの目標収益率として使う。たとえば、製薬会社がバイオテクノロジーへの投資を行う場合、既存のバイオ企業の資本コストの平均が意思決定における合理的なハードルレートとなる。

非公開企業の資本コスト

非公開企業の資本コストを推計するには2つの障碍がある。1つは概念的なもので、非公開企業の株主のなかには、公開市場で株式が取引されないため、市場から資本コストを推計する考え方は妥当でないと主張する人がいる。これは正しくない。金融市場は、あらゆる人にとって投資の意思決定をする際の機会費用を示す。投資対象が公開で取引されているか否かは関係ない。非公開企業の株主は、同程度のリスクの投資に対して公開市場で15%のリターンが見込めるのに、自社で5%のリターンしか見込めない投資を実行するだろうか。明らかに不合理と言えよう。

2つめのハードルは測定に関することである。自社の有利子負債と株主資本の市場価値も、ベータ推定のもととなる株主資本の収益率もわからないなかで、どうすればよいかという問題だ。筆者のお勧めは、本文で記した、プロジェクトや部門の資本コストを推測する戦略である。競合する1社から数社の公開企業を選び、それらの資本コストを推計し、その平均を対象企業の資本コストとして使うのである。非公開企業が、参照した公開企業とは明らかに異なる資本構成を持っている場合には、補遺に記すような若干の調整が必要となるかもしれない。また、非公開企業の規模が類似の公開企業よりもかなり小さい場合には、資本コストを高めに調整するのが適切だ。おそらく2%程度の上乗せが必要で、これは小企業ならではの追加リスクを反映したものである。

このアプローチを使う場合の課題は、どの企業をサンプルとするかという点だ。多角化した企業の資本コストはそれぞれの事業の資本コストを加重平均したものになる。これはある多角化企業が対象事業における主要な競合であったとしても、その資本コストはその事業のリスクを適切にあらわしていない可能性があることを意味している。そのため、最善のサンプル候補となるのは、プロジェクトの対象となるビジネスを専業で行っている企業ということになる。しかし、専業企業が常に存在するわけではない。そのような場合はサンプル企業をどのように選択するか、データをどのように評価するかについて相当な判断と少なからぬアートが必要となる。

リスクを調整する2番目の方法は複数の事業部門を持つ企業で採用されて

いるもので、事業別に資本コストを計算するというものだ。先に述べたように、多角化企業の資本コストはそれぞれの事業の資本コストを加重平均したものだ。そのような会社がすべての事業部で同じ資本コストを使用すると2種類の誤りを犯す危険性が生じる。ローリスクの事業部では期待リターンに届かないという理由でローリスクの投資が却下される可能性がある。一方、ハイリスクの事業部では逆のことが起こる。つまり、経済的に見合わないハイリスクの投資が、リターンが有望であるという理由で認可されてしまう。そのような会社では、ローリスクの事業部が資本不足によってじり貧になり、ハイリスクの事業部で資本の無駄遣いが行われるようになってしまう。

このジレンマを避けるために複数事業部門を持つ多くの企業は、上で述べたように事業部ごとのハードルレートを推定している。まず、各事業部の主要な競合企業を特定する。理想的には専業企業を選ぶ。そして、これらの競合企業の加重平均資本コストを推定し、その平均値をそれぞれの事業部の資本コストとして使う。

3番目は、今まで述べた2つの方法ほどしっかりした基礎がないアプローチだ。多くの企業では、異なるプロジェクトのリスクに対応するためにいくつかにリスクを分類して、それぞれにハードルレートを設定している。たとえば、センシエント社は次の4つの分類を使っているとしよう。

投資のタイプ	割引率(%)
更新または修繕	6.5
コスト削減	7.0
設備拡張	8.9
新製品	14.0

既存製品の生産設備拡張のための投資は基本的に過去の投資のコピーであり、そのハードルレートはセンシエント社の資本コストと同じである。それ以外の投資については、設備拡張投資のリスクと比較して、それより高い、あるいは低いハードルレートとなる。更新または修繕の投資は、過去の経験からすべてのキャッシュフローがよくわかっているので、最も安全である。コスト削減投資はどの程度コストを下げられるかが不確実なために、若干のリスクがある。新商品への投資は売上高、費用ともに不確実

であることから、最もリスクの高い投資である。

複数のハードルレートを用いることは、リスク回避にも市場線の概念にも矛盾しないが、リスク・レベルに応じたハードルレートの調整幅は主観的に決められることが多い。新製品の投資のハードルレートが、センシエント社の資本コストより3%高いのか、それとも、6%高いのかを客観的に判断することはできない。

DCF法における4つの落とし穴

これで投資評価の基礎はマスターしたことになる。毎年の期待税引後キャッシュフローを推定し、適切にリスク調整した割引率で現在価値を求める。既存資産と同等の投資であれば、会社の資本コストが適切な割引率となる。これ以外の場合は、必要に応じて会社の資本コストより高くしたり低くしたりして調整する必要がある。

ディスクロージャーの精神に則って、DCF法を実務に適用するにあたっての4つの落とし穴について慎重に言及しておこう。最初の2つは注意すれば簡単に避けることができるが、あとの2つは通常用いられているDCF法の限界を浮き彫りにする。一言で言えば、専門家になる試験をパスするためには、まだマスターしなければならないことがあるということだ。

限界資本コストの誤謬

特にエンジニアの場合に多いのだが、読者のなかには8.1の式を見て割安な有利子負債を増やし、割高な株式を減らすことによってWACC(K_W)を下げることができると思った人もいるだろう。すなわち、レバレッジを高めることにより、資本コストを低くできるという考え方だ。これは、レバレッジに対する理解が不完全なために起こる間違いだ。第6章で見たように、レバレッジを高めれば、株主のリスクは高まる。そうすると、株主はリスク回避的であるため高い投資収益率を要求する。

したがって、レバレッジが高まるにつれ、株主資本コスト（K_E）は上昇する。それとともに、株主資本コストほどではないが、有利子負債コスト（K_D）も上昇する。これはレバレッジの上昇が資本コストに対して2つの正反対の影響を与えることを意味している。つまり、割安な有利子負債を使うことによりK_Wは下がるが、レバレッジの上昇とともにK_EとK_Dが増加することによってK_Wは上がる。

この説明が正しいかどうかを確認するために、次のような主張で投資を推進する部下に対して、どう対応すればよいかを考えてみよう。

「わが社の資本コストが12%であるのに対して、この設備拡張投資のIRRが10%しかないことはわかっています。しかし、前回の取締役会で今年の投資は新規の有利子負債で調達することが決定されました。新規有利子負債の税引後のコストはわずか4%であり、10%の利益が見込まれるこの投資を実行することは、株主にとって有益だと思われます」

この部下の考え方は間違っている。デット・ファイナンスはレバレッジを高め、K_Eが上がる。4%の支払利息のコストにK_Eの変化分を上乗せすると、真の限界的な有利子負債コストは支払利息のコストをはるかに上回る。実際、おそらくK_Wに近くなるはずである。

◉———企業の視点と株主の視点

わずかでも有利子負債で資金調達を行った投資はすべて、以下の2つの視点から分析することができる。1つは**企業**の視点、もう1つは**株主**の視点である。以下の例で示すようにこの2つの視点は機能的には同じで、正しく適用されれば同じ結論に達する。ただ、両者を混同すると災難だ。ABC社の資本構成は40%が有利子負債（税引後のコストK_Dは5%）で、60%が株主資本（そのコストK_Eは20%）であるとすると、WACCは次のようになる。

$$K_W = 5\% \times 0.40 + 20\% \times 0.60 = 14\%$$

ABC社は平均的なリスクがある1億ドルの投資を考えており、毎年1,400万ドルの税引後キャッシュフローが永久的に継続すると予想している。投資を実行する場合は、ABC社は4,000万ドルを新たな借入金で、6,000万ドルを株式によって調達する計画だ。この投資を実行すべきであろうか。

▼企業の視点

以下の左側のダイアグラムは、企業の立場から見た投資のキャッシュフローだ。標準的な技法によれば、この投資はIRRが14%の永久年金と考えられる。ABC社のWACCは14%なので、この投資は同社にとって得にも損にもならない。また、この投資によって株主の富は増えも減りもしないことになる。

▼株主の視点

右側のダイアグラムは、同じ投資を株主の立場から見ている。投資金額のうち4,000万ドルは負債によって調達するため、株主側からの出資は6,000万ドルだけだ。同様に、税引後で200万ドルが毎年債権者に利息として支払われるので、株主に残るキャッシュフローは1,200万ドルとなる。つまり株主の視点に立つとIRRは20%になる。

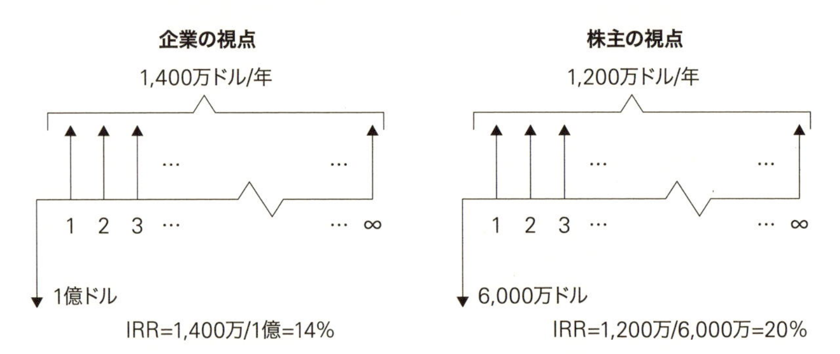

リターンが20%になったということは、突然この投資が魅力的になったことを意味するのだろうか。そうではない。株主資本のキャッシュフローにレバレッジが働いてリスクが増加しているため、さらに高いリスク調整後割引率を適用する必要があるのだ。つまり、株主資本のキャッシュフローの適切な投資採択基準は、ABC社の株主資本コスト、つまり20%である(割

引率には対象となるキャッシュフローのリスクが反映されなければならないことを思い出そう)。プロジェクトの株主資本に対するIRR20%をABC社の株主資本コストと比べると、ここでも、この投資は行っても行わなくても同じという結論となる。

WACCは、各々の資金提供者にその機会費用に見合った収益率を保証するものと定義されているので、企業の視点と株主の視点のいずれの立場に立っても、同じ結論になるのは不思議ではない。企業の立場から見て14%の収益率となる投資は、有利子負債を返済したうえで株主に対して20%の収益率をもたらすものと理解できる。企業にとってのキャッシュフローをK_Eで割り引くことや、株主にとってのキャッシュフローをK_Wで割り引くこと(こちらのほうが多い)は、2つの視点を混同していることになる。

それでは、どちらの視点のほうがよいのだろうか。筆者の友人にも株主の視点を使っている人がいるが、筆者の意見では、企業の視点のほうが実務では使いやすい。株主の視点の問題点は、株主資本に対するIRRと適切なリスク調整後割引率の両方が、レバレッジによって変化することにある。ABC社の場合4,000万ドルを有利子負債で資金調達すると、株主資本のIRRは20%になり、9,000万ドルでは95%になる。さらに、すべてを有利子負債で調達すると、IRRは無限大になる。

資金調達手段とリスク調整後割引率との相互依存関係は、教室では容易に扱えるが、実際に金銭が絡んでくるとそう簡単にはいかない。有利子負債によって収益率が高まることに惑わされ、要求される収益率も高くなることを忘れてしまいがちだ。さらに、レバレッジがリターンだけでなくリスクも増加させることは覚えていても、レバレッジに応じて株主資本コストがどの程度変化するかを正確に推定することは非常に難しい。

人生は短い。筆者としては、不必要な混乱を避けるために、可能な限り企業の視点を使うことを勧める。すなわち、どのように資金調達するかとか、どのように利益分配するかとかにかかわらず、投資の経済的メリットだけを評価すればよい。どのような資金調達が最良であるかという微妙な問題は、この基本的なテストに合格したあとに考えればよいだろう。

表8.5◉インフレの下で投資評価を行う場合、常に、名目キャッシュフローと名目割引率を比較するか、実質キャッシュフローと実質割引率を比較する（単位：百万ドル）

(a) 実質キャッシュフローと名目割引率を比較した誤った投資評価

	2009	2010	2011	2012	2013
税引後キャッシュフロー	$(10.0)	$3.3	$3.3	$3.3	$3.3

IRR=12%

K_W =15%

意思決定：**却下**

(b) 名目キャッシュフローと名目割引率を比較した正しい投資評価

	2009	2010	2011	2012	2013
税引後キャッシュフロー	$(10.0)	$3.5	$3.8	$4.0	$4.3

IRR=20%

K_W =15%

意思決定：**承認**

◉——インフレーション

2つ目の落とし穴は、**インフレーション**の扱い方だ。投資のキャッシュフローを予測するときにインフレの影響は無視するが、割引率のほうにはうっかりインフレの影響を入れて計算することが多い。このようなミスマッチは、企業が投資を評価する際に、特に長期の寿命を持つ固定資産について言えるのだが、必要以上に保守的になってしまうという結果を招く。**表8.5**はこの点を説明している。資本コストが15%である企業が、1,000万ドルの設備拡張投資を考えているとしよう。この投資は4年間の寿命で、年間1万個の生産能力の増強が見込まれている。製品単価を900ドルとすると、売上高は毎年900万ドル増加し、生産に要する費用を差し引くと、税引後キャッシュフローは毎年330万ドル増加する。IRRは12%となり、これは企業の資本コストを下回る。

ここで間違いに気づいたであろうか。4年間を通して販売価格と生産にかかる費用を一定と見なすことにより、この企業は暗黙のうちに実質の（一定の貨幣価値での）キャッシュフローを想定している。しかし、以前に計算したように、資本コストは名目的なものである。なぜなら、負債コストも株主資本コストも予想されるインフレに対するプレミアムを含んでいるからである。

インフレ下で投資計画を立てる際に大事なことは、同じもの同士を比較するということだ。キャッシュフローが名目なら、割引率も名目を使う。キャッシュフローが実質なら、実質の割引率を使う。**表8.5**の（b）の計算が正しい投資評価の仕方である。毎年5%ずつ販売価格と変動費が上昇したときの予想名目キャッシュフローが示されている。予想されたように、名目キャッシュフローは実質キャッシュフローを上回り、その幅は毎年増えていく。IRRは20%となり、会社の資本コストより大きくなる（注5）。

◉――リアル・オプション

3つ目の落とし穴は、多くの投資機会に内在している重要な経営上のオプションを見過ごすことである。伝統的なDCF分析は、変化する環境に対応して投資を変更する能力、つまり経営の柔軟性を想定しないことを暗黙の前提としているため、こうしたオプションの価値を評価していない。これは受動的な株式投資や債券の投資においては問題にならないが、経営者が途中でさまざまな修正を行うことが可能な場合にははなはだ不適切となる。金融商品のオプションとその本質が同じであることから**リアル・オプション**と呼ばれるケースとして、次のようなものがある。

- キャッシュフローが見込みに達しない場合に投資を中止するオプション
- 初期投資が成功した場合に追加投資を行うオプション
- 投資を行うタイミングを遅らせることで不確実性を減らすオプション

それぞれのケースにおいて、マネジャーはチャンスになれば勝負をし、不利になったら降りるという「いいとこ取り」のオプションを手に入れることができる（第5章の補遺で金融オプションの簡単な説明をしている。本章の章

注5　もう1つの方法は、実質IRRと実質資本コストを比べる方法である。しかし、この方法は手間がかかり、間違える可能性も増えるため、筆者としては名目キャッシュフローと名目割引率を使うことを勧める。

末にはリアル・オプションの活用とその評価方法についての推薦論文を挙げている)。

リアル・オプション理論のビジネスへの応用は、主としてその複雑さのためあまり進んでいないのが実態だ(注6)。しかし、理論的な厳密さには欠けるものの、多くの企業の投資は潜在的に価値のあるオプションを持っているという認識が、投資機会に対する経営者のマインドを変えてきている。プロジェクトにどのようなリアル・オプションがあるか、定量的ではないにしても、そのオプションがビジネスに与えるインパクトはどのぐらいか、という項目がアナリストのチェックリストのなかに徐々に入るようになっている。次の数ページにおいて、ビジネスにおける代表的な3つのリアル・オプションを直感的にわかるように説明する。そして、リアル・オプションを理解することで企業の投資の意思決定に対する理解がさらに鋭くなることを例示したい。

▼ディシジョン・ツリー

ゼネラル・デザイン・コーポレーション(GD)社は、最新のダイヤモンド薄膜技術を使った高速半導体の新ラインの立ち上げに1億ドル投資することを検討している。これはリスクの高い投資だ。経営陣は成功率を50%程度しかないと見て、ハイリスク向けの割引率である25%を適用することにした。**表8.6**の(a)欄にあるように、成功した場合にプロジェクトが生み出すフリー・キャッシュフローの現在価値は1億3,400万ドルと見込んだ。一方、成功しなかった場合の現在価値は－2,700万ドルと見込まれた。GD社は投資を行うべきだろうか。

(a)欄には「**ディシジョン・ツリー**」として知られる図と、伝統的なDCF分析の手法が示されている。ディシジョン・ツリーとは、不確実性を含む意思決定を絵であらわすシンプルな技法である。ディシジョン・ツリーは相互に関係する機会や意思決定が合わさってさらに1つの意思決定を構成するというときに、特に有効なツールである。ツリーのなかの正方形の印は意

注6 Edward Teach, "Will Real Options Take Root? Why Companies Have Been Slow to Adopt the Valuation Technique," *CFO Magazine*, July, 2003, pp. 1-4.

表8.6◉ゼネラル・デザイン社のダイヤモンド薄膜プロジェクト（単位；百万ドル）*

(a) 第1段階：撤退するオプションを考慮しない場合　成功率＝50%
初期投資額＝$100　割引率＝25%

	予想税引後キャッシュフロー					
	現在価値	1	2	3	4	5
成功	$134	$50	$50	$50	$50	$50
失敗	($27)	($10)	($10)	($10)	($10)	($10)

投資する　–$100
成功　p=0.50　$134
失敗　p=0.50　–$27
投資しない　$0

NPV（割引率25%）＝－4,600万ドル（－$46＝0.50×$134－0.50×$27－$100）

思決定をあらわし、円形の印は確率的に発生する機会をあらわす。このケースでは、投資するかしないかという1つの意思決定と、成功するか失敗するかという1つの機会が含まれている。ディシジョン・ツリーは、最も近い将来に迫った意思決定からスタートし、左から右へと描かれていく。右へ進むにつれてツリーの枝が分かれ、さまざまな機会、意思決定、そしてその結果が描かれる。ディシジョン・ツリーの分析は、反対に右から左へと進む。最も遠い将来の結果からスタートし、それがその直前の意思決定にどのような意味を持つかを確認する。このようにツリーをさかのぼって今日の意思決定にいたるまで作業を続ける。

(a)欄で最も右側にある2つの結果は、1億3,400万ドルと－2,700万ドルのキャッシュフローが同じ確率で起こることを見込んでいる。したがって、「成功」と「失敗」のツリーを左に進むと、分岐点における期待値が5,400万ドル（5,400万ドル＝0.50×1億3,400万ドル－0.50×2,700万ドル）になることが容易にわかる。これを「投資」のツリーに記された1億ドルのキャッシュの支出と合わせるとNPVはマイナス4,600万ドルとなる。

▼撤退オプション

伝統的な分析手法に従えば、ダイヤモンド薄膜プロジェクトが受け入れられないのは明らかだ。しかし、ディシジョン・ツリーを再検討したGD

表8.6◉ゼネラル・デザイン社のダイヤモンド薄膜プロジェクト(続き) (単位;百万ドル)*

(b) 第1段階:撤退するオプションを考慮する場合　成功率=50%

3年目に工場を5,000万ドルで売却する

		予想税引後キャッシュフロー				
	現在価値	**1**	**2**	**3**	**4**	**5**
成功	\$134	\$50	\$50	\$50	\$50	\$50
失敗	\$11	(\$10)	(\$10)	\$50	\$–	\$–

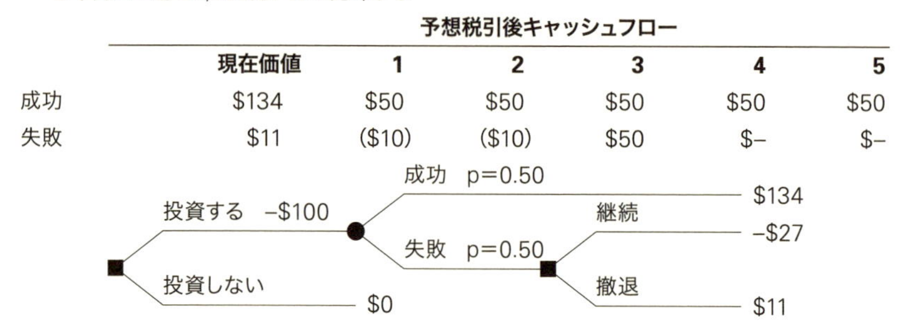

NPV(割引率25%)=–2,700万ドル(–\$27=0.50×\$134+0.50×\$11–\$100)

(c) 第2段階:拡張するオプション　成功率(第1段階が成功している場合)=90%

第1段階で成功している場合、2年目に5億ドルを投資する

(25%の割引率で現在価値=3億2,000万ドル)

		予想税引後キャッシュフロー						
	現在価値	**1**	**2**	**3**	**4**	**5**	**6**	**7**
成功	\$430	–	–	\$250	\$250	\$250	\$250	\$250
失敗	\$36	–	–	(\$50)	(\$50)	\$250	–	–

投資する　–\$100
投資しない　\$0
成功　p=0.50　\$134
失敗　p=0.50　\$11
拡張　–\$320
拡張しない　\$0
成功　p=0.90　\$430
失敗　p=0.10　\$36

←第1段階→　←第2段階→

第1段階　NPV=–\$27
(上のb参照)

第2段階　NPV=\$35
(\$35=0.50(0.90×\$430+0.10×\$36–\$320))

NPV(割引率25%)の合計=800万ドル(\$8=\$35–\$27)

＊四捨五入のため、合計は必ずしも一致しない

社のエグゼクティブが「ディシジョン・ツリーに従えば、製品が失敗するだろうということがわかった後でも、この新しい半導体の製造にコミットし

ていることになる。このシナリオにおいては、ラインを止めてプラントを売却するほうが賢くはないだろうか」という見解を示した。このエグゼクティブが指摘しているのは、(a)欄の伝統的分析は、潜在的に価値のある撤退オプションを無視しているということだ。つまり、工場の売却価値が事業の生み出すキャッシュフローの現在価値を上回ればいつでもプロジェクトをやめる権利が生じるということだ。

GD社が2年の損失の後にプロジェクトをやめて、工場を5,000万ドルで売却するとしよう。**表8.6**の(b)欄では、この撤退オプションをツリーに追加している。右側から議論を進めると、GD社は売上が好調なら半導体の製造を続けるだろう。しかし、売上が低調ならプロジェクトをやめるべきだ。数字で見ると、撤退オプションを含めると、プロジェクトのNPVは1,900万ドルだけ増加するが、まだマイナス2,700万ドルである(修正されたNPV＝0.50×1億3,400万ドル＋0.50×1,100万ドル－1億ドル＝－2,700万ドル)。状況によってプロジェクトから撤退するオプションがあるということを認識したことで、価値が1,900万ドル増加する。これが撤退オプションの価値であり、伝統的な投資分析はこの金額分だけプロジェクトを過小評価していたことになる。

会社がしばしば経験する2番目のタイプのリアル・オプションを検討する前に、リアル・オプションを分析するにあたってのディシジョン・ツリーの強みと弱みについて少し説明しておく必要があるだろう。ディシジョン・ツリーは多くの投資の意思決定に付随する複雑な要素の絡み合いを表現するために使える簡便な道具であり、投資機会に対して経営の柔軟性がどの程度価値をもたらすかあらわすのに役に立つ。一方で、いくつかの明らかな弱点もある。1つ目は、意思決定が複雑になるにつれて、あるいは、起こりうる事態の可能性が増えるにつれて、美しく剪定されたディシジョンのツリーがあっと言う間に手におえない藪になってしまうことだ。結果が独立しているのではなくて連続している場合、あるいは、不確実性がある特定の日に解消するのではなくて、徐々に解消するような場合の意思決定に対しても、ディシジョン・ツリーは無力だ。しかし、最大の弱点は、確率で加重平均した将来の結果の期待値を計算し、そこから現在にさかのぼって評価するという解決方法は、リアル・オプションの価値評価としておおよそ正しいとしか言えないということだ(注7)。

要するに、ここにおけるわれわれの議論はリアル・オプションの入り口にすぎないということだ。リアル・オプションの分析には本書のスコープを超えたモデル化と評価技術が必要になる。

▼成長オプション

新技術に対する投資の大きな魅力は、今日の成功によって莫大な利益をもたらす追加投資を行う機会が得られることだ。これをGD社のケースで考えてみよう。ダイヤモンド薄膜半導体の最初の成功が第2段階への扉を開き、2年後の追加投資の規模が今日の第1段階の5倍の5億ドルとなり、25%の割引率で計算するとこの追加投資のコストは現在価値ベースで3億2,000万ドルになると、GD社は信じているとしよう。

経営陣が第2段階の成功に対して設定する確率がここにおいては決定的なポイントになる。もしも第2段階の投資を今日行ったとしたら、第1段階以上に成功するということは決してない。単に、同じ技術で規模が5倍大きいだけだ。しかし、GD社は第2段階の意思決定を今日行う必要はない。第1段階からの情報が手に入るまで待つというオプションがある。そして、より多くの情報に基づいた選択ができることになる。第1段階の投資によって、将来の状況が魅力的であれば成長できるオプションをGD社は手に入れることになる。

表8.6の(c)欄はディシジョン・ツリーを展開して第2段階の成長オプションを組み込んでいる。第1段階が成功したときに限って第2段階を実行するものとし、さらに、第1段階が成功した場合に第2段階が成功する確率を90%と経営陣は想定している。再び右端からスタートすると、第2段階における期待キャッシュフローの現在価値は3億9,100万ドルになり、第2段階の投資の現在価値である3億2,000万ドルを差し引くと、第2段階のNPVは7,100万ドルになる(7,100万ドル＝0.90×4億3,000万ドル＋0.10×3,600万ドル－3億2,000万ドル)。第2段階の投資が行われる確率が50%なので、そのNPVは3,500万ドル(3,500万ドル＝0.50×7,100万ドル)になる(訳注)。最後に、この値を第1段階のNPVである－2,700万ドルに加えると全段階を統合したNPVは800万ドルになる。成長オプションを考慮すると

3,500万ドルの価値が生じ、それによってこのプロジェクトは容認されることになる。

▼タイミングのオプション

企業にとって一般的なリアル・オプションの3番目は、タイミングのオプションだ。伝統的なDCF分析は、途中で打ち手を繰り出さないという経営者の受動的な意思決定のスタンスに加えて、「今やるか、もしくは金輪際やらない」という投資の意思決定を前提としている。投資は、今すぐやるか、それとも決してやらないというものだろうか。企業の意思決定のほとんどは「今やるか、それとも後でやるか」という、もっと微妙なものだ。今日投資するか、それとも将来のもっと好都合な日まで待つか？　そこで、タイミングのオプションの例を見てみよう。

ウィンド・リソース（WR）社は、安定したキャッシュフローと魅力的な節税効果に関心がある金融投資家に対して風力発電所を設計、建設、販売している。WR社が風力発電所につける価格を決めるうえで鍵を握るのは、電気の売り先である電力会社との長期契約の交渉だ。そして、この契約の条件は電力の代替エネルギー源である天然ガスの価格相場によって変わってくる。

WR社は南カリフォルニアに保有する土地に風力発電所を建設することを考えている。コンサルタントの見積もりでは、現在の天然ガスの価格1キロワット・時間当たり6セントにおいて、今すぐ建設すると1,000万ドルの利益を生み出すことが期待されている。

何人かの経営幹部はこのコンサルタントの分析を受け入れ、直ちに建設することを提案した。ところが、ある若手マネジャーが反対した。そして、今着手すれば1,000万ドルの利益があるのは確かだが、もう少し待ったほうがよいと主張した。

天然ガスの価格は将来において値上がりするかもしれないので、待つことによってこのプロジェクトを高く投資家に売れるからというのがその理

注7　問題はリスク調整後割引率にある。リスク割引率はどのオプションが実行されるかによってツリーのなかで複雑に変化する。
訳注　原著では百万ドル単位未満を四捨五入しているため、必ずしも計算が一致しない。

図8.6◉ウィンド・リソース社の投資に関するタイミングのオプション　（単位;百万ドル）

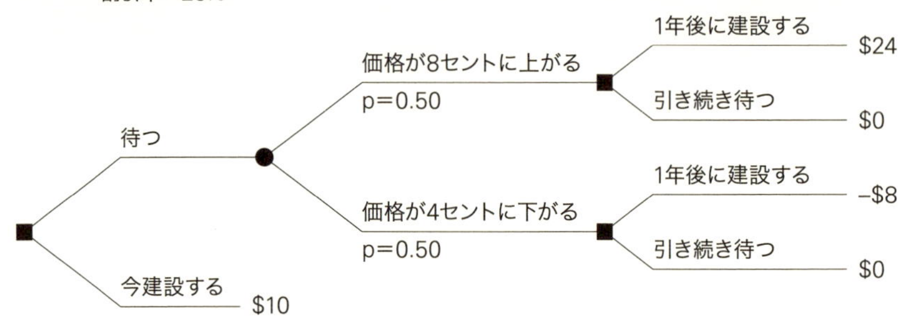

「待つ」選択肢のNPV＝1,200万ドル（$12＝0.50×$24－0.50×$0）

由だ。これに同意するものは1人もおらず、「ガス価格はどのみち上がったり下がったりする。WR社は天然ガスの投機事業をやっているわけではない」と鋭く反論された。これに対してマネジャーは、ガス価格で幸運を当てにしているのではなく、それ以上のことがあるのだと言って、次のように説明した。

発電所建設を今日やるか1年後にやるかという2つの選択を考える。天然ガスの価格変動は大きく、1年後の価格は五分五分の確率で1キロワット時当たり8セントか4セントになると想定する。コンサルタントの作成したチャートによると、8セントの場合WR社の利益は3,000万ドルに増加し、4セントの場合は－1,000万ドルに低下する。利益は1年後に手に入ることになるので、ハイリスクの場合のリスク調整後割引率である25%を使って現在価値を求めるとすると、それぞれ2,400万ドルと－800万ドルになる。

WR社はどうすべきだろうか。素朴な期待価値分析をすると、1年後に建設した場合の期待利益は800万ドル（800万ドル＝0.50×2,400万ドル－0.50×800万ドル）なので直ちに建設に着手して1,000万ドルを手に入れるほうがよいことになる。しかし、少し考えれば、赤字になるならWR社が建設しないということは明らかだろう。もしも天然ガスの価格が下落するならWR社は事態が改善するまで建設を延期するだろう。もしも改善しなかったら建設しなければよいのだ。

図8.6のディシジョン・ツリーにはタイミングの意思決定がより詳細に示

されている。ガス価格が上昇したら、WR社は1年後に風力発電所を建設し、現在価値で2,400万ドルの利益を得る。もしガス価格が下落したら建設を延期するが、その費用はゼロだ。したがって、「待つ」という代替案の期待利益は1,200万ドルとなる。それは「今建設する」よりも200万ドル高くなる。このシナリオにおいてWR社のタイミングのオプションは割引率が25%であっても200万ドルの価値がある。不確実性が増えるとオプションの価値が上昇するので、将来の天然ガスの価格のばらつきが大きくなるほどWR社の待つオプションの価値は上昇することに注目しよう。第5章の補遺で説明したとおり、これはすべてのオプションの特徴で、原資産価値の変動幅が大きくなるほどオプションの価値は上昇する。

投資を延期できるということには価値があるという見解に対しては、次の問いが生じるはずだ。WR社は今投資すべきでないとしたら、いつすべきなのか。経営陣はいつ待つのを止めて風力発電所を建設すべきなのか。皮肉なことに、多くのケースにおいてこの質問に対する答えは、可能な限り待てということになる。タイミングのオプションは1度しか行使できない。また、オプションを行使することでオプションの価値が失われる。そのため、オプションを行使することで得られる利得が、それによって犠牲になるオプションの価値を上回るときに限って実行すべきということになる。チャンスがあったら経営者は、それが消えてなくなる前にメリットを享受するため、先行者利潤を手に入れるため、あるいは建設費用の高騰を避けるために、すぐに投資を実行することを望むかもしれない。しかし、待つコストがオプションの価値を超えない限り、待つことには意味がある。WR社のケースでは、待つことの費用は、政府の補助の減少と建設費の高騰が脅威となるくらいのものだろう。

要するに、これまで簡単にリアル・オプションを見てきたが、いくつかの重要な事実がわかる。

- オプションを有する投資に対して、標準的なDCF分析では構造的にその価値を過小評価してしまう。
- そのような投資のNPVは、オプションを無視したNPVとオプションのNPVの和に等しい。
- 投資機会がタイミングのオプションを有するときは、直ちに投資をする場合のNPVがプラスであっても投資を遅らせるほうがよいケースがある。

- オプションの価値は不確実性とともに増加するので、R&Dやその他の手段で成長するオプションを手に入れようとする動機は、不確実性が増大するとともに強くなる。同様に、タイミングのオプションを有する投資機会においては投資を延期する動機が強くなる。
- リアル・オプションという言葉とそのロジックは、徐々に企業のなかに浸透しているが、まだ本格的な定量分析は行われていない。
- 優秀なマネジャーはオプションの存在についてシステマティックに思考し、少なくとも定性的なやり方でその価値を評価している。
- 優秀な企業はオプションが価値あるものであることを認識し、システマティックにそれを保持しようとしたり、手に入れようと努力している。

教訓は明らかだ。企業の投資機会に内在するリアル・オプションの価値を評価することができないと、不正確な意思決定を行ったり、ハイリスク・ハイリターンの投資機会に直面して不必要に慎重になってしまったりすることになる。

過剰なリスク調整

最後の落とし穴は、リスク調整後割引率の適切な使い方に関するもので、それは微妙な問題だ。投資リスクに応じて割引率を高くすることは、直感的には正しく思える。しかし、この割引率を遠い将来のキャッシュフローに対して適用することは、リスク調整も複利で織り込んでいるという認識を持つ必要がある。**表8.7**はこの影響について説明している。この表は、1年後と10年後の1ドルの現在価値をあらわしており、初めにリスクのない場合として5%の割引率、次は10%のリスク調整後割引率で計算している。現在価値を比べると、リスク・プレミアムを上乗せすると1年後の価値減少額は4セントだが、10年後の価値減少額は23セントになる。対象期間にわたって一定のリスク調整後割引率を使うことは、明らかに、将来になるほどキャッシュフローのリスクが高まるときに限って有効である。

ほとんどとは言えないが、多くの事業投資において、遠い将来のキャッ

表8.7◉一定のリスク調整後割引率を用いることは、キャッシュフローの受け取りが先になるほどリスクが増大するという前提を置いている

（リスクフリー・レート＝5%；リスク調整後割引率＝10%）

	1ドルの現在価値	
	1年後に受け取る場合	10年後に受け取る場合
リスクフリー・レートで割り引く	$0.95	$0.61
リスク調整後割引率で割り引く	0.91	0.39
リスクによる現在価値の減少額	$0.04	$0.23

シュフローほどリスクが増えると仮定することは適切であるが、ゼネラル・デザイン社のダイヤモンド薄膜プロジェクトが示すように、いつもそうであるとは限らない。

ゼネラル・デザイン社は投資を2段階で行おうとしていることを思い出そう。1億ドルの第1段階の投資は、これによって経営者がより採算性の高い追加投資をするオプションを得られることが、その主な魅力となっている。いずれの段階の投資も、まだ実証されていないダイヤモンド薄膜の新規技術の成否に依存しているために、ハイリスクに対応したハードルレートである25%を割引率として使っている。

この投資の投機的側面を考慮して、多くの経営者は投資の全段階においてハイリスクに対応する割引率を使うべきだと主張するであろう。だが、本当にそれでよいのだろうか。たしかにこの投資のリスクは高いかもしれないが、大部分のリスクは最初の2年間で解決される。したがって、将来にわたって同じリスク調整後割引率を使うのは保守的すぎるだろう。

この考え方を理解するために、今2年目にいると考えてみよう。第1段階の投資は成功し、第2段階の投資を行おうとしているとする。第2段階のキャッシュフローは比較的確実であるため、2年目において将来期待されるキャッシュフロー（**表8.6**の（c）欄に示されている）の価値は、GD社の平均的なリスクに対する割引率である、たとえば15%で割り引いた期待値となる。すなわち、2億6,300万ドルである（注8）。

現在の時点から見ると、ゼネラル・デザイン社の第1段階への投資の意思決定は、50%の確率で2年後に2億6,300万ドルの価値を持つ追加投資のチャンスをもたらす。2年目まではハイリスクなので、第2段階の現在価値は

この金額を25%で割り引くのが妥当だろう。そこに50%の確率を適用すると、NPVは8,400万ドルとなる。

これに第1段階のNPVである－2,700万ドルを足すと、修正後の全段階のNPVとして5,700万ドルを得ることができる。最初の計算と比べて4,900万ドルの価値が増えたことになる。

以上から、明らかにリスクの異なる局面が複数ある投資に対して、一定のリスク調整後割引率を使う場合は注意を要することがわかる。稀なケースであったとしても、そのような投資は往々にして、企業として逃してしまう余裕はない類の機会だからだ。

EVA

1993年の後半にフォーチュン誌は「価値創造の真の鍵」というタイトルの特集記事を掲載した。それは「圧倒的な成果を背景に、事業家も投資家もEVAと呼ばれるツールを使ってビジネスの価値創造の核心に迫ろうとしている」(注9)と高らかに宣言をした。このように取り上げられ、またその後も関連記事が続々と登場したために、いつもは冷静な事業家や投資家が、フォーチュン誌の言う「今最もホットで、今後ますますホットになるであろうファイナンスのトピック」に興味を持っても不思議はない。

読者はすでに資本コストの複雑な構造を理解しているので、**EVA(経済付加価値**：Economic Value Added)はすでに学んだことの焼き直しであることがわかるはずだ。本章と次章の主なメッセージは、期待収益率が資本コストを上回ったときにおいてのみ、投資は株主に対して価値を創造するということだ。本質的に、EVAとは、業績評価に必須のものになるように資本コストを発展させたものにすぎない。EVAは、営業利益が使用資本のコストを上回るときに限り、会社や事業部は株主に対して価値を創造すると述べ

注8　2年目の成功した場合のキャッシュフローを15%で割り引くと現在価値は8億3,600万ドルになる。失敗の場合は8,300万ドルになる。成功の確率が90%の場合、期待キャッシュフローの現在価値は7億6,300万ドル(763ドル＝0.90×836ドル＋0.10×83ドル)となり、そこから初期費用の5億ドルを差し引くと2億6,300万ドルとなる。

注9　Shawn Tully, "The Real Key to Creating Wealth," *Fortune*, September 20, 1993, p. 38.

ている。これを式であらわすと次のようになる。

$$\mathrm{EVA} = \mathrm{EBIT} \times (1 - \text{税率}) - K_W C$$

ここでEBIT×(1－税率)は税引後営業利益、K_WはWACC、Cはその事業ユニットが投下した資本である。したがって、$K_W C$は資本の年間費用となる。投下資本のCは、債権者と株主がその期間中に事業や企業に投じた資金に等しい。簡単に言うと、Cは有利子負債と株主資本(簿価)の合計である。さらに一般的に言えば、収益をあげなければならないすべての資本ということになる(注10)。

センシエント・テクノロジー社の2010年の数字を式に当てはめると、次のようになる。

$$\mathrm{EVA}_{10} = 1\text{億}7{,}320\text{万ドル} \times (1 - 30.5\%) - 8.9\%$$
$$\times (3\text{億}4{,}990\text{万ドル} + 9\text{億}8{,}380\text{万ドル})$$
$$= 160\text{万ドル}$$

会計データから経済的価値を推定することは常に問題があるが、この数字からは、センシエント社が2010年において投下資本のコストをカバーし、160万ドルの新たな価値を株主に対して創造したと言うことができる。ぎりぎりの業績だ。

EVAと投資分析

EVAの重要な特徴は、投資が毎年生み出すEVAの現在価値の総和がその投資のNPVと一致することである。このことは、EVAを使うことによって何らかのメリットがあるのならば、NPVではなく、EVAを使って投資評価を行えばよいのではないかということを意味する。**表8.8**の例は、両者が一致することを示している。この表の(a)欄は、きわめてシンプルな投資につ

注10 | 詳細は、G. Bennett Stewart III, *The Quest for Value*(New York: HarperBusiness, 1991).を参照のこと。

表8.8◉投資の各年度のEVAを割り引くことは、その投資のNPVを計算することと等しい

(a) 一般的なNPV分析	年度				
	0	1	2	3	4
初期投資	–$100.00				
収益		$80.00	$80.00	$80.00	$80.00
現金費用		13.33	13.33	13.33	13.33
減価償却費		25.00	25.00	25.00	25.00
税引前利益		41.67	41.67	41.67	41.67
法人税等(税率40%)		16.67	16.67	16.67	16.67
税引後利益		25.00	25.00	25.00	25.00
減価償却費		25.00	25.00	25.00	25.00
税引後キャッシュフロー	–$100.00	$50.00	$50.00	$50.00	$50.00
NPV(割引率10%)	$58.50				

(b) 割引EVA分析	年度				
	0	1	2	3	4
投下資本		$100.00	$75.00	$50.00	$25.00
K_W		0.10	0.10	0.10	0.10
K_W×投下資本		10.00	7.50	5.00	2.50
EBIT(1-t)		25.00	25.00	25.00	25.00
$-K_W$×投下資本		10.00	7.50	5.00	2.50
EVA		$15.00	$17.50	$20.00	$22.50
割引後EVA(割引率10%)	$58.50				

いて通常のやり方でNPVを計算している。初期投資は100ドルで、残存価額ゼロで4年間にわたり定額法で減価償却する。予想税引後利益に減価償却費を加えたキャッシュフローを10%の割引率で計算すると、NPVは58.50ドルになる。

表の(b)欄は、同じ投資についてEVAを割引計算したものである。EVAを計算するためには投下資本の年間の機会費用の値が必要であるが、これは資本コスト(%)と各年度期初の投資の簿価の積に等しい。これを税引後EBITから差し引くと年間のEVAとなり、それらを10%で割り引くと58.50ドルという割引後のEVAを得ることができる。その値は(a)欄のNPVと一致する。したがって、投資機会を評価するうえでの、NPV分析と同等のもう1つの方法は、毎年のEVAの現在価値を計算することだ。それでも、NPVの代わりに、なぜ割引EVAを計算しなければならないのかという問題は、依然として残る(注11)。

EVAの魅力

EVAがどことなく馴染みのあるものに感じたとしても、それは当然だ。債権者と株主から提供された資本にはコストがかかっており、そのコストは経済的業績の測定と関連があるという事実は長年にわたって認識されてきた。実際に、第1章において、株主資本のコストを無視した会計上の利益は、真の経済的利益よりも過大になっているということを指摘した。したがって、概念が新しいがゆえに、あるいは、業績評価の指標として投資に対する利回り(ROI)よりも格段に優れているがゆえに、EVAが瞬く間にもてはやされるようになったわけではない。営業利益を事業用資産で除したROIの問題点については昔からよく知られていることである(注12)。それでは、なぜEVAがここにきて流行し始めたのだろうか。

筆者の見解では、広く蔓延していたビジネス上の問題であるが、これまでファイナンス理論がマネジャーの間に浸透するうえで大きな障害になっていた点をEVAが解決したためである。EVAの魅力は、資本予算、業績評価、インセンティブ報酬という3つの重要なマネジメントの機能を1つに統合している点にある。これらの機能は経営に対してよい影響を与えることを狙っているが、実際にはマネジャーの行動を混乱させるような、一見矛盾したシグナルを送ることも多い。EVAのない世界では、マネジャーは投資機

注11 両者が一致する理由は何か。2つのアプローチの違いは初期投資の取り扱いにある。NPVでは0年度時点で初期投資の全額を計上する。EVAは初期投資額を無視するが、毎年の減価償却費に加え、WACCと資産の未償却残高とを乗じたコストを計上する。この2つの年間コストの現在価値は、償却方法の如何にかかわらず常に投資の初期投資額と一致する。したがって、2つのアプローチは同じ結果になる。

注12 ROIの問題を1つ挙げる。ROIがわずか2%の事業部があるとする。事業部のマネジャーはどのような種類の投資を望むだろうか。事業部のROIを上げることを使命としているマネジャーは、NPVなど考慮せず、2%を超えるROIを得られる投資であれば、どのような投資でも行おうとするだろう。逆に、高いROIを有する事業部は、ROIを下げることを恐れて投資の意思決定には慎重になるはずだ。採算の悪い事業部が積極的に投資を行い、採算のよい事業部が投資に対して消極的という状況は、株主にとって好ましいものではないだろう。

会の分析にはNPV、IRR、BCRを使うが、事業部の業績評価にはROE、ROI、EPSの成長率を使うように命じられる。さらに、インセンティブ報酬は別の基準に基づいており、これを完全に理解するのは普通の人間にはほとんど不可能であるうえ、イタリアの政権よりも変化が激しい。このような混乱に直面した現場のマネジャーが、それを真面目に受け止めずに、常識を頼りに仕事を進めても不思議ではない。

これに対して、EVAに基づいた経営はどうだろうか。ビジネスの目標はEVAを創造することだ。資本予算は、適切な資本コストで割り引かれたEVAに基づいて決定する。事業部のEVA、もしくはEVAの変化で業績評価を行い、インセンティブ報酬は事業部EVAがその適切な目標値に対してどの程度達成されたかによって決定する。明快、シンプル、かつわかりやすいやり方だ。

コンサルティング会社のスターン・スチュアート社はさらに工夫を凝らし、マネジャーのボーナスを数年間にわたって配分するようにしている。これはボーナス・バンクとして知られており、中間管理職にも株主と同様のリスクを負わせることができ、これによって近視眼的で単年度志向の意思決定に陥らせないようにもしている(注13)。

EVAはたしかに問題もある。また長所と思われていることのいくつかは、実態よりも見せ方によるものだ。しかしながらEVAは、多くの企業においてファイナンス的発想を普及させるにあたっての重要な障壁を解消すべく取り組んでおり、そのことだけでも注目に値する。フォーチュン誌が言うように、「EVAは、価値創造を単なるスローガンからパワフルな経営のツールに変身させることを謳っている。ついに現代ファイナンス理論を教室から役員室に(そしておそらくは現場にまで)持ち込んだものと言える」かもしれない。

念のために

ビジネスの意思決定に分析的、もしくは数学的技法を用いる際に注意しなければならないのは、定量的な数字にとらわれて定性的な側面を軽視することや、創造的な努力を怠って数字の操作に走ることだ。数字や理論だけでは物事は成功しない。

人間が行うのである。いかによい投資も、それに参画する有能な人々が成功に向けて努力をしなければ失敗に終わるだろう。バーバラ・タッチマンが別の文脈でいわく、「人間万事そうであるが、軍隊においても意志がことを起こす。意志を挫かれて駄目になるような状況はある。しかし、攻めるにせよ守るにせよ、意志の存在が重要であり、意志を持たないということが致命的である」(注14)。

補　遺

資産ベータと調整現在価値

ほとんどの企業は2つのベータを持っている。本章で議論した観察できる株式ベータと、観察できない**資産ベータ**だ。株式ベータは株式のシステマティック・リスクをあらわし、資産ベータは資産のシステマティック・リスクをあらわす。会社が100%株主資本でファイナンスされているという稀なケースでは両者は一致する。そのため、資産ベータは**アンレバード・ベータ**と呼ばれることが多い。それは会社が100%株主資本でファイナンスされた場合の株式ベータのことである。

資産ベータの重要な活用の仕方の1つは、株式ベータを測定する際の精度を上げることだ。たとえば、筆者がセンシエント・テクノロジー社の株価の月次での実現収益率とS&P500株価指数の同様のデータを回帰分析して同社の株式ベータを求めたら、その値は本章で述べたように0.92だった。同時に、標準誤差が0.13であることもわかった。標準誤差とはベータの推定値の正確さをあらわす統計的な指標のことだ。標準誤差をベンチマーク

注13　Stewart, *The Quest for Value*, Chapter 6.

注14　Barbara W. Tuchman, *Stilwell and the American Experience in China 1911-1945*(New York: Bantam Books, 1971), pp. 561-62.

として用いると、個別データの回帰直線からの乖離幅が釣鐘型の正規分布で分布している場合、回帰分析の真の傾きは3分の2の確率で、計算された回帰直線の傾きからプラス・マイナス標準誤差の範囲内にあることになる。つまり、センシエント社の株式ベータは0.79から1.05の範囲にあるということが、ある程度の自信を持って言える。もちろんそれは十分に安心できる結論ではないが。

資産ベータの大事な活用の仕方の2つ目は、**調整現在価値**（Adjusted Present Value: **APV**）と呼ばれる現在価値計算の技法と関係している。資産ベータを使うAPV法は、本章で説明したような投資評価において標準的なWACCをベースにしたアプローチよりも、柔軟性に富んだ代替策となる。これは複雑な投資機会を評価するときに、非常に魅力的となる。

ベータと財務レバレッジ

資産ベータと調整現在価値に関する考察は、財務レバレッジの株式ベータに対する影響から始めることとしよう。第6章で企業の財務の意思決定を論じた際に、株主が2つのリスクに直面していることを説明した。1つは、企業が競争する市場に根ざしたビジネスリスクであり、もう1つは、負債に起因する財務リスクである。資産ベータはビジネスリスクをあらわすのに対し、株式ベータはビジネスリスクと財務リスクの両方をあらわしている。株式ベータと財務レバレッジの関係を理解するために第6章の議論を思い出してほしい。有利子負債が増えると株主に分配されるリターンの変動が大きくなる。それが株式ベータを上昇させることになる。

ほとんどの企業が有利子負債を活用しているので、資産ベータを直接計測することは不可能だ。しかし、次の公式を用いることで株式ベータがあれば容易に資産ベータを計算することができる(注15)。

$$\beta_A = \frac{E}{V}\beta_E$$

ここにおいて、β_Aは資産ベータ、β_Eは株式ベータ、E/Vは株主資本比率（市場価格ベース）である。この式は有利子負債がゼロのときにβ_Aはβ_E

と一致することを示し、レバレッジが増加するとβ_Eがβ_Aより大きくなることを示している。センシエント社の数字を入れると、株式ベータが0.92なので資産ベータは0.77[0.77＝（18億2,180万ドル／21億7,170万ドル）×0.92]となる。このようなやり方で株式ベータから資産ベータを求めることをベータを**アンレバード化**すると呼んでいる。逆に、資産ベータから株式ベータを計算することはベータを**リレバード化**すると呼んでいる。

◉――資産ベータを使って株式ベータを推定する

ベータをアンレバード化・リレバード化できることは株式ベータの推定を改善するための鍵を握る。それは次の3つのステップで行う。

- 対象企業の競合企業を特定し、その企業の観察された株式ベータをアンレバード化して資産ベータを計算する。
- これらの資産ベータの平均値か中央値を求め、それを業界の資産ベータと見なす。
- 業界の資産ベータを対象企業の資本構成に応じてリレバード化する。

このアプローチの考え方は、同じ業界にいる企業は同じようなビジネス

注15　有利子負債を有する企業の市場価値は2通りの方法であらわすことができる。1つは有利子負債と株主資本の市場価値の和として。もう1つは、会社が有利子負債を活用していない場合の企業価値と節税効果の現在価値の和として。2通りの方法は次の式であらわすことができる。

$$D + E = V_U + tD$$

ここにおいてDは有利子負債、Eは株主資本の市場価値、V_Uは負債を活用していない場合の企業価値、tは限界税率である。ベータの重要な特徴は、ポートフォリオのベータはそれを構成する個々の資産のベータを加重平均したものになるという点だ。それに基づいて上式は次のようにあらわすことができる。

$$\frac{D}{D+E}\beta_D + \frac{E}{D+E}\beta_E = \frac{V_U}{V_U+tD}\beta_A + \frac{tD}{V_U+tD}\beta_{ITS}$$

ここにおいて、β_Dは有利子負債のベータ、β_Eは株式ベータ、β_Aはアンレバード化した会社のベータもしくは会社の資産ベータ、β_{ITS}は節税効果のベータである。
単純化のために(1)会社の有利子負債はリスクフリーとする。そうすると$\beta_D = 0$となる。(2)節税効果のリスクは会社のアンレバード化した資産のキャッシュフローと等しいとする。そうすると$\beta_{ITS} = \beta_A$となる。その結果、本文の式を得ることができる。
考えられる別の想定は、$\beta_{ITS} = \beta_D = 0$だ。この場合はもう少し複雑になる。詳細は次を参照のこと。Richard S. Ruback, "Capital Cash Flows: A Simple Approach to Valuing Risky Cash Flows," *Financial Management*, Summer 2002, pp. 85-103.

表8A.1◉センシエント・テクノロジー社に関して業界平均資産ベータを推定する

企業	株式ベータ	株主資本／企業価値	資産ベータ	株式時価総額	5社合計に占める割合	ウェイト付けされた資産ベータ
アルブマール	1.49	86%	1.27	$5,109	24%	0.30
カボット	1.67	79%	1.32	$2,461	11%	0.15
コーン・プロダクツ	1.20	66%	0.80	$3,497	16%	0.13
インターナショナル・フレーバーズ&フレグランス	0.92	83%	0.76	$4,459	21%	0.16
マコーミック	0.41	88%	0.36	$6,193	29%	0.10
					業界平均資産ベータ	**0.83**

リスクにさらされるので、同様の資産ベータを持つというものだ。株式ベータをアンレバード化すると個別企業の資本構成の違いという要素を排除できるので、複数の企業のデータから業界の資産ベータを推定することが可能になる。そして、業界の資産ベータを対象企業の資本構成に合わせてリレバード化することで対象企業の資本構成に基づいた株式ベータを求めることができる。このアプローチのメリットは、株式ベータの推定において多数の企業のデータを使うことで、1社のデータに基づいて推定する伝統的なアプローチでは避けられないノイズを減らすことができる点だ。

表8A.1には、このメカニズムが記載されている。センシエント社の業界資産ベータを第2章で挙げた5つの競合企業の数値に基づいて推定している。会社の規模の違いを反映するために、株式の時価総額による加重平均によって業界のベータを計算している。その結果、業界の資産ベータは0.83となる。これをセンシエント社の資本構成に合わせてリレバード化すると、株式ベータの推定値は0.99となる。これは本章内ですでに求めたものよりも約8%高い[0.99＝（21億7,170万ドル／18億2,180万ドル）×0.83]。

◉———資産ベータとAPV

本章で説明した標準的なWACCに基づいた投資評価のアプローチにおいて、加重平均資本コストには2つの役割が求められる。割り引く対象となるキャッシュフローのリスクの大きさに合わせて調整することと、有利子負債によって生じる節税効果を織り込むことだ。節税効果は、加重平均の計算において税引後の有利子負債コストを使うことで反映させる。ほとんどの場合、これで問題はない。しかし、会社の資本構成がときとともに変化する場合やプロジェクトの有利子負債負担能力がWACCの想定する資本構成と異なる場合においては問題となる。

このようなときにAPVのアプローチが有効となる。それはときに「分割して評価する」アプローチとも呼ばれる。まず、有利子負債に起因する要素を排除するために、100%株主資本でファイナンスした場合のプロジェクトのNPVを推定する。次に、有利子負債による節税効果を加える。その他の副次的効果があればそれも順次加える。それぞれの現在価値の総和がプラスになれば、その投資機会は財務的に魅力があるということになる。式であらわすと次のようになる。

$$APV = NPV_{100\%株主資本} + PV_{支払利息の節税効果} + PV_{その他の副次的効果}$$

要するに、投資機会の評価において部分の総和が全体と等しくなるということをAPVはあらわしている。

資産ベータによって、100%株主資本でファイナンスした場合の投資を評価するうえで適切となる割引率を推定できることから、資産ベータとAPVはよいコンビとなる。本章で示したWACCの公式から明らかなように、有利子負債がなければWACCは株主資本のコストに一致する。したがって、100%株主資本で対応する投資を評価するときの割引率は本章の8.2の公式に基づいて、β_Eをβ_Aに置き換えて次のようになる。

$$K_A = i_g + \beta_A \times R_p$$

ここにおいてi_gは政府債の利率、β_Aは投資対象の資産ベータ、R_pは普通株式の政府債に対する超過リターンで概算されるリスク・プレミアムである。

APVと資産ベータの使い方を説明するために、デラニーポンプ社が検討

表8A.2◉**自動灌漑コントローラーのAPV分析**（単位：百万ドル）

	年度				
	0	**1**	**2**	**3**	**4**
EBIT		$50.0	$150.0	$80.0	$30.0
期待フリー・キャッシュフロー	(160.0)	30.0	120.0	60.0	70.0
支払利息		5.0	15.0	8.0	3.0
支払利息の節税効果（税率40%）		2.0	6.0	3.2	1.2
資産ベータ	2.41				
すべて株主資本の場合のNPV	20.1				
節税効果の現在価値	8.4				
APV	**$28.5**				

中の投資機会を考えてみよう。デラニーポンプ社は農業用灌漑システムを開発・販売している。ここ数年、ハイグレードのシステムの販売においては、自動注水と水の効率的活用のためにコンピュータによる制御システムが重要になっている。そこでデラニー社の経営陣は、1億6,000万ドルをかけて競合他社を圧倒する最高水準のコンピュータ制御のコントローラーを開発すべく、投資を検討していた。開発作業は、開発費は実費とする契約を結んで外部のソフトウェア開発企業に委託する。売上はコントローラーを搭載した新製品とこのコントローラーの使用許諾を与えた競合他社数社からの収入で成り立つ。この投資プロジェクトの予測キャッシュフローは**表8A.2**に示されている。期間は4年で終わりとなっている。その頃にはもっと進化したコントローラーが登場していると経営陣が判断したからだ。

デラニー社の経営陣が審議を始めたところ、2つの課題に直面していることがわかった。デジタルコントローラーは通常の投資案件よりもハイリスクなので、社内レートである10%の加重平均資本コストをこの投資のハードルレートとして使うことに経営陣は違和感を覚えた。それに加えて、デラニー社は伝統的にインタレスト・カバレッジ・レシオの目標値を3倍に定めて資金調達を行ってきた。しかし、このプロジェクトはほとんど無形のコンピュータのコードで成り立っていて、キャッシュフローも不確実なので、デラニー社の財務部長はこのプロジェクトにおいてはインタレスト・カバレッジの目標値を10倍で設定すべきだと考えた。

この課題に対応するため、財務部長はAPV分析を行うことにした。デジタルコントローラーのリスクはソフトウェア企業の平均的な投資リスクと同等であると考えた部長は、ビジネスオートメーションのソフトを手掛ける小規模の公開企業を5社選定した。これらの株式ベータをアンレバード化し、業界平均の資産ベータが2.41であることを導いた。彼女の直感通り、ビジネスオートメーションのソフトウェア事業はハイリスクのビジネスであることが確認できた。この資産ベータと4.2%のリスクフリー・レートと前に示した6.2%の歴史的データに基づいたリスク・プレミアムから、ビジネスソフトウェア事業の投資のアンレバード・ハードルレートが19.1%であることを導いた（19.1 = 4.2% + 2.41 × 6.2%）。**表8A.2**の期待フリー・キャッシュフローをこれで割り引くと、100%株主資本でファイナンスしたときにプロジェクトのNPVが2,010万ドルになることがわかる。

この投資の主要な副次的効果は、毎年発生する節税効果だ。目標インタレスト・カバレッジ・レシオが10倍で税率が40%だとすると、表中の毎年の利子費用は予想EBITの10分の1になり、それに対応する節税効果は利子費用の40%となる。節税効果の現在価値を計算するときに使う割引率は、当然のことながら、割り引かれるべきキャッシュフローのリスクを反映したものになる。何人かの経営幹部は、節税効果のリスクは有利子負債のそれに準じるので負債の金利で割り引くべきだと主張した。他の経営幹部は、個々の有利子負債契約のキャッシュフローは予測可能だが、事業が抱えるすべての有利子負債は事業の規模とキャッシュフローによって変わってくるので、そのような場合において割引率はK_Aのほうにより近いと主張した。ここでは、節税効果は機械的に営業利益に連動しているので、K_Aのほうが割引率としての妥当性が高いと言える。この割引率を使うと節税効果の現在価値は840万ドルとなり、投資のAPVは2,850万ドルという魅力的な数字となる。

$$APV = NPV_{\text{100\%株主資本でファイナンスした場合}} + PV_{\text{支払利息の節税効果}}$$

$$\text{2,850万ドル} = \text{2,010万ドル} + \text{840万ドル}$$

この分析で注目すべきは、財務部長の節税効果の計算はデラニー社が投資にあたっての資金調達をどのようにやろうとするかとは無関係で、財務部長が維持可能と考えるプロジェクトの有利子負債の金額で決まるという点だ。戦術的な理由から、企業は投資を行うときに、あるときは全額有利子負債で資金調達し、あるときは全額自己資金で対応する。しかし、それは投資の有利子負債負担能力とその帰結としての節税効果を判断するにあたっては無関係である。このように考えないと「限界資本コストの誤謬」を犯してしまうことになる。

ここでは副次的効果が単純で1つだけというわかりやすい投資を例に取り上げたが、この技法のパワーには気がついてもらえるのではないかと思う。分割して統治せよというAPVの考え方は、非常に複雑な問題を簡単でより小さな問題に分解し、小さな解決策をつなぎ合わせることで解決にいたることを可能にする。そのため、複数の通貨と補助金付き融資が存在するクロスボーダーの投資でも、それをいくつかに分解したNPVの総和として分析することが可能になる。つまり、それぞれの通貨であらわされたキャッシュフローは現行の為替レートで自国通貨に換算し、補助金付き融資もそれぞれその価値を評価すればよいのだ。さらに、キャッシュフローごとにハードルレートを設定してもよいのだ。複雑な世の中においてAPVと資産ベータは分析道具としてなくてはならないものである。

本章のまとめ

1. 投資のトータル・リスクとは、
    - 考えられるリターンのばらつきの範囲を指す。
    - 対象となる資産が市場で取引されている場合はリターンの標準偏差として推定される。
    - 分散化することである程度回避できる。
2. システマティック・リスクとは、
    - トータル・リスクのうち分散化では除去できない部分を指す。
    - 株式に関して、平均的に言うと、トータル・リスクの約半分に該当する。

- トータル・リスクのうち、資産価格とリターンに影響を与える部分である。
- リスクを好まない投資家が要求するリターンと正の相関関係がある。
- トータル・リスクに、当該資産のリターンと十分に分散化されたポートフォリオのリターンとの相関係数を掛けたものと推定される。

3．資本コストとは、

- リスクを調整した割引率を指す。
- 株主と債権者が負担する機会費用を両者の価値で加重平均したものに等しい。
- 株価を維持するために、既存資産に対して企業が最低限稼がなければならないリターンを指す。
- 公開企業だけでなく、非公開企業や非営利組織にも当てはまる。
- 既存事業と同じ事業への投資を評価するときの適切なハードルレートとなる。
- 既存事業と同じではない投資においては、同種の投資を行っている他社の資本コストが適切なハードルレートとなる。

4．株主資本コストとは、

- 株主が負担する機会費用を指す。
- 企業の資本コストを計測する際に、最も算定が難しい変数である。
- 政府債の利率にリスク・プレミアムを加えたものが近似値となる。
- 財務レバレッジとともに上昇する。

5．ベータとは、

- 資産の相対的なシステマティック・リスクを測る係数である。
- 一定期間の資産の実現リターンと十分に分散化されたポートフォリオのそれとを回帰分析することで推定できる。
- 株式と債券のリターンの差額に乗じることで株主期待リターンを推定するためのリスク・プレミアムとなる。
- 財務レバレッジが上昇すると上昇する。

6．DCF分析において避けるべき4つの落とし穴とは、

- 企業の視点と株主の視点を混同する。
- 実質キャッシュフローを評価するに割引率の名目値を使う（逆も同様）。

- 企業の投資に内在するリアル・オプションの価値を無視する。
- キャッシュフローの想定期間を通じて一定の割引率を使うことは、キャッシュフローが未来になるほどリスクが増加すると想定するのと同じ意味であるということを忘れる。

7．EVAとは、

- 会社や事業部の業績指標として支持されている。
- 事業の税引後営業利益から投下資本の年間資本費用を差し引いたものである。
- 3つの異なるテーマを統合する。
  - －投資評価
  - －業績評価
  - －インセンティブ報酬

参考文献等

Bernstein, Peter L. *Against the Gods: The Remarkable Story of Risk*. New York: John Wiley and Sons, 1998. 383 pages.

13世紀から現在にいたるまでの人間の営みにおけるリスクに対して人類がどう対峙したかについての刺激的な歴史物語。リスクマネジメントの基本ツールを数学を使わないで説明し、それを歴史的な文脈のなかで説明しているバーンスタインの手腕はお見事。とにもかくにもとびきりの1冊だ。ペーパーバックで15ドルで買える。

Bruner, Robert F., Kenneth M. Eades, Robert S. Harris, and Robert C. Higgins. "Best Practices in Estimating the Cost of Capital: Survey and Synthesis." *Financial Practice and Education*, Spring-Summer 1998, pp. 13-27.

資本コストの推定に対する実務的な挑戦を展望したもの。また、アメリカのいくつかのベスト企業と投資銀行がこの問題を論じている。

Copeland, Tom, and Vladimir Antikarov. *Real Options: A Practitioner's Guide*, Revised Edition. New York: Texere, 2003. 384 pages.

二項分布のディシジョン・ツリーを使ったリアル・オプションについてのしっかりとした実用的な入門書。約50ドル。

Dixit, Avinash K., and Robert S. Pindyck. *Investment under Uncertainty*. New Jersey: Princeton University Press, 1994. 476 pages.

リアル・オプションについての厳格で数学的な入門書。約65ドル。

Dixit, Avinash K., and Robert S. Pindyck. "The Options Approach to Capital Investment." *Harvard Business Review*, May-June 1995, pp. 105-115.

投資計画におけるリアル・オプションの実践的活用についての解説。

Luehrman, Timothy A. "Using APV: A Better Tool for Valuing Operations." *Harvard Business Review*, May-June 1997, pp. 132-154.

複雑な投資を分析するのに有益なNPVの異形であるAPVについての実務的な入門書。

Trigeorgis, Lenos. *Real Options: Managerial Flexibility and Strategy in Resource Allocation.* Massachusetts: The MIT Press, 1996. 427 pages.

NPVから始まり、システマティックにディシジョン・ツリーを経てリアル・オプションにいたる厳格な入門書。Dixit and Pindyckほど数学は使わない。リアル・オプションの競争戦略的な意味合いを強調している。

website

Finace.yahoo.com

ヤフーファイナンスは情報が豊富だ。会社の証券コードを入力して"key statistics"をクリックするとβの推計値が得られる。

www.real-options.com

本の宣伝を飛ばして直接"additional resources"に行くべし。

Oyc.hale.edu

エール大学の名高い教授陣による無料のオープンコース。経済学のコースは、ゲーム理論、ファイナンス理論、金融市場。

章末問題

1．以下の文章について正しいか誤りかで答えよ。また、その理由も簡潔に説明せよ。

a．将来のすべてのキャッシュフローに同じリスク調整済割引率を適用するのは、一般的に言って、遠い将来のキャッシュフローのほうが近い将来のキャッシュフローよりもリスクが高いという事実を無視している。

b．会社が実行するすべてのプロジェクトに対して、会社の資本コストつまりWACCを割引率として使うことは正しくない。

c．プロジェクトに必要なすべての資金を6%の金利で借りることができるとすると、このプロジェクトの資本コストは6%となる。

d．会社の有利子負債コストを推定するベストな方法は、P/Lの支払利息をB/Sの有利子負債で割ることだ。

e．非公開企業の株式ベータを推定する1つの信頼できる方法は、公開されている競合企業の株式ベータの平均値を使うことだ。

2．ある起業家がある小規模な事業を買おうとしている。提示されている価格は500万ドルだ。起業家は5年にわたって事業を改善してから魅力的な条件で売却することを考えている。この計画を支援するためにお金持ちの叔母が500万ドルを5年間、無利子で提供してくれる。このローンを前提として、起業家がこの事業を買うにあたって受け入れるべき最低限の収益率はいくらか。理由も答えよ。

3．**図8.1**を見て、企業が市場線より下にある投資機会を却下し、それよりも上にある投資機会を実行する理由を説明せよ。

4．財務レバレッジの上昇は企業の株主資本コストに対してどのような影響を与えるか。また、それは企業の株式ベータにどのような影響を与えるか。

5．あなたは不動産ブローカーで、オフィスビルを売ろうとしている。ある投資家は興味を示したが、20%の投資収益率を要求している。オフィスビルの売値は2,500万ドルで、毎年300万ドルのフリー・キャッシュフローが永続的に期待できる。8%の金利で借入が可能で、この借入は利息の分だけ支払えばよいという条件だ。つまり、元本は永遠に返済しなくてもよいということだ。税率は50%である。

a．この投資家の目標収益率を実現する、投資とファイナンスのパッケージを提案せよ。

b．この投資家の目標収益率が90%のときに、それを実現する投資とファイナンスのパッケージを提案せよ。

c．この投資家は90%の収益率を実現できるとしても、20%の収益率で投資をしようとする。なぜか答えよ。

6．100%株主資本でファイナンスされていて、その資本コストが10%である企業が、1つだけ資産を保有しているとする。それは鉱脈で、毎年1億ドルのフリー・キャッシュフローを5年間創出することができる。5年後には会社は清算される。企業買収専門会社が4億ドルでこの会社を買収することを提案している。その際のファイナンスとしては、3.5億ドルを借入で対応する。金利は6%で、5年間にわたって毎年年末に、元本と利息込みの均等額を支払って返済する。

a．借入金の毎年の返済額を計算せよ。

b．税金を無視するとして、企業買収専門会社が買収を行った場合、借入金返済後の収益率を推定せよ。

c．この企業の資本コストが10%だとして、この企業買収は魅力的か否か。そのように判断する理由も答えよ。

7．本章では、ゼネラル・デザイン社のダイヤモンド薄膜プロジェクトの増設のオプションを議論した。

a．このオプションはコールか、それともプットか。

b．行使価格はいくらか。

8．戦略的意思決定におけるEVAの長所を強調した刺激的なセミナーから帰ってきたベンチャー・テレコミュニケーション社の事業開発担当副社長は、2つの事業部の昨年のEVAを計算するために部下にデータを集めるように命じた。ヴォイス事業部は会社の伝統的事業で、データ事業部は新興の事業という位置づけだ。ヴォイス事業部はデータ事業部よりも規模が大きいが、データ事業部は急速に成長をしている。

部下は各事業部の投下資本の算定に確信はなかったが、会社のアニュアルリポートに記された事業部の資産のデータを採用することにした。事業部の資本コストの推定にはそれぞれの事業部が競合する専業企業数社の資本コストの中央値を使った。会社の限界税率は40%だ。

次表のデータは部下が集計したものである。

	（単位：百万ドル）	
	ヴォイス事業部	**データ事業部**
EBIT	$220	$130
事業部の資産	$1,000	$600
事業部の資本コスト	10%	15%

この数字をしばらく見て副社長は叫んだ。「やっぱりそうだ。データ事業部は大出血だ。すぐにつぶさなければ」

a．それぞれの事業部のEVAを推定せよ。

b．副社長に同意するか。データ事業部は直ちに閉鎖すべきか。その理由も答えよ。

9．この問題のスプレッドシートは、大手スーパーマーケットのクローガー社の2007年12月12日の関連データと関連情報を提供している。データは、http://www.diamond.co.jp/go/pb/fmanage/（ただし記載は原文のまま）で入手できる。

a．クローガー社の株主資本コストを推定せよ。

b．クローガー社の加重平均資本コストを推定せよ。関連する変数を示したスプレッドシートか表を作成すること。

第9章 事業価値評価と企業のリストラクチャリング

合併交渉の仕上げとして、貴社が当社のものであることを示すために、これから当社の弁護士たちが、犬のマーキングのように貴社のオフィスに当社の印をつけ始めるだろう。
――フォーチュン誌

2010年1月19日、経営権をめぐって4カ月間に及ぶ激しい議論が重ねられた末、キャドバリーPlcの会長であるロジャー・カーは、アメリカ食品業界の最大手であるクラフト・フーズ社からの買収提案に同意するよう、キャドバリー取締役会として株主に推奨する旨の声明を行った。総額140億ポンド（229億ドル）にのぼるこの敵対的買収は、2008年から2009年にかけての景気後退が一段落した後としては、最初の大規模な企業買収であった。この買収によってほぼ500億ドルの売上高規模を持つ巨獣が誕生し、3年前に統合されたマーズ＝リグレー社をかわし世界最大の菓子メーカーとなった。クラフトは、買収価格のうち40%を新株発行で、60%は現金で支払う。現金のうち37億ドルはつい最近ディジョルノ・ピザ部門をネスレS.A.に売却することで捻出していた。

キャドバリーPlcは、キャドバリー・チョコレート、トライデントやデンティーン・ガム、そしてホールズ・キャンディーなどで著名な、創業186年の歴史を持つイギリスの菓子メーカーである。名目的にはイギリス企業であるが、売上高の80%、そして従業員の85%はイギリス国外であった。2008年時点でキャドバリーの従業員は4万5,000人、売上高は54億ポンドであったが、その半分はチョコレート部門からの売上だった。クラフト・フーズはアメリカ最大の食品会社で、2009年には、従業員数は10万人、売上高も404億ドル、そして30億ドルの純利益を計上していた。クラフトは、クラフト・チーズ、オスカー・マイヤー、オレオ・クッキーズやトブラローネ・チョコレートといった家庭に浸透したブランドを含め、10億ドル以上の売上高を持つブランドだけでも10を有している。

クラフトによるキャドバリーの買収が賢明であったかどうかと判断できるまでに数年かかるであろうが、誰が勝者かそのうちの何名かはすでに明らかだ。なかでもはっきりしているのは、1株当たり8.5ポンドという、買収提案の噂が出回る前の株価に対して62%という高額のプレミアムつきで持ち株を売却したキャドバリーの株主であろう。買収提案前の5.25ポンド近辺の株価と14億株の発行済株式数から計算すると、その利鞘は46億ポンド（74億ドル）となる（46億ポンド＝62%×5.25×14）。その他で明らかな勝者は、この買収案件を手掛けた銀行と弁護士たちである。ラザード、シティグループ、ドイツ銀行そしてブティックタイプの投資会社であるセンタービュー・パートナーズといったクラフト側のアドバイザー・チームは、総額で推定5,300万ドルから5,800万ドルにのぼるアドバイザリー手数料に加えて、2,600万ドルから3,200万ドルの資金調達斡旋料を手にした。キャドバリー側のアドバイザーであるモルガン・スタンレー、ゴールドマン・サックス、そしてUBSは、それぞれ1,500万ドルを手にしたと推定される。総額にすると、クラフトは3億9,000万ドル、キャドバリーは5,000万ドルから5,600万ドルの手数料を支払ったものと推定される。この他に、キャドバリーの最高経営責任者であるトッド・スティツァーは現物株と株式オプションで3,000万ドルを手にしたが、一方でクラフトの最高経営責任者であるアイリーン・ローゼンフェルドはこの取引が終結して間もなく、「卓越したリーダーシップ」を発揮したとして2,630万ドルの報償を手にした。

クラフトによるキャドバリーの買収は、幅広く**企業のリストラクチャリング**として知られるビジネスにおける重要な事象について、雄弁に物語ってくれる。企業経営者たちは、たぶんこれまでの章で見たファイナンス理論にガイドされながら、価値の増加を目指し、それぞれの企業における資産構成、資本構造もしくは株主構成に対し、大幅で一時的な変革を実施する。企業のリストラクチャリングには、クラフト＝キャドバリーのような敵対的買収に加え、借入金による買収（LBO）、友好的な合併、事業部門の買収もしくは売却、普通株式の大規模な買い戻し、財務レバレッジの大幅な変更、スピンオフやカーブアウト（スピンオフでは、親会社は子会社の株式を株主に配当金のように分配し、その結果、子会社は親会社から独立した企業となる。カーブアウトにおいては、親会社は子会社資産の全部もしくは一部を現金で一般投資家に売却する）なども含まれる。

クラフト＝キャドバリーの取引そしてその他の多くのリストラクチャリ

ング案件は、ファイナンスを学習する者、そして実はすべての企業経営者に対して、いくつかの重要な質問を投げかけてくれる。キャドバリーの買収案件においては、以下のような質問が挙げられよう：

1．クラフトの最高経営責任者であるアイリーン・ローゼンフェルドは、なぜ、キャドバリーの株価が8.5ポンド以上の価値があると信じるにいたったのか。
2．ローゼンフェルドがキャドバリーの株式に8.5ポンドも支払ってもよいとしたのであれば、なぜ、最初の買収提案を行う直前の市場での株価が5ポンド程度でしかなかったのか。株式市場はこのように大幅な株価のつけ間違いを起こすのか、それとも何か異なる力が働いているのか。
3．キャドバリーの株式が本当に8.5ポンドの価値があるのなら、ローゼンフェルド以上に自社のことを知っているはずのキャドバリー経営陣が、このような事実を認識しキャドバリーの価値がその株価に反映されるよう、何の手も打っていなかったのはなぜなのか。
4．最後に、企業のリストラクチャリングのメリットについて誰が判断を行うのであろうか。経営者か、それとも企業の所有者か。キャドバリーの買収案件において、キャドバリーの株主は投票し買収提案を承認したが、クラフトの株主は本件買収を承認するかどうかを聞かれていない。より幅広く考えれば、今日の大企業は本当は誰が支配しているのか、また、そもそも本来誰が支配すべきなのか。財務的なリスクを一緒に背負っている株主全体なのか、それとも、少なくとも表面的には株主のために働いている企業経営者なのか。

本章ではこれらの問題についての考察を行い、その過程で企業のリストラクチャリングにおける財務面の原理原則を検討する。まずは、事業価値評価から考察を始める。事業価値評価とは、企業や事業部門の価値を推定する技法の集合体である。次に、「企業の支配権の市場」について検討し、買収においてプレミアムを支払う合理的な根拠と買収価格の上限の推定方法について考える。そして、事業のリストラクチャリングを行う際の3つの財務上の誘因である、節税効果、経営陣に対するインセンティブ、そして株主によるフリー・キャッシュフローのコントロールについて検討する。最後に、合併とLBOの経済的メリットに関する実証データを簡単に検討し、クラフトとキャドバリーの取引の詳細を検討して本章を終える。本章の補遺部分で、ベンチャー・キャピタルによる事業価評価方法を検討することにする。

事業の価値を評価する

事業価値評価は、各種の広範かつ重要な財務活動を行うにあたって、その根底にある原理原則としてきわめて重要である。事業価値評価の原理は、合併やLBOを行う場合に使用されるだけではない。証券アナリストが過小評価されている株式を探すとき、投資銀行が企業の株式公開時の株価を決定するとき、ベンチャー・キャピタリストが新しい投資機会を評価するとき、企業が自社株買いのタイミングを判断するときなど、さまざまな場面で使われている。さらには、価値に基づく企業経営という御旗のもと、事業価値評価の原理は企業戦略の領域にまで活用されるようになっている。価値に基づく企業経営とはコンサルタントが生み出した考え方で、経営陣は自社の市場での価値に与える影響を予測しながら、事業戦略の代替案を評価すべきだとしている。このように、人によってその詳細や言い回しは異なるが、事業価値評価の原理は現代のビジネスにおいて必要不可分な要素であると言っても過言ではない。

事業価値を評価する際の最初のステップは、評価する対象を明確に特定することである。そのためには、次の3つの基本的な質問に答えられなければならない。

- 企業の資産の価値を知りたいのか、それとも株主資本の価値を知りたいのか。
- 継続企業としての企業の価値を知りたいのか、それともその清算価値を知りたいのか。
- 少数株主持分の価値を知りたいのか、それとも支配株主持分の価値を知りたいのか。

それぞれについて簡単に検討してみよう。

●———資産か株主資本か

企業を買収する際には、買収対象企業の資産を買うことも可能であり、またその株式を買うことも可能である。買い手が売り手の株式を買うと、売り手の負債も引き受けなければならない。クラフトがキャドバリーを買収した際、クラフトはキャドバリーの株式に対して119億ポンドを支払ったが、同時に21億ポンドのキャドバリーの有利子負債も引き受けた。キャドバリーの資産に対して合計で140億ポンドの価格を支払ったことになる。クラフトはキャドバリーに対して119億ポンドを支払ったと表現することがよくあるが、これは正しくない。クラフトの株主が負担した真の経済的コストは140億ポンドであり、このうち、119億ポンドは新たに発行された株券及び現金で、また21億ポンドはキャドバリーの既存の負債を法的に引き受けることで、負担したことになる。クラフトの株主がキャドバリーの負債を引き受けるということの意味は、キャドバリーの資産を手に入れるために140億ポンドを支払ったが、その購入価格のうち21億ポンドは新規借入を起こして支払ったことと同じことである。いずれの場合においても、キャドバリーの資産が少なくとも140億ポンドの価値を有するキャッシュフローを将来生み出さなければ、クラフトの株主は投資に失敗したことになる。卑近な例を挙げよう。あなたは、10万ドルの現金そして売主からの40万ドルの不動産抵当融資を受けて自宅を購入したとする。あなたはその家を10万ドルで買ったとはたぶん言わないであろう。あなたは、その家を50万ドルで購入し、頭金として10万ドルを支払ったのである。同様に、クラフトはキャドバリーを140億ポンドで購入し、119億ポンドの頭金を支払ったにすぎない。

ほとんどの企業買収はその規模の大小にかかわらず株式購入の形態をとっていることから、価値評価の究極の目的や交渉の焦点は買収対象企業の株式の価値に向けられる。しかしながら、買収企業にとって真の買収コストとは、株主資本のコストそして引き受けるすべての負債のコストを足し合わせたものであるということを忘れてはならない。

◉———存続か清算か

企業は2通りの形態でその所有者に対して価値を生み出すことができる。1つは会社の清算を通して、もう1つは継続事業としてである。**清算価値**とは、事業を終了させ個々の資産を売却することによって得られる現金の額である。一方、**継続価値**とは、事業が将来生み出すであろうキャッシュフローの現在時点での価値を指している。多くの場合、われわれの関心は自ずと事業の継続価値に向けられる。

今後の理解を助けるために、ここで資産の**適正市場価値**(Fair Market Value)の定義をしておこう。資産の適正市場価値とは、資産を評価するのに必要なあらゆる情報を入手でき、かつ、直ちに売買する何らかの必要に駆られていない状況において、合理的行動をとる二者間で取引が行われるときの資産の価格と定義することができる。一般には、事業の適正市場価値は、清算価値と継続価値のどちらか高いほうとなる。その関係は、**図9.1**に描かれている。将来の期待キャッシュフローの現在価値が清算価値よりも低い場合は、その事業を継続するよりも清算したほうが価値は高くなり、適正市場価値は企業の清算価値と等しくなる。将来の期待キャッシュフローの現在価値が高くなればなるほど清算価値は妥当性を失い、適正市場価値はそのほとんどすべてが事業の継続価値によって決まることになる。企業の資産や事業部門によっては、清算価値が継続価値よりも高い場合も、逆に継続価値が清算価値よりも高い場合もある。このような企業の場合、各資産についてその清算価値か継続価値のいずれか高いほうを選び、それらを合算して適正市場価値とする。

この適正市場価値に関する一般原則の例外は、事業を清算したほうが継続させるよりも価値が高いにもかかわらず、その企業を支配している個人が、たとえば、自分たちの再就職の機会や社有のヨットを好き勝手に使える喜びを手放したくないと考え、清算しないという選択を行う場合に起こる。このような場合、少数株主は事業の清算を強制することはできないために、少数株主が保有する株式の適正市場価値はその清算価値以下に下落することになる。**図9.1**に網がけをした三角形で「毀損価値」と表記された部分がこの差額をあらわしている。潜在的な価値が存在しているにもかかわらず、

図9.1◉事業の適正な市場価値とは、通常、その事業の清算価値と継続事業としての価値の高いほうである

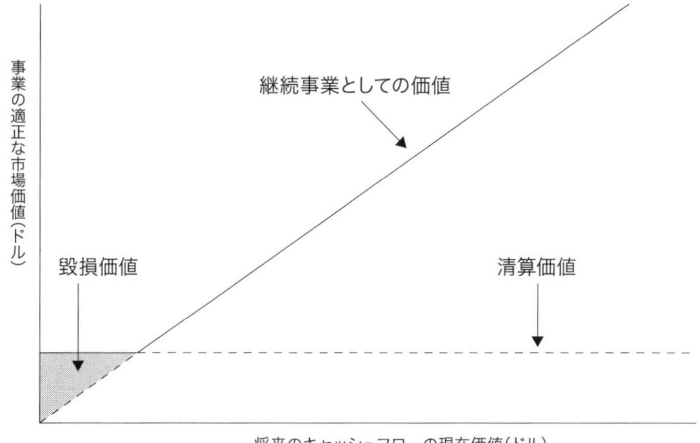

少数株主はこの価値を手にすることができないので、この価値は株価に反映されない。少数株主から見れば、企業を支配している個人が事業の清算を拒否することで事業価値を毀損させていることになる。少数株主から見たときに株式の価値が企業の価値を十分に反映しない事例は他にもあるが、本章の後半で検討することにする。

企業の支配権について重要な点は、企業の株式を保有することと、企業の支配権を持つことはまったく違うということである。一株主がその企業の議決権付株式の少なくとも51%を所有するか、もしくは51%に対して強い影響を及ぼすことができないのであれば、その株主が企業の事業運営に関して何らかの口を挟むことができる保証はない。さらに、ほとんどのアメリカ大手公開企業では、議決権を通して企業の支配権を握ることができるような株主や株主グループは存在しておらず、企業の実際の支配権は取締役会と経営陣に委ねられる。このような状況では、株主は単に車に同乗しているにすぎない。

◉———少数株主持分か支配株主持分か

オスカー・ワイルドはかつて「経済学者はあらゆるものの価格を知ってい

るが、価値については何も知らない」と述べたが、それはまことに正しい観察である。なぜならば、経済学者にとって資産の価値とは、十分に情報を持った売り手と買い手が市場で自発的に資産を売買する価格以外の何物でもないからである。資産が売却価格以上の価値を持つかどうかという問題は、哲学者に委ねるべき命題だと経済学者は考える。

価値が売却価格と同義語とするならば、事業の価値を明白にあらわすものはその市場価値、つまり、資本市場で売買されるその企業の株式と有利子負債の総額である。クラフトのキャドバリーに対する買収提案が2009年末に明らかにされる直前のタイミングでは、キャドバリーの発行済株式数は14億株でその株価は5.25ポンド、そして21億ポンドの有利子負債があったので、キャドバリーの市場価値は95億ポンド（95億ポンド＝5.25ポンド／株×14億株＋21億ポンド）だったことになる。

これまでの章で述べたように、事業の市場価値は企業業績の重要な指標であり、資本コストの中心的な決定要因である。しかしながら、**市場価値は少数株主にとっての事業の価値をあらわしている**ことを認識する必要がある。事業の市場価値を計算するために使用される株価は少数の株式の売買によって形成された価格であるため、企業の**支配権**の価値を織り込んだ価格の指標としては信頼性に欠ける。少数持分と支配権の違いは、キャドバリーのケースでも明白である。キャドバリーの市場価値は95億ポンドにすぎなかったが、クラフトは支配権を考慮に入れ140億ポンドを支払わざるをえなかった。

事業価値評価を行うにあたって市場価値が不適当であるケースは、ほかにも存在する。対象企業が非公開企業の場合、そもそも市場価値が存在しない。対象企業の株式が稀にしか売買されない、もしくはとても少ない量でしか売買されていない場合、その株価は価値評価にあたって信頼性の高い指標とは言えない。対象企業の株式が市場で活発に売買されている場合でも、証券アナリストは独自に算定した価値評価と市場価値とを比較し、市場価値が適正価格から乖離している株式を見つけようとする。

つまり、事業価値の算定において、市場価値は、公開企業の少数株主持分の価値を評価することが目的である場合のみ直接的に利用可能と言わざるをえない。それ以外のケースでは、市場価値は有益な参考情報を提供してくれるが、それだけでは最も重要な事業価値の問題の解決にはならない。このため、事業価値の決定要因について、より注意深く検討を加えていく必要がある。

DCFによる価値評価

事業価値評価についてその概略を見てきたので、これからは企業の継続価値の推定方法の詳細について考えていこう。わかりやすくするために、まず非公開企業の少数株主持分の価値から考えていきたい。

非公開企業の継続価値を考えるにあたって、市場価格が存在しないことから必ずしも一番実践的な方法であるとは言えないものの、最も直接的な方法は、対象企業を単に金額の大きな資本的支出案件であるかのように考えることである。資本的支出の場合と同様に、企業への投資では、将来のリターンへの期待と引き換えに今日お金を支出しなければならない。したがって、中心となる課題は、明日の利益が今日のコストと釣り合っているかどうかということである。そのためには、資本的支出案件の評価と同様に、株主と債権者に帰属する将来の期待キャッシュフローの現在価値を計算すればよい。この現在価値が取得価格を上回っていれば投資は正の正味現在価値（NPV）を持っており、したがって魅力的な投資案件といえる。反対に、将来キャッシュフローの現在価値が取得価格以下であれば、その投資案件は魅力的ではないということになる。

式であらわすと、次のようになる。

企業の適正市場価値（FMV）＝PV（株主と債権者に帰属する期待キャッシュフロー）

この式は、事業に対して支払う最大価格は、資本提供者に帰属する将来の期待キャッシュフローを、リスク調整後の適切な割引率で割り戻した現在価値に等しいことをあらわしている。さらに、リスク調整後割引率を使う場合はすべてそうであるが、使用する割引率は割り引かれるキャッシュフローのリスクの大きさを反映したものでなければならない。このキャッシュフローは対象企業の株主と債権者に帰属するものであるから、割引率は対象企業の加重平均資本コスト（WACC）となることがわかる。

ここで当然のことながら、通常の場合、その最終目的が株式の価値を算定することであるならば、なぜ無駄な労力を投入して企業の価値を計らなければならないのかという疑問がわいてくる。その答えは、株主資本の価値は企業の価値と密接に関連しているということを思い出せば簡単に導き出されよう。前にも何回か見てきたとおり、式であらわすと次のようになる。

株主資本の価値＝企業の価値－有利子負債の価値

つまり、企業の株主資本の価値を決定するためには、企業の価値を推定しそこから有利子負債を差し引けばよい、ということになる。さらに、通常の場合、有利子負債の市場価値と簿価はお互いにほぼ等しいので、有利子負債の価値の算定には企業の貸借対照表に出ている数字を引用してくればよいことになる[注1]。仮に企業の適正市場価値が400万ドルで負債金額が150万ドルだとすると、株主資本の価値は250万ドルということになる。簡単な計算である[注2]（買掛金や繰延税金負債といった利払いの必要がない負債は無視する。なぜなら、この後説明するが、それらの項目はフリー・キャッシュフローの一部として扱うからである）。

◉――フリー・キャッシュフロー

すべての資本的支出案件の意思決定と同様に、事業の価値評価を行うにあたって実務上の最も大きな課題は、割引対象となるキャッシュフローを適切に推定することにある。第7章において、適切なキャッシュフローとは、

注1　有利子負債の市場価値（時価）と簿価が大きく乖離する理由は2つある。有利子負債の発行後に債務不履行となるリスクが大きく変化した場合、そして、有利子負債の支払利息は固定金利であるが、その後市場での金利水準が大きく変化した場合である。これらのケースでは、有利子負債の市場価値を個別に推定したほうがよい。

注2　株主資本の価値評価を行う際のもう1つの方法は、株主資本に帰属する期待キャッシュフローを当該企業の株主資本コストで割り引いて現在価値を算定する方法である。正しく行えば、このアプローチでも上記の企業価値アプローチと同じ結果を得ることができるが、実務上は計算がより難しいと筆者は考える。詳細は第8章の「企業の視点と株主の視点」を参照。

プロジェクトの毎年の**フリー・キャッシュフロー**(**FCF**)であると説明した。このフリー・キャッシュフローは、税引後のEBITに減価償却費を加算し投資を控除したものと定義される。企業の価値を評価する際には、この式は以下のようになる。

フリー・キャッシュフロー＝EBIT×(1−税率)＋減価償却費
−資本的支出−運転資本への投資額(運転資本増加額)

ここで、EBITとは、利息支払前・税引前利益のことである。

フリー・キャッシュフローを使う根拠は、次のとおりである。EBITは資本構成に関係なく企業が稼ぐ利益である。したがって、EBIT×(1−税率)は、有利子負債による資本調達の影響を排除した税引後の利益である。これに減価償却費やその他の現金移動を伴わない項目を加えると、税引後のキャッシュフローが得られる。企業の将来を考えなければ、経営陣はこのキャッシュフローのすべてを株主と債権者とに還元できるが、それでは企業は立ちいかなくなってしまう。ほとんどの企業においては、経営陣は新規の資本的支出のための支払いや流動資産を追加するためにこのキャッシュフローの一部もしくは全部を留保している。したがって、株主と債権者に毎年分配できる現金の額は、税引後のキャッシュフローから資本的支出と運転資本への投資額(運転資本の増加額)を差し引いたものとなる。

この運転資本という用語であるが、誤解が生じないよう説明を加えておく。運転資本への投資額とは、オペレーションを支えるために必要な流動資産の増加額から有利子負債を除く流動負債の増加額を控除したものに等しい。第7章で「自然発生的な資金源」として説明したものである。この差額は、流動資産へのネット投資額に等しく、債権者と株主によって資金負担されるべきである。もう1つの留意点は、オペレーションをサポートするのに必要な額を超えて企業が蓄積した余剰現金をどのように取り扱うかである。筆者としては、そのような余剰現金は割引キャッシュフロー計算から排除し、計算された企業価値に後で個別の追加項目として加算することをお勧めする。

◉———ターミナル・バリュー

次は、実務における非常に手ごわい問題を扱う。公式によれば、事業の適正市場価値はすべての将来フリー・キャッシュフローの現在価値に等しい。ところが、企業は典型的には永続的に存続することが前提となっているため、この公式を文字通り適用すると、何百年も先の遠い未来のキャッシュフローを見積もらなくてはいけない。明らかに、これは合理的ではない。

この問題に対する標準的な対処方法は、対象企業の将来を2つの期間に分けて考えることである。最初の期間、たとえば5年から15年間は、企業は独自のキャッシュフローのパターンと成長の軌跡を描くであろう。この期間について、公式が示すとおり毎年のキャッシュフローを個別に推定する。しかしながら、この予測期間の終了時までには企業はその独自性を失う、つまり、事業も成熟し安定した低成長段階に入ると考える。この時期以降は、毎年のキャッシュフローに頭を悩ますことをやめ、それ以降のすべてのキャッシュフローの価値をあらわす**ターミナル・バリュー**(terminal value)を推定することにする。仮に最初の予測期間を10年間とすると、企業価値を評価する公式は次のようになる。

企業の適正市場価値
＝PV（1〜10年目のFCF＋10年目におけるターミナル・バリュー）

当然のことながら、ターミナル・バリューの使用は問題の置き換えにすぎないので、今度は企業のターミナル・バリューの推定方法について検討する必要がある。ファイナンス学者はこの問題を解決し、企業のターミナル・バリューを計算する単純で正確な式を提示していると言いたいところであるが、残念ながらそうではない。ここで筆者ができることは、いくつかの有力な推定方法を示し、その使用方法について一般的なアドバイスをすることである。

以下に、企業のターミナル・バリューを推定する5つの方法について、それぞれ注意点を交えて説明する。これらの推定方法を効果的に使うためには、まずは、これが最良という方法はないと認識しておくべきである。状況に応じて使い分けることが重要である。たとえば、清算法は10年間の埋蔵量を有する採鉱事業にはきわめて適切といえるが、急成長しているソフトウェア企業の評価には向いていない。次に、よくやりがちではあるが、この状況にはこの手法が向いていると決めつけ、その他の方法はすべて無視するということはしてはいけない。いくつかの方法で試算し、単純にその平均値をとることも避けるべきである。そうではなく、いくつかの方法でターミナル・バリューを計算し、なぜ数字が異なるのかということから検討を始めるべきである。数字の差異を容易に説明できることもあるが、場合によっては、推定値の差異を説明するために前提条件そのものを見直す必要が出てくることもある。そのうえで、まだ残っているターミナル・バリューの差異の原因を理解し、その差異の大きさについても納得できたところで、対象企業のそれぞれのターミナル・バリュー数値の妥当性を比較考量し選択すればよい。

▼ターミナル・バリューの5つの推定方法

●清算価値

予測期間の最終時点で事業の清算が予定されているような場合に向いている。健全な企業に適用した場合、一般的にそのターミナル・バリューを大きく過小評価することになる。

●簿価

会計担当者の間では支持されているが、通常はターミナル・バリューをかなり控えめに推定することになる。

●妥当と思われるPERマルチプル

このアプローチでは、予測期間の最終時点において、対象企業の普通株式に帰属する税引後利益の予測値に「適正な」PERを掛け、その時点で予想される有利子負債の見積額を加算して、企業のターミナル・バリューを求める。適正なPERとして、予測期間の最終時点での対象企業の姿に近似していると思われる公開企業のPERを使う(注3)。たとえば、対象企業が設立ま

注3　業種ごとのPERに関しては、pages.stern.nyu.edu~adamodar/ を検索し、“Updated Data”を選び、“Data Sets”のなかの“multiples”を参照されたい。

もない新興企業であっても、予測期間の最終時点で同じ業界の成熟した企業のようになると考える場合には、その業界の現在のPERが適正なPERであるとしてもよいだろう。別の方法として、たとえば10倍や20倍といったPERマルチプルを使って価値をざっくりと計算するという方法もある。このアプローチの延長線として、時価÷簿価、株価÷キャッシュフロー、株価÷売上高などの比率を使った「適正な」マルチプルが考えられる。

●成長率ゼロの永久年金

第7章で、成長率がゼロの永久年金の現在価値は、年次キャッシュフローを割引率で除したものであることを勉強した。この場合、次のようなターミナル・バリューの推定方法を得ることができる。

$$\text{ゼロ成長企業のターミナル・バリュー} = \frac{FCF_{T+1}}{K_W}$$

ここでFCF_{T+1}は、予測期間最終年度の翌年のフリー・キャッシュフローであり、K_Wは対象企業の加重平均資本コストである。この場合、正確には、企業が成長していないので、その資本的支出と減価償却費はほぼ一致するようになるとともに、運転資本の増減もなくなる。したがって、フリー・キャッシュフローは単純にEBIT×(1－税率)となる。

ほとんどの事業は長期的には少なくともインフレーションに見合う程度は拡大していくと考えられることから、多くのアナリストはこの式は通常の標準的な事業のターミナル・バリューを過小評価することになると考えている。これに対して筆者は懐疑的である。これまでの章で再三説明してきたが、成長が価値を創造するのは、資本コストを上回る収益率を生み出しているときだけである。競争的市場においてそのような業績を長期的に維持することは、一般的に難しく例外的なケースと言える。したがって、たとえ多くの企業が成長する能力を持っていたとしても、その価値は成長しない同業種の企業と同じである可能性が高い。ここから言えることは、ゼロ成長企業のターミナル・バリュー算定式は、当初考えていたよりも適用範囲が広いであろうということである。筆者としては「限定的な世界でありながら指数的な成長を永遠に続けられると信じているのは、狂人か経済学者である」というケネス・ボールディングの指摘に注目したい。

● 永続的な成長

第8章において、永続的に成長するキャッシュフローの現在価値は、翌年度のキャッシュフローを割引率と成長率の差で除したものであることを見た。したがって、もう1つのターミナル・バリューの推定式は次のようになる。

$$\text{永続的に成長する企業のターミナル・バリュー} = \frac{FCF_{T+1}}{K_W - g}$$

ここでgはフリー・キャッシュフローの永続成長率である。

この公式はよく使用されるが、いくつか注意すべき点がある。どのような事業であっても、一国の経済よりも高い成長率で永久に成長していけば、結局はその国の経済全体を凌駕してしまうという単純な算術的な事実である(ところで、このことを最近マイクロソフト社で行ったセミナーで述べたところ、即座に「そうだ、そうだ。われわれにはできる！」という返事が返ってきた)。したがって、死を免れえない企業にとって、gの絶対的な上限は経済全体の長期的な経済成長率である2～3%に期待インフレ率を加算したものになる。さらに、インフレによる成長は必然的に高い資本的支出と運転資本の増額を招くことから、gが大きくなるにつれてフリー・キャッシュフローは低下する。この関係を念頭に置いていないと、この公式では、永続的な成長率が小さく抑えられたときであっても企業のターミナル・バリューは過大評価される可能性があると言える(注4)。

注4　以下に、少し複雑ではあるが、筆者が好んで使用する永続成長時のターミナル・バリュー算定式を示す。

$$\text{ターミナル・バリュー} = \frac{EBIT_{T+1}(1 - \text{税率})(1 - g/r)}{K_W - g}$$

ここでrは新規投資の投資収益率である。この方式の利点は、投資収益率が資本コストを上回らない限り成長は価値を生み出さないことにある。このことを確認するために、$r = K_W$として見よう。この式は成長しない企業のターミナル・バリューの等式と同じになる。また、もう1つの利点として、成長すれば資本的支出と追加運転資本も増えることから、成長にはコストが伴うということもあらわしている。この式においては、gが大きくなると分子が小さくなるが、これはフリー・キャッシュフローを減額することと同じである。この式が数学的には前に挙げた永続的な成長の公式と同じであることを証明するには、章末に挙げたKoller, Goedhart and Wesselsの書籍の39ページを参照されたい。

▼予測期間

成長する事業では、企業価値に占めるターミナル・バリューの割合は60%を容易に超える。したがって、DCFアプローチを使って事業の価値評価を行う際には、適切な予測期間の設定とターミナル・バリューの算定が決定的に重要な要素となる。単純なターミナル・バリューの推定方法では、ほとんどの場合、予測期間が終わった後には企業が成熟しており、低成長もしくは成長しないことを暗黙の前提としている。予測期間は、この前提が十分に妥当だと見なせる程度の長さとすることが重要である。高成長企業の価値評価を行う場合には、そのような高い成長がいつまで維持され、いつから成熟状態に入るかを推定したうえで、予測期間をその日以降に設定することが重要である。

◉———具体例

表9.1はこれまでの章で見たセンシエント・テクノロジー社のDCF法による価値評価の抜粋である。言うまでもないが、もし筆者がセンシエント社の価値評価を行うにあたって費やした時間で対価を受け取り、読者もその評価結果をレビューするにあたって費やした時間が報われるべきだとしたら、もっと深くかつ慎重に評価ないしレビューを行うであろう。特に、当該企業の製品、市場そして競合に関して詳しく知りたいと思うであろう。なぜならば、DCFによる価値評価はそのベースとなっている予測の精度にかかっているからである。とはいえ、この表を見れば、DCFによる価値評価をどのようにして行うかについての基礎的な理解は得られよう。

評価日は2010年12月31日である。表中のフリー・キャッシュフローは、売上高に対して一定の比率を保ち、今後5年間にわたり毎年7%の割合で増加すると想定している。予測に用いたパーセンテージは、第2章の**表2.3**に記載された同社の過去の比率ベースでの財務諸表を綿密にレビューしたうえで設定されている。一方で、成長率は証券アナリストの期待値を反映している(注5)。このフリー・キャッシュフローをセンシエント社の加重平均資

注5 | www.reuter.com/finance/stocks 及びYahoo.finance.comを参照されたい。

表9.1◉センシエント・テクノロジー社のDCF法による評価　2010年12月31日現在
（1株当たり情報を除き、単位：百万ドル）

	年					
	2011	**2012**	**2013**	**2014**	**2015**	**2016**
売上高	$1,421	$1,520	$1,627	$1,741	$1,863	
EBIT	185	198	211	226	242	
法人税等（税率31%）	57	61	66	70	75	
税引後利益	127	136	146	156	167	
＋減価償却費	48	52	55	59	63	
－資本的支出	57	61	65	70	75	
－運転資本の増加額	20	21	23	24	26	
フリー・キャッシュフロー	**$99**	**$106**	**$113**	**$121**	**$130**	**$135**

2011～15年のFCFのPV（割引率8.9%）	**$439**	
ターミナル・バリューの推定		**2015年のターミナル・バリュー**
永続的成長（4%）[FCF'16年/(K_W-g)]		$2,755
2015年の妥当な市場価値（企業の市場価値／EBIT（1-税率）＝17.0）		2,839
2015年の有利子負債及び株主資本の予想簿価		1,871
ターミナル・バリューの最良推定値		**$2,800**
ターミナル・バリューの現在価値	**$1,828**	
企業価値の推定値	**$2,267**	
有利子負債の価値	350	
株主資本の価値	$1,917	
発行済株式数	4,960万株	
1株当たり価値推定値	**$38.66**	

本コストである8.9%で割り引くと、その現在価値は4億3,900万ドルとなる。

ターミナル・バリューとして3つの推定方法を検討している。一番目は、永続的成長公式を使い、センシエント社のフリー・キャッシュフローは2016年以降年率4%で永久に増加していくという想定に基づいている。2016年のフリー・キャッシュフローは1億3,500万ドル[1億3,500万ドル=1億3,000万ドル×（1＋4%）]となるので、永続的成長公式にこの数字を代入すると、2015年末時点でのセンシエント社のターミナル・バリューは以下のとおりとなる。

$$\text{ターミナル・バリュー} = \frac{\text{2016年の}FCF}{(K_W - g)} = \frac{\text{1億3,500万ドル}}{0.089\text{-}0.04} = \text{27億5,500万ドル}$$

二番目のターミナル・バリュー推定方法では、予測期間の終了時点において、センシエント・テクノロジー社は税引後EBITの17.0倍の価値を持つと想定している。これは、類似企業の現在の評価をマルチプル・ベースで反映したものである。後ほどこのマルチプルの妥当性についてもう少し解説を加えることにする。この適正マルチプルを2015年のセンシエント社の税引後EBITに適用すると、次のような推定値が得られる。

ターミナル・バリュー＝ 17.0 x 1億6,700万ドル＝28億3,900万ドル

（この2つの推定値はお互いにかなり近似しているが、それは私が上手だからか、それとも単なる幸運なのかについての判断は読者に任せたい。私はそのどちらが正解かは知っているが）

最後に、センシエント社の2015年における有利子負債と株主資本の簿価は18億7,100万ドルと見積もられる。この数値は同社のターミナル・バリューの3番目の推定値であるが、たしかに低目かもしれない。

＜成長と長寿の問題＞

長期間存続する資産にかかわる投資判断の多くにおいて、一定期間終了後の遠い将来のキャッシュフローは無視することで問題を切り抜けることはよく行われている。遠い将来のキャッシュフローの現在価値はきわめて小さいからということであれば、この慣行も正当化できよう。しかしながら、キャッシュフローが成長していく場合には、成長要因が割引要因を相殺してしまうことから、さらに遠い将来のキャッシュフローであっても資産の現在価値に大きく貢献することがありうる。例を挙げて見よう。

割引率が10％の場合、毎年１ドルの永久年金の現在価値は10ドル（1

ドル／0.10）となる。20年間にわたって毎年1ドルずつ得られるキャッシュフローの価値は8.51ドルとなる。つまり、20年後以降の永久年金キャッシュフローを無視したとしても、現在価値は約15％しか減少しない〔8.51ドル対10ドル〕。

ところが、キャッシュフローが増加する場合には話が変わってくる。割増永久年金型の公式を使って、初年度1ドル、その後毎年6％で永久に増加していくキャッシュフローの現在価値を計算すると25ドル（1ドル／（0.10-0.06））となる。一方、このキャッシュフローの最初の20年間の現在価値は13.08ドルでしかない。したがって、20年目より先の増加していくキャッシュフローを無視すると、その現在価値はほとんど半分となってしまう（13.08ドル対25.00ドル）ことになる。

＜感度の問題＞

10％の割引率の場合、来年のフリー・キャッシュフローが100万ドルで、それ以降5％で永久に成長していく企業の適正市場価値は2,000万ドル〔100万ドル/（0.10-0.05）〕となる。

割引率と成長率の両方とも±1％の範囲で誤差があると想定した場合、この企業の適正市場価値の最大値と最小値はいくらになるだろうか。また、その結果はどのような意味を持つであろうか。

解答：最大値は3,330万ドル〔100万ドル／（0.09-0.06）〕、最小値は1,430万ドル〔100万ドル／（011-0.04）〕となる。事業価値は1,430万ドルから3,330万ドルの範囲内でそのどこかにありますでは、顧客に高額のアドバイス料を請求することは難しい。

これらの3つの推定手法について検討し、最初の2つの方法による推定値がほぼ等しいという事実に鑑み、私であれば、センシエント・テクノロジー社の企業価値は2015年時点で28億ドルであろうと推定する。この数値をさらに2010年時点に割り戻し、最初の5年間のフリー・キャッシュフローの現在価値に加算すると、センシエント社の価値は2010年12月31日現在で22億6,700万ドルということになる。

適正市場価値＝4億3,900万ドル＋18億2,800万ドル＝22億6,700万ドル

そのあとは単に算数の計算となる。センシエント社の株式の価値は22億6,700万ドルからその時点での有利子負債の残高である3億5,000万ドルを差し引き、19億1,700万ドルとなる。発行済株式数は4,960万株なので、1株の価値は38.66ドルと推定される。

以上のようなDCF法による価値評価の結果、センシエント社の株式は、予想されたフリー・キャッシュフローが将来予想される同社の業績を正確にあらわしているという前提条件付きで、1株当たり38.66ドルの価値があるということを示している。事実、その時点での同社の実際の株価は36.73ドルであったので、投資家たちは同社の将来性について私よりも少しばかり控え目であったといえよう。

現在価値アプローチによる事業価値評価の問題点

教科書に載っているような単純な例は別として、実際にDCF法を使うにはまだ力不足だとためらいを感じているならば、ぜひとも本節を読んでもらいたい。事業価値評価にDCFを用いることは、理論的には正しく、かなり洗練されたアプローチでもある。しかしながら、実務でDCFを使って事業価値を算出することはきわめて難しい。事業価値を評価することは、概念的には資本的支出にかかわる投資判断評価と同等であるが、実際にはいくつかの根本的な相違点がある。

1．典型的な投資機会はその期間が有限であり、通常の場合は短い。一方、企業の寿命は永久と考えられる。
2．典型的な投資機会では、その期間中のキャッシュフローが安定的もしくは多分に漸減していく。一方、企業はその利益を再投資することができるので、一般的にはキャッシュフローが増加していくものと考えられる。
3．典型的な投資から発生するキャッシュフローは株主のものであるが、企業が生み出したキャッシュフローが株主の手に渡るのは、経営陣が株

主に還元するという決定を選択したときのみである。もしも経営陣が配当を支払うよりもメキシコのダイヤモンド鉱山に投資することを選んだ場合には、少数株主として株式を売却する以外にできることはほとんどない。

441ページのコラムで説明した問題点を見てもわかるように、これらの相違点は実際の問題として、価値評価のプロセスに大きな誤差を持ち込み、その結果として、適用した割引率や成長率のわずかな変動によって適正市場価値の推定結果が大きく変動する可能性がある。

類似公開企業の株価に基づく価値評価

事業価値評価におけるDCFアプローチは理論的には正確であるが適用が難しい。それでは、その他にどのような方法があるのだろうか。その1つに、対象企業を類似の上場している企業と比較する方法がある。たとえば、中古車を買おうと探している場面を想像してみよう。買い手として興味のある車を発見し、提示価格を聞き、そしてディーラーに希望価格をいくらと伝えようかと考えるときに、真実が見えてくる。1つのやり方は、DCFアプローチに近い方法で、車に投入された労働力と原材料の価値を推定し、間接費と利益を上乗せし、そこから減価償却費を差し引く方法である。もう少し実際的な方法は、比較して見て回ることである。最近売買されたか、今売りに出されている類似の車と対象の車を比較することで適正市場価値を推定する方法である。もし、同様の品質の1982年型のサンダーバードが3台、最近3,000ドルから3,500ドルの間で売買されていたとすれば、買おうとしているサンダーバードも同等の価値を持っているはずだと考えて差し支えない。もちろん、こうした比較に基づく購買方法では、1982年型サンダーバードが本当に3,000ドルから3,500ドルの価値を持っているかどうか判断するための情報は得られない。単に市場での売買価格を示しているにすぎない。このことは、ドットコム・バブル時において、インフォスペース社はAOL社、アマゾン社そしてウェブヴァン社に比較して適正に評価されていたことを知っていたからと言って、産業全体がクラッシュしたときインフォスペース社の株主が無一文になることを防げなかったことからも十分に証明できる。しかしながら、その他の多くの事例においては、価値を比較できるだけで十分である(誰かがアドバイスしていたもう1つの作戦は、価値評価などまったくせずに、ディーラーのところへ行って直接いくら欲しいかを聞いたうえで「でも、その半分しか払えない」と回答することである。この方法は企業ではなく車の場合には結構うまくいくであろうが、企業の場合も試してみる価値はある)。

事業価値の評価に類似公開企業の株価を用いるにあたっては、科学と芸術とが同程度に必要である。まず第1に、どの公開企業が対象企業に最も類似しているか、そして、この公開企業の株価を、評価しようとしている企業の適正市場価値に対してどのように適用していけばいいのかを考えなければならない。先ほど検討したDCF法による評価は、このための有益な出発点を与えてくれる。この式によれば、類似企業はお互いによく似た将来のキャッシュフローのパターン、そして事業及び財務リスクを持っているはずである。リスクがほぼ同じであるから、これらの企業にはほぼ同じ割引率を用いることができる。

このガイドラインから、実務では、同一業界もしくは密接に関連した業界の同じような資本構成と成長性を持つ企業のなかから、類似企業の調査を始めるとよいことがわかる。運がよければ、この方法である程度比較可能な何社かの公開企業を見つけ出すことができよう。そこからさらに、これらの類似企業を全体として対象企業の適正市場価値にどう当てはめていけばよいかを決めるには、相当の判断力が必要とされる。

例として**表9.2**に、**類似公開企業比較法**を使ったセンシエント・テクノロジー社の評価を示す。評価日は今回も2010年12月31日であり、選択された類似企業は、第2章に示した「特殊化学品及び関連産業」に属する代表的な5社である。センシエント社と同様に、インターナショナル・フレイバー・アンド・フレグランス(IFF)社そしてマコーミック・アンド・カンパニー(MKC)は食品会社に製品を供給しており、概ねお互いに類似しているように思われる。一方、その他の3社の類似性は幾分薄いようである。類似企業のどれも規模的には特に大きくはないが、センシエント社はこれらの企業

表9.2◉比較対象公開企業との対比によるセンシエント・テクノロジー社の評価(2010年12月31日)

	センシエント	アルベマール	カボット	コーン・プロダクツ	インターナショナルF&F	マコーミック	センシエント以外 中央値	センシエント以外 平均値
比較対象企業とセンシエント社との比較:成長率、財務リスク、規模								
5年間の売上高成長率(%)	5.5	3.1	8.8	13.2	5.8	5.2	5.8	7.2
5年間のEPS成長率(%)	19.7	28.9	NA	70.9	11.1	12.4	20.6	30.8
アナリストの予測成長率(%)*	7.0	12.5	15.0	10.0	6.9	8.3	10.0	10.5
インタレスト・カバレッジ・レシオ(倍)	8.5	15.8	7.3	8.5	8.8	10.5	8.8	10.2
負債総額対総資産比率(倍)	0.38	0.52	0.51	0.61	0.65	0.57	0.57	0.57
総資産額(百万ドル)	1,599	3,068	2,886	5,071	2,872	3,420	3,068	3,463
価値の指標								
株価収益率(倍)		15.8	16.0	20.7	16.9	16.7	16.7	17.2
企業のMV/EBIT(1-税率)(倍)		18.0	11.8	19.8	17.2	17.2	17.2	16.8
株主資本のMV/売上高(倍)		2.2	0.7	0.8	1.7	1.8	1.7	1.4
企業のMV/売上高(倍)		2.5	1.0	1.1	2.1	2.0	2.0	1.7
株主資本のMV/株主資本のBV(倍)		3.6	1.6	1.8	4.5	4.0	3.6	3.1
企業のMV/企業のBV(倍)		1.9	1.0	1.0	1.9	2.0	1.9	1.6

センシエント社の価値の指標に関する筆者の推定		左記推定値から導かれるセンシエント社普通株式1株当たり価格
株価収益率(倍)	16.5	$35.66 = 16.5 × 純利益/株式数
企業のMV/EBIT(1-税率)(倍)	17.0	$34.20 = [17.0 × EBIT(1−税率)−有利子負債]/株式数
株主資本のMV/売上高(倍)	1.4	$37.49 = 1.4×売上高/株式数
企業のMV/売上高(倍)	1.5	$41.31 = [1.5×売上高−有利子負債]/株式数
株主資本のMV/株主資本のBV(倍)	2.5	$49.59 = 2.5 × 株主資本の簿価/株式数)
企業のMV/企業のBV(倍)	1.6	$44.54 = [1.6 × 企業の簿価−有利子負債]/株式数
最良の推定値		$36.00
実際の株価		$36.73

*証券アナリストによる長期成長率推定値の平均を取った

MV=市場価値;BV=簿価。市場価値は有利子負債の簿価+株主資本の市場価値として見積もった。
利益は直近12カ月の利益額である。

のなかでも最も小さな企業である。**表9.2**のなかの最初のブロックは、類似企業とセンシエント社の成長性と相対的な財務リスクの大きさを比較している。数字を見ると、センシエント社の過去5年間の売上高成長率はIFF社そしてMKC社とかなり近似しているが、その他の3社に比べると少し低いことがわかる。センシエント社の過去5年間の1株当たり利益の成長率は売上高成長率に比べると高いが、ほとんどの類似企業の最近の業績はとてもばらつきが大きいことから、筆者としてはこの比較にあまり重きを置くことにはためらいがある。証券アナリストは、センシエント社の将来の成長見込みを類似他社ほどには評価していないようであるが、数値はここでもIFF社とMKC社に近似している（これらの予測成長率を掲載しているウェブサイトは何を参照したものか、またその予測期間について明示していない）。財務レバレッジを見ると、すべての企業ともかなり財務的には健全なようであるが、そのなかではセンシエント社はインタレスト・カバレッジ・レシオが最も低い部類に入る。

表の2番目のブロックには、類似企業の価値の指標となりそうなものを6つ挙げている。大まかに言えば、それぞれの指標は、各企業に対し投資家はその直近の当期純利益、売上高、あるいは投下資本について1ドル当たりいくら支払っているかを示している。つまり、1番目の指標では、投資家が、アルベマール・コーポレーション（ALB）の当期純利益1ドルに対して15.80ドル支払っているのに対して、コーン・プロダクツ・コーポレーションにはその当期純利益1ドルに20.70ドル支払っていることを示している。同様に3番目の指標は、IFF社の売上高1ドルに対して1.70ドル支払っていることを、そして最後の指標はMKC社の簿価ベースでの資産1ドルに対して2.00ドル支払っていることを示している。1番目、3番目そして5番目の指標は株主資本の価値に、そしてその他の3つの指標は企業の価値に焦点を当てている。

センシエント社の価値評価を行うにあたっての難所は、成長性そしてリスクの観点から他の類似企業と比較したとき、どの価値指標が最も適切かということにある。表の3番目のブロックの左側には、筆者の当然ながら主観的な推定値が示されている。この推定にあたってはいくつかの要素を検討した。第1に、最初の2つの指標は一般的にその他の指標よりも信頼性が高いと考える。なぜなら、最初の2つの指標では、売上高や資産との関係ではなく利益との関係で市場価値を見ているからである。ごく少数の例外を除き、投資家が株式を買うときは、企業の売上高やその保有する資産ではなく、その企業の潜在的な利益に関心を持っているからである。資産ベースの価値指標は、企業の清算が視野に入ってきた場合により適切なものとなる。売上高ベースの指標は、直近の当期純利益が長期的な潜在可能性をあらわしていない場合、もしくは発表された当期純利益の正確さに投資家が懐疑的になっている場合に重要となる。このことは、売上高は操作できないといっているわけではなく、当期純利益に比べれば幾分操作しにくいというだけである。

第2に、株式価値と企業価値指標のどちらを選ぶかであるが、筆者は企業価値指標を好む。なぜならば、企業価値指標のほうが資金調達方法による影響が少ないからである。株主資本アプローチの問題点は、財務レバレッジが企業のPERに複雑に影響を与えていることにあり、このため、たとえば、レバレッジの低い類似企業のPERからレバレッジの高い企業のPERを想定することは算定ミスにつながる可能性がある。

第3に、類似企業の間でより安定的な価値指標を重視するのは合理的な考え方である。ある指標の数値がすべての類似企業で10.0であった場合、1.0〜30.0の間でバラついている指標よりも信頼性が高いと筆者は考える。この観点からは、当期純利益に基づく最初の2つの指標はその他の指標に比べ明らかに安定している。

第4に、センシエント社は類似企業に比べ、企業規模が小さいこと、予測成長率が若干低いこと、資本構成が若干脆弱であることを総合すると、同社の価値は算定された価値評価レンジの中央から下半分に属しているはずといえよう。他方、すでに分析したが、同社のキャッシュフローがきわめて安定していること、直近の厳しい景気後退を切り抜けてきたことは、評価を行うに際し同社にとって有利な点である。最初の2つの指標にかかわるマルチプルについては、IFF社とMKC社の数字より1〜2パーセント低く、また類似企業の中間値よりも若干低い数値を筆者は選択した。センシエント社は類似企業に比べ営業利益率が低いことから、投資家はその他の企業に比べ売上高比で見ても低い対価しか支払わないであろうと筆者は予測する。このため、次の2つの売上高に基づくマルチプルについては、平均よりも低い数値となろう。最後に、残りの簿価ベースの2つのマルチプルについても同様に控えめの数値を選択した。

表9.2の右下にある最後のブロックには、選択したそれぞれの価値指標から類推したセンシエント社株式の価格が示されている。それぞれの株価の右側には、選択した価値指標からどのように株価が類推されたか、その計算式が示されている。2番目の計算式を説明すると、センシエント社の企業価値総額はその税引後EBITに対し17.0倍と推定したということである。センシエント社の2010年の税引後EBITは1億2,040万ドルであったので、その推定企業価値は20億464万ドルとなる。そこから有利子負債3億4,990万ドルを差し引き、4,960万株で除すると推定株価である34.20ドルが得られる。その他の株価推定値も同様に計算されている。前述の観察事項を反映し、センシエント・テクノロジー株式の評価日における適正価格は36.00ドルであろうというのが筆者の推定であり、実際の株価である36.73ドルに比べ2%ほど低い（通常はここまで近い数字にはならないのであるが。職業を変更するにはもう遅すぎるだろうか）。

◉———市場性の欠如

公開企業の株式保有と非公開企業の株式保有の重要な相違点は、公開企業の株式は高い流動性を持つということである。公開企業の株式は価値を大きく損なうことなく即座に売却して現金に換えることができる。流動性はどのような資産にあっても価値を構成する重要な要素であるため、公開企業を参考にして推定された非公開企業の適正市場価値は下方修正する必要がある。細部にまで深入りしないで言えば、市場性を持たないことによる割引（非流動性ディスカウント）の幅はおよそ25%とされている[注6]。もちろん、価値評価の目的が株式公開時の普通株式の株価を決めることであるならば、そのような株式はすぐに流動性を持つため、こうしたディスカウントを行う必要はない。

価値評価に類似公開企業比較法を用いる場合に考えられるもう1つの修正

注6　Shannon P. Pratt, Robert F. Reilly, and Robert P. Schweihs. *Valuing a Business: The Analysis and Appraisal of Closely Held Companies,* 4th ed. (New York: Irwin/McGraw-Hill, 2000)

は、支配権に対するプレミアムである。公開企業の市場株価はその企業の少数株主持分に対する価格となるが、企業価値評価を行う際には売り手から買い手への事業支配権の移動を伴う場合が多い。支配権はそれ自体に価値があることから、そのような取引の場合には対象企業の推定価値に支配権の価値を反映したプレミアムを加算する必要がある。このため、支配権プレミアムの大きさを推定することが必要となる。その前にまずは、これまで見てきた類似公開企業比較法にかなり近い形の価値評価方法で「**類似取引法**」と呼ばれる評価方法について説明しておこう。類似公開企業比較法では株式市場でつけられた株価を使う一方、類似取引法ではその代わりに最近の企業買収取引でつけられた価格を使う点を除けば、この2つの手法は同一である。

取引価格は株式市場でつけられた株価に比べ明らかに事例数は少なく、多くの場合公表されないことが多い。しかしながら、ほとんどの場合、この方法は買収企業候補に内在する価値をより的確に反映しているといえ、さらに、支配権プレミアムをすでに含んだ価格となっている。

支配権の市場

これまで何度か述べてきたように、企業における少数株主持分を買うことは企業の支配権を買うこととは根本的に異なる。少数株主持分であれば投資家は受動的な傍観者でしかないが、支配権を持つ場合にはその企業のビジネスのやり方を変革する完全な自由を持っており、その結果として企業の価値を大きく高めることができる可能性がある。支配権と少数株主持分はまったく別個のものであり、2つの異なる市場で別々に取引されていると考えたほうが適切であろう。1つは少数株主として企業の将来のキャッシュフローに対する請求権を売買する株式市場で、もう1つはクラフト・フーズやその他の買収企業が企業の支配権を売買する株式市場である。後者の**支配権の市場**においては2つの要素が1つになって売買されている。つまり、将来のキャッシュフローに対する請求権に加えて、自分の意志に基づいて企業をリストラクチャリングする権利も手に入れることになる。これらの2

つの市場で売買される株式はまったく異なった資産であるため、当然のことながら異なった価格で売買される。

◉———支配権に対するプレミアム

図9.2は上述した2階層の株式市場をあらわしている。少数株主の視点での企業株式の適正市場価値はmで示されており、これは現行の経営陣と戦略下で株式に分配されるキャッシュフローの現在価値となる。これに対して、支配権を獲得しようとしている企業や個人にとっての適正市場価値はcで、mよりもはるかに上位に位置する。このcとmとの差が支配権の価値であり、買収する側が支配権を得るために少数株主持分の適正市場価値に対して支払わなければならないプレミアムの最大値である。同時にそれは、買収によって創造される株主価値の増加額の期待値でもある。買収する側がFMV_cの対価を払い対象企業を取得した場合、この価値の増加分はすべて売り手企業の株主のものとなる。一方、FMV_cよりも安い価格で買収できた場合は、買収する側の株主もその増加した価値の一部を手にすることができる。したがって、FMV_cとは買い手が買収を正当化できる最大価格である。別の言い方をすれば、買い手にとって買収のNPV(正味現在価値)がゼロとなる価格である。

▼支配権の価格とは

買収する側が支配権のプレミアムに対していくらまで出せるかを決めるには2つの方法がある。強引なアプローチでは、買収が起こった場合と起こらなかった場合を想定し、それぞれの事業価値を算定する。両者の差額が買収する側の正当化できるプレミアムの最大値ということになる。もう1つのより実際的なアプローチでは、買収によって得られる利得に焦点を当てる。式であらわせば、

$$FMV_c = FMV_m + \text{エンハンスメント}^{\text{(訳注)}}$$

訳注｜エンハンスメント(Enhancements)とは価値の上昇分という意味。

図9.2◉支配権を求める投資家にとっての企業の適正な市場価値は少数株主にとっての適正市場価値を上回る

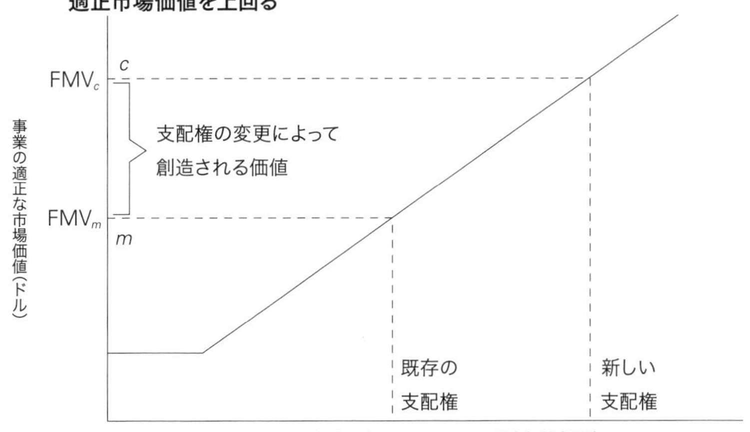

ここでは前出のように、cは支配持分、mは少数株主持分をあらわしている。この式の意味するところは、企業の支配権の価値とは、現行の経営陣による経営を前提とした企業の適正市場価値(しばしば、当該企業の単独の価値：stand-alone value、と呼ばれている)に、買収する側が想定する買収による価値の上昇分を上乗せした値である。もし買収側が企業に今後とも何らの変更も行わないのであれば、**エンハンスメント**はゼロとなり、いくらであってもプレミアムを単独価値に上乗せすることは正当化できない。一方、買収する側が自社の事業と買収事業を合併することによって新たに大きな利益創出機会を創造できると確信しているのであれば、エンハンスメントはかなり大きな額となりえる。

買収によって生じるエンハンスメントの価値に対して値段をつけることは、概念としては簡単である。買収によって生み出されるフリー・キャッシュフローの増加についての詳細なリストを作成し、それぞれのキャッシュフローの大きさと発生タイミングを推定したうえで、各々のキャッシュフローの現在価値を算出して総和を求めればよい。

エンハンスメント＝PV(買収に起因する価値の上昇を伴うすべての変革行為)

▼公開企業における支配権

対象企業が公開企業の場合、FMV_cの式はとても簡単にすることができる。買収前の対象企業の株価がFMV_mを十分に反映している、もしくは少なくともその株価が非合理的であるという証拠がない場合には、次のような式となる。

$$FMV_c = 事業の市場価値 + エンハンスメント$$

ここにおいて、事業の市場価値とは、以前に述べたように株主資本の市場価値に有利子負債を足したものである。買収候補企業の評価にこの公式を用いる場合の際立った利点は、買収によって実現できるであろう個々の改善内容や、買収候補企業に対して支払うべき価格の上限に目を向けさせてくれることである。こうした見方ができれば、売買交渉がヒートアップして値段がつりあがり、その結果、買い手が過大な金額を支払ってしまうような可能性を低くすることができる。すなわち、買収交渉においてこの式を念頭に置くことで、血気にはやる気持ちを抑えることができる。

表9.3は、このような血気にはやる気持ちをときどき抑制する必要があるかもしれないことを示している。この表は1992年から2010年までの各年度にアメリカ国内で発生した合併件数そして支払われたプレミアムの中央値を示している。買収件数は、サイクルの底である1992年の約2,600件から、2006年には過去最高の約1万600件に増加し、その後の景気後退期に40%も減少している。さらに、10億ドル以上の大型買収も同様の傾向を示し、2007年には250件まで増加し、その後大きく減少している。買収プレミアムを見ると、買収価格の中央値は、買収発表前5日間の被買収企業の株価よりも20%から40%高くなっていることがわかる。明らかに、買収する側は、買収によって大きなエンハンスメントを実現できると自負しているようだ。

◉――リストラクチャリングの財務的な根拠

買収を目的とした場合に公開企業の価値を評価する最もよい方法は、買収対象企業の現在の時価に買収によって得られるすべてのメリットの現在

表9.3◉企業合併件数及び買収プレミアムの中央値　1992-2010年

年度	合併件数*	10億ドル以上の合併の件数	5日間のプレミアムの中央値**
1992	2,574	18	34.7
1993	2,663	27	33.0
1994	2,997	51	35.0
1995	3,510	74	29.2
1996	5,848	94	27.3
1997	7,800	120	27.5
1998	7,809	158	30.1
1999	9,278	195	34.6
2000	9,566	206	41.1
2001	8,290	121	40.5
2002	7,303	72	34.4
2003	7,983	88	31.6
2004	9,783	134	23.4
2005	10,332	170	24.1
2006	10,660	216	23.1
2007	10,559	250	24.7
2008	7,807	97	36.5
2009	6,796	78	39.8
2010	9,116	153	34.6

＊公表された合併件数

＊＊5日間のプレミアムを計算するのに十分な情報のある取引についてのみ計算されている。通常そのような取引は、全体の約30％である。

出所：*2010 Mergerstat Review*, FactSet Mergerstat, LLC, Santa Monica, 2010. Factset Mergerstat Global Mergers and Acquisitions Information. Santa Monica, CA. 800-455-8871 www.mergerstat.com, www.factset.com.

価値を加算することであると結論づけることができよう（少なくとも筆者の結論はそうである）。この時点で読者は「それでは、どのような種類のメリットが買収やその他の形態のリストラクチャリングを誘発する動機となりうるのか」という質問をお持ちかもしれない。この質問に対する回答リストは実に長く、製造コスト、マーケティング費用、物流コスト、そして間接費などの削減の可能性から、資本市場へのよりよいアクセスによる投資機会の拡大まで、多岐にわたる。そして、考えられる価値の源泉は個々の買収案件によって異なる。したがって、リストラクチャリングによって想定されるメリットの膨大なリストを列挙するのではなく、多くの場合共通であり、かつ、しばしば議論の的となる3つの財務主導型のエンハンスメントに絞って検討を加えることにしたい。それらは、**節税効果（タックス・シールド：tax shield）**、**インセンティブ効果**、そして**フリー・キャッシュフローの支配権**である。

▼節税効果

多くの買収とリストラクチャリング、特に成熟した低成長事業にかかわる案件は、支払利息の節税効果をもっと広範に活用しようという欲求に基づいて行われている。第6章で述べたように、支払利息は課税所得から控除できるため企業の法人税支払額が減少し、その結果として企業価値が増加する。

節税効果のメリットを見るために、下記のマチュア・マニュファクチャリング（2M）社のリストラクチャリングを考えてみよう。公開企業である2M社の関連データは以下のとおりである。

マチュア・マニュファクチャリング社（単位：百万ドル）	
年間EBIT	$25
株主資本の市場価値	200
有利子負債	0
税率	40%

カエルにキスを

ウォーレン・バフェットによるオマハの神託(訳注)では、企業の経営幹部が支配権に対して巨額のプレミアムを支払うことを厭わないのは、次の3つのきわめて人間らしい要因によるものとしている。それらは、過剰な血気、収益性ではなく企業規模に対する盲信、そして小さいときにおとぎ話を聞かされすぎたことである。「カエルに変身させられた凛々しい王子様が美しい王女様のキスによってもとの姿に戻るというおとぎ話だ。（この物語から、経営幹部たちは）自分たちの経営的なキスが買収対象企業の収益性に奇跡を起こすと確信しているのだ」。さもなくば、少数株主として株を買えばプレミアムなど支払わなくて済むのにもかかわらず、なぜ経営者は他の事業を支配するためわざわざプレミアムを支払うのであろうかと、バフェットは問うている。

「他の言い方をすると、投資家は常に、現に売買されている価格でカエルを買うことができる。したがって、カエルにキスする権利に対して倍の値段を出したいと思っている王女様に対して投資家が資金を提供するのなら、そのキスには本当のダイナマイトを埋め込んだほうがよさそうである。キスはたくさん見てきたが、奇跡はほとんど起こっていない。それでも、多くのビジネス界の王女様は自分たちのキスがもたらす将来の可能性に対して確固とした自信を持ち続けている。たとえ自社の裏の空き地が王子様に変身しないカエルで溢れていたとしても」

出所：Warren Buffett, Berkshire Hathaway, Inc. 1981 annual report

訳注｜オマハはバフェットの本拠があるネブラスカ州の町。

グローバル・インベスティング・パートナーズ社は、2M社の経営者がLBO（レバレッジド・バイアウト）に関心を持つかもしれないと考え、2M社のすべての株式を市場から買い取ることを目的としてNEWCO社と名づけた新会社を設立する提案を2M社に持ち込んだ。2M社のキャッシュフローはきわめて安定しており、10%の利率で10年間のローンとして1億9,000万ドルを借り入れれば、買収代金の大部分は資金調達できるはずとグローバル社は踏んだ。このローンでは、最初の5年間は利息のみを支払うものとする。長期的には、2M社は年間1,000万ドルの利払いを着実にこなせるであろうとグローバル社は確信していた。NEWCO社として予想される節税効果の価値は、12%の割引率で割り戻すと次ページの表の通りとなる。

財務レバレッジを引き上げることに伴って通常増加する財務破綻コストを無視すれば、NEWCO社は2M社を買収するにあたって2億4,960万ドル（現在の市場価格である2億ドルに対して25%のプレミアムに相当する）までの買収価格を提示可能であることをこの表は示している（2億4,960万ドル＝2億ドル［単体としての価値］＋4,960万ドル［エンハンスメントの価値］）。この買収

（単位：百万ドル）

年度	支払利息	税率40％の場合の節税効果
1	$19.00	$7.60
2	19.00	7.60
3	19.00	7.60
4	19.00	7.60
5	19.00	7.60
6	19.00	7.60
7	15.89	6.36
8	12.46	4.98
9	10.00	4.00
10	10.00	4.00
	1-10年目までの節税効果の現在価値（割引率12％）＝	$38.87
	11年目以降の節税効果の現在価値＝	10.73
	合計	49.60百万ドル

価格において、グローバル社として必要とされる株式への投資金額は5,960万ドル（＝2億4,960万ドルの買収価格－1億9,000万ドルの新規有利子負債）にすぎず、買収後の負債対総資産比率は76％となる。信じようと信じまいとにかかわらず、この数字は典型的なLBOの場合とほぼ同じである。LBO（訳注）とは、まさに言い得て妙である。

負債を活用したリストラクチャリングにおける支払利息の節税効果の価値をどのように判断するかにあたっては、当然のことながら第6章で議論したとおり、当該節税額と財務破綻コストとを慎重に比較考量して行う必要がある。負債が増加することで顧客が恐れをなし、債権者が遠ざかり、そして競合が大胆な行動に出てくるような場合には、税金の請求額が減ったとしても特に魅力的とはいえないであろう。

支払利息の節税効果を向上させることが目的ならば、LBOがそのための唯一の手段というわけでもない。2M社は単に社債を発行し、それで得た資金を巨額の配当として支払うかもしくは自社株買いを行って株主に還元することで、ほぼ同様の効果が得られる。これはコルト・インダストリーズ社の戦略（第6章で説明）と同じである。

訳注｜LBOは負債を梃子のように活用して行う買収という意味。

このとき同社は特別配当金の支払資金を調達するために、巨額の社債を発行し、16億ドルの長期負債と10億ドルのマイナスの純資産を持つにいたった。しかし、利息と元本の返済をするに十分なキャッシュフローがある限り、巨額の負債があろうと恐れる必要はない。また、企業が十分なキャッシュフローを持たない場合であっても、債権者はその企業に抜き差しならない大きな利害関係を持つことになり、警察官というよりもパートナーとして行動せざるをえなくなるであろう。

LBOは必ずしも企業の乗っ取りを意味するものではない。多くのLBOは、自社の経営陣がすべての株式を買い取ってその企業を非公開企業にするために、外部の投資家たちと組むという形で行われている。経営陣は、リストラクチャリング後の企業で大きな持株比率を得る代償として、自分自身の財産を賭けている。

▼インセンティブ効果

節税効果によるエンハンスメントは、明らかに単なるゲームにすぎない。株主が儲けた分だけ「われわれ国民」が損をする（米国財務省の歳入減として）。節税効果だけが企業買収やリストラクチャリングから得られるメリットであるならば、リストラクチャリングは決して世間からこれほど重大な関心を集めなかっただろう。企業買収やリストラクチャリングにおける税制上の特典をなくし、株式や社債ではなく商品やサービスを生み出すことに専念すればよいだけだ。

そのほかの2つの潜在的なエンハンスメントは、それほど簡単に退けることはできない。2つともフリー・キャッシュフローに影響を及ぼすし、また、2つともリストラクチャリングは上級経営陣の業績インセンティブに甚大な影響を及ぼすという考え方に基づいている。リストラクチャリングにおけるインセンティブ効果をより詳しく見るために、再びマチュア・マニュファクチャリング（2M）社のケースを取り上げることにする。

EPSの希薄化回避

ある企業が他の企業を買収するに際していくらまで出せるかについては、その買収が買収する側の企業のEPS（1株当たり利益）に与える影響の大きさによって決定されるというアプローチはとてもよく知られている。もっとも、よく知られているということ以上に、このアプローチを推奨する積極的理由はない。なぜならば、この方法は買収が財務面に与える影響を単純化しすぎており、そのために意思決定の基準としては適切とは言い難い。

買収企業Ａ社が買収対象企業Ｔ社を株式交換で買収するというケースを考えてみよう。Ａ社は新たに株式を発行し、それをＴ社の株主が保有するＴ社の株式と交換することになる。

	企業A	企業T	合併企業
利益（百万ドル）	$100	$20	$130
株式数（百万株）	20	40	26
1株当たり利益	$5	$0.50	$5（最低限）
株価	$70	$5	
株主資本の市場価値（百万ドル）	$1,400	$200	

この意思決定にあたって適用される基準は、Ａ社はEPSの希薄化を避けるべきであるということである。合併後の企業の利益が1億3,000万ドルになると予測されている場合、上記の状況であれば、Ａ社は600万株（＝1億3,000万ドル÷5ドル－2,000万株）までならば希薄化を起こさずに新株を発行できることになる。Ａ社の株価が70ドルであるならば、Ｔ社に支払える最高価格は4億2,000万ドル（＝70ドル×600万株）であり、プレミアムは110％（(4億2,000万ドル－2億ドル）÷2億ドル＝110％）となる。また上記の表から、株式交換比率の最大値はＴ社の1株に対してＡ社の0.15株（＝600万株÷4,000万株）となることも示している。

このあまりにも単純化されたアプローチの明らかな欠陥は、まず第1

に、利益は企業価値を決定するキャッシュフローと同じではないということである。第2に、買収の意思決定を単に1年間の業績のみに基づいて行うことが適切かどうかという点にある。これは、次年度の利益を増加させるから投資を行うことに決めたということと同じようなものである。T社に十分に明るい成長の見通しがあるのであれば、短期的なEPSを犠牲にしても長期的な利益を期待することはきわめて合理的な行動と言える。

学者は何十年にわたってこの方法を却下してきたが、依然として死に絶える気配はない。1998年のダイムラーとクライスラーの合併を報道する以下のウォール・ストリート・ジャーナル誌の記事がその証拠である。「この国境をまたぐ合併は、1990年代の合併ブームを創出した株式交換による合併のまさに典型例といえる。売り手のPERが低いことから、高いPERを持つ買い手は合併によって合併後のEPSを高くできるという点で、有利な会計処理を活用できる合併である。アナリストによれば、クライスラーのPERは長年8倍程度と低迷しており、つい最近になってやっと9倍まで上昇してきた。一方、ダイムラーのPERは20倍近いことから利益の11倍から12倍の価格を支払う財務余力を持っており、また買収したとしても新生ダイムラー・クライスラー社のEPSは増加することになる」(注7)。事業価値評価は行おうとすると実際には難しいものがある。しかしながら、使いやすいという理由だけで欠陥のある手法を使うことは避けるべきである。

注7 | Steven Lipin and Brandon Mitchener, "Daimler-Chrysler Merger to Produce $3 Billion in Savings, Revenue Gains Within 3 to 5 Years," *The Wall Street Journal*, May 8, 1998.

リストラクチャリング前の2M社経営幹部の人生は妬ましいほどのものであっただろう。とても安定したキャッシュフロー、成熟した事業、そして無借金経営に支えられ、経営陣にとって業績を改善しなくてはならない差し迫った理由はなかった。経営陣は自分たちそして従業員に十分すぎる給料を支払い、慈善活動に気前よく企業としての献金を行い、そして、社長がその気になれば、インディーレースに参加する車やハイドロクラスの競技用パワーボートのスポンサーにもなることができた。あるいは、経営陣が自社の成長を望むのであれば、他の企業を買収することもできたであろう。こうした活動には経済的ではない投資もあるが、考えてみれば、潤沢なキャッシュフローがある限り何でもできる。

かつてサミュエル・ジョンソンは、「2週間以内に絞首刑になることが確実になれば、心を見事なほどに集中することができる」と述べた。リストラクチャリングにも同様の効果が認められよう。なぜなら、それは2M社経営幹部の世界観を根底から変革するからである。経営陣は自分自身の資産の多くを新たにリストラクチャリングされた企業の株式に投資することになるため、経営陣の物質的な幸福は事業の成功と密接にかかわってくる。さらに、リストラクチャリングに伴う巨額負債の重荷は、健全なキャッシュフローを生み出すか、さもなければ破産するかの選択を経営陣に迫ることになる。すなわち、2M社において「官僚主義」はありえなくなる。株式保有というアメと財務破綻の可能性というムチにより、フリー・キャッシュフローを最大化し、それを株主の利益のために活用しようとする強いインセンティブを経営陣にもたらす。

▼フリー・キャッシュフローの支配権

支払利息の節税効果や高いレバレッジのインセンティブ効果に加え、リストラクチャリングがもたらす第3番目のエンハンスメントは、公開企業は必ずしもその株主の利益のためだけに経営されていないのではないという認識に基づいている。この観点に立てば、そのような企業の支配権を握り、ひたすら株主価値を創出することに事業の焦点を当て直せば、価値が創出できることになる。このような考え方の支持者は、株主と経営者の関係は、企業のキャッシュフローの支配権をめぐっての果てしない主導権争いであると考えている。株主が主導権を握っているときには株主価値が極大化されるように企業は経営される。しかし、経営陣が運転席につくと、事業価値を増やすことはその他のさまざまな経営目標の1つにすぎなくなる。50年越しの主導権争いに敗れ続けている株主にとって、1980年代半ばに登場した敵対的買収は、株主が主導権を回復し企業のリストラクチャリングを行うことを可能にした。この見方に従えば、1980年代後半の敵対的買収とリストラクチャリングは、株主だけでなく経済全体にも恩恵をもたらしたことになる。なぜなら、株主として経営陣に企業価値を増加させるよう強いることができるということは、経済的資源がより効率的に配分されることも意味するからである。

こうした敵対的なコーポレート・ガバナンスの考え方と整合するように、多くの敵対的買収やリストラクチャリングが成熟もしくは衰退しつつある産業で発生している。これらの産業では投資機会が少ないため、多くの企業は豊富なフリー・キャッシュフローを保有している。同時に、産業の衰退は経営幹部の心のなかに自社の存続についての懸念を生じさせる。純粋に財務的な観点から言うと事業の縮小や撤退が適正な戦略であっても、経営陣は別の政策をとろうとする。事業に対する熱意、従業員とコミュニティそして自身の幸せに対する懸念から、わずかな収益率しか期待できない事業であっても再投資する、もしくは成功する理由が見えないのもかかわらず新規事業に参入することで、正義の戦いを続けようとする経営者もいる。このような状況におけるリストラクチャリングの目的はきわめて単純である。すなわち、「フリー・キャッシュフローの支配権を経営陣から取り返し、株主の手中に収めよ」である。

既存の経営陣はそもそもどうやって事業の支配権を手中に収めたのかと疑問に思う読者もいるであろう。理論的には経営陣は2つの理由から株主と対立するような行動はできないはずである。第1に、企業が競争の厳しい市場で事業を行っている場合、経営陣が自由に裁量できる部分はほとんどない。なぜなら、事業価値を極大化するか、さもなければ事業から撤退するかという選択しかないからである。第2に、すべての企業には取締役会があり、経営陣の選任や解任を行うことができる。また、取締役会には株主の利益を代表する責任がある。

しかし、理論と現実は往々にして異なる。多くの企業にとって市場は完全に競争的ではない。また、取締役会が経営陣から独立して株主の声を効果的に代弁しているかというとそうでない場合も多い。その背景には、取締役会の主たる責務は現経営陣の事業運営を支援することであり株主の利益を守ることではないという考え方が、往々にして経営幹部と裁判所に共通する見解として存在するからである。その結果、取締役会は多くの場合、株主よりも経営陣と密接な関係を持つことになる。取締役は概して社内登用であるが、社外取締役であっても、株主との間よりも企業との間の絆のほうが重要であり、また取締役に選任されたことについて株主よりもCEOのほうに恩義を感じている。必然的に、そのような取締役会は、店の品揃えをよくすることは支援するだろうが、店そのものを売却しろという提案はしないであろう。

取締役は必ずしも株主の利益を代表しているわけではない2番目の理由は、彼らが選任されるそのプロセスに端を発する。大部分の場合、毎年株主に送付される株主総会招集通知には経営陣が選んだ取締役候補者の名簿一覧だけが対案もなく記載されている。そのような場合、株主は特定候補者の選任に反対票を投じることはなく、せいぜい棄権するだけである。名簿に記載された取締役の選任に不満を持つ株主にできることは、自分の推薦する候補者を提案し、自身の資金を使って委任状合戦を行い経営陣の推薦する候補者に反対するよう他の株主に働きかけることである。一方、経営陣は自由に会社の資金を使って反対陣営の候補者を敗北に追い込むことができる。したがって、経営陣が取締役会メンバーのほとんどを効果的にコントロールしていたとしても驚くには足りない。

米国証券取引委員会(SEC)は最近、特定の条件下ではあるが、株主による取締役候補者の指名を経営陣が限定的ながらも受け入れるよう強制することで、取締役選任にかかわる経営陣の支配力を弱めようとした。しかしながら、その施策が実施に移される前に、連邦控訴裁判所は、論争を呼んだこの規制は無効であると宣言した。本書の執筆時点ではSECがどのように対応するか不明である。

この新しい株主総会招集通知に関する規制は、**アクティビスト投資家**たちによる爆発寸前の株主権利運動の産物であった。これらのアクティビスト投資家は、敵対的買収ブームのなかで経営支配権を握りその果実としてこれまでになく高いリターンを味わった後、フリー・キャッシュフローを求めて経営陣に挑戦する新しい方法を発見するにいたった。アクティビスト投資家の目標は、1980年代の敵対的買収時のように対象企業の支配権を握ることではなく、経営陣を威嚇し、株主価値を増加することになると彼らが信じるアクションを経営陣に取らせることにある。これらのアクションは通常の場合、余剰キャッシュでの自社株買い、収益性の低い資産の売却、もしくは企業そのものを売却させることを意図している。従来の経営陣であっても容易に実施できそうな戦略をとっただけで、買収企業が大きな富を築くのを見続けることに、株主たちが飽き飽きし始めたときに、アクティビスト投資なるものが始まったと言えるだろう。アクティビスト投資家の目標は、経営陣に必要な動機づけを行うことにある。カリスマ・アクティビストであるカール・アイカーンの言葉によれば、「われわれはLBOを仕掛ける連中がやっていることと同じことをしてはいるが、すべての株主の利益のためにやっているのだ」。

アクティビスト的な投資は有効なのだろうか。これまで蓄積されてきた事実によれば、その答えはイエスである。2009年に執筆されたエイプリル・クラインとエマニュエル・ツールによる文献では、151のヘッジファンド・アクティビストとその他の種類のアクティビスト154の主張を観察した。ヘッジファンドは多少であるが規制を受ける投資事業組合の形態をとっており、この数十年の間に急速に成長してきた。今現在8,000を超えるファンドが存在すると見られている。彼らの研究によると、アクティビスト投資家が投資した企業は、サンプルにもよるが、アクティビストがその投資意図を公式に表明した直後の期間に5.1%から10.2%の超過リターンを生み出している。さらに、翌年1年間ではこれに追加して11.4%から17.8%の超過リターンを生み出している。アクティビストは60〜65%の確率で経営陣に自分たちの要求を飲ませることに成功していることも明らかにした。アクティビスト投資家は、より穏やかな投資家に比べリスク調整後でより高いリターンを獲得しているとする、その他の研究もある(注8)。

さらに議論を進めると、経営陣は単に株主価値を創造する以上のもっと幅広い社会的責任を持つべきかどうかは、さらに興味をそそる問題である。しかしながら、社会にまつわる多くの重要な問題と同様に、この問題は論

注8 April Klein and Emanuel Zur, "Entrepreneurial Shareholder Activism: Hedge Funds and Other Private Investors," *Journal of Finance*, February 2009, pp. 187-229. また、以下も参照。 Nicole M. Boyson and Robert M. Mooradian, "Hedge Funds as Shareholder Activism from 1994-2005," Working paper, July 2007. ssrn.com/abstract=992739から入手可能。

理というよりは力関係で決定される傾向がある。20世紀の大半にわたり、経営陣は自己の責任を広く解釈するとともに、株主は企業に対する請求権を有する関係者の1人にすぎないというだけの力を保持していた。その力関係は、敵対的買収の時代に突然株主に有利な方向にシフトした。そして、企業は敵対的買収の脅威をあらかた中和することに成功したが、アクティビスト投資家とその同盟者であるアクティビスト取締役の勃興は、戦争が終わるのはまだまだ先であろうということを示しているようだ。

経験による実証

最後の問題であるが、リストラクチャリングは価値を創造しているのだろうか。リストラクチャリングは社会に対して何らかの利益をもたらしていると言えるであろうか。全体として見れば答えはイエスである。まず合併について言うと、**表9.3**にあるように、買収発表後5日間のプレミアムの中央値が20〜40%であることは、疑いなく被買収企業の株主が合併によって大きな利益を得たことを示している。買収側の株主も同様に利益を得ているかどうかについては疑問が残る。ロバート・ブルーナーは、過去30年間にわたって実施された各種の研究結果を調査した結果、全体としてはイエスであるものの、平均的な利益は小さく、またその結果のばらつきも大きいと結論づけた(注9)。しかし、第5章で述べたイベント・スタディの手法を使った最近の学術論文によると、その冴えない結果は、取引規模として上位1%の案件と定義される「超大型買収」と呼ばれる買収のせいだとしている(注10)。1980年から2006年の期間で、超大型買収案件は全買収案件の買収総額の43%を占め、マイナス3.5%と明らかにマイナスの超過収益率を買収者にもたらしている。ドル総額で見れば、この買収による損失額は全体で4,155億ドルにのぼる。これに対し、その他の99%の買収案件において買収者が得た平均超過収益率はプラスの1.5%であった。さらに、この格差は

注9　Robert F. Bruner. *Applied Mergers & Acquisitions.*（New Jersey: John Wiley & Sons, 2004）Chapter 3.
注10　Dinara Bayazitova, Matthias Kahl, and Rossen I. Valkanov, “Which Mergers Destroy Value? Only Mega.Mergers,” Working Paper, 2009. ssrn.com/abstract=1502385から入手可能。

2000年以降拡大している。

LBOが価値を創出しているかどうかに関する最も優れた初期の研究は、1980年から1986年の間に実施された48件の大型マネジメント・バイアウト（Management Buyout：LBOの一形態で、経営陣が積極的に関与して自社を非公開企業にするものである）についてスティーブン・カプランが行った研究である[注11]。

カプランはまず事業資産利益率に注目し、LBOを行った企業が買収後2年間に増加させた事業資産利益率の中央値が、属する業界全体と比べたとき、36.1%という良好な数値になっていることを発見した。同様に資本的支出についても調べたところ、LBOを行った典型的な企業は総資産に対する資本的支出の比率（業界別調整後ベース）を同期間で、統計学的には有意ではないものの、5.7%低減させていることがわかった。カプランは事業業績の改善と投資の削減を踏まえ、LBO企業が買収後2年間で総資産に対するフリー・キャッシュフローの比率を業界別調整後ベースで85.4%も増加させていることを明らかにした。投資家が実際に手にした収益率も同様にすばらしかった。48社のサンプル企業のなかから、新株発行、自社株買い、清算もしくは売却を行った25社について、カプランはLBO後の事業価値評価のデータを得ることができた。これらの25社は最優秀案件だったかもしれないことを認識しつつも、カプランはその成績は称賛に値することを認めている。LBO実施日から事業価値評価日までの2.6年間において、すべての調達された資本に対するリターンの中央値は、市場調整後で28%であった。さらに、これら企業の株主資本に対するIRRの中央値は785.6%という驚くべき結果で、LBOが成功した場合に発揮される強力な財務レバレッジの威力を証明している。

20年前にカプランが観察した驚愕するような数値からは大きく低下してきているものの、LBOは依然として優れた成果を生み出していることは、最近の研究でも明らかにされている[注12]。この研究の著者らが行った1990

注11 Steven Kaplan, "The Effects of Management Buyouts on Operating Performance and Value," *Journal of Financial Economics*, October 1989, pp. 217-54.

注12 Shourun Guo, Edith S. Hotchkiss, and Weihong Song, “Do Buyouts (Still) Create Value?” *Journal of Finance*, April 2011, pp.479-518.

年から2006年までのLBO94件の分析結果では、投下資本に対する市場及びリスク調整後の収益率の中央値は40.9%であった。これは、営業収益の向上、同業他社比較マルチプルの向上、そして財務レバレッジの上昇に伴う節税効果によって、ほぼ説明できる。興味深いことに、LBOを実施した企業がその直後のまだ財務レバレッジが高い時点でCEOを交代させたときに、営業収益の一番大きな改善が起きていることがわかった。事実、積極的に経営を監督しようとする努力と重い負債を返済しなければならないという意識からくる規律によって、経営陣はその精力を経営に集中するようになるためである。

経験による実証の観点からは、財務的なリストラクチャリングは単なる税金上のまやかしではないようである。それどころか、往々にしてこの種の取引に伴って経営陣へのインセンティブは増大するが、このインセンティブは営業成績そして株主価値を目に見えて改善するよう経営陣の努力を刺激するに十分の威力を有しているようである(注13)。企業買収を手掛ける企業がなぜこれほど増えたのかという理由はさておき、これらの実証研究は、経営者だけがアメリカの企業を支配すべきだと主張する論者に対する強固な反論にもなっている

キャドバリーの買収

クラフト・フーズによるキャドバリーの買収について、不可解な点はもうなくなったはずである。キャドバリーの買収前の株価である5.25ポンドは、独立企業としてその当時の経営陣が経営を行うことを前提としての少数株主にとっての価値であった。一方、クラフトが支払った8.5ポンドの株価は、支配権に対する多額のプレミアムを含んだものであった。明らかに、どちらの株価も必然的に不正確でもないし非合理的でもない。クラフトがキャ

注13 企業のリストラクチャリングの詳細な研究については、以下の文献を参照されたい。Espen B. Eckbo, and Karin S. Thorburn, “Corporate Restructuring: Breakups and LBOs,” *Handbook of Corporate Finance: Empirical Corporate Finance*, Vol. 2, 2008, pp.431-496. Ssrn.com/abstract=1133153から入手可能。

ドバリーの買収にあたって支払った代金が高すぎたかそれとも低すぎたかについての議論はあろうが、クラフトもキャドバリーも買収価格を正当化するために、合計で推定4億4,000万ドルの手数料を支払い、この章で説明したような種類の事業価値評価試算をいくつも行ったことは確実である。これらの試算のもととなっている前提条件や事業予測が正確であったかどうかは、今の段階では不明である。

ほとんどの読者にとって、クラフトがキャドバリーを買収することの正当性の説明は、もっともらしい専門用語を満載した事業戦略コースのシラバスと瓜2つのように見えるであろう。会社側は、「規模と範囲の拡大、相互補完的なブランド群、地理的な拠点強化、そして製品を販売するうえでの相互補完的な販売チャネル等々により、大幅なコスト削減と相乗効果が得られる」ことから「紛うことのない財務的合理性」が存在すると主張している。説明のレトリックは別として、キャドバリーの最大の魅力は、新興国市場、特にインドやメキシコにおけるその販売網にあったようだ。クラフトは、新興国市場の消費者は、何か適切なチャンスが目の前に与えられれば、クラフト・チーズやオレオ・クッキーをもっと食べたがっていると信じていたようである。もう少し具体的に言えば、クラフトのCEOは、3年以内に年間6億7,500万ドルのコスト削減が達成できる目処がついていると主張した（税率を35%、割引率を10%、年率3%で永続的に増加していくとすると、これらのコスト削減の現在価値は約60億ドルで、支払った買収プレミアムの80%に相当する。[60億ドル＝（1-0.35）×6億7,500万ドル/（0.10-0.03）]）。

会社側の説明内容とは異なるが、キャドバリーは、アクティビスト投資家であるネルソン・ペルツが同社に興味を持ち始めた2007年初めから買収に向けて毛繕いを行っていたように思われる。ペルツ氏の投資会社であるトリアノン・ファンド・マネジメント社では、業績の低迷した企業、多くの場合食品産業に属する企業であるが、そのような企業の株式に頻繁に買いを入れ、そのうえで、トリアノン社として業績改善効果があると目論んだアクションをとるよう、経営陣に対して公式にプレッシャーを徐々にかけていく手法をとっている。

トリアノン社が最初にキャドバリーに買いを入れたとき、同社はキャドバリー・シュエップスの名前で知られており、魅力的な菓子事業が窮地に陥ったソフトドリンク事業に嫁入りしたような形となっていた。キャドバリーがソフトドリンク事業に固執している限りはキャドバリーを買収しようとする企業はどこにもいないであろうと言う理由から、ソフトドリンク事業をキャドバリーが仕掛けた「ポイズン・ピル」であるという噂まであった。トリアノン社がキャドバリー株を買ったほぼ直後に、キャドバリーはソフトドリンク事業を売却する意向を表明した。そして2008年5月中旬には、実際にソフトドリンク事業を新会社であるスナップル・グループ・インクとして分離独立させた。これによってキャドバリーは、ハーシー、ネスレそしてクラフトといった企業にしてみれば魅力的な専業事業会社として格好の買収対象となった。

クラフトは、キャドバリーの買収を追求するにあたって2つの予期せぬ問題にぶち当たった。株主承認にかけるため買収オファーの詳細を詰めていたまさにそのとき、クラフト最大の株主であるバークシャー・ハサウェイ社のウォーレン・バフェットが強い口調でこの買収案件を非難し、反対票を投じると宣言した。クラフトの株式は彼の推測では今現在過小評価されており、したがって、買収の通貨として使うと高すぎる買い物になってしまうと言及した。クラフトを批判するものであったが、バフェットのコメントはクラフトの株価を上昇させ、キャドバリーの株価は低下した。クラフトは買収価格を吊り上げないよう慎重に行動せざるをえないであろうと投資家たちが判断したためであり、おそらくそれはバフェットの意図通りでもあっただろう。クラフトは即座に反応した。そのディジョルノ・ピザ事業をネスレに売却し、売却代金を使って買収オファーのなかの現金比率を増やすことにした。この行動は、クラフトが新規に発行しなくてはならない株式数を直接的に減少させることで、バフェットの心配を和らげることになった。そして、きわめて偶然ではあると筆者は信じているが、この結果、新規株式発行数は発行済株式数の20%未満となり株主による承認はまったく不要となった。このため、バフェットはこの買収案件について自由に意見を言えるものの、阻止することはできなくなった。

クラフトの二番目の問題はもっとやっかいなものであった。あのクリーム・エッグのメーカーであり、若い頃にあれほど愛していたキャドバリーなのに、「プラスティック製のチーズ」と批評される製品を製造するがさつなアメリカ巨大企業にイギリス企業がまたもや呑み込まれてしまうと考えるだけで多くのイギリス人は動転した。買収交渉にあたって、そのイメージを少しでもよくするためクラフトは太っ腹なところを見せようとした。イングランドの南西部に所在するソマーデイル工場として知られるキャドバリーの老朽化した工場の操業を継続することで400人の地元従業員の仕事を守る用意があると、クラフトは表明した。キャドバリーの経営陣はこの工場を閉鎖しすべての作業をポーランドに移管する方針を最近表明していた。残念ながら、称賛はすぐに罵声に変わった。買収完了からたった7日後にクラフトは方針を変更し、結局のところ工場は閉鎖しポーランドに業務を移管する旨表明したからである。クラフトによるデュー・ディリジェンスが甘く、キャドバリーによる工場移管作業がほとんど終わりかけていたことを認識していなかったようだ。精査してみると、ソマーデイル工場を継続するにはあまりにもコストがかさむことがわかったのである。

ときによっては、技よりもタイミングが重要な場合がある。この場合も、クラフトは白熱するイギリス国会議員選挙の真最中に失態を演じてしまった。すべての政党の政治家はすぐにこの機とばかりに、外国からの思慮のない乗っ取り屋、短期売買の投機屋、欲の深い事業経営者、法外な給与、わきの甘い買収規制、そしてその他すべての疑惑に対し、激しい非難を開始した。エコノミスト誌は、「小国売ります」という見出しのもとで、この激しい感情にかられた有様を巧みに報道した。振り返って考えてみれば、クラフトの非礼な振る舞いは買収の条件には何の影響もなかったが、イギリスにおける同社の評判を大いに傷つけることになった。そして、イギリスでの企業支配に対する市場開放の機運を後退させることになった。本書の執筆時点で、イギリスでの買収規制を審議する政府委員会の答申はまだ出ていないが、選挙も無事に終わったことから、冷静な主張が大勢を占めるようになってきた模様である。ソマーデイルの大失態が、二社を融合する努力をどれだけ台無しにしたか説明できるのはクラフトだけである。

補遺

ベンチャー・キャピタル方式による事業価値評価

ベンチャー・キャピタリストは、企業財務という航空母艦のパイロットである。彼らは、新設もしくは設立初期ながら急速に規模を備えた企業に成長していく可能性があると見られる先に、ハイリスクであるがハイリターンの投資を行う。投資期間は通常5年から6年間であり、その時点で、投資した企業が上場するかもしくは競合に売却され、投資が回収できることを期待している。リスクをマネージするために、ベンチャー・キャピタリストは通常の場合、段階的に投資を行う。投資先企業として次のラウンドの資金調達ができるようにするには、事前に設定された事業上のマイルストーンを達成することが要求される。

ベンチャー・キャピタリストは、スタートアップ、アーリー・ステージとかメザニン(訳注)といった特定の資金調達ラウンドに特化していることが多い。メザニン・ラウンドとは、企業として株式公開前（あるいは合併前）の最後の私募による資金調達ラウンドである。ほとんどの場合、新規投資家の負担するリスク、したがって要求されるリターンは、資金調達ラウンドが進むにつれ低下していく。

これまで説明してきた標準的なDCF法による事業価値評価手法は、いくつかの理由でベンチャー投資には適していない。第1に、ベンチャー投資家からのキャッシュの注入は、すぐに予想されるマイナスのフリー・キャッシュフローを賄うためである。したがって、年間のフリー・キャッシュフローを予測し割り引くことは妥当ではない。第2に、もっと根本的な問題であるが、資金調達が複数回にわたりそれぞれ異なる収益率が要求される場合には、事業価値評価を行う際の標準的なアプローチはうまくフィットしない。

訳注　メザニンとはエクイティと借入の中間に位置する資金調達。

ベンチャー・キャピタリストは、標準的なアプローチを使うのではなく、自己のニーズにより適した特殊なDCF評価手法を活用している。ここでの目的は、ベンチャー・キャピタリストによる事業価値評価方式を説明することにある。この業界で目標とするレベルの収益率を提示するとともに、なぜこれらの目標収益率が常軌を逸して高いのかについて、いくつかの説明を試みる。まずは、1回だけの資金調達ラウンドが必要な企業のシンプルな例から始める。その後、この例をもとにして、より現実的な複数回の資金調達ラウンドを前提とした事例について検討していくことにする。

ベンチャー・キャピタル方式：1回の資金調達ラウンド

2人のベテランのコンピュータ・プログラマーであるジェリー・クロスとグレッグ・ロビンソンは、新製品に関して画期的と信ずるアイデアを保有している。ZMWエンタープライゼズ社を設立し、自分たちに200万株の普通株式を割り当てた後すぐに、クロスとロビンソンは詳細な事業計画を作成し、ベンチャー・キャピタリストに資金提供に応じるよう勧誘を始めた。事業計画では、ベンチャー・キャピタルからすぐに600万ドルを調達し、5年後に500万ドルの利益を出し、その後も急成長することを予想していた。計画では、600万ドルあれば、事業を開始し5年目にキャッシュフローがプラスに転ずるまでの資金需要をすべて手当できるとしていた。

起業家の説明を聞いた後、地元のベンチャー・キャピタルであるタッチストーン・ベンチャーズのシニア・パートナーは、ZMW社に投資することには興味を示したが、600万ドル出資する代わりとして339万3,000株を要求した。ちなみに、このベンチャー・キャピタリストは、このオファーはZMW社の**プレマネー・バリュエーション**が353万7,000ドルであることを意味し、したがって**ポストマネー・バリュエーション**は953万7,000ドルとなると説明した。萎縮はしないぞと心に決め、グレッグ・ロビンソンは、できれば説明の過程でプレマネーとかポストマネーという言葉の意味を理解できればと期待し、ベンチャー・キャピタリストにその数字の正当性を説明するよう要求した。

表9A.1のパネルAはベンチャー・キャピタル方式を使っての事業価値評

表**9A.1**◉**ベンチャー・キャピタル方式による事業価値評価**

パネルA: 1回の資金調達ラウンド						
実績及び前提（単位：千ドル、千株）						
5年目の当期純利益	$5,000					
5年目のPER	20					
0年目で必要な投資額	$6,000					
タッチストーン・ベンチャーズの目標収益率	60%					
0年目の発行済株式数	2,000					
キャッシュフローと価値評価						
年	**0**	**1**	**2**	**3**	**4**	**5**
投資額	$6,000					
5年目のZMW社の価値						$100,000
5年目の価値を割引率60%で割り引いた0年目の現在価値	$9,537					
目標収益率を稼ぐための5年目のタッチストーン持株比率	**62.9%**					
タッチストーンが購入する株式数*	3,393					
1株当たり株価	$1.77					
ZMW社のプレマネー・バリュー	$3,537					
ZMW社のポストマネー・バリュー	$9,537					

価を示している。この評価は3つのステップに分かれる。

1．ZMW社のある将来時点における価値を、多くの場合、通常の類似公開企業比較法もしくは類似取引事例法に基づいて推定する。
2．この将来価値をベンチャー・キャピタルが目標とする内部収益率（IRR）を使って現在価値に割り引く。
3．ベンチャー・キャピタリストによる投資額をZMW社の現在価値で除し、ベンチャー・キャピタリストが必要とする株式保有持分比率を計算する。

パネルAに示されたとおり、タッチストーンは、5年後にZMW社が500万ドルの利益をあげるという起業家の予想は受け入れた。それから、この金額に「適正な」PERである20倍を掛け、企業価値を1億ドルと計算した。ここで使用したPERは、通常、その他の最近のベンチャー企業の資金調達において使われたマルチプル、または同一もしくは関連した産業における公開企業の現在の株価に基づくマルチプルを反映している。

5年目の価値をタッチストーンが目標とする収益率である60%で現在価

表9A.1◉ベンチャー・キャピタル方式による事業価値評価(続き)

パネルB: 2回の資金調達ラウンド						
実績及び前提 (単位:千ドル、千株)						
5年目の当期純利益	$5,000					
5年目のPER	20					
0年目で必要な投資額	$6,000					
2年目で必要な投資額	$4,000					
タッチストーン・ベンチャーズの目標収益率	60%					
第2ラウンドの投資家の目標収益率	40%					
0年目の発行済株式数	2,000					
キャッシュフローと価値評価						
年	**0**	**1**	**2**	**3**	**4**	**5**
投資額	$6,000		$4,000			
5年目のZMW社の価値						$100,000
第2ラウンドの投資家						
5年目の価値を割引率40%で割り引いた2年目時点の価値			$36,443			
目標収益率を稼ぐための5年目の持株比率			11.0%			
タッチストーン・ベンチャーズ						
5年目の価値を割引率60%で割り引いた0年目の現在価値	$9,537					
目標収益率を稼ぐための5年目のタッチストーン持株比率	62.9%					
留保率**	89.0%					
目標収益率を稼ぐための0年目のタッチストーン持株比率	70.7%					
タッチストーンが購入する株式数*	4,819					
1株当たり株価	$1.24					
ZMW社のプレマネー・バリュー	$2,490					
ZMW社のポストマネー・バリュー	$8,490					
第2ラウンドの投資家						
第2ラウンドの投資家が購入する株式数*			841			
1株当たり株価			$4.76			
ZMW社のプレマネー・バリュー			$32,443			
ZMW社のポストマネー・バリュー			$36,443			

＊xを新規投資家が購入する株式数、yを現在の発行済株式数、pを新規投資家が株式購入した際の持株比率と置くと、$x/(y+x)=p$、したがって$x=py/(1-p)$

＊＊留保率＝(1－第2ラウンド投資家の持株比率)＝(1－11.0%)。
一般的に、初回の後n番目のラウンドの投資家の持株比率をd_nとすると、留保率＝$(1-d_1)(1-d_2)\cdots(1-d_n)$

値に割り引くと、ZMW社の現在価値は953万7,000ドルとなる[953万7,000ドル＝1億ドル/（1＋0.60）^{5}]。これは、タッチストーンにとって62.9%の所有権比率となる。ここでのロジックは、投資後の企業の価値が953万7,000ドルであり、そして、この価値のうちタッチストーンが600万ドル分資金提供によって貢献しているのであれば、その投資持分は600万ドル/953万7,000ドル、すなわち62.9%というものだ。このロジックを確認するため、もしZMW社の価値が5年後に1億ドルであったなら、タッチストーンの62.9%の所有持分はその時点で6,290万ドルの価値があることになる。これをもとにタッチストーンのIRRを計算するとちょうど60%となる。

そのあとは算数の問題となる。もしタッチストーンがZMW社の62.9%を保有することとなり、同社の現在の発行済株式数が200万株であれば、タッチストーンとして339万3,000株の新株を受け取る必要がある[62.9%＝339万3,000株/（200万株＋339万3,000株）]。ここから、株価は1株当たり1.77ドルとなる（600万ドル/339万3,000株）。タッチストーンが投資を行う前のZMW社の算定価値、つまりプレマネー・バリューは353万7,000ドル（1株当たり1.77ドル×200万株）。そして投資後の価値、つまりポストマネー・バリューは953万7,000ドル（1株当たり1.77ドル×539万3,000株）となる。

クロスとロビンソンはこの事業価値評価について半信半疑であるようだ。タッチストーンは単に資金を提供するだけなのに60%のリターンを要求していることに驚きで口がきけない半面、タッチストーンが彼らのアイデアに明らかに353万7,000ドルの価値をつけたことには満足している。

ベンチャー・キャピタル方式：複数資金調達ラウンド

ベンチャー・キャピタル方式は、事業価値評価日に先立って1回だけ資金調達ラウンドがある場合には適用しやすい方式である。しかし、事実はもっと複雑で、現実的には複数回の資金調達ラウンドがあるのが普通である。例を示すために、ZMW社の事例を修正し、クロスとロビンソンの事業計画では2回資金調達ラウンドが必要とされるということにしよう。たとえば、0年目に当初の600万ドル、2年目に2回目の投資として400万ドルが必要とする。ZMW社は2年目の段階では実際に事業を行っているので、2回目のラウンドに参加する投資家は1回目よりも低い収益率を要求すると想定しても問題なかろう。タッチストーンの経験に基づき、2回目のラウンドに参加する投資家は「たった」40%しか要求しないと想定しよう。**表9A.1**のパネルBにあるように、当初の数字に基づいて再計算すると、タッチストーンとして600万ドルの投資の見返りとして必要な株式数は481万9,000株で70.7%の所有権比率となる。

これらの数字を計算するにあたって、以降の資金調達ラウンドごとにタッチストーンの投資は希薄化していくことに留意が必要である。したがって、最初の例で見たように今現在のZMW社の62.9%を保有しているだけでは将来的には十分でなくなってしまう。次回以降の資金調達ラウンドが引き起こす希薄化効果を取り込むために、先ほど説明したロジックを、最も遠いラウンドから始まって各回の資金調達ラウンドに繰り返し適用していくことが必要となる。パネルBに基づくと、40%の割引率であれば時期2における新規投資家にとってのZMW社の価値は3,644万3,000ドルとなる。したがって、第2ラウンドに参加する投資家は400万ドルの投資に対し11.0%(11.0%＝400万ドル/3,644万3,000ドル)の持分を要求することになる。

この数字があれば、タッチストーンが必要とする当初の所有割合を計算できることになる。タッチストーンは5年後にZMW社の62.9%を要求しているが、ラウンド2によって希薄化が起きることからこの数字を何らかの比率でグロスアップする必要があることがわかった。どの程度グロスアップするかであるが、62.9%を**留保率**(retention ratio：リテンション・レシオ)として知られている数字で割ればよい。ここで適用する留保率は0.89なので、タッチストーンの必要とする初期所有割合は70.7%(70.7%＝62.9%/0.89)となる。留保率を計算する際のロジックは以下のとおりである。タッチストーンの最初の所有割合をyとすれば、$y-0.11y=0.629$であるので、$y=0.629/(1-0.11)=70.7\%$ということになる。(　)内の数字が留保率である。

この関係式を任意の数の資金調達ラウンドに展開すると、i番目の資金調達ラウンドにおける留保率は、

$$R_i=(1-d_{i+1})(1-d_{i+2})\cdots(1-d_n)$$

表9A.2◉ZMW社に対する投資家の見込収益率 （単位：千ドル）

	年					
	0	1	2	3	4	5
タッチストーン・ベンチャーズ						
フリー・キャッシュフロー	($6,000)	0	0	0	0	$62,915
IRR	**60%**					
第2ラウンド投資家						
フリー・キャッシュフロー			($4,000)	0	0	$10,976
IRR			**40%**			
起業家にとってのキャッシュフロー						
アイデアの価値	($2,490)	0	0	0	0	$26,109
IRR	**60%**					
総額						$100,000

となる。

ここで、d_{i+1}は$i+1$回目のラウンドの投資家に与えられる所有割合である。今後の資金調達ラウンドが1回だけの場合、タッチストーンの留保率は（1－0.11）=0.89となる。一番遠い資金調達ラウンドから開始し、順番に繰り返していくことの必要性はこれで明確になったものと思う。各資金調達ラウンドにおける留保率は、その後のすべてのラウンドにおけるそれぞれの希薄化割合に依存することから、以降のすべてのラウンドの希薄化率を知らない限り、初期のラウンドの投資家としてどの程度の当初所有割合を確保すればよいのか算定は不可能である。

それぞれの資金調達ラウンドでの所有割合がわかれば、プレマネーとポストマネーでの企業価値そして株価は算出可能である。パネルBに記載したとおり、時期0におけるZMW社のプレマネー・バリューは249万ドル、2年目におけるプレマネー・バリューは3,244万3,000ドルである。株価はそれぞれの時点において、1.24ドル、4.76ドルとなる。

表9A.2は、ベンチャー・キャピタル方式の妥当性を検証したものである。ZMW社が事業計画を達成できるとの前提のもとで、タッチストーン、第2ラウンドに投資した投資家そして会社設立創業者に帰属するキャッシュフローを記載している。これらのキャッシュフローはベンチャー・キャピタリストが要求している目標収益率を満たしていることを確認してほしい。

起業家は企業の過半数支配権は失うものの、保有株式の価値は5年後に2,610万9,000ドルとなるので幾分慰めとなろうという点にも着目されたい。

◉――ベンチャー・キャピタリストはなぜこのように高い収益率を要求するのであろうか

まず、ベンチャー・キャピタリストが要求する非常に高い目標収益率は、彼らが実際に手にする実現収益率からはほど遠い水準にあることを理解しなければいけない。ベンチャー・キャピタルの実現収益率を推定することはいくつかの理由から困難ではあるものの、投資リスクと流動性の違いを調整した後の実現収益率は、類似の株式市場での収益率とさほど大きな差異はないというのが現状での最も確度の高い見積もりである(注14)。トップベンチャー・キャピタル企業群や、業界全体としてある数年間においては、一貫して高いという場合もあるかもしれないが、数字を見る限りでは、ベンチャー・キャピタリストはパートナーを組む起業家から一方的に利益をむしり取っているわけではなさそうである。

それでは、目標収益率はなぜこのように高いのであろうか。最低でも4つの説明がありうる。第1に、ベンチャー投資はとてもリスクが高い事業であり、ハイリスクであれば当然のことながらリターンも高くなる。ベンチャー投資家は1件の投資を行うにあたって100件もの提案書をスクリーニングしなければならないし、10件投資してもそのうちのせいぜい1から2件からしか実際にカネを稼げないのであれば、多くの失敗案件を補填するためにも目標収益率は十分に高くなくてはいけない。第2に、高い目標収益率は長い歴史を持っている。このような目標収益率は過去の長い期間にわたって繰り返し多くの案件に使用されており、前述のように、高い目標収益率を使って投資を行いその結果として生じた現実の収益率は、新規投資資金を呼び込むに十分程度のレベルのものでしかない。第3に、投資を行う際には、単なるカネ以上のものを提供しており、したがってこれらの付随的なサー

注14 Steven Kaplan and Josh Lerner, "It Ain't Broke: the Past, Present, and Future of Venture Capital." *Journal of Applied Corporate Finance*, Spring 2010, pp.36-47.

ビスに対する対価をもらって当然であるとベンチャー・キャピタリストは主張している。アドバイス、知り合いの紹介、そしてときに直接的な指示などに対してそれぞれ請求書を出すのではなく、ベンチャー・キャピタリストは目標収益率のなかにこれらのサービスに対する手数料を織り込んでいる。

最後に、高い目標収益率は、ベンチャー・キャピタリストと起業家の相互関係から生じる自然な結果なのかもしれない。ベンチャー・キャピタリストは、彼らの机の上を行きかう事業計画は過分に楽観的であると、いつも主張している。計画に記載された数字が達成不可能であるということよりも、起業間もない事業が陥るであろう無数の失敗の落とし穴が計画には織り込まれていないからである。したがって、事業計画は、想定する結果を表現しているのではなく、本質的にはベスト・ケースのシナリオにすぎない。そのような予想を提示された場合、ベンチャー・キャピタリストは2つの選択肢を持っている。起業家と議論しもっと妥当な数字に変更させる、もしくは、起業家の提示した数字を額面通り受け入れたうえで高い目標収益率で割り引く。

高い収益率をとるという戦略を後押しする2つの要因がある。心理的な理由として、起業家がより低い、つまり現実的な、目標に収まってしまうよりも、もともとの楽観的な計画を達成すべく努力を傾注することをベンチャー・キャピタリストは好む。さらに、現実的な理由としては、ベンチャー・キャピタリストは、起業家にその事業計画が明らかに楽観的であると説得することが難しいことを知っている。起業家は通常の場合、ベンチャー・キャピタリストよりもその事業について詳しく知っているからである。したがって、事業計画については恩を売って妥協し、高い目標収益率を要求することで辻褄を合わせたほうがよい。このように考えると、予想数値の上方修正合戦が起こるかもしれない。起業家は、ベンチャー・キャピタリストが要求する不自然に高い収益率の効果を打ち消すため、予想数値を次から次へと上方に修正していく。一方、ベンチャー投資家は、起業家のますます信じがたい予想数値を打ち消すために、目標収益率を次から次へと引き上げていく。しかしながら、このような事態は通常起こらない。ベンチャー・キャピタリストは誇張された予想数値を探り当てる名人であり、このため、起業家が本当に自分の数字を信じていない限り、ベンチャー・キャピタリストを説得するチャンスはほとんどありえないからである。

本章のまとめ

1．事業の価値評価を行うことは、
- 事業の一部もしくはすべての部分に値段をつける、ある種の芸術である。
- 以下のような、すべての企業のリストラクチャリングの背景にある中心的な原理原則である。
  - LBO、買収、大規模な自社株買い、事業部門の売却もしくは取得、資本再編成、スピンオフやカーブアウト
- 以下の3つの質問に答えることから始める。
  - 企業の資産それとも株式の価値評価か
  - 事業を清算事業それとも継続事業として価値評価するのか
  - 少数株主持分それとも支配権の評価か

2．DCF法
- 事業をあたかも大きな資本的支出機会のかたまりのように見る。
- 対象企業のフリー・キャッシュフローを加重平均資本コストで割り引き、その現在価値を算定する。
- 以下の2つの大きな課題がある。
  - 対象企業が成熟企業となるような予測期間を推定し設定する。
  - 設定された予測期間終了時のターミナル・バリューを算定する。清算価値、簿価、妥当と思われるPERマルチプル、成長率ゼロの永久年金、もしくは永続的な増加キャッシュフロー、に基づいて算定する。

3．類似公開企業比較法による価値評価は、
- 類似の上場企業の株価を使って価値を推定する。
- 適切な価値指標を設定することが重要、たとえば：
  - PER（株価収益率）
  - PSR（株価売上高比率）
  - PBR（株価簿価比率）

- 市場流動性の欠如に対するディスカウント、もしくは支配権に対するプレミアムが必要となるかもしれない。
- とても近い評価方法として類似取引比較法もある。

4．支配権プレミアムは、
- 企業の現状での単独価値を上回って買収者が支払う超過額のこと。
- 買い手が予想しているすべてのエンハンスメントの現在価値を超過してはいけない。
- 以下の3つの財務的なエンハンスメントの価値が含まれる。
  - －節税効果の増加
  - －新しい所有権からのより大きなインセンティブ
  - －株主が経営陣からフリー・キャッシュフローの支配権をもぎ取ろうとする努力

5．経験による実証からは平均的に、
- 買収は株主価値を高める。
- 売り手の株主は20～40%のプレミアムを受け取る。
- 買い手の株主の受け取るプレミアムは平均的にきわめて少ないかゼロ。
- LBOは平均的に、営業収益の改善につながり、買い手に魅力的なリターンをもたらす。

参考文献等

Bruner, Robert F. *Applied Mergers and Acquisitions*. New York: John Wiley & Sons, 2004. 1,029 pages.

理論と慣行のギャップを埋めるために書かれた大書。トピックは、戦略、買収提案の作成、事業価値評価と会計処理、さらには買収後の統合（ポスト・マージャー・インテグレーション）まで多岐にわたる。約65ドル。

Gaughan, Patrick A. Mergers, *Acquisitions, and Corporate Restructurings*. 5th ed. New York: John Wiley & Sons, 2010. 672 pages.

企業買収とリストラクチャリングに関してバランスのとれた見方を提供している。Kollerの書籍に比べてテクニカルではなく、カバー範囲も広い。会計及び法律面での記述に加え歴史的な概観も含まれている。約50ドル。

Kaplan, Steven N., and Richard S. Ruback. “The Valuation of Cash Flow Forecasts: An

Empirical Analysis." *Journal of Finance*, September 1995, pp. 1059-93.

事業価値評価に際してのDCF法アプローチの妥当性を実証的に検証。著者は、1983年から1989年までのレバレッジのきわめて高い51案件について、予想キャッシュフローの現在価値をその後の市場価値と比較。DCF法による事業価値評価は平均的に市場価値の上下10%以内に収まったとしている。DCF法による事業価値評価は少なくとも類似公開企業比較法に基づく価値評価と同じぐらい正確であることを証明している。

Koller, Tim, Marc Goedhart, and David Wessels. *Valuation: Measuring and managing the Value of Companies*. 5th ed. New York: John Wiley & Sons, 2010. 813 pages.

マッキンゼー社の2人のコンサルタントと学術家1人によって書かれた著作。事業価値に関する実務面を重視したハウツーもの。マッキンゼーに6万ドル支払って価値評価してもらうか、それともこの書籍のペーパーバック版に55ドル払って自分でどうしたらよいか勉強するか、のどちらかを選択できる。

website

www.valuepro.net

20変数に基づくDCF法による事業価値評価モデルのフリーサイト。株式コードを入力すると、Valueproはその時点での20変数の推定値に基づいてDCF法による事業価値評価を行ってくれる。変数を変化させると株価推定値がどのように変化するかを試算できる。ペンステートの3人のファカルティ・メンバーによって開発された。あなたの保有している株がいかに割高かをチェックしてみてはいかが。

Ecorner.Stanford.edu

スタンフォード・テクノロジー・ベンチャー・プログラムがスポンサーで、クライナー・パーキンス・コーフィールド・アンド・バイヤーズのジョン・ドー、ヒューレット・パッカードの元CEOであるカーリー・フィオーナのような有名人によるポッドキャストやビデオが収録されている。ファイナンスと新規ベンチャー、機会の発見、そしてマーケティングとセールスに関するトピックスをカバーしている。

演習問題

1．次のそれぞれの記述は正しいか誤りか。また、その理由も簡潔に説明せよ。

a．平均すれば、買収は株主価値を毀損する。

b．DCF法による事業価値評価では、当該企業の推定されたフリー・キャッシュフローを買収者の資本コストで割り引く。

c．買収者が支配権プレミアムを支払う場合、経営のまずい企業に比べ、よく経営された企業により大きなプレミアムを支払うことを厭うべきではない。

d．企業の株式の清算価値は、常にその市場株価が底となる。

e．経営者の目から見て株価が異常に低い場合、経営者はマネジメント・バイアウトの形で当該企業を非上場化しようというインセンティブが働きやすい。

2．2007年1月に、ニュースコープ社はダウ・ジョーンズ社の発行済株式のすべてを買収する契約を締結した。その発表時点でのダウ・ジョーンズ社の発行済株式は8,200万株、有利子負債の簿価は14億6,000万ドルであった。この案件で、ニュースコープ社はダウ・ジョーンズ社の発行済株式に対し1株当たり60ドルを支払った。ニュースコープ社による買収提案の直前に、ダウ・ジョーンズ社の株式は1株当たり33ドルで取引されていた。ニュースコープ社がダウ・ジョーンズ社の支配権につけた価値はいくらか。

3．次表は、ヘーゲル・パブリッシング社の最新の損益計算書である。

（単位：百万ドル）

純売上高	$8,000
売上原価（減価償却費800百万ドルを含む）	4,700
売上総利益	3,300
販売費及び一般管理費（支払利息570百万ドルを含む）	1,500
税引前利益	1,800
法人税等	612
税引後利益	$1,188

当年度の資本的支出は5億1,000万ドル、流動資産から有利子負債を除く流動負債を差し引いた純増額が3億4,000万ドルとした場合の、ヘーゲル社の当年度のフリー・キャッシュフローを計算しなさい。

4．フラットブッシュ社は、成長はしていないが、遠い将来にわたり1株当たり毎年12ドルの配当を支払うものと予想されている。株主資本コストは15%である。新しい社長は成長していないというイメージを嫌い、来年の配当を1株当たり6ドルに半減し、捻出した資金を使って他社を買収したいと提案している。社長は、この戦略は売上高、利益そして資産規模を拡大することになると主張している。社長はさらに、買収後、2年目以降の配当金は1株当たり12.75ドルに増額できる自信があるとしている。

a．あなたは、買収は売上高、利益そして資産を増加させるであろうという意見に同意するか。

b．社長による買収提案直前の時点での、フラットブッシュ社株式の1株当たりの価値を算定せよ。

c．買収提案がなされた直後の時点での1株当たりの価値を算定せよ。

d．フラットブッシュ社のオーナーとして、あなたは社長の提案を支持するか、それとも支持しないか。理由も述べよ。

5．プロキュレップ社（P社）は2つの買収案件を検討中であるが、そのどちらにおいてもエンハンスメントもシナジー効果も期待できない。V1社は衰退産業において業績のよくない企業であり、PERは8倍である。V2社は高成長のテクノロジー企業であり、PERは35倍である。プロキュレップ社では、買収にあたって、同社の1株当たり利益を増加させるような案件であればどのような買収案件でもよいとしている。プロキュレップ社では、買収はすべて株式交換によって実施している。

企業	P	V1	P+V1	V2	P+V2
税引後利益（百万ドル）	$2	$1	$3	$1	$3
株価収益率（倍）	30	8		35	
株主資本の市場価値（百万ドル）	?	?		?	
株式数（百万株）	1	1	?	1	?
1株当たり利益（ドル）	2	1	2	1	2
株価	?	?		?	
新規株式最大発行数（百万株）		?		?	
新規株式の市場価値		?		?	
最大買収プレミアム（%）		?		?	

a．プロキュレップ社としてV1社及びV2社に支払えるプレミアムが最大で何パーセントになるかを計算し、表のなかの疑問符のついた個所を置き変えよ。

b．買収分析をする際の判断基準として「1株当たり利益の希薄化を回避する」という考え方について、上記a．への回答は何を意味するか。

6．トリノ・マリーン社の4年間の予測は以下のとおりである。

年	2012	2013	2014	2015
フリー・キャッシュフロー(百万ドル)	−$52	$76	$92	$112

a．2011年末現在でのトリノ・マリーン社の適正市場価値を試算せよ。2015年以降は、EBITが2億ドルのままで推移すると仮定する。また、減価償却費は各年において資本的支出と同額、運転資本金額に変化はないとする。トリノ・マリーン社の加重平均資本コストは11%、税率は40%とする。

b．2011年末におけるトリノ・マリーン社株式の1株当たりの適正市場価値を試算せよ。同社の発行済株式数は4,000万株、事業価値評価日現在での有利子負債の時価は2億5,000万ドルとする。

c．ターミナル・バリューを変更してみる。以下の仮定条件のもとで、トリノ・マリーン社株式の1株当たりの適正市場価値を試算せよ。

(1) 2012年から2015年までのフリー・キャッシュフローは当初の条件通り。

(2) 2015年のEBITは2億ドル、それ以降は年率5%で永続的に増加する。

(3) EBITの永続的な増加を確保するため、2016年の資本的支出は減価償却額を3,000万ドル超過するものとし、この超過額はそれ以降年率5%で永続的に増加していく。

(4) 同様に、運転資本は2016年には1,500万ドルとし、この金額はそれ以降年率5%で永続的に増加していく。

d．最後に、第3のターミナル・バリューを試してみる。以下の仮定条件のもとで、トリノ・マリーン社株式の1株当たりの適正市場価値を試算せよ。

(1) 2012年から2015年までのフリー・キャッシュフローは当初の条件通り。2015年のEBITは2億ドルとする。

(2) 2015年末にトリノ・マリーン社は、その成長が成熟段階に達し、株式は2015年の税引後当期純利益に対して「典型的」なマルチプルで売却できると考える。典型的なマルチプルとして12倍を使用せよ。

(3) 2015年末に、トリノ・マリーン社は2億5,000万ドルの有利子負債を保有し、その平均利率は10%である。

以下の2つの設問は第9章補遺に関するあなたの理解度をテストするためのものである。

7．新規ベンチャー企業は、株価評価日にその株式の10〜20%を従業員向けの賞与やストック・オプションとして留保しておくのが普通である。表9A.1のパネルBにおけるZMWエンタープライゼズ社の事業価値評価を修正せよ。修正にあたって、5年目における従業員向け持分控除を20%とする。この修正条件に従い、0年目においてタッチストーンが必要とする持分比率を計算せよ。それまでと同様に、タッチストーン及び第2ラウンドに参加するベンチャー・キャピタル企業の目標収益率は、それぞれ60%、40%とする。

8．http://www.diamond.co.jp/go/pb/fmanage/から入手できるエクセルシート（ただし記載は原文のまま）には、インテグレーテッド・コミュニケーションズ社によるフラクタル・アンテナ・システムズ社の買収案件に関する情報が記載されている。この情報を検討したうえで、設問事項に記載された質問に回答せよ。

付表A● n年後の1ドルの現在価値、割引率kで割り引いたもの

年数	割引率（k）											
（n）	1%	2%	3%	4%	5%	6%	7%	8%	9%	10%	11%	12%
1……	0.990	0.980	0.971	0.962	0.952	0.943	0.935	0.926	0.917	0.909	0.901	0.893
2……	0.980	0.961	0.943	0.925	0.907	0.890	0.873	0.857	0.842	0.826	0.812	0.797
3……	0.971	0.942	0.915	0.889	0.864	0.840	0.816	0.794	0.772	0.751	0.731	0.712
4……	0.961	0.924	0.888	0.855	0.823	0.792	0.763	0.735	0.708	0.683	0.659	0.636
5……	0.951	0.906	0.863	0.822	0.784	0.747	0.713	0.681	0.650	0.621	0.593	0.567
6……	0.942	0.888	0.837	0.790	0.746	0.705	0.666	0.630	0.596	0.564	0.535	0.507
7……	0.933	0.871	0.813	0.760	0.711	0.665	0.623	0.583	0.547	0.513	0.482	0.452
8……	0.923	0.853	0.789	0.731	0.677	0.627	0.582	0.540	0.502	0.467	0.434	0.404
9……	0.914	0.837	0.766	0.703	0.645	0.592	0.544	0.500	0.460	0.424	0.391	0.361
10……	0.905	0.820	0.744	0.676	0.614	0.558	0.508	0.463	0.422	0.386	0.352	0.322
11……	0.896	0.804	0.722	0.650	0.585	0.527	0.475	0.429	0.388	0.350	0.317	0.287
12……	0.887	0.788	0.701	0.625	0.557	0.497	0.444	0.397	0.356	0.319	0.286	0.257
13……	0.879	0.773	0.681	0.601	0.530	0.469	0.415	0.368	0.326	0.290	0.258	0.229
14……	0.870	0.758	0.661	0.577	0.505	0.442	0.388	0.340	0.299	0.263	0.232	0.205
15……	0.861	0.743	0.642	0.555	0.481	0.417	0.362	0.315	0.275	0.239	0.209	0.183
16……	0.853	0.728	0.623	0.534	0.458	0.394	0.339	0.292	0.252	0.218	0.188	0.163
17……	0.844	0.714	0.605	0.513	0.436	0.371	0.317	0.270	0.231	0.198	0.170	0.146
18……	0.836	0.700	0.587	0.494	0.416	0.350	0.296	0.250	0.212	0.180	0.153	0.130
19……	0.828	0.686	0.570	0.475	0.396	0.331	0.277	0.232	0.194	0.164	0.138	0.116
20……	0.820	0.673	0.554	0.456	0.377	0.312	0.258	0.215	0.178	0.149	0.124	0.104
25……	0.780	0.610	0.478	0.375	0.295	0.233	0.184	0.146	0.116	0.092	0.074	0.059
30……	0.742	0.552	0.412	0.308	0.231	0.174	0.131	0.099	0.075	0.057	0.044	0.033
40……	0.672	0.453	0.307	0.208	0.142	0.097	0.067	0.046	0.032	0.022	0.015	0.011
50……	0.608	0.372	0.228	0.141	0.087	0.054	0.034	0.021	0.013	0.009	0.005	0.003

付表A● n年後の1ドルの現在価値、割引率kで割り引いたもの（続き）

年数	割引率（k）												
（n）	13%	14%	15%	16%	17%	18%	19%	20%	25%	30%	35%	40%	50%
1……	0.885	0.877	0.870	0.862	0.855	0.847	0.840	0.833	0.800	0.769	0.741	0.714	0.667
2……	0.783	0.769	0.756	0.743	0.731	0.718	0.706	0.694	0.640	0.592	0.549	0.510	0.444
3……	0.693	0.675	0.658	0.641	0.624	0.609	0.593	0.579	0.512	0.455	0.406	0.364	0.296
4……	0.613	0.592	0.572	0.552	0.534	0.516	0.499	0.482	0.410	0.350	0.301	0.260	0.198
5……	0.543	0.519	0.497	0.476	0.456	0.437	0.419	0.402	0.328	0.269	0.223	0.186	0.132
6……	0.480	0.456	0.432	0.410	0.390	0.370	0.352	0.335	0.262	0.207	0.165	0.133	0.088
7……	0.425	0.400	0.376	0.354	0.333	0.314	0.296	0.279	0.210	0.159	0.122	0.095	0.059
8……	0.376	0.351	0.327	0.305	0.285	0.266	0.249	0.233	0.168	0.123	0.091	0.068	0.039
9……	0.333	0.308	0.284	0.263	0.243	0.225	0.209	0.194	0.134	0.094	0.067	0.048	0.026
10……	0.295	0.270	0.247	0.227	0.208	0.191	0.176	0.162	0.107	0.073	0.050	0.035	0.017
11……	0.261	0.237	0.215	0.195	0.178	0.162	0.148	0.135	0.086	0.056	0.037	0.025	0.012
12……	0.231	0.208	0.187	0.168	0.152	0.137	0.124	0.112	0.069	0.043	0.027	0.018	0.008
13……	0.204	0.182	0.163	0.145	0.130	0.116	0.104	0.093	0.055	0.033	0.020	0.013	0.005
14……	0.181	0.160	0.141	0.125	0.111	0.099	0.088	0.078	0.044	0.025	0.015	0.009	0.003
15……	0.160	0.140	0.123	0.108	0.095	0.084	0.074	0.065	0.035	0.020	0.011	0.006	0.002
16……	0.141	0.123	0.107	0.093	0.081	0.071	0.062	0.054	0.028	0.015	0.008	0.005	0.002
17……	0.125	0.108	0.093	0.080	0.069	0.060	0.052	0.045	0.023	0.012	0.006	0.003	0.001
18……	0.111	0.095	0.081	0.069	0.059	0.051	0.044	0.038	0.018	0.009	0.005	0.002	0.001
19……	0.098	0.083	0.070	0.060	0.051	0.043	0.037	0.031	0.014	0.007	0.003	0.002	0.000
20……	0.087	0.073	0.061	0.051	0.043	0.037	0.031	0.026	0.012	0.005	0.002	0.001	0.000
25……	0.047	0.038	0.030	0.024	0.020	0.016	0.013	0.010	0.004	0.001	0.001	0.000	0.000
30……	0.026	0.020	0.015	0.012	0.009	0.007	0.005	0.004	0.001	0.000	0.000	0.000	0.000
40……	0.008	0.005	0.004	0.003	0.002	0.001	0.001	0.001	0.000	0.000	0.000	0.000	0.000
50……	0.002	0.001	0.001	0.001	0.000	0.000	0.000	0.000	0.000	0.000	0.000	0.000	0.000

付表B● *n*年間にわたって毎年1ドルずつ受け取る年金型キャッシュフローの現在価値、割引率*k*で割り引いたもの

年数	割引率（*k*）											
（*n*）	1%	2%	3%	4%	5%	6%	7%	8%	9%	10%	11%	12%
1……	0.990	0.980	0.971	0.962	0.952	0.943	0.935	0.926	0.917	0.909	0.901	0.893
2……	1.970	1.942	1.913	1.886	1.859	1.833	1.808	1.783	1.759	1.736	1.713	1.690
3……	2.941	2.884	2.829	2.775	2.723	2.673	2.624	2.577	2.531	2.487	2.444	2.402
4……	3.902	3.808	3.717	3.630	3.546	3.465	3.387	3.312	3.240	3.170	3.102	3.037
5……	4.853	4.713	4.580	4.452	4.329	4.212	4.100	3.993	3.890	3.791	3.696	3.605
6……	5.795	5.601	5.417	5.242	5.076	4.917	4.767	4.623	4.486	4.355	4.231	4.111
7……	6.728	6.472	6.230	6.002	5.786	5.582	5.389	5.206	5.033	4.868	4.712	4.564
8……	7.652	7.325	7.020	6.733	6.463	6.210	5.971	5.747	5.535	5.335	5.146	4.968
9……	8.566	8.162	7.786	7.435	7.108	6.802	6.515	6.247	5.995	5.759	5.537	5.328
10……	9.471	8.983	8.530	8.111	7.722	7.360	7.024	6.710	6.418	6.145	5.889	5.650
11……	10.368	9.787	9.253	8.760	8.306	7.887	7.499	7.139	6.805	6.495	6.207	5.938
12……	11.255	10.575	9.954	9.385	8.863	8.384	7.943	7.536	7.161	6.814	6.492	6.194
13……	12.134	11.348	10.635	9.986	9.394	8.853	8.358	7.904	7.487	7.103	6.750	6.424
14……	13.004	12.106	11.296	10.563	9.899	9.295	8.745	8.244	7.786	7.367	6.982	6.628
15……	13.865	12.849	11.938	11.118	10.380	9.712	9.108	8.559	8.061	7.606	7.191	6.811
16……	14.718	13.578	12.561	11.652	10.838	10.106	9.447	8.851	8.313	7.824	7.379	6.974
17……	15.562	14.292	13.166	12.166	11.274	10.477	9.763	9.122	8.544	8.022	7.549	7.120
18……	16.398	14.992	13.754	12.659	11.690	10.828	10.059	9.372	8.756	8.201	7.702	7.250
19……	17.226	15.678	14.324	13.134	12.085	11.158	10.336	9.604	8.950	8.365	7.839	7.366
20……	18.046	16.351	14.877	13.590	12.462	11.470	10.594	9.818	9.129	8.514	7.963	7.469
25……	22.023	19.523	17.413	15.622	14.094	12.783	11.654	10.675	9.823	9.077	8.422	7.843
30……	25.808	22.396	19.600	17.292	15.372	13.765	12.409	11.258	10.274	9.427	8.694	8.055
40……	32.835	27.355	23.115	19.793	17.159	15.046	13.332	11.925	10.757	9.779	8.951	8.244
50……	39.196	31.424	25.730	21.482	18.256	15.762	13.801	12.233	10.962	9.915	9.042	8.304

付表B● n年間にわたって毎年1ドルずつ受け取る年金型キャッシュフローの現在価値、割引率kで割り引いたもの（続き）

年数	割引率（k）												
（n）	13%	14%	15%	16%	17%	18%	19%	20%	25%	30%	35%	40%	50%
1……	0.885	0.877	0.870	0.862	0.855	0.847	0.840	0.833	0.800	0.769	0.741	0.714	0.667
2……	1.668	1.647	1.626	1.605	1.585	1.566	1.547	1.528	1.440	1.361	1.289	1.224	1.111
3……	2.361	2.322	2.283	2.246	2.210	2.174	2.140	2.106	1.952	1.816	1.696	1.589	1.407
4……	2.974	2.914	2.855	2.798	2.743	2.690	2.639	2.589	2.362	2.166	1.997	1.849	1.605
5……	3.517	3.433	3.352	3.274	3.199	3.127	3.058	2.991	2.689	2.436	2.220	2.035	1.737
6……	3.998	3.889	3.784	3.685	3.589	3.498	3.410	3.326	2.951	2.643	2.385	2.168	1.824
7……	4.423	4.288	4.160	4.039	3.922	3.812	3.706	3.605	3.161	2.802	2.508	2.263	1.883
8……	4.799	4.639	4.487	4.344	4.207	4.078	3.954	3.837	3.329	2.925	2.598	2.331	1.922
9……	5.132	4.946	4.772	4.607	4.451	4.303	4.163	4.031	3.463	3.019	2.665	2.379	1.948
10……	5.426	5.216	5.019	4.833	4.659	4.494	4.339	4.192	3.571	3.092	2.715	2.414	1.965
11……	5.687	5.453	5.234	5.029	4.836	4.656	4.486	4.327	3.656	3.147	2.752	2.438	1.977
12……	5.918	5.660	5.421	5.197	4.988	4.793	4.611	4.439	3.725	3.190	2.779	2.456	1.985
13……	6.122	5.842	5.583	5.342	5.118	4.910	4.715	4.533	3.780	3.223	2.799	2.469	1.990
14……	6.302	6.002	5.724	5.468	5.229	5.008	4.802	4.611	3.824	3.249	2.814	2.478	1.993
15……	6.462	6.142	5.847	5.575	5.324	5.092	4.876	4.675	3.859	3.268	2.825	2.484	1.995
16……	6.604	6.265	5.954	5.668	5.405	5.162	4.938	4.730	3.887	3.283	2.834	2.489	1.997
17……	6.729	6.373	6.047	5.749	5.475	5.222	4.990	4.775	3.910	3.295	2.840	2.492	1.998
18……	6.840	6.467	6.128	5.818	5.534	5.273	5.033	4.812	3.928	3.304	2.844	2.494	1.999
19……	6.938	6.550	6.198	5.877	5.584	5.316	5.070	4.843	3.942	3.311	2.848	2.496	1.999
20……	7.025	6.623	6.259	5.929	5.628	5.353	5.101	4.870	3.954	3.316	2.850	2.497	1.999
25……	7.330	6.873	6.464	6.097	5.766	5.467	5.195	4.948	3.985	3.329	2.856	2.499	2.000
30……	7.496	7.003	6.566	6.177	5.829	5.517	5.235	4.979	3.995	3.332	2.857	2.500	2.000
40……	7.634	7.105	6.642	6.233	5.871	5.548	5.258	4.997	3.999	3.333	2.857	2.500	2.000
50……	7.675	7.133	6.661	6.246	5.880	5.554	5.262	4.999	4.000	3.333	2.857	2.500	2.000

章末問題の解答例

第1章

1．a．企業が営業活動でキャッシュを消費したことを意味する。これは、2つの要素の組み合わせによって生じる。すなわち、営業損失と売掛金・棚卸資産の増加である。営業損失は、明らかに危険と言える。売掛金・棚卸資産の増加は、売上が成長していく過程で生じたのであり、企業がこの短期的なキャッシュ不足に対して資金調達できるのであれば、必ずしも危険ではない。売上の成長以上に売掛金や棚卸資産が増加していることは、営業上重要な資産に対して管理が行き届かなくなっていることを示唆しており、危険な兆候と言える。

b．企業が投資活動でキャッシュを消費したことを意味する。不動産、工場設備、機械装置、あるいは短期有価証券を追加で購入したのである。成長中で安定している企業は、たいていの場合、生産能力の増強や中古設備の更新のため、投資活動によるキャッシュフローはマイナスである。投資活動によるキャッシュフローがプラスということは、その企業に魅力的な投資機会がないか、あるいは財務的な問題が生じて生産的な資産を売却したかといった問題を抱えていることを示唆する

c．財務活動によるキャッシュフローがマイナスということは、企業が投資家から調達するよりも、投資家に支払っているお金のほうが多いことを意味する(形式としては、借入金の元本返済、支払利息、配当、自社株買いの形を取る)。財務活動によるキャッシュフローがマイナスという状態は、通常、将来の活動を賄うために必要な金額以上のキャッシュを、事業から生み出している成熟した企業において見られる。これは悪い話ではない。逆に、創立後初期の段階の企業、急速に成長中の企業、財務破綻に陥っている企業では、財務活動によるキャッシュフローがプラスになるのが一般的である

2．a．誤り。株主資本は貸借対照表の負債側にあり、企業の資産に対し

て株主が請求権を有することをあらわしている。言い換えれば、株主が提供したお金と留保利益から補完されたお金とが、企業の資産を購入するためにすでに使用されたということをあらわしている。

b．誤り。株主資本の簿価は、資産の簿価を、負債と株主資本の簿価の合計に等しくさせるために単に「あてはめた」数値にすぎない。負債の簿価が資産の簿価よりも大きい場合、定義上、株主資本の簿価はマイナスとなる。これは破産状態を自動的に意味するわけではない。破産とは、企業がしかるべきタイミングと条件で請求書を支払うことができず、債権者がそれに対して破産申請を行った（企業が自発的に申請することもある）ときのことを指す。

c．正しい。2つの貸借対照表から、資金運用表を作成することは可能である。

d．誤り。のれんは、ある企業が別の企業を簿価以上の価格で買収したときに発生する。たとえば、ある企業が1,000万ドルの現金で別の企業を買収したが、対象企業の簿価は800万ドルだったとする。このとき会計担当者は買収した側の企業の現金勘定から1,000万ドルを差し引き、資産として800万ドルを加え、そしてバランスを保つために200万ドルをのれんに計上する。

e．誤り。ちょうど逆である。資産勘定が減少すると、キャッシュが別の用途に使えるようになる。したがって、資産の減少はキャッシュの源泉である。負債勘定を減らすためには、企業は負債をなくすためにキャッシュを使わなくてはならない。したがって、負債の減少はキャッシュの使途である。

3．会計担当者の一義的なゴールは利益を測ることであって、生み出されたキャッシュを測ることではないからである。会計担当者は利益こそが企業の生存能力を示す基礎的な指標であるととらえており、キャッシュの創出ではないのだ。もう少しバランスのとれた見方としては、長期的に見たとき、成功する企業とは利益を生み出しており、かつきちんと支払能力がある企業でなくてはならない。つまり、利益をあげつつ、請求書の支払期限が来たときに常に銀行口座に現金がなくてはならないということだ。われわれとしては、利益とキャッシュフローの両方に注意を払う必要があることを意味する。

4．その書記長は会計上の利益と経済的な利益を混同している。75億ドルの株主の投資額に対して3億ドルの利益では、リターンは4%にすぎない。これは冴えない業績であり、同社が成長に必要な新規投資を惹きつけ続けるには低すぎるリターンである。同社は株主資本コストをカバーしているとは言えないのである。

5．ミード社は年間で33万ドルのキャッシュを生み出している。純利益の40万ドルには、売掛金、つまりキャッシュの使途が25万ドル増加したことが考慮されていない。また、18万ドルの減価償却費は費用として計上されているが現金支出を伴うものではない。資産の時価が2万ドル増加したことは、事業の市場価値を増加させるものではあるが、キャッシュフローには該当しない。計算式は以下のとおり。

会計上の純利益	400,000ドル
減価償却費（非現金費用）	＋180,000ドル
売掛金の増加	－250,000ドル
キャッシュの創出	330,000ドル

6．a．2011年、同社の売上は7億8,200万ドルだった。しかし、売掛金が3,000万ドル増加したということは、会社が受け取ったキャッシュは7億5,200万ドルだということを意味する（貸倒引当金の変動がありうるが、ここでは無視する）。以下の等式が成り立つ。

期末売掛金　＝　期初売掛金　＋　信用売上高　－　回収分

回収分　＝　信用売上高　－　売掛金の増加額

7億5,200万ドル　＝　7億8,200万ドル　－　3,000万ドル

b．2011年において、同社は原価で5億200万ドル分の製品を販売し、期末の棚卸資産が1,000万ドル減少した。これは、同社が期中製造したのは4億9,200万ドルだということを示す。算式は以下のとおり。

期末棚卸資産　＝　期初棚卸資産　＋　製造原価　－　売上原価

製造原価　＝　売上原価　＋　棚卸資産の変化

4億9,200万ドル　＝　5億200万ドル　－　1,000万ドル

c．固定資産の純額は7,800万ドル増加し、減価償却によって固定資産純額が6,100万ドル減少した。したがって、資本的支出は1億3,900

万ドルと推計される（資産の売却や廃棄は無視する）。

期末固定資産純額＝期初固定資産純額＋資本的支出－減価償却費

資本的支出　＝　固定資産純額の変化　＋　減価償却費

1億3,900万ドル　＝　7,800万ドル　＋　6,100万ドル

d．営業活動からキャッシュフローを導くには、2つの方法がある。その年の財務活動によるキャッシュフローがゼロであれば、期末の現金勘定の変化が必ず営業活動によるキャッシュフローと投資活動によるキャッシュフローの合計となるはずである。1億3,900万ドルの資本的支出が同社の投資活動によるキャッシュフローだと見なせる。したがって、2010年から2011年にかけての現金勘定の変化4,900万ドルと上記の投資活動によるキャッシュフローから、営業活動によるキャッシュフローを求めることができる。

現金勘定の変化＝営業活動によるキャッシュフロー＋投資活動によるキャッシュフロー＋財務活動によるキャッシュフロー

4,900万ドル＝　営業活動によるキャッシュフロー＋（－1億3,900万ドル）＋0

営業活動によるキャッシュフロー＝4,900万ドル＋1億3,900万ドル＝1億8,800万ドル

あるいは、営業活動によるキャッシュフローを表中の勘定科目から求めることもできる。当期純利益から始めて、キャッシュを伴わない項目（たとえば減価償却費など）を除き、損益計算書にあらわれていないキャッシュを伴う取引（たとえば、運転資本の変化など）を加味するのである。ここでは、売掛金が3,000万ドル増加、棚卸資産が1,000万ドル減少、買掛金が500万ドル増加しており、減価償却費は6,100万ドルであった。

営業活動によるキャッシュフロー＝　当期純利益－売掛金の増加＋棚卸資産の減少＋買掛金の増加＋減価償却費

営業活動によるキャッシュフロー＝　142－30＋10＋5＋61＝188（1億8,800万ドル）

7．a．株価　＝　1,500万ドル／70万株　＝　21.43ドル

1株当たり純資産　＝　900万ドル／70万株　＝　12.86ドル

b．エピック・トラッキング社は、17万5,000株の自社株を買い戻すにあたり、1株当たり21.43ドルを支払うだろう。これによって、株主資本の簿価は375万250ドル減少する。他の要素がすべて変わらないとすれば、簿価は新たに524万9,750ドルとなる

c．投資家の企業への認識が変わらず、税金や手数料も無いということから、時価総額は自社株買いの取引で支払われた金額だけ正確に下落すると考えられる。新たな時価総額は1,124万9,750ドルである。この問いに対するもう1つの考え方は、自社株の買い戻しが375万250ドルの現金の減少、もしくは買い戻し資金を借入で調達するとしたら同額の負債の増加となることに着目するものである。いずれにしても、自社株買いの後、株主にとっての価値は375万250ドル減少して、1,124万9,750ドルとなる。自社株買い後には発行済株式総数が52万5,000株となるので、株価は21.43ドルのままである（11,249,750／525,000）。実際は、自社株買いは、その発表時に株価にポジティブな効果を与える。この効果についてはいくつかの説があり、その一部は後の章で触れることにする

d．発行済株式数が20%増えて、14万株となる。株価21.43ドルでは、エピック・トラッキング社は300万200ドルを調達できることになろう。その他の要素が変わらないとすれば、株主資本の簿価は新たに1,200万200ドルとなる（9,000,000＋3,000,200）。

e．cのところで解説したことと同じ理由から、時価総額は300万200ドル増加する。本質的には、この株式発行によって会社の現金が300万200ドル増加し、同額だけ企業価値が増加したことになる。新たな時価総額は1,800万200ドルとなり、株価は21.43ドルのままである（18,000,200／840,000株＝21.43）。実際は、こうした新株発行によって、投資家の企業に対する将来見通しがより悲観的になることがしばしばである。したがって、株式発行の発表時には株価に対してネガティブな効果が働く。これについては第6章でもう少し触れることとする。

第2章

1．ROEは売上高当期純利益率、総資産回転率、財務レバレッジの掛け算であるという点では、CEOは正しい。しかし、値上げをすることがROEを上昇させるとは限らない。値上げは売上の減少をもたらすこともありうるからである。営業費用は固定とすれば、値上げをしたことで当期純利益が減少することもありうる。営業費用が仮に変動するとしても、売上の減少は総資産回転率を悪化させるので、結局ROEを下げることになる。ROEにおいて売上高当期純利益率の上昇の影響が総資産回転率の下落のそれを上回るかどうかは確実でない。財務業績のレバーを考える際には、企業戦略の変更はさまざまなレバーに影響を与える点、それもしばしば異なる方向に影響を与える点に留意することが重要である。

2．a．正しい。Lを負債、Eを株主資本、Aを資産とすると、A／Eは（E＋L）／Eであり、1＋L／Eである。

b．正しい。2つの比率の分子は同じである。ROAがROEよりも小さくなるのは、資産が株主資本よりも小さいときだけであり、このとき負債はマイナスということになってしまう。

c．誤り。仕入債務回転期間が売上債権回転期間よりも長いことは、取引上の信用力によって売掛金分の資金を調達できているという意味だから、企業にとって望ましいことではある。しかし、仕入債務と売上債権は通常、業界の慣行や取引相手との交渉力によって決まる。つまり、その企業の環境次第によっては、売上債権回転期間は仕入債務回転期間よりも長いことに慎ましく耐えていくしかないということも起こりうる。

d．正しい。2つの比率は、当座比率を計算するのに分子から棚卸資産（プラスの値を示す）をマイナスすることを除けば同じである。

e．正しい。ROEの分解から、総資産回転率が高まればROEが上昇することがわかる。したがって、企業は総資産回転率を最大化しようとする（もちろん、他の条件が等しいならば）。

f．誤り。株価益回りとPERは互いの逆数である。ある2社の株価益回りが仮に等しいとしたら、両社のPERも等しくなる。

g．誤り。税金と取引コストを無視すれば、未実現利益は実際に売却することで実現するものであるから、実現した利益と価値は等しいことになる。

3．a．

	1年目	2年目
流動比率	9.70	2.80
当座比率	9.61	2.31

インダストリアル社の流動性は、初期の水準が高かったとはいえ、短期間に大幅に悪化している。

b．

	1年目	2年目
売上債権回転期間(日)	28.3	28.1
在庫回転率(回)	38.5	4.7
仕入債務回転期間(日)	42.3	24.3
手元流動性比率(有価証券を含む)(日)	919.3	243.7
売上高総利益率	8%	25%
売上高当期純利益率	−57%	−88%

c．同社は2年間とも赤字となっており、1年目よりも2年目のほうが金額が多い。営業活動からのキャッシュフローは2年ともマイナスであるが、改善してきた。手元流動性は減少し、棚卸資産回転率は急激に下落している。棚卸資産が10倍以上に増加しているのは、インダストリアル社が売上の可能性についてひどく楽観的だったか、棚卸資産を完全にコントロールできなくなったかのいずれかが考えられる。第3の可能性としては、同社が次年度に大幅な売上増を見込んで棚卸資産を増やしたということもある。いずれにしても、棚卸資産への投資は詳細な調査を必要とする。一般に言って、これらの数値は不安定な創業初期の事業において見られる数値に似ている。

4．a．

	ロックタイト社	ストーク・システムズ社
ROE	30%	57%
ROA	23%	11%
ROIC	25%	17%

b．ストーク社の比較的高いROEは、財務レバレッジが比較的高いこ

とが自然に反映したものである。ストーク社が比較的よい会社だという意味ではない。

c．これもストーク社の比較的高いレバレッジによるものである。ROAは、レバレッジの高い企業には不利に働く。株主に帰属する純利益を、株主及び債権者から提供された資本と比べるからである。ストーク社がロックタイト社と比べて劣っているという意味ではない。

d．ROICは、2社の資産の持つ収益力を直接比較するために、レバレッジの差異を排除するものである。この基準では、ロックタイト社がより優れた業績を残していると言えるが、パーセンテージは両社とも十分魅力的である。しかし、何か確かな結論を出す前に、両社が直面しているビジネス上のリスクをどのように比較するか、そして観察された比率は長期的な能力の反映なのか一時的な出来事なのかとの疑問を持つことが重要である。

5．売上債権回転期間＝売掛金／1日当たり信用売上高

信用売上高＝0.75×4億2,000万ドル＝3億1,500万ドル

売掛金＝売上債権回転期間×1日当たり信用売上高

＝55×3億1,500万ドル／365＝4,750万ドル

棚卸資産回転期間＝売上原価／期末棚卸資産

売上原価＝売上高（1－売上総利益率）＝4億2,000万ドル×（1－0.40）＝2億5,200万ドル

棚卸資産＝売上原価／棚卸資産回転期間＝2億5,200万ドル／8＝3,150万ドル

仕入債務回転期間＝買掛金／1日当たり仕入高

（仕入に関する情報は入手できていないので、売上原価を使う）

買掛金＝仕入債務回転期間／1日当たり売上原価＝40×2億5,200万ドル／365＝2,760万ドル

6．売上高＝（現金／手元流動性比率）×365=（110万ドル／34）×365

＝1,180万8,824ドル

売掛金＝売上債権回転期間×1日当たり信用売上高＝売上債権回転期間×売上高／365＝71×11,808,824／365＝229万7,059ドル

売上原価＝在庫回転率×期末棚卸資産＝5×190万ドル＝950万ドル
買掛金＝仕入債務回転期間×（売上原価／365）＝36×950万ドル／365
　＝93万6,986ドル
負債総額＝資産×負債対総資産比率＝800万ドル×0.75＝600万ドル
株主資本＝総資産－負債総額＝800万ドル－600万ドル＝200万ドル
流動負債＝流動資産／流動比率＝5,297,059／2.6＝203万7,330ドル

資産の部	
現金	$1,100,000
売掛金	$2,297,059
棚卸資産	$1,900,000
流動資産合計	**$5,297,059**
純固定資産	$2,702,941
資産合計	**$8,000,000**
負債及び株主資本の部	
買掛金	$936,986
短期有利子負債	$1,100,344
流動負債合計	**$2,037,330**
長期有利子負債	$3,962,670
株主資本	$2,000,000
負債及び株主資本合計	**$8,000,000**

7．この設問に対する解答例は、http://www.diamond.co.jp/go/pb/fmanage/内で見ることができる。
　ただし記載は原文のままである。

第3章

1．外部資金調達必要額がマイナスということは、最低限必要としている金額を超える余剰資金を有していることを意味する。これは貸借対照表において、外部資金調達必要額をゼロとして、現金の項に外部資金調達必要額の数値を加えてみれば確認できる。このとき、資産の額と、負債と株主資本を合計した額とが等しくなるであろう。言わば、バランスシートがバランスするのである。

2．このことは、片方もしくは両方の予測に誤りがあったことを意味するだろう。同じ前提を用い、会計処理と計算の誤りを避けたとすれば、予測外部資金調達必要額は予測現金余剰額もしくは現金不足額と等しくなるはずである。

3．業務を効率的に行うために、企業は一定レベルの現金を必要とする。営業キャッシュフローは変動幅が大きく、1日1日の額を予測するのは難しい。ある程度の期間に及ぶキャッシュフローの不足をカバーするために、企業はクッションとなるような現金を保有しておくのが通常である。このクッションの量は、さまざまな事情によって決まる。キャッシュフローの変動幅や、たとえば未使用の銀行借入可能枠など他に流動性の供給源を有しているかどうかなどである。ある人は、この予測からもうかがえるように、企業は売上18日分相当の現金があれば何とかやっていけると言うかもしれないが、この数値は、S&P500の非金融企業における最近の中央値43日分よりもかなり小さい。

4．R&Eサプライズ社の2013年の予測財務諸表は以下のとおり。

損益計算書	(単位:千ドル)
純売上高	$33,496
売上原価	28,807
売上総利益	4,689
販売費及び一般管理費	3,685
支払利息	327
税引前利益	678
法人税等	305
税引後利益	373
配当金	187
留保利益への繰入額	$187

貸借対照表	(単位:千ドル)
流動資産	$9,714
純固定資産	270
資産合計	$9,984
流動負債	$4,823
長期有利子負債	560
株主資本	1,995

負債及び株主資本合計	$7,378
外部資金調達必要額	**$2,606**

a．2013年の予測外部資金調達必要額は260万6,000ドルであり、2012年よりも100万ドル以上増加している。R＆Eサプライズ社は、この自転車操業からなるべく早く抜け出す必要がある。

b．外部資金調達必要額は241万6,000ドルと、7.3%減少する。

c．外部資金調達必要額は297万7,000ドルと、この景気後退シナリオでは14.2%増加する。

5．

ペパートーン社
損益計算書　2012年1月1日－2012年3月31日（単位：千ドル）

純売上高	$1,080
売上原価	540
売上総利益	540
販売費及び一般管理費	540
支払利息	90
減価償却費	30
税引前当期純利益	(120)
法人税（税率33%）	(40)
税引後当期純利益	($80)
配当金	300
留保利益への繰入額	(380)

貸借対照表　2012年3月31日（単位：千ドル）

資産	
現預金	$150
売掛金	192
棚卸資産	1,800
流動資産合計	2,142
固定資産	900
減価償却累計額	180
純固定資産	720
資産合計	$2,862
負債	
短期借入金	**$1,362**
買掛金	240

その他流動負債	60
1年以内に期限が到来する長期有利子負債	0
未払法人税	80
流動負債合計	1,742
長期有利子負債	990
株主資本	130
負債及び株主資本合計	$2,862

コメント：

棚卸資産は以下のように推定する		未払法人税は以下のように推定する	
1月1日時点の棚卸資産	$1,800	2011年12月31日時点の未払法人税	$300
＋第一四半期の仕入	540	－支払	180
－第一四半期の売上原価	540	＋第一四半期の法人税	−40
3月31日時点の棚卸資産	$1,800	3月31日時点の未払法人税	$80

a．3月31日時点で、予測外部資金調達必要額は136万2,000ドルである。

b．提供する。予測財務諸表は企業財務の健全性を調べるために通常用いられる分析ツールである。

c．予測時点以外の日付における資金調達ニーズについては、予測損益計算書と予測貸借対照表から言えることはほとんどない。

6．a．法人税がマイナスということは、その額だけ企業の税金債務が減少するだろうということを指す。企業が繰延税金債務を抱えておらず、直近の過去に税金を払っていたとすれば、既払税金の還付を申請することができる。

b．現金残高が必要最低残高を超えているのは、同社がその四半期に余剰資金を抱えているということである。当該四半期の現金残高は、以下のような考えから決定される。まず現金が必要最低限の水準にあるとき外部資金調達必要額がマイナスとなるという点に着目する。そして、外部資金調達必要額をゼロとしたとき、資産合計と負債及び株主資本合計とが等しくなるように現金残高を調整するのである。

c．外部資金調達必要額がゼロより大きいときは、資産合計と負債及び株主資本合計とが等しくなるように金額を決定する。

d．同社が借入を行うことは容易なはずである。調達必要額は、各四半期の売掛金の4分の1よりも小さい。

7．この設問に対する解答例は、http://www.diamond.co.jp/go/pb/fmanage/内で見ることができる。

ただし記載は原文のままである。

8．この設問に対する解答例は、http://www.diamond.co.jp/go/pb/fmanage/内で見ることができる。

ただし記載は原文のままである。

第4章

1．この文章は正しくない。本章で触れた基本的な誤解に基づくものと言える。正しくは、「経営者の重要な仕事は、企業の実際の成長率と持続可能な成長率との間の差異を予測し、この差異を慎重に管理していくために適切な計画を立てることである」と言えよう。実際の成長率が急速に上昇しているとき、持続可能な成長率に近づけるよう抑制することは、貴重な成長を不必要に犠牲にしてしまうリスクを伴う。一方、低成長のビジネスの成長率を引き上げようとすることは、成長のあまり価値を破壊してしまう結果に終わるリスクを伴う。

2．a．誤り。新株発行に加えて、企業は持続可能な成長率を構成する4つの比率のいずれにおいても、それを増加させることで現在の持続可能な成長率を上回る成長を達成することができる。すなわち、売上高当期純利益率、総資産回転率、財務レバレッジ、内部留保率である。問題は、これらの比率を上げるための企業の能力には限界があるという点である。

b．誤り。エキサイティングな物語を語れる魅力的な会社であれば、営業損失を出していても株式発行で資本を調達できるだろうが、従来型の一般的な会社では相当に困難を伴うものである。

c．正しい。自社株買いは発行済株式数を減らすことによって、EPSの増加につながる。同時に、自社株買いに要した資金にはコストがかかっており、そのコストは利益を減らすため、EPSも減少する。たいていの場合は、前者の効果によって後者は打ち消され、自社株買いを行うとEPSは増加する。

d．正しい。ほとんどの経営者は、ほぼ常に、自社株は過小評価されていると考えているという調査結果がある。過小評価の株式を買い戻すことは、企業の経営資源の有効活用であり、残る株主に利益をもたらしている。

e．誤り。本章の主要なテーマの1つは、低成長の企業は、微妙ではあるが深刻な成長管理に関する問題を抱えているということであった。その深刻度は、急成長中の企業よりもしばしば大きいのである。

f．誤り。リターンがコストを上回る「よい」成長は株価の上昇につながる。しかし、リターンがコストを下回る「悪い」成長は、企業価値を破壊するものであり、遅かれ早かれいつかは株価の低下を招く。

3．1985年以降ほとんどの年で、株式発行の純額はマイナスであり、アメリカ企業は時価ベースで発行するより多くの株式を消却してきたのである。概して、アメリカ企業では新株発行はキャッシュの源泉ではなく、キャッシュの使途となってきた（同時に**図4.6**からは、新株発行が、急成長中という特徴を持つ企業においては主要な資金調達源となってきたことがうかがえる）。

4．a．バイオサイト社の持続可能な成長率は以下のとおり。

	2000	2001	2002	2003	2004
持続可能な成長率（%）	NA	9.3	14.7	23.0	26.9

たとえば2011年のg^*は、$g^* = 10.3\% \times 100\% \times 0.64 \times 102.7$ドル／72.9ドル$= 9.3\%$

b．バイオサイト社の実際の成長率は、毎年、持続可能な成長率を大幅に上回っていた。同社は、持続可能な成長率を大きく超えて成長してきたのだ。同社の課題は、どのようにしてこの成長を倒産することなくマネージするかという点である。

c．バイオサイト社では、内部留保率（すでに100%となっていた）以外のすべての比率が上昇してきた。事業そのものの業績が向上していなく、それが売上高当期純利益率や総資産回転率にも反映していたとしたら、同社の持続可能な成長率を達成するための財務レバレッジは、実際よりもほぼ2倍の高さとなったであろう。

5．a．

	2000	2001	2002	2003	2004
持続可能な成長率（%）	X	28.6	30.6	31.5	26.0
実際の成長率（%）	17.8	16.4	21.4	14.0	8.5

b．ハーレー・ダビッドソン社は、持続可能な成長の問題を抱えている。当社の実際の成長率は、持続可能な成長率よりも大幅に低い。

c．総資産回転率、内部留保率、財務レバレッジが低下することで、持続可能な成長率も下がったが、実際の成長率と持続可能な成長率との差は、2004年において依然存在する。

6．この設問に対する解答例は、http://www.diamond.co.jp/go/pb/fmanage/で見ることができる。

ただし記載は原文のままである。

第5章

1．普通株式は米国債よりもリスクが高い。リスク回避志向の投資家は、国債に比べてリスクが高い見返りとして、普通株にはより高いリターンを求める。もし国債のリターンが平均して普通株式と同じ程度になったとしたら、国債の価格は上昇し、普通株の株価は下落することだろう。投資家は、より安全でしかもリターンは同等の見通しがある債券のほうに流れるからである。この結果、リターンとリスクのトレードオフの関係が再度落ち着くまで、新しい投資家にとっては、債券の期待リターンはより低く、株式の期待リターンはより高くなる。

2．投資家にとって最も重要なのは持株比率である。この比率によって、企業のキャッシュフローに対する請求権の大きさが決まってくる。したがって、投資家が行っている投資の価値も決まることになる。企業の株価と発行済株式総数は、株式分割によって任意に変更することができる。株価や保有持株数に関心が持たれるのは、投資家がより意味のある持株分の時価や持株比率について計算するのに役立つという意味においてのみである。

3．a．保有期間利回りは、－4.76%。[（60ドル－110ドル）／1,050ドル]

b．債券価格は、投資家のリスクに対する認識が高まったか、もしくは金利が上昇したため、下落したと考えられる。債券の価格は、将来受け取れるキャッシュの現在価値である。金利が上昇すると、将来のキャッシュフローの現在価値は低下し、債券の価格も下落する。

詳細は第7章を参照のこと。

4．a．

株価	$75.00
8%割引	6.00
発行価格	69.00
7%スプレッド	4.83
企業の手に入る純額	$64.17

発行株式数＝　5億ドル／64.17ドル＝　779万株

b．投資銀行の収入＝　4.83ドル×7,790,000＝　3,763万ドル

c．割引分はキャッシュフローにはならない。しかし、既存株主にとっては機会費用である。5億ドルを調達するためにこの分だけ多くの株を発行しなければならず、現在の持株数のままでは同社に対する持株比率がそれだけ低くなる、ということを意味するからである。なお、機会費用もキャッシュフローのコストも、現実に影響するという意味では変わりはない。

5．興味をそそる説ではあるが、これは市場が効率的でないことの証拠ではない。コインを投げてオモテを出そうとすることを考えてみよう。もしコイン投げに技術があるのならば、50%以上の確率でオモテを出すことも期待できるだろうが、コイン投げが単に運の問題ならば、平均すれば、50%の確率しか期待できないであろう。このように、投資信託のリターンもランダムなものであれば、ある年に市場平均よりもよいリターンを残す投資信託は全体のなかの半数だと予想できるだろう。これらの「勝ち組」投資信託のうち、次の年も再び市場平均を上回るリターンを残すものは約半数である（コイン投げの例で言えば、最初にオモテが出た後にもう一度投げたとして、そこでまたオモテが出る確率はおよそ2分の1だろうということである）。こうして5年間が経過すると、当初の投資信託のうちのざっと32分の1が、毎年市場平均に勝ち続けていると予想できる（$(1/2)^5=1/32$）。5,600の投資信託からスタートすれば、仮にスキルの存在を無視するとすれば、およそ175の投資信託が5年間毎年市場平均に勝ち続けてきたと想定できる（5,600／32＝175）。設問によれば、わずか104しかそうならなかったとのことだが、どうやらこれは（スキルのためではなく）運がよ

かったかどうかによると思われる。

6．a．リキッド・フォース社の株価が40ドルで、配当が1株当たり6ドルと発表されたとする。発表された配当支払日の直前に同社株を40ドルで買い、6ドルの配当を受け取り、すぐに37ドルで売却する。40ドルを投資し、すぐに売却して43ドルの現金を受け取ったことになる。簡単な儲け話と言えよう。

b．リキッド・フォース社の株価は配当前に上昇し、配当支払後にそれ以上の幅で下落するだろう。上記の戦略をより多くの投資家が実行しようとすればするほど下落幅は大きくなり、税金や手数料を無視すれば、配当金額と同額になったところで下落幅の拡大は止まるだろう。

c．リキッド・フォース社の配当前の株価は40ドルで配当が6ドルとする。同社株の「空売り」をしよう。同社株を株主から借り、配当に先だってすぐに40ドルで売るのだ。そして株を借りた相手に配当分の6ドルを支払い、28ドルで同社株を買う。この株を借り手に返却すれば空売りは解消でき、結果として34ドルを投資し（28ドル＋6ドル）、取引が終わった時点で40ドルの現金を得たことになる。これもまた、簡単な儲け話と言えよう。

d．リキッド・フォース社の株価は配当に先だって下落し、配当後の下落幅はより小幅に留まるだろう。同様の戦略を取る投資家が十分多ければ、株価の下落幅は配当金額と等しくなる（税金と手数料を無視した場合）。

e．上記のような取引によって、株価は配当金額と同じ額だけ下落することになるだろう。

f．税金や手数料を無視すれば、配当金額が1ドル増えれば、株価も1ドル多く下落することになる。それは、株式の時価評価額が1ドル減少するということでもある。合理的な投資家にとっては、株式に対するリターンを配当金の形で受け取ろうと時価の上昇という形で受け取ろうと変わりはないので、配当を増額しても投資家の利益にはならない。

7．この比喩は適切である。株式とは、負債残高の価値に等しい金額を行使価格とした、企業の資産に対するコール・オプションと考えることができる。企業の資産の価値がとても低い場合は、株主のコール・オプションはアウト・オブ・ザ・マネーであり、株主は、もし望むなら、オプションの行使をしないまま退出し、企業の資産を債権者の手に委ねることができる。企業の資産の価値が負債の価値を上回ると、株主のオプションはイン・ザ・マネーの状態になり、債権者に負債相当の額を支払うことで、企業の資産を債務なく自由に所有できることになる。株主資本の価値と企業価値との関係は、コール・オプションにおけるペイオフ・ダイアグラムに似ている。

第6章

1．公益事業である電力会社のキャッシュフローは非常に手堅い。不況だからといって、電気を消したり冷たいシャワーで我慢したりという人はほとんどいない。手堅いキャッシュフローは、まさしく多額の支払利息を払っていくのに必要とされる要素である。そのうえ、電力会社は土地や固定資産に多額の投資を行うが、これは借入の担保に非常に適している。
　一方、IT企業のキャッシュフローはとても不安定であり、支払利息という義務を果たしていくには不向きである。また、この種の企業は急速な成長を目論んでおり、金融市場へのアクセスを担保するのに必要な柔軟性を維持しておくことが重要である。したがって、これらの企業は、積極的に借入を行うことによって「天井を押さえる」形になってしまうことには慎重である。

2．すべての企業はビジネスのリスクを抱えていることから、企業のEBITは年によって変動する。有利子負債は固定金利の債券のようなもので、EBITが変動しても支払利息は変動しない。結果として、EBITの変動は残余利益の証券の持ち主として株主がすべて抱えることになる。レバレッジを高めるということは、EBITのばらつきは同じだとしても、より少ない株主によってそれを支えることである。したがって、株式投資1ドル当たりのばらつきは増大することになる。これは、株主にとってリターンのばらつきが増大する、すなわちリスクが増大するということである。これは利益レンジ・グラフからも確認でき、レバレッジが高まるとEBIT

に対するEPSまたはROEの値を示す直線の傾きがより急になる。傾きが急だということは、EBITが変動したときは常に、それに伴うEPSまたはROEの変動が大きくなるということである。

3．a．いくつかの理由がある。第1に、将来性のある投資機会を持つ企業は、通常、価値のある無形資産を有しているが、企業が財務的に苦しくなるとこの無形資産の価値は急速に減少することだろう。つまり、これらの資産の再販売価格は低くなる。第2に、これらの企業にとって、財務の柔軟性を維持することは重要であり、将来の投資機会のための資金調達を確実にするため保守的な資本構成となる。これらの企業は、貸借対照表上の資産サイドをビジネスに使って稼ぐことができるのだから、負債サイドで何かしようとして将来の投資を危うくしてしまうのは賢明ではない。

b．できることなら、ほとんどの企業がこの助言に従うことだろう。しかし、多くの小企業では、営業キャッシュフローが十分でなかったり、追加で株主資本を調達できなかったりして、借入による資金調達に大きく依存せざるをえない。これらの企業にとっては、有利子負債によって成長するか、さもなければ成長しないかという状況となる。また、多くの起業家は、より多くの資産をコントロールするために株主資本額という限界を引き上げてくれる手段として、有利子負債をとらえている。すなわち、他人のチップで賭けを楽しむのが好きなのである。

4．a．EBIT＝税引前利益＋支払利息＝5,000万ドル／（1－0.35）＋1,800万ドル＝9,490万ドル

利息＝1,800万ドル＋0.07×5,000万ドル＝2,150万ドル

インタレスト・カバレッジ・レシオ＝94.9／21.5＝4.41倍

b．税引前支払利息・要返済額＝2,150万ドル＋（1,700万ドル＋800万ドル）／（1－0.35）＝5,996万ドル

支払利息・元本カバレッジ＝9,490万ドル／5,996万ドル＝1.58倍

c．EPS＝（9,490万ドル－2,150万ドル）（1－0.35）／2,000万株＝2.39ドル

d．インタレスト・カバレッジ・レシオ＝9,490万ドル／1,800万ドル

＝5.27倍

支払利息・元本カバレッジ＝9,490万ドル／{1,800万ドル＋1,700万ドル／（1－0.35）}＝2.15倍

EPS＝（9,490万ドル－1,800万ドル）（1－0.35）／（2,000万株＋200万株）＝2.27ドル

5．a．金利の上昇によって、利益レンジ・グラフにおけるデット・ファイナンスの線が下方にシフトする。これによって、レバレッジを高めた場合のROEまたはEPSのメリットが小さくなり、逆にEBITが分岐点を下回ればデメリットが大きくなるであろう。また、分岐点におけるEBITが上昇するということにもなる。いずれの変化とも、財務レバレッジを高めることの魅力が減少することにつながる。

b．株価の上昇によって、目標とする金額を資金調達するために必要な発行株式数が少なくて済むようになる。これにより、エクイティ・ファイナンスという選択肢をとった場合において、すべてのEBITの水準でROEが上昇することになる。したがってレバレッジを高めることの魅力は、より小さくなる。言い換えれば、株価の上昇は、利益レンジ・グラフのなかでエクイティ・ファイナンスの線をすべてのEBITの値において上方にシフトさせ、エクイティに対するデット・ファイナンスの相対的魅力を減少させるものである。

c．利益レンジ・グラフには変化は生じないだろう。しかし、不確実性が増すということは、EBITが分岐点を下回る可能性が増すということにつながる。このようなビジネスリスクの増大は、デット・ファイナンスをよりリスクの高いものとし、したがってデット・ファイナンスの魅力は減少することとなる。

d．普通株式の配当金の増加は、利益レンジ・グラフには影響を与えない。配当の増加は、どちらの選択肢をとるにしても、配当金カバレッジ・レシオを悪化させるだろう。しかし、エクイティ・ファイナンスのほうが発行済株式総数が多くなることから、配当の増加によって、デット・ファイナンスのほうがより魅力的となる。

e．すでに存在する有利子負債の額が増えるとすると、支払利息の額が増え、どちらの選択肢においてもROEが悪化するであろう。これは、

利益レンジ・グラフにおいて、どちらの選択肢の線も同じ分だけ下方にシフトすることとなる。しかし、一方の選択肢がもう一方の選択肢と比べて魅力的かどうかの判断には、少なくとも利益レンジ・グラフで比べる限りにおいて、影響がない。既存の有利子負債が増えれば、当然、インタレスト・カバレッジ・レシオは低下するので、追加のデット・ファイナンスのリスクが増し、魅力が低下する。

6．a．毎年のキャッシュの源泉は、キャッシュの使途と等しくなければならない。キャッシュの源泉は利益に新規借入金を加えたものであり、キャッシュの使途は投資と配当である。こう考えると、毎年の数値を求める算式は以下のとおりとなる。

E＋1.2（E－D）＝I＋D　ここで、Eは利益、1.2は目標とする負債比率（有利子負債株主資本比率）、Dは配当、Iは投資である（目標とする負債比率が1.2なら、有利子負債＝1.2×株主資本であり、年間の株主資本増加額は留保利益と等しいのでE－D、したがって新規借入額は1.2(E－D）となる）。

これをDについて解くと、D＝E－I／2.2となる。以下の表に、年間配当額と配当性向の計算結果を示した。

（単位：百万ドル）

年度	1	2	3	4	5
配当金（ドル）	20	−6	34	71	100
配当性向（%）	20	−5	20	31	33
安定的配当性向（%）	24	24	24	24	24
安定的配当金（ドル）	24	31	41	55	72
有価証券の増減額（ドル）	−8	−83	−16	34	61
有価証券（ドル）	192	109	93	127	188

b．配当金を合計し利益合計で除すと、安定的な配当性向は219ドル／930ドル＝24%となる。これを上で挙げたキャッシュの源泉と使途の算式に代入すると、

E＋1.2（E－0.24E）＝I＋0.24E＋CM　となる。

ここで、CMは市場性のある有価証券の増減額とする。CMについて解くと、

CM＝1.67E－I　こうして求めたCM、及び期末の市場性有価証

券ポートフォリオの結果を上の表に示した（より正確に計算すれば、5年度末の市場性有価証券は期初の200ドルと一致したはずである）。

c．同社は、以下のいずれか、またはいくつかの組み合わせを選択することができる。

・市場性有価証券の低減

・財務レバレッジの上昇

・新規株式の発行

・配当の低減

d．ペッキング・オーダー理論によれば、企業は外部資金よりも内部資金調達を志向し、外部資金のなかでは、株式よりも社債のような低リスク資産を好むだろうということが予想できる。ペッキング・オーダー理論に従うと、企業が好む選択肢の順序は、上記の設問cに対する解答例で挙げたとおりとなる。配当の低減は、厳密にいえば内部資金調達であるが、安定的に配当をしてきた企業が配当を減らすという情報はネガティブなシグナルとして非常に強いので、企業はペッキング・オーダーにおいて新株発行よりも下位に置くだろうと想定した。読者が本問の回答を採点する際は、配当の低減については無視していただいてかまわない。

e．ペッキング・オーダー理論は、新株発行の際にネガティブなシグナル効果（市場参加者にレモンと思わせる効果）を与えるのを避けたいという願望から生じたものである。金融市場へのアクセスを維持しておきたいという願望もこれに加わる。経営者にとってこうした目的が重要であるならば、ペッキング・オーダーに従うのはいたって自然なことであろう。

7．この設問に対する解答例は、http://www.diamond.co.jp/go/pb/fmanage/で見ることができる。

ただし記載は原文のままである。

8．この設問に対する解答例は、http://www.diamond.co.jp/go/pb/fmanage/で見ることができる。

ただし記載は原文のままである。

第7章

1.

金銭の時間的価値の問題

a. **Input:** 4 8 ? 0 1,000

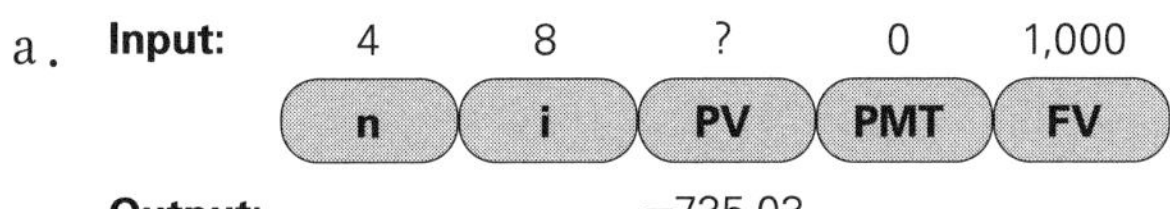

n	i	PV	PMT	FV
4	8	?	0	1,000
		−735.03		

Output: −735.03

b. PV＝540.27ドル　現在価値が小さくなるのは、より時間をかけることで現在の値から1,000ドルへと成長していくためである。

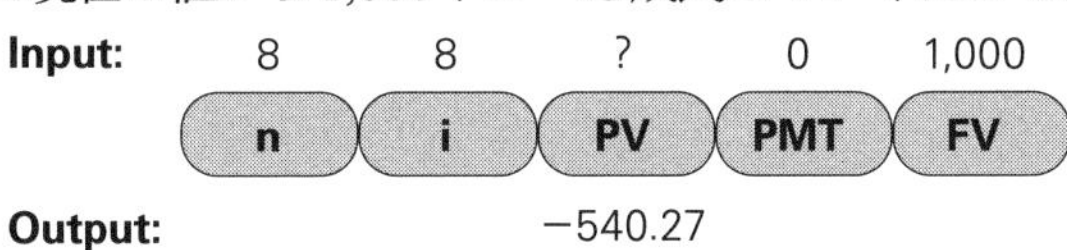

	n	i	PV	PMT	FV
Input:	8	8	?	0	1,000
Output:			−540.27		

c. PV＝2万565.89ドル

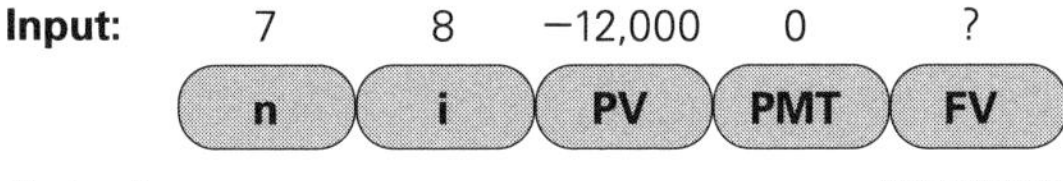

	n	i	PV	PMT	FV
Input:	7	8	−12,000	0	?
Output:					20,565.89

d. PV＝　4,629.63＋3,429.36＋3705.55＝　1万1,764.54ドル

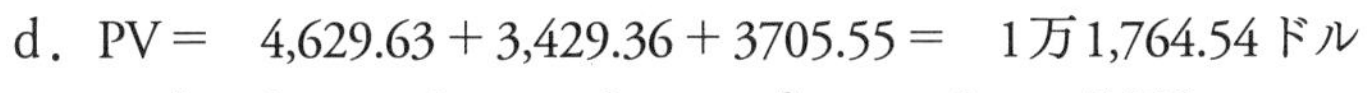

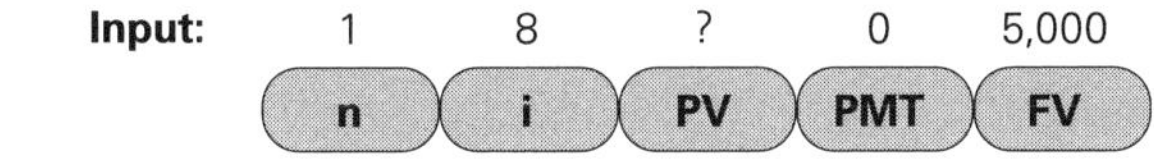

	n	i	PV	PMT	FV
Input:	1	8	?	0	5,000
Output:			−4,629.63		

	n	i	PV	PMT	FV
Input:	2	8	?	0	4,000
Output:			−3,429.36		

	n	i	PV	PMT	FV
Input:	10	8	?	0	8,000
Output:			−3,705.55		

e.

	n	i	PV	PMT	FV
Input:	?	8	−2,000	0	4,000
Output:	9.01				

f.

	n	i	PV	PMT	FV
Input:	20	8	0	−500	?
Output:					22,880.98

g.

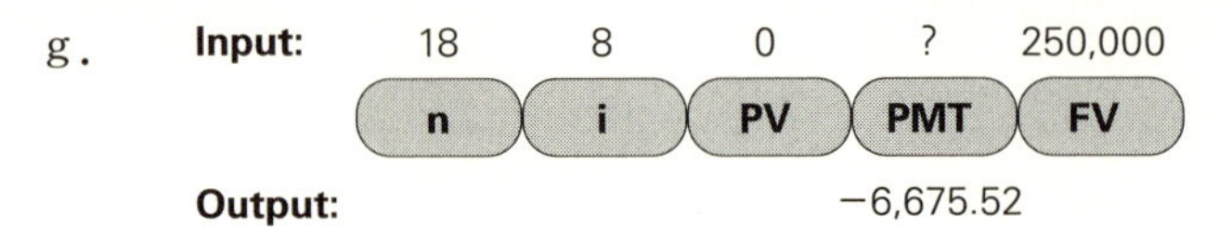

h．もし支払いが永久に続くとすれば、現在価値は600／7.8＝7,500.00ドル。したがって、支払いは永久に続く必要がある。もし支払いが5年間しか続かないとすれば、残存価値は7,500ドルが必要であろう。これは5年目以降毎年600ドルを生み出す永久年金に対して8%の金利で投資するときに必要な額である。

収益率の問題

i.

j.

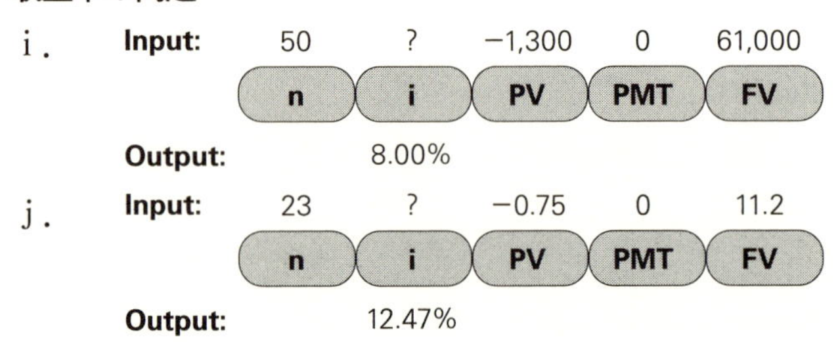

k．IRRは18%。2万2,470ドル以下の投資額ということは、IRRは18%より大きくなる。2万2,470ドル以上の場合は、逆となる。

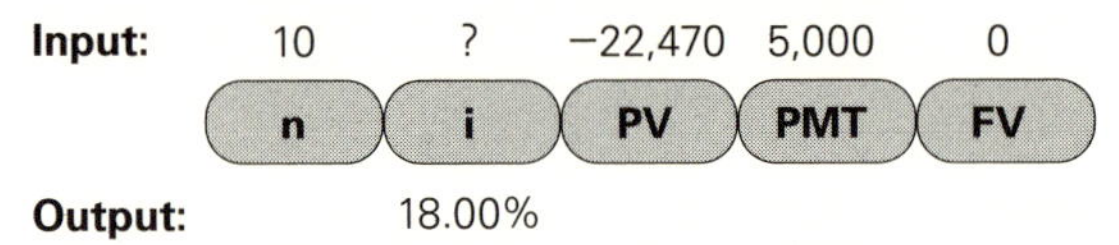

l．今日1ドル投資するとしたら、5年後に2ドルになるということだから、

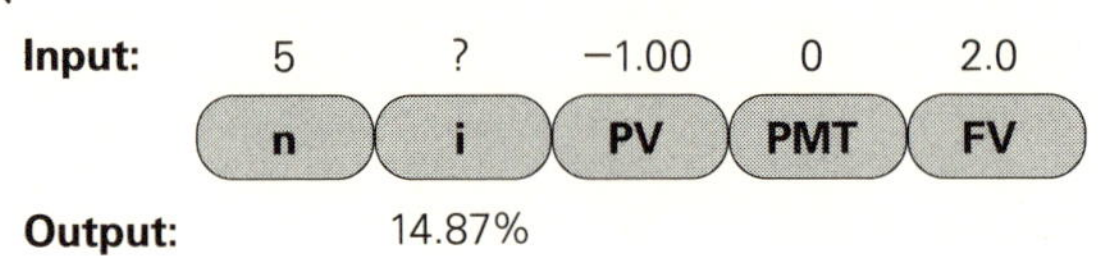

m．記載のキャッシュフローを、エクセルのスプレッドシートの1行目、A1からF1のセルに入力してみよう。IRR＝（IRR，A1：F1）を計算させると、10.4%。

n．IRRは13.69%である。ここでもまた、複利の力を認識させられる。この結果は、芸術作品への投資が特に魅力的だということを示唆しているわけではない。維持費や保険、価値ある絵画の保護といった点を無視している。また、ゴッホの絵ならば、彼の作品中では傑作とは言えないものでも、よくある芸術作品よりもはるかによいリターンが期待できるといった点も考慮していない。

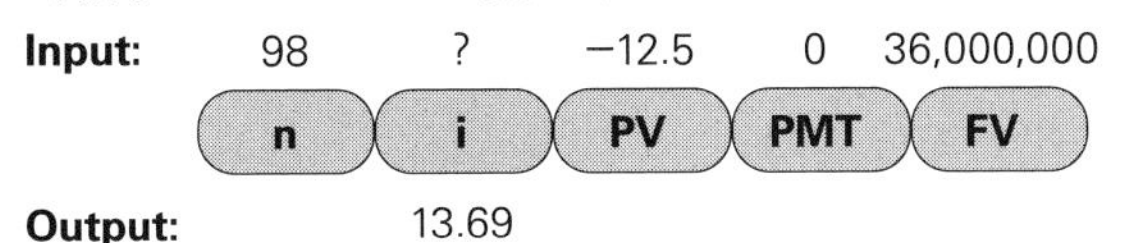

銀行ローン、債券、株式の問題

o．現在価値は932.90ドル

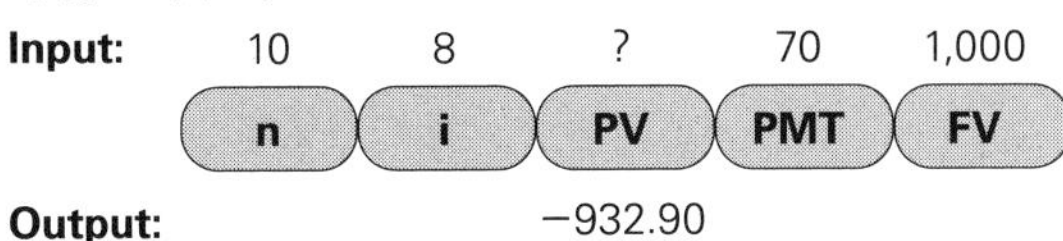

p．現在価値は5／0.08＝62.50ドル。

q．8年後に1億5,000万ドルとするために必要な年間の積立金額は、1,410万ドル。

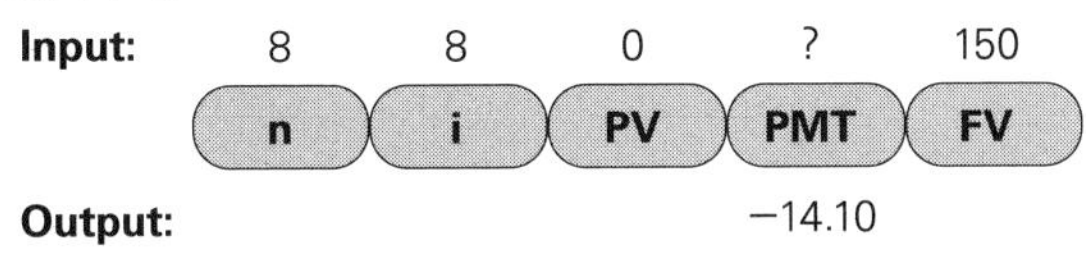

もし年初にお金を積み立てるとすれば、1,410万ドルの積み立てを1年早めると考えればよい。すると答えは1,306万ドルとなる。

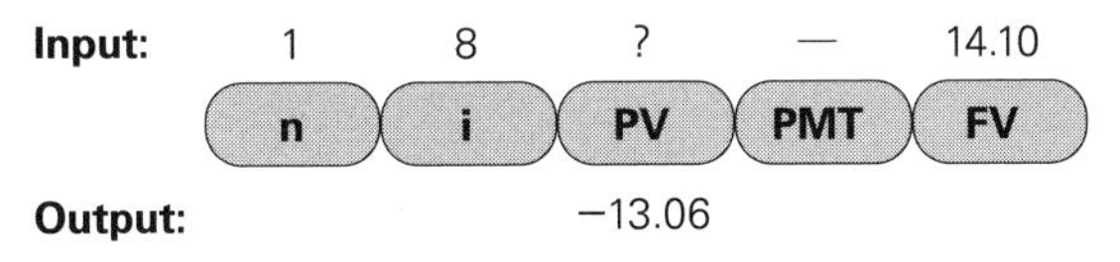

r．毎年の支払額は、2万5,960ドル。

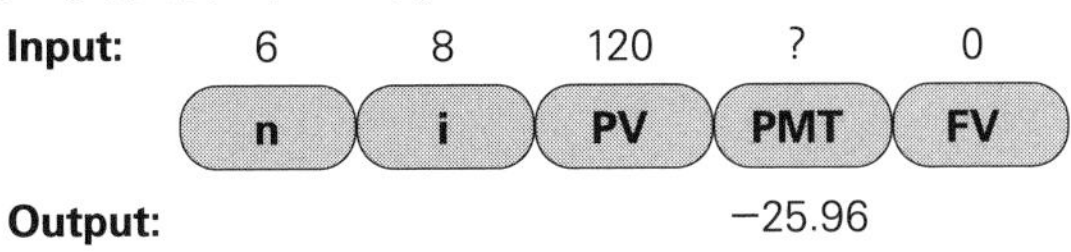

2．本件分割購入プランの実質的な利回りは、一括払いの4万8,959ドルと、「今1万ドル、次いで5年間にわたって毎年1万ドル払い、これに加えて手数料が2,000ドル」という支払いとが、売り手にとって同じ価値になるような割引率に等しい。

48,959＝2,000＋10,000＋X　ここでX＝5年間に毎年1万ドルの支払

いの現在価値

上の式でXについて解くと、X＝3万6,959ドル。5年間にわたって毎年1万ドルの支払いの現在価値が3万6,959ドルとなるような割引率は、11％。

求める金利＝IRR＝11％。

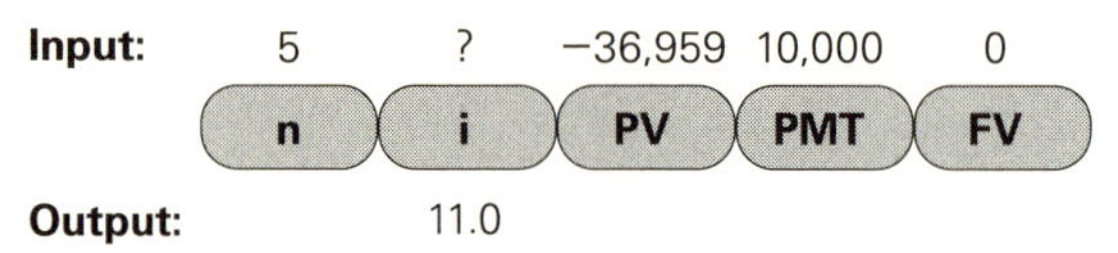

3．継続的なキャッシュフローについて、第1回のキャッシュフローの1年前における価値は、永久年金の公式を使って求めることができる。とすれば、2年目時点におけるこの奨学基金の現在価値は、4万5,000ドル／0.05＝90万ドル。

2年目時点で奨学基金に90万ドルあるようにするためには、現時点で、81万6,330ドルが必要である。

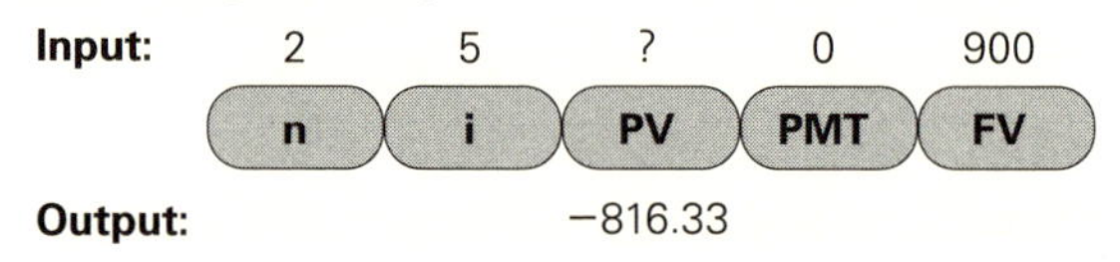

4．これは単純な設備更新の問題である。

	古い機械	新しい機械
売上総利益	$600,000	$1,200,000
− 減価償却費	300,000	450,000
税引前利益	300,000	750,000
法人税(45%)	135,000	338,000
税引後利益	165,000	412,000
＋ 減価償却費	300,000	450,000
税引後キャッシュフロー	$465,000	$862,000

既存の機械を維持する場合には、NPV＝285万7,000ドル。

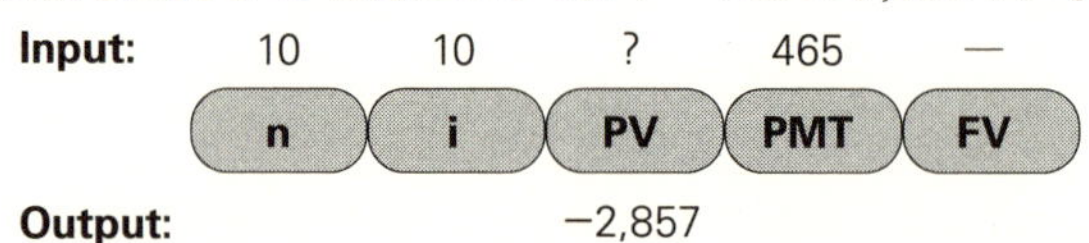

新型機からの税引後キャッシュフローの現在価値は、529万7,000ドル。もし既存機を売却して新型機を購入するとすれば、NPV＝−450万ドル

＋150万ドル＋529万7,000ドル＝229万7,000ドル。したがって、既存の機械を維持したほうがよい。

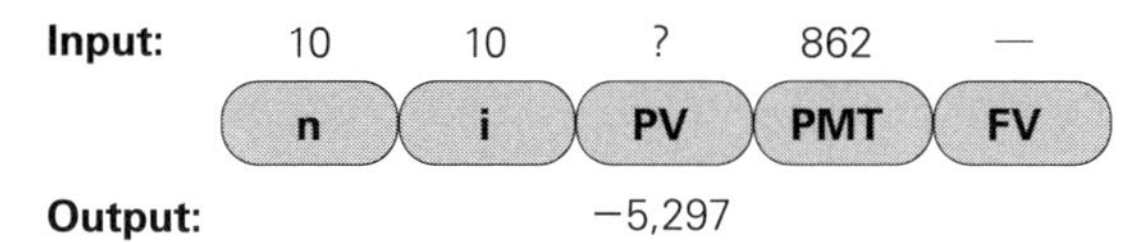

そのほか、2つの選択肢について、キャッシュフローの差異に着目する方法もある。つまり、キャッシュフローの増分を分析するということである。新型機のキャッシュフローから既存機のキャッシュフローを差し引くと、

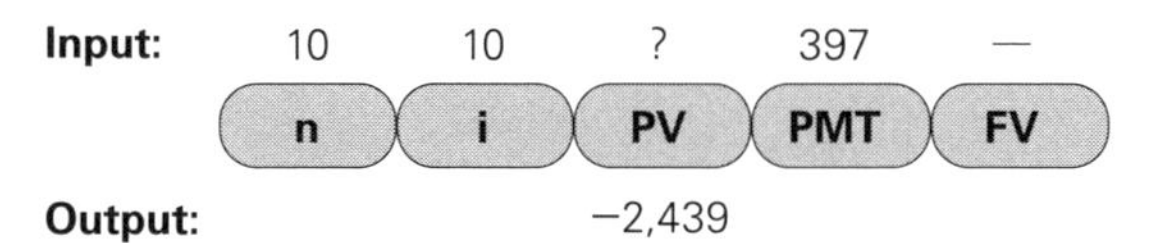

NPV＝－300万ドル＋243万9,000ドル＝－56万1,000ドル。これでは、新型機を購入するために300万ドルを追加で支払うのは魅力的とは言えない。このNPVは、2つの選択肢のNPVの差額と等しいと言っても読者の方々は驚かないだろう。すなわち、

－56万1,000ドル＝229万7,000ドル－285万7,000ドル

キャッシュフローの増分のIRRは5.4%であり、10%よりも低いので、この点から見ても追加投資は認められないことがわかる。

5．投資からの税引後キャッシュフローは、

（単位：千ドル）

年度	0	1	2	3	4	5
初期投資額	$15,000					
収益		$20,000	$20,000	$20,000	$20,000	$20,000
営業費用		13,000	13,000	13,000	13,000	13,000
減価償却費		3,000	3,000	3,000	3,000	3,000
税引前利益		4,000	4,000	4,000	4,000	4,000
法人税（税率40%）		1,600	1,600	1,600	1,600	1,600
税引後利益		2,400	2,400	2,400	2,400	2,400
＋ 減価償却費		3,000	3,000	3,000	3,000	3,000
税引後キャッシュフロー	$(15,000)	$5,400	$5,400	$5,400	$5,400	$5,400

この投資はとても魅力的である。IRRは23.4%と、最低限の目標値である10%を大きく上回る。

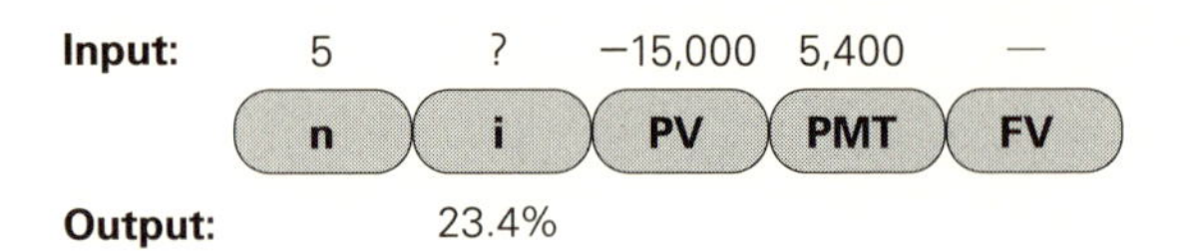

6．間違い探しの解答。

a．税引後キャッシュフローを計算する際に、減価償却費を足し戻すべきである。プロジェクトから生み出されるキャッシュを問題としているのであって、会計上の利益ではない。ただし、残存価額について初期費用よりも小さい額を用いる場合は、減価償却が織り込まれている。このときも減価償却費を足し戻すとすれば、それは二重計算になってしまう。

b．支払利息を差し引いてはいけない。投資された資金の機会費用は割引率として見込まれている。ここからさらに資金調達に関するコストを差し引くのは、やはり二重計算と言える。もう少し話を広げると、投資の問題と資金調達の意思決定の問題とは、できる限り切り離して考えるべきである。もし2つの問題を同時に考えなければならないとすれば、純粋に株主の視点からプロジェクトの分析をすることとなる。しかし、結局株主に対するキャッシュフローを決定するには、債権者への支払いを差し引かなければならない。第8章で触れることになるが、この株主の視点というものは、実務上間違いやすい。

c．利益を年15%成長させることは、企業の目標として適切ではない。なぜならそれは、必ずしも株主価値を増加させるとは限らず、さらに言えば誰にとっての価値をも増加させるとは限らないからである。会計上の数値は見かけ上の成長をつくるために容易に操作しうる。成長の実態が存在しないときでさえ、それは可能である。むやみに成長を追求することで、経営者にとって留保利益を重視するあまり、非常にリターンの低い案件でさえも投資しようというバイアスがかかってしまう。たとえば配当は成長に寄与しないが、そうした案件でも成長にはつながるからである。企業の目標として適切なのは、プラスのNPVが見込める投資案件を手掛けることで、株主価値を創造することである。

d．30%は会計上の数値から計算した収益率であり、正しいIRRではない。

e．売掛金などの増加は、キャッシュフローと関連がある。たしかに、運転資本に対する投資の大部分はプロジェクトが終わったときに現金に回収できる。しかし、金銭の時間的価値というものがある。回収できる運転資本投資額の現在価値は、当初の支出時よりは小さくなる。したがって、関連するキャッシュフローに含まれる。

f．販売費及び一般管理費の追加的費用は、それがこのプロジェクトについて増加するのだとすれば、関連がある。With-Withoutの原則を思い出そう。もしこのプロジェクトをやらないときに余剰の従業員が解雇されるのだとしたら、彼らがこのプロジェクトのために引き続き雇用されるのは、コストの増加をもたらす。もしこのプロジェクトをやらなくても余剰の従業員は会社に残り、暇なまま雇われ続けるのだとしたら、そのコストはプロジェクトが有っても無くても存在するという意味で、無関連と言える。前者の状況のほうが、より可能性が高いだろう。私もロレッタに賛成である。なるべく早くデニーをお払い箱にしよう。

7．この設問に対する解答例は、http://www.diamond.co.jp/go/pb/fmanage/で見ることができる。

ただし記載は原文のままである。

8．この設問に対する解答例は、http://www.diamond.co.jp/go/pb/fmanage/で見ることができる。

ただし記載は原文のままである。

第8章

1．a．誤り。遠い将来のキャッシュフローは、近い将来のキャッシュフローのリスクに比べて、より大きく割り引かれている。分母の割引率が、より高い数値となるからである。継続して同じ割引率を想定するということは、キャッシュフローが将来に遠ざかっていくにつれて、一貫して幾何級数的にリスクが増大するという前提を置いている。

b．正しい。WACCは、あるプロジェクトのリスクがそれを手掛ける企業の現在有している資産のリスクと同じとき、割引率として適切である。もし、そのプロジェクトが平均より安全（危険）ならば、その企業のWACCよりも低い（高い）割引率で評価されるべきである。

c．誤り。これは、「限界資本コストの誤謬」に関する別の例である。企業は、プロジェクトを賄う資金を全額借入することができるかもしれないが、この場合の借入金利がこの投資における資本コストと等しいとは言えない。レバレッジが高まることで、株主が抱えるリスクは増大し、株主資本コストも増加する。別の考え方としては、投資に対する割引率は、その経済のなかでリスクが等しい何か別の投資可能な機会に対するリターンを反映した機会費用だというものがある。そう考えると、投資に対する割引率は、その投資のための資金調達にかかった特定のコストではない。

d．誤り。支払利息は、その支払いがされたときの有利子負債残高に対する利率を反映したものである。「支払利息÷期末有利子負債残高」をその企業の有利子負債コストと推定するのは、いくつかの理由により不十分と言える。第1に、有利子負債残高は、期間によって変動しがちであり、期末の残高と利息が支払われたときの残高とが等しいとは限らない。第2に、知りたいのは新規借入に対するコストであって、「支払利息÷期末有利子負債残高」は過去の数値である。現在残っている有利子負債が発生したとき以降、市場金利や当該企業の信用力に変化が起きていたとしたら、過去の有利子負債コストは、これから新たに借入を行うときのコストとは異なる。第3に、借入金利は必ずしも債権者が期待しているリターンのすべてとは限らない。極端な例としては、債権者は期待リターンのすべてを価格上昇の形で得ることになるゼロクーポン債がある。有利子負債コストの近似値としては、現在の有利子負債の最終利回りが最も適切である。これは、現在の投資家が新しい借入に対して要求する利回りである。

e．誤り。企業の株式ベータは2つの要素によって決まる。すなわち、同社のビジネスリスクと、同社の資本構成から生じる財務リスクである。同じ業界の企業であればビジネスリスクは似ていると言えようが、財務リスクについても似ている保証はない。

2．起業家が進んで受け入れるべき最低限の収益率は、無利子ローンの存在とは何の関係も無い。受け入れ可能な最低限の利率は、起業家が本件と同程度のリスクで次に有望な投資対象であればどの程度のリターンを期待するかというレートとなる。資本コストとは、代替投資機会の魅力度によって決定される機会費用である。

3．投資が市場線の下にあるとき、より高い期待収益率、かつ同程度のリスクの投資を行うことが可能である。逆に、投資が市場線の上にあるときは、同程度のリスクを持つ他の検討可能な投資機会よりも高い期待収益率が望めるということである。

4．財務レバレッジを高くすることは、株主が負担するリスクを高め、そして株主資本コストを高めることとなる。当該企業の株式ベータも同様に上昇する。実際に、株式ベータの上昇は株主資本コストを高めるという関係が、図6-1のグラフから視覚的にもよくわかる。

5．a．永久年金のIRRは、年間の受取額÷初期投資額で求められる。希望するIRRが20%なので、20%＝{300万ドル－（1－0.50）×8%×X}／(2,500万ドル－X)。ここでXは必要とされる借入額で、Xは1,250万ドルとなる。したがって、投資家はこのオフィスビルの代金2,500万ドルのうち1,250万ドルを借入で調達して投資すれば、20%の収益率を期待できる。

b．90%＝(300万ドル－（1－0.50）×8%×X)／(2,500万ドル－X)をXについて解いて、X＝2,267万ドル。投資家として取るべき行動は、2,500万ドルの投資に対して2,267万ドルを借り入れることである。

c．この解答については、よく理解していただきたい。これは重要である。投資家はより低いリターンのほうを選ぶと考えられるのは、そのほうが必要とする借入が少なくて済むからである。財務レバレッジの上昇は株式の期待収益率を上げるが、同様に株式のリスクも高める。実際問題、もし投資家が金利8%の借入を自力でできるのならば、株式のリターンを高めるためにもっと借入できるといった条件をブローカーにつけてもらっても、それで投資の魅力度が増すことはまったくない。第6章も参照のこと。

6．a．年間の借入金元利返済額は、8,309万ドル（8,309万ドル＝PMT[6%、5年、350ドル]）。

b．この会社の株式への投資家は、0年目に5,000万ドルを投資し、5年間にわたり1,691万ドルを受け取る（10,000－8,309＝1,691）。このキャッシュフローのIRRは20.5%。

c．これは冴えない投資案件である。同社のフリー・キャッシュフローを資本コストで割り引くと、企業価値は3億7,908万ドルにすぎない。同社を4億ドルで買収するのは、NPVが2,092万ドルのマイナスになるということである（もし、この設問で「税金を無視して」という指示がなかったとしたら、支払利息の節税効果の現在価値として、追加の価値があっただろう。しかし、ここでは無関係である）。株式に対して20.5%の収益率は魅力的に見えるが、ここでは単にレバレッジがものを言っているにすぎない。この収益率は抱えているリスクに見合うかと考えれば、不十分である。この投資は市場線の下にある。

7．a．コール・オプションである。ゼネラル・デザイン社に増設を「買う」というオプションを提供している。

b．行使価格は、増設を行う際に支払う額となる。すなわち5億ドルである。

8．a．ヴォイス事業部のEVAは、2億2,000万ドル×（1－40%）－10%×10億ドル＝3,200万ドル。データ事業部のEVAは、1億3,000万ドル×（1－40%）－15%×6億ドル＝－1,200万ドル

b．データ事業部のEVAがマイナスという事実は懸念のもとではあるが、すぐにこの事業部を閉鎖するという判断は早計である。以下のいくつかの理由から、戦略上の意思決定において、EVAの数値を用いるには慎重に取り扱う必要がある。

- EVAの数値は過去を評価したものであるが、戦略上の意思決定は期待に基づくものである。
- EVAの計算は1年限りのものである。参入や退出に関する意思決定は、何年もにわたる影響を加味すべきである。
- データ事業部は、まだ歴史が浅く急成長中である。将来、儲かる事業となりうる地位を確立するまでの間は、マイナスのEVAや、

場合によっては損失にさえも、耐えてみる価値は十分あるかもしれない。

- EVAの計算が正確でないかもしれない。特に、実務家の間では、EVAを計算する際に投下資本として用いられる数値を決める前に、貸借対照表について複雑な調整を行う必要があるという声がある。

私見では、事業部のEVAは有益な情報を提供するが、機械的に採用するのは避けなければならない。この例では、データ事業部を閉鎖するよりも、データ事業部のマネジャーにこのEVAの数値を見せ、事業部のEVAをプラスに転じさせる日を宣言させることで彼の心に火をつけ、その見通しを守らせるというほうをやってみたいと思われる。

9．この設問に対する解答例は、http://www.diamond.co.jp/go/pb/fmanage/で見ることができる。

ただし記載は原文のままである。

第9章

1．a．誤り。ある研究から引用しよう。「買い手の時価総額と売り手の時価総額を合計すると、買収の発表時点から平均して7.4％上昇することが、投資家たちに認識された。しかし、時価総額の増加分の実質上ほぼすべては、売られる企業の株主のものとなり、その株価の上昇は平均して30％以上にもなることもわかっている。一方で買い手側企業の株価は1％程度しか上昇しない。直近4年の研究では、買い手側企業の株価は買収発表から約3％下落したほどだ」

b．誤り。DCF法では、対象企業の予測フリー・キャッシュフローを「対象企業の」資本コストで割り引く。基本的原則として、割引率とは割り引かれるキャッシュフローのリスクを反映したものとなるべきである。この場合、割り引かれるキャッシュフローのリスクとは、対象企業のリスクである。

c．誤り。買収者は、まずい経営の企業を買収してその業績を改善させることによって儲けを出す。もし対象企業の経営がうまく行っているとすれば、実質的に業績がさらに改善する可能性は小さいので、支配権プレミアムもそれに応じて小さくなるべきと言える。

d．誤り。企業を清算するという意思決定は、支配株主が行う。あるいは、持株比率が広く分散している場合は現職の経営陣もできる。これらの立場の人々は、仮に企業を清算したほうが企業活動を続けるよりも価値が大きい場合であっても、清算する義務があるというわけではない。支配株主が企業の将来について楽観的だったり、企業から何か非金銭的な見返りを受けていたりすれば、いかに他人がその企業は清算したほうが得だと思っていたところで、事業継続を選択することであろう。

e．正しい。たとえばある企業の株価が30ドルなのに対し、経営陣は実は80ドルの価値があると信じていたとする。80ドルの資産を30ドルで買うことは（通常は、買収を手掛ける投資銀行の財務的支援を得るが）、実に魅力的な投資だと言える。企業を買収する前に規模を縮小させればさらによい価格で買収することができると経営陣が認識するようだと、大きな利益相反の問題が発生しうる。

2．支配権の価値は、買収提案発表直前の株価と提案価格との差額に、発行済株式総数を掛ければよい。すなわち22億1,000万ドルである（{60ドル－33ドル}×8,200万株）。

3．フリー・キャッシュフロー＝EBIT（1－税率）＋減価償却費－固定資産投資－運転資本への投資（増分）

EBIT＝税引前利益＋支払利息＝18億ドル＋5億7,000万ドル＝23億7,000万ドル

税率＝6億1,200万ドル／18億ドル＝0.34

フリー・キャッシュフロー＝23億7,000万ドル×（1－0.34）＋8億ドル－5億1,000万ドル－3億4,000万ドル＝15億1,420万ドル

4．a．いかなる場合においても、ある企業が別の企業を買収すれば、売上高や総資産は増加する。同様に、もし被買収企業の利益が買収によって増加した有利子負債に関する支払利息を上回るならば、利益も増加することだろう。これは何の驚きもない。

b．提案前の1株当たり価値は　12ドル／0.15＝80ドル

c．提案後の1株当たり価値は　6ドル／（1＋0.15）＋（12.75ドル／

0.15）／（1＋0.15）＝79.13ドル

d．フラットブッシュ社の株主は、社長の提案に反対すべきということは明らかである。企業規模は拡大するかもしれないが、株主価値は毀損されるだろう。つまり、この計画で株価は下落するだろうということである。社長の計画の問題点は、株主にとって機会費用15％の資金を使ってこの買収へ投資するのに、12.5％の利回りしか稼げないという点である（毎年0.75ドルの配当増という条件を永久年金と見ると、6ドルの初期投資に対して12.5％の利回りということになる）。

5．a．

	P	V1	P+V1	V2	P+V2
税引後利益（百万ドル）	$2	$1	$3	$1	$3
株価収益率（倍）	30	8		35	
株主資本の市場価値（百万ドル）	60	8		35	
株式数（百万株）	1	1	1.5	1	1.5
1株当たり利益（ドル）	2	$1	2	$1	2
株価	60	8		35	
新規株式最大発行数（百万株）		0.5		0.5	
新規株式の市場価値		30		30	
最大買収プレミアム（%）		**275%**		**–14%**	

b．この問題は、EPSの希薄化や増加を心配することはどうして近視眼的だと言えるのかを示している。プロキュレップ社は、V1を買収するには大きなプレミアムも進んで支払おうとするが、V2を見ても買う気は起こらないだろう。しかし、V2は将来性に富んだエキサイティングな企業である。

6．a．FMV＝現在価値（2012年から2015年のキャッシュフロー）＋現在価値（ターミナル・バリュー）。2012年から2015年のキャッシュフローの現在価値は、1億5,590万ドル。ターミナル・バリュー＝EBIT（1－税率）／0.11＝1億2,000万ドル／0.11＝10億9,090万ドル。ターミナル・バリューの現在価値は10億9,090万ドル／$(1+0.11)^4$＝7億1,860万ドル。

合計して、FMV＝8億7,450万ドル。

b．株主資本のFMV＝（8億7,450万－2億5,000万）ドル／4,000万株

＝1株当たり15.61ドル

c．ターミナル・バリュー＝　2016年のフリー・キャッシュフロー／（0.11－0.05）。

2016年のFCF＝2億ドル×1.05×（1－0.04）－3,000万ドル－1,500万ドル＝8,100万ドル。

したがってターミナル・バリューは、8,100万ドル／（0.11－0.05）＝13億5,000万ドル。

ターミナル・バリューの現在価値は、8億8,930万ドル。

企業のFMV＝1億5,590万ドル＋8億8,930万ドル＝10億4,520万ドル

1株当たりFMV＝（10億4,520万ドル－2億5,000万ドル）／4,000万株＝19.88ドル

d．ターミナル・バリュー＝株主資本の価値＋有利子負債の価値。

株主資本の価値＝12×2015年の純利益＝12×（2億ドル－0.10×2億5,000万ドル）（1－0.40）＝12億6,000万ドル

ターミナル・バリュー＝12億6,000万ドル＋2億5,000万ドル＝15億1,000万ドル

ターミナル・バリューの現在価値＝9億9,470万ドル

したがって基準日における企業のFMV＝1億5,580万ドル＋9億9,470万ドル＝11億5,060万ドル

1株当たり価値＝（11億5,060万ドル－2億5,000万ドル）／4,000万株＝22.51ドル

7．

5年目における従業員持株比率		20.0%
5年目における第2ラウンドVCの持株比率		11.0%
第2ラウンドVCの留保率	＝（1–.20）	0.80
2年目における第2ラウンドVCの持株比率	＝ 0.11/0.80	13.8%
5年目におけるタッチストーンの持株比率		62.9%
タッチストーンの留保率	＝（1–.20）（1–.138）	0.69
0年目におけるタッチストーンの持株比率	＝ 0.629/0.69	91.2%

解答の確認

Xを5年目の発行済株式総数として、創業者の持株数が200万株であるから

0.2X+0.11X+0.629X+2,000,000=X

5年目の発行済株式総数		3,279万株
5年目におけるタッチストーンの持株数	= 0.629×32.79	2,062万株
5年目の株価	= 1億ドル/32.79	$3.05
5年目におけるタッチストーンの持株の価値	= 20.62×3.05	6,290万ドル
タッチストーンにとってのIRR	表9A-2 を参照	60%
5年目における第2ラウンドVCの持株数	= 0.11×32.79	361万株
5年目における第2ラウンドVCの持株の価値	= 3.61×3.05	1,100万ドル
第2ラウンドVCにとってのIRR	表9A-2 を参照	40%
オプションの価値	= 20%×1億ドル	2,000万ドル
創業者の持株の価値	= 200万株×3.05	610万ドル

従業員のオプションは、事実上創業者が支払っている。タッチストーンと第2ラウンドVCは依然として彼らの目標収益率である60%と40%をそれぞれ得ている。一方で、5年目における創業者の持株の価値は、表9A -2では2,610万ドルだったところ、610万ドルまで低下している。この差の2,000万ドルが従業員のオプションとなったのだ。

8．この設問に対する解答例は、http://www.diamond.co.jp/go/pb/fmanage/で見ることができる。

ただし記載は原文のままである。

索引

アルファベット

ア行

カ行

サ行

タ行

索引

ナ行

ハ行

マ行

ヤ行

ラ行

ワ行

［訳者］

グロービス経営大学院

社会に創造と変革をもたらすビジネスリーダーを育成するとともに、グロービスの各活動を通じて蓄積した知見に基づいた、実践的な経営ノウハウの研究・開発・発信を行っている。
グロービスには以下の事業がある。(http://www.globis.co.jp/)

●グロービス経営大学院
　・日本語（東京、大阪、名古屋、仙台、福岡、オンライン）、英語（東京）
●グロービス・コーポレート・エデュケーション
　（法人向け人材育成サービス／日本・上海・シンガポール）
●グロービス・キャピタル・パートナーズ（ベンチャーキャピタル事業）
●グロービス出版（出版／電子出版事業）
●「GLOBIS知見録」（ビジネスを面白くするナレッジライブラリ）
その他の事業：
●一般社団法人G1サミット（カンファレンス運営）
●一般財団法人KIBOW（震災復興支援活動）

斎藤忠久（さいとう　ただひさ）（監訳、第9章担当）

グロービス経営大学院　教授。東京外国語大学英米語学科卒業。シカゴ大学MBA修了。都市銀行を経て、米国パケットビデオ社上級副社長兼日本法人代表取締役社長、株式会社エムティーアイ取締役兼執行役員専務を歴任。

青山　剛（あおやま　たけし）　（第1章担当）

グロービス・エグゼクティブ・スクール講師。専修大学経営学研究科博士後期課程単位取得後、私立大学の講師を経てグロービス入社。アカウンティング・ファイナンス科目の講師、教材開発等を行いながら、経営管理本部にて全社の予算管理にも携わっている。

大島一樹（おおしま　かずき）　（第2、5章担当、企画構成）

グロービス　ファカルティ本部研究員。東京大学法学部卒業後、金融機関を経てグロービス入社。出版局にて書籍の企画、執筆、編集を担当。ファイナンス科目の教材開発にも従事。

星野　優（ほしの　まさる）　（第3章担当）

グロービス経営大学院　教授。慶應義塾大学法学部卒業、ノースウェスタン大学ケロッグ経営大学院MBA修了。大手総合商社を経て、グロービス入社。カリキュラム開発、ファイナンス系科目の講師を務める。「[実況]ファイナンス教室」（PHP研究所）を執筆。

濱田高行（はまだ　たかゆき）　（第4章担当）

グロービス経営大学院　准教授。慶應義塾大学経済学部卒業。ワシントン大学オーリンビジネススクールMBA修了。大手損保会社にて海外事業の経営管理業務等、米系投資銀行にてM&A関連業務等に従事した後、グロービス入社。日本証券アナリスト協会検定会員。

大嶋博英（おおしま　ひろひで）　（第6章担当）

グロービス経営大学院　准教授。名古屋大学法学部卒業、ヴァージニア大学ダーデンスクールMBA修了。都市銀行にて市場性商品営業、米ドル資金調達を担当、米系投資銀行にてM＆Aアドバイザリー業務に携わった後、グロービス入社。

山本和隆（やまもと　かずたか）　（第7、8章担当）

グロービス・エグゼクティブ・スクール講師。一橋大学経済学部卒、シカゴ大学MBA修了。ジャパンインターカルチュラルコンサルティング日本代表。『新版グロービスMBAファイナンス』（ダイヤモンド社）を執筆。主な著書に、『ファイナンス入門講義』（日経新聞出版）、『ファイナンス　プロが猿に勝てない不思議な話』（日経プレミア）など。

［旧版訳者］

2002年9月発行　翁宇一　星野優　吉高信　山本和隆　近藤眞知子　（翻訳協力）青山剛
1994年9月発行　霍見芳浩（監訳）　堀義人　福沢英弘　手塚宏之　佐々木潤　東條太郎
　中野武　伊藤暁　八木郁雄　田村和浩　宮島良隆　中垣内毅　岡田健　藤原佳代子

［著者］
ロバート・C・ヒギンズ (Rodert C. Higgins)
ワシントン大学フォスター・ビジネススクール、ファイナンス教授。
1963年スタンフォード大学卒業。1965年ハーバード大学経営学修士（MBA）、1969年スタンフォード大学Ph.D.。スタンフォード大学客員助教授、スイスのIMEDEの客員教授などを経て、2011年よりワシントン大学名誉教授。

ファイナンシャル・マネジメント　改訂3版
――企業財務の理論と実践

第1版
1994年9月16日　第1刷発行
1999年6月7日　第11刷発行
新版
2002年9月12日　第1刷発行
2013年11月19日　第12刷発行
改訂3版
2015年2月26日　第1刷発行
2023年8月23日　第6刷発行

著　者――ロバート・C・ヒギンズ
訳　者――グロービス経営大学院
発行所――ダイヤモンド社
〒150-8409　東京都渋谷区神宮前6-12-17
https://www.diamond.co.jp/
電話／03·5778·7233（編集）　03·5778·7240（販売）
装丁――――デザインワークショップジン
製作進行――ダイヤモンド・グラフィック社
DTP――――インタラクティブ
チャート作成――うちきばがんた
印刷――――堀内印刷所（本文）・加藤文明社（カバー）
製本――――ブックアート
編集担当――木山政行、山下覚

ISBN 978-4-478-02772-1